사회 네트워크 통계 모형 ERGM

이론, 방법론, 활용

이 도서의 국립중앙도서관 출판예정도서목록(CIP)은 서지정보유통지원시스템 홈페이지(http://seoji.nl.go.kr)와
국가자료종합목록 구축시스템(http://kolis-net.nl.go.kr)에서 이용하실 수 있습니다.
CIP제어번호: CIP2020017114(양장), CIP2020017119(무선)

뉴스통신진흥총서 27

Exponential Random Graph Models
for Social Networks Theory, Methods, and Applications

사회 네트워크 통계 모형 ERGM

이론, 방법론, 활용

딘 러셔Dean Lusher · 요한 코스키넨Johan Koskinen · 개리 로빈스Garry Robins 엮음

최수진 옮김

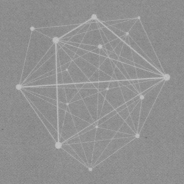

한울
아카데미

감사의 글

조(Jo), 마시모(Massimo), 프리실라(Priscilla),
피르코(Pirkko),
제인(Jane), 올리비아(Olivia)에게

이 책에 참여한 저자들의 학문적 지식, 헌신, 인내에 감사드립니다. 멜넷(Melnet) 사회 네트워크 모임 동료들을 비롯하여 저자들의 ERGM 연구에 함께 참여하고 조언해주셨던 많은 분들께도 감사를 전합니다. 이와 더불어, 멜넷 SNA 과정에 참여했던 분들의 질문과 지적 호기심 덕분에 이 편서의 틀을 잡을 수 있었습니다. 아울러, 귀중한 조언과 피드백을 주신 호주 국방과학연구소(Defence Science and Technology Organization: DSTO) 그리고 영국 너필드 칼리지(Nuffield College)와 미첼 센터(Mitchell Center) 동료들에게도 감사드립니다. 특히, 책의 구체적인 내용들에 대해 조언을 아끼지 않은 넥타리오스 콘톨레온(Nectarios Kontoleon), 존 팔런더(Jon Fahlander), 버니 호건(Bernie Hogan)에게 감사를 표합니다. 마지막으로, 이 책이 발간될 수 있도록 도움을 주신 사라 크레이그(Sarah Craig)와 클라우디아 몰리도르(Claudia Mollidor)에게도 감사드립니다.

옮긴이의 글

사회 네트워크 분석에 대한 관심이 지속적으로 증대되고 있다. 사회 네트워크라는 개념은 1930년대부터 등장했는데, 유독 오늘날 더 이목을 끄는 이유는 무엇일까? 물론 그동안 네트워크 분석의 수학적 토대가 마련되고 네트워크 데이터를 분석할 수 있는 기술적 발전이 이뤄진 것도 그 원인일 수 있지만, 디지털 플랫폼을 매개로 한 커뮤니케이션이 활성화되면서 수많은 관계 데이터가 생성되고 수집된다는 점도 주요한 원인으로 꼽을 수 있다. 사람과 사람 간의 관계 맺음 그리고 이를 통한 정보, 의견, 생각의 주고받음이 소셜 미디어, 포털, 인터넷 커뮤니티 등을 매개로 활발히 이루어지면서 관계적 시각에서 현상을 바라보고 분석하는 것이 중요해졌다. 비록 커뮤니케이션 분야에 한정된 결과이기는 하나, 1998년부터 2013년까지 66개 국제 학술지에 게재된 3,316개의 논문을 분석한 결과(Borah, 2017),* 디지털 플랫폼 연구에 사회 네트워크 분석을 적용한 논문 수의 증가세가 다른 방법론을 적용한 경우보다 훨씬 빠르게 나타났다.

---

*   P. Borah, "Emerging communication technology research: Theoretical and methodological variables in the last 16 years and future directions," *New Media & Society*, 19:4(2017), pp.616-636.

이렇듯, 사회 네트워크 분석에 대한 관심은 나날이 증가하고 있지만, 국내 서적 중에 사회 네트워크 통계를 다룬 책은 거의 없다. 특히, 이 책을 발간하는 현시점을 기준으로 ERGM 관련 국내 서적은 단 한 권도 없는 실정이다. 대부분 중심성 분석, 하위 집단 분석 등 네트워크 분석의 기초적인 개념에 대해 다루거나 NodeXL, UCInet, R 등 네트워크 분석 소프트웨어 사용법을 설명하는 매뉴얼에 가깝다. 이런 서적들에서 다루는 네트워크 분석의 경우 기술 통계(descriptive statistics) 수준을 벗어나지 못하는 경우가 많아서, 혹자는 네트워크 분석이 현상에 대한 묘사적 기술만 가능케 할 뿐, 그 이상의 분석적 설명이나 이론적 함의를 도출하는 데에는 역부족이라고 치부하기도 한다. 이 책을 통해 이러한 오해를 불식시키고 사회 네트워크 통계가 지니는 잠재성을 국내 독자들과 공유하는 계기가 되었으면 한다.

ERGM은 네트워크 구조에 관한 통계 모형으로서 어떻게 네트워크상의 연결관계가 구조화되는가에 대한 통계적 추론을 가능케 한다. 다시 말해, ERGM은 어떻게 그리고 왜 사회 네트워크 연결관계가 형성되는가를 보여주는 연결관계 기반 모형이다. 이 책은 ERGM에 대한 기초 지식부터 응용 사례까지 전반을 아우르는데, ERGM에 대한 개념적 및 수학적 차원에서의 설명과 더불어, 매개 및 비매개된 커뮤니케이션하에서의 친구관계 네트워크, 조직 간 네트워크, 조언 및 만족도 네트워크, 군대 리더십 네트워크 등 다양한 사회 네트워크 내에서 어떻게 ERGM을 활용할 수 있는지 실제 연구 사례를 토대로 보여준다. 세계적으로 저명한 대학 출판사 중 하나인 캠브리지 대학 출판사(Cambridge University Press)에서 원서를 발간했다는 점과 개리 로빈스(Garry Robins), 톰 스나이더(Tom Snijders) 등 이 분야 권위자들을 비롯하여 유명 학자들이 집필진으로 참여했다는 점 외에도, 이 책이 Amazon.com 등에서 해외 독자들로부터 매우 긍정적인 반응을 얻고 있다는 점에서 국내 독자들에게도 ERGM을 공부하는 데에 이 책이 도움이 되리라 생각한다.

이 책을 보다 쉽게 이해하기 위해서는 기본적으로 네트워크 분석에 대한 지식이 있어야 한다. 국내에 네트워크 분석 기본 개념에 대해 다룬 책은 이미 많이 있으니 이들 중 하나를 선택해서 읽어보기를 권한다. 아울러, 일반 사회과학 통계 분석에 대한 기본 지식이 필요하다. 특히, 로지스틱 회귀분석에 대한 지식이 있으면 보다 수월하게 이 책의 내용을 이해할 수 있다. 이 외에 요구되는 수학 및 확률 통계 지식은 옮긴이 주를 달아 독자들의 이해를 돕고자 했다. 독자들의 목적에 따라 이 책의 어느 부분을 어떤 순서대로 읽으면 되는가에 대해서는 저자들이 서문에 친절히 설명해놓았기에 그 부분을 참고하면 된다. 아울러, 네트워크 분석은 방법론이기만 한 것은 아니다. 네트워크 분석적 관점을 통해 물을 수 있는 고유의 연구 문제들을 갖고 있기에, 네트워크 분석은 방법론이면서 일종의 이론이라 할 수 있다. 이 책을 통해 독자들이 방법론적 접근의 다양성을 함양할 뿐만 아니라 사회 현상을 바라보는 새로운 관점과 이론의 지평을 넓히는 데에 조금이나마 기여하기를 바란다.

이 책이 발간되기까지 도움을 주신 분들이 많다. 특히, 이 책의 6장부터 12장까지 수학 및 확률 통계 관련 내용에 대해 자문해주신 이기헌 교수님(연세대학교 언더우드국제대학 융합인문사회과학부)께 깊은 감사를 드린다. 전문 도서인 데다가 수학적 내용과 표, 그림이 많아 편집에 어려움이 많음에도 불구하고 이 책의 발간에 흔쾌히 동의해주신 한울엠플러스(주)에도 감사드린다. 마지막으로, 옮긴이의 거듭된 문의에도 성실히 응해주신 딘 러셔 교수님과 저자들 그리고 학회에서 만나 이 책의 번역을 응원해주신 개리 로빈스 교수님께도 감사드린다.

차례

감사의 글 5 / 옮긴이의 글 6 / 그림·표 차례 17

1장 서문 ——————————————————————— 23
1.1. 집필 의도 24
1.2. 소프트웨어와 데이터 25
1.3. 책의 구성 26
  1.3.1. 1부: 이론 26 / 1.3.2. 2부: 방법론 27 / 1.3.3. 3부: 활용 28 / 1.3.4. 4부: 미래 29
1.4. 이 책을 읽는 법 29
1.5. 사회 네트워크 분석에 대한 사전 지식 31

1부 이론 ——————————————————————— 33
2장 ERGM이란? ————————————————————— 34
2.1. ERGM: 정의 34
2.2. ERGM 이론 36
2.3. ERGM의 역사 개요 39
2.4. ERGM에 사용 가능한 네트워크 데이터 42

3장 사회 네트워크 구조의 형성 ————————————————— 45
3.1. 연결관계 형성: 구조의 발현 45
  3.1.1. 사회 연결관계의 형성 45 / 3.1.2. 연결관계 유형: 결과로서의 네트워크 패턴과 관련 과정 47
  3.1.3. 지역 네트워크 과정들 50 / 3.1.4. 의존성(그리고 네트워크 의존 이론) 51
  3.1.5. 다수의 배속된 사회 과정들의 복잡한 조합 54

3.2. 연결관계 형성 관련 개념적 틀 57

3.2.1. 네트워크 자기조직화 58 / 3.2.2. 개인 속성 60 / 3.2.3. 외생적 맥락 요인: 양자 공변량 63

4장 통계 모형으로서의 ERGM에 대한 개설 ——————————— **65**

4.1. 무작위 그래프 66

4.2. 그래프 분포 68

4.3. 통계 모형화에 대한 기본 개념 72

4.4. 동질성 75

5장 ERGM 분석 사례 ——————————————————————— **77**

5.1. ERGM 적용 사례: "더 코퍼레이션(The Corporation)" 내에서의 커뮤니케이션 77

5.2. ERGM 모형과 해석 82

5.2.1. 네트워크 구조에 대한 설명 88

2부 방법론 ——————————————————————————————— **91**

6장 ERGM의 기초 ———————————————————————————— **92**

6.1. 개요 92

6.2. 네트워크 연결관계 변수 93

6.3. 독립성 개념 95

6.4. 일반화 선형 모형의 관점에서 살펴본 ERGM 98

6.5. 의존성 형태 103

6.5.1. 베르누이 가정 103 / 6.5.2. 양자관계 독립성 가정 104 / 6.5.3. 마르코프 의존성 가정 104

6.5.4. 실현 의존성 모형(realization-dependent models) 105

6.6. 모형 설정 106

6.6.1. 베르누이 모형 107 / 6.6.2. 양자 독립성 모형 108 / 6.6.3. 마르코프 모형 110

6.6.4. 사회 순환 모형 124

6.7. 기타 모형 설정 132

6.8. 결론 134

7장 의존성 그래프와 충분 통계량 ——————————————— 135

7.1. 개요 135

7.2. 의존성 그래프 136

    7.2.1. 해머슬리-클리포드 정리(Hammersley-Clifford Theorem)와 충분 통계량 142

    7.2.2. 방향성 없는 그래프의 충분 하위 그래프 144

7.3. 노드 속성을 수반한 의존성 그래프 153

7.4. 결론 153

8장 사회적 선택, 양자 공변량, 그리고 공간지리적 효과 ——————— 155

8.1. 개인적 속성, 양자관계 속성, 그리고 기타 속성들 155

8.2. ERGM의 사회적 선택 모형 159

    8.2.1. 방향성 없는 네트워크 모형 161 / 8.2.2. 방향성 있는 네트워크 모형 163

    8.2.3. 조건부 오즈비 164

8.3. 양자 공변량 167

8.4. 공간지리적 효과 168

8.5. 결론 171

9장 자기로지스틱 행위자 속성 모형 ——————————————— 172

9.1. 사회적 영향력 모형 172

9.2. 행위자 속성 확산으로의 ERGM 확장 174

9.3. 의존성의 가능한 형태 178

    9.3.1. 속성 독립성 가정 178 / 9.3.2. 네트워크 의존성 가정 179

    9.3.3. 네트워크-속성 의존성 가정 180 / 9.3.4. 공변량-의존성 가정 181

9.4. 다른 모형 설정과 해석 182

    9.4.1. 독립성 모형 182 / 9.4.2. 네트워크 위치 효과 모형 183

    9.4.3. 네트워크-속성 효과 모형 185 / 9.4.4. 공변량 효과 모형 186

9.5. 결론 188

10장 ERGM의 확장: 다중 네트워크와 이원모드 네트워크 모형 —————— 190

10.1. 다중 네트워크(multiple network) 190

    10.1.1. 두 개의 네트워크 분석을 위한 ERGM 191

10.1.2. 두 개의 네트워크에 대한 ERGM 설정 192

10.2. 이원모드 네트워크(bipartite network) 198

10.2.1. 이원모드 네트워크와 그 특징 199 / 10.2.2. 이원모드 네트워크에 대한 ERGM 설정 201

10.2.3. 이원모드 네트워크 관련 추가 이슈 210

11장 종단 모형 ——————————————————————— 212

11.1. 네트워크 동역학(network dynamic) 212

11.2. 데이터 구조 213

11.3. 모형 213

11.3.1. 연속시간 마르코프 체인(Continuous-Time Markov Chain) 213

11.3.2. 연결관계-지향 동역학 215 / 11.3.3. 동역학 과정에 대한 정의 217

11.3.4. 정상 분포(Stationary Distribution) 220 / 11.3.5. 변화에 기반을 둔 추정 221

11.3.6. 네트워크 유형 223

11.4. 다른 모형과의 관계 225

11.4.1. 전신으로서의 상호호혜성 모형 225

11.4.2. 대안으로서의 확률적 행위자 지향 모형 (Stochastic Actor-Oriented Models) 226

11.5. 결론 228

12장 시뮬레이션, 추정, 그리고 적합도 ——————————————— 230

12.1. 모형 탐색 및 모형-데이터 연관 짓기의 실제 230

12.2. 시뮬레이션: ERGM 그래프 분포 구하기 233

12.2.1. 마르코프 체인 몬테 카를로를 활용한 그래프 표집 233

12.2.2. 메트로폴리스(metropolis) 알고리즘 236

12.3. 추정 238

12.3.1. 최대 우도 원칙 239 / 12.3.2. 곡선형 ERGMs 239 / 12.3.3. 베이지안 추론 240

12.4. 우도 방정식 해법 242

12.4.1. 중요도 표집: 게이어-톰슨(Geyer-Thompson) 접근 243

12.4.2. 확률적 근사: 로빈스-먼로(Robbins-Monro) 알고리즘 245 / 12.4.3. 종단 모형 관련 변경 251

12.5. 검사 효과 254

12.5.1. 근사 왈드 검사(Approximate Wald Test) 255 / 12.5.2. 대안 검사 256

12.5.3. 로그 우도 평가 259

12.6. 모형 퇴행(Degeneracy)과 근사 퇴행(Near-Degeneracy) 260

12.7. 결측치가 있거나 부분적으로 관찰된 데이터 262

12.8. 눈덩이 표본으로부터의 조건부 추정 264

12.9. 적합도 267

　12.9.1. 근사 베이지안 GOF 268

13장 사례: 시뮬레이션, 추정, 그리고 적합도 ─────────────── 270

13.1. 시뮬레이션 271

　13.1.1. 삼각관계화(triangulation) 272 / 13.1.2. 연결정도 275 / 13.1.3. 스타와 삼각관계 278

13.2. 추정과 모형 설정 279

　13.2.1. 모형 설정 사례 282

13.3. GOF 286

　13.3.1. 좋은 모형인지 여부를 어떻게 판단하는가? 286 / 13.3.2. 모형이 그래프 특징을 적합하지
　못할 경우 어떻게 해야 할까? 293 / 13.3.3. 모형이 모든 것을 설명해야만 하는가? 295

3부 활용 ───────────────────────────────── 297

14장 개인적 태도, 인지된 태도, 그리고 사회 구조: 사회 선택 모형 ───────── 298

14.1. 타인에 대한 인식과 사회적 행위 298

14.2. 데이터와 측정 301

　14.2.1. 사회 네트워크 질문 301 / 14.2.2. 속성 측정 303 / 14.2.3. 분석 305 / 14.2.4. 적합도 305

14.3. 모형 설정 306

　14.3.1. 순수 구조적 효과(Purely structural effects) 306 / 14.3.2. 행위자-관계 효과 306

　14.3.3. 공변량 네트워크 효과 307

14.4. 결과 307

　14.4.1. 사례 1: 청소년 309 / 14.4.2. 사례 2: 미식축구 팀 312

14.5. 논의 315

15장 공백을 매우는 방법:

조직 간 네트워크에서의 대안적 폐쇄 메커니즘 탐색 —————— 317

15.1. 네트워크 폐쇄 메커니즘 317

15.2. 데이터와 측정 322

　15.2.1. 설정과 데이터 322

15.3. 모형 설정 323

15.4. 결과 325

15.5. 논의 328

16장 업무관계 간의 상호의존성: 조언과 만족에 대한 다변량 ERGM ——— 331

16.1. 조직 내 다중관계 네트워크 331

16.2. 데이터, 측정, 그리고 분석 334

16.3. 기술적 결과 336

16.4. 다변량 ERGM 결과 339

　16.4.1. AS가 낮은 은행 340 / 16.4.2. AS가 높은 은행 344

16.5. 논의 347

17장 지력, 체력, 또는 낙관성? 창발적 군사 리더십의 구조와 상관 ————— 350

17.1. 군부 맥락에서의 창발적 리더십 350

　17.1.1. 창발적 리더십의 선행요인 351 / 17.1.2. 창발적 리더십의 구조 354

　17.1.3. 환경과 참가자 355

17.2. 모형 설정 358

　17.2.1. 모형화 이슈 358 / 17.2.2. 순수 구조적 효과 359 / 17.2.3. 행위자-관계 효과 359

17.3. 결과 360

　17.3.1. 순수 구조적 효과 관련 결과 361 / 17.3.2. 행위자-관계 효과 관련 결과 363

17.4. 논의 364

18장 실직에 대한 자기로지스틱 행위자 속성 모형 분석:

누구를 알고 어디에 사느냐의 이중 중요성 ————— 367

18.1. 실직: 장소와 연결 367

18.2. 데이터, 분석, 그리고 추정 370

18.2.1. 데이터 370 / 18.2.2. 분석 375 / 18.2.3. 추정 375

18.3. 결과 377

18.4. 논의 379

19장 면대면 및 문자 메시지-매개 친구 네트워크의 종단적 변화 ─────── 381

19.1. 친구 네트워크, 커뮤니케이션 미디어, 그리고 심리적 성향의 진화 381

19.2. 데이터와 측정 385

19.2.1. 사회 네트워크 질문 385 / 19.2.2. 행위자-관계 측정 386 / 19.2.3. 분석 386

19.3. 모형 설정 387

19.4. 결과 388

19.4.1. 면대면 피상적 네트워크 결과 390 / 19.4.2. 면대면 자기공개적 네트워크 결과 390

19.4.3. 문자 메시지 매개 피상적 네트워크 결과 391

19.4.4. 문자 메시지 매개 자기공개적 네트워크 결과 392

19.5. 논의 393

20장 이사의 사회적 및 재정적 자본이 기업 간 이사 겸임 네트워크

(corporate interlock) 형성에 미치는 차별적 영향력 ─────── 398

20.1 이원모드 사회: 개인과 집단 398

20.1.1. 이사 자본과 기업 간 이사 겸임 네트워크 형성 400

20.2. 데이터와 측정 402

20.2.1. 사회 네트워크 데이터 402 / 20.2.2. 행위자-관계 측정 402 / 20.2.3. 분석 406

20.3. 모형 설정 407

20.3.1. 독립적인 이변량 속성 분석 407 / 20.3.2. 순수 구조적 효과 407

20.3.3. 속성을 포함한 모형: 행위자-관계 효과 408

20.4. 결과 408

20.4.1. 독립적 이변량 분석 결과 408 / 20.4.2. 순수 구조적 효과 관련 결과 409

20.4.3. 순수 구조적 효과와 행위자-관계 효과를 포함한 모형 분석 결과 410

20.5. 논의 413

21장 네트워크 비교하기: 행위 네트워크와 회상 네트워크 간의 구조적 일치 ― 416

21.1. 행위와 회상 간의 관계 416

21.2. 데이터와 측정 418

21.2.1. 네트워크 설명 418 / 21.2.2. 데이터 변환 419 / 21.2.3. 모형 설정 420

21.3. 결과 421

21.3.1. 시각화 421

21.4. 기초 통계 분석 422

21.5. 단일변량 모형 423

21.6. 행위 네트워크를 공변량으로 하는 회상 네트워크 모형 425

21.7. 다변량 모형 427

21.8. 논의 429

4부 미래 ―――――――――――――――――――――――――――――― 433

22장 사회 네트워크 모형화의 다음 단계 ―――――――――――――――――― 434

22.1. ERGM의 고유한 특징 434

22.2. 모형 설정 437

22.2.1. 의존성 위계 440 / 22.2.2. 모형 설정 형성 447

22.2.3. 잠재 변인들을 포함한 모형: 하이브리드 형태 449 / 22.2.4. 동질성 가정 평가 452

22.3. ERGM에 관한 일반적 문제 453

참고문헌 455 / 찾아보기 486

그림·표 차례

그림

⟨그림 3.1⟩ 일부 연결관계 유형과 기저의 사회적 과정 48

⟨그림 3.2⟩ 이행적 삼자관계에 배속된(nested) 연결관계 유형 55

⟨그림 3.3⟩ 이 책에서 다루는 사회 연결관계 형성 과정들에 대한 개념적 틀 57

⟨그림 3.4⟩ 행위자-관계 효과의 연결관계 유형 사례 62

⟨그림 3.5⟩ 양자 공변량의 연결관계 유형 사례 64

⟨그림 4.1⟩ (a) 단순 무작위 네트워크, (b) 실제 커뮤니케이션 네트워크 67

⟨그림 4.2⟩ 1,000개의 무작위 그래프 표본으로부터 추출한 상호호혜적 아크의
　　　　　 분포 69

⟨그림 5.1⟩ 더 코퍼레이션의 커뮤니케이션 네트워크(n=38명의 행위자) 79

⟨그림 5.2⟩ 커뮤니케이션 네트워크(양방향 연결관계만 표시, 비대칭적 연결관계는
　　　　　 제거했다) 80

⟨그림 5.3⟩ 경영진의 프로젝트 경험을 노드 크기에 반영한 커뮤니케이션 네트워크
　　　　　 (노드 크기가 클수록 프로젝트 경험이 많음을 뜻한다) 80

⟨그림 5.4⟩ 연공서열을 반영한 커뮤니케이션 네트워크(검정색=연공서열이 상위인
　　　　　 노드, 흰색=그 외) 81

⟨그림 5.5⟩ 경영진의 소속 지사를 노드 모양에 반영한 커뮤니케이션 네트워크 81

⟨그림 5.6⟩ 커뮤니케이션 및 조언 관련 다중 연결관계(다른 모든 연결관계는 제거
　　　　　 했다) 82

⟨그림 6.1⟩ (a) X의 네트워크 변수들과 (b) 네 개의 노드들로 구성된 네트워크 x의
　　　　　 실현값 94

⟨그림 6.2⟩ 사회 순환 의존성 가정 106

⟨그림 6.3⟩ 2-스타 모형에서의 연결관계 유형 110

⟨그림 6.4⟩ 세 개의 연결선으로 이뤄진 연결관계 유형: 3-스타와 삼각관계 111

⟨그림 6.5⟩ 30개 노드에 대한 연결선(-3), 2-스타(0.5), 3-스타(-0.2), 그리고 삼각

관계로 구성된 마르코프 모형에서 삼각관계 모수의 함수로써 연결선 수와 삼각관계 수에 대한 기대값 및 95% 신뢰 구간 115

〈그림 6.6〉 연결선(-3), 2-스타(0.5), 3-스타(-0.2), 그리고 삼각관계(1.1524)로 구성된 마르코프 모형에서 삼각관계의 수 117

〈그림 6.7〉 세 개의 노드들에 대한 방향성 있는 스타 연결관계 유형 121

〈그림 6.8〉 각 양자관계에서 정확히 하나의 연결선만 지닌, 세 개의 노드로 구성된 연결관계 유형 122

〈그림 6.9〉 (i, j)를 토대로 한 교호 삼각관계(a)와 독립적 2-경로(b) 124

〈그림 6.10〉 교호 형태의 방향성 있는 그래프 유형(a: AT-T, b: A2P-T) 129

〈그림 6.11〉 방향성 있는 그래프에서 삼자관계 연결관계 유형의 교호 버전 (a: AT-U, b: AT-D, c: AT-C) 129

〈그림 6.12〉 방향성 있는 그래프에서 2-경로 연결관계 유형의 교호 버전 (a: A2P-U, b: A2P-D) 129

〈그림 6.13〉 네트워크 매개와 관련된 연결관계 유형 133

〈그림 7.1〉 네 개의 노드로 구성된 그래프 (a)와 관련 베르누이 의존성 그래프 (b)에 대한 연결선 변수들 137

〈그림 7.2〉 네 개의 노드로 구성된 그래프 (a)와 관련 마르코프 의존성 그래프 (b)의 연결선 변수들 139

〈그림 7.3〉 사회 순환 그래프와 그 의존성 그래프의 연결선 변수들(위)과 값이 0인 일부 연결선 변수들에 조건부 의존적인 의존성 그래프(부분 의존성 그래프에 없는, 흐리게 표시된 노드들) 139

〈그림 7.4〉 의존성 그래프에서의 단일 클리크와 X에서의 관련 연결관계 유형 146

〈그림 7.5〉 의존성 그래프에서의 3-클리크와 X에서의 관련 3-스타 연결관계 유형 146

〈그림 7.6〉 의존성 그래프에서의 3-클리크와 X에서의 관련 삼각관계 유형 146

〈그림 7.7〉 관련 마르코프 의존성 그래프와 네 개의 노드로 구성된 방향성 있는 그래프의 연결선 변수들 152

〈그림 7.8〉 네 개의 노드들로 형성된, 방향성 있는 마르코프 그래프에 대한 충분 하위 그래프 152

〈그림 10.1〉 네트워크 간 양자관계 유형 194

〈그림 10.2〉 네트워크 간 2-스타 효과 195

〈그림 10.3〉 네트워크 간 삼각관계 효과 196

〈그림 10.4〉 네트워크 간 사회 순환 효과 196

〈그림 10.5〉 네트워크 간 양자 속성 효과 197

〈그림 10.6〉 (5, 6) 이원모드 네트워크 199

〈그림 10.7〉 이원모드 3-경로와 4-사이클 200

〈그림 10.8〉 이원모드 스타 연결관계 유형 201

〈그림 10.9〉 4-사이클 의존성 가정 203

〈그림 10.10〉 3-경로 의존성 가정 203

〈그림 10.11〉 교호 2-경로 204

〈그림 10.12〉 속성 활동성 효과 205

〈그림 10.13〉 2-스타 속성 효과 206

〈그림 10.14〉 4-사이클 속성 효과 208

〈그림 10.15〉 노드 집합 간의 양자 연결관계 유형 209

〈그림 12.2〉 빈 그래프로 시작한 일련의 마르코프 체인 그래프에서 연결선의 수 235

〈그림 12.3〉 마르코프 체인에서 빈 그래프로부터 시작한 일련의 그래프들에 대한 교호 삼각관계 대비 연결선의 수(20개의 노드를 지니고 연결선 모수와 교호 삼각관계 모수가 각각 -2와 0.3인 모형) 235

〈그림 12.4〉 20개의 행위자를 지닌 네트워크에 대한 로빈스-먼로 알고리즘 249

〈그림 12.5〉 다섯 개의 연결선을 가진 일곱 개 노드로 구성된 그래프 261

〈그림 12.6〉 시드 노드 a 관련 수준 0부터 3까지의 구역 265

〈그림 13.1〉 단순 무작위 그래프(노드 30개, 연결선 43개) 272

〈그림 13.2〉 상이한 삼각관계 모수치에 따른 시뮬레이션 결과 그래프 273

〈그림 13.3〉 매우 큰 교호 삼각관계 모수에 대한 그래프 사례(λ=2) 275

〈그림 13.4〉 λ 변화에 따른 교호 삼각관계 모수 관련 그래프 예시 275

〈그림 13.5〉 교호 스타 모수에 대한 시뮬레이션 결과(아래 줄의 도표에서 "d-j"는 "연결정도 j를 지닌 노드들의 수"를 표시한다) 276

〈그림 13.6〉 교호 모수와 마르코프 스타 모수 둘 다를 포함한 시뮬레이션 결과 도출된 그래프 예시 277

〈그림 13.7〉 시뮬레이션을 통해 추출한 양의 삼각관계 모수와 음의 스타 모수를 지닌 그래프 예시 278

〈그림 15.1〉 상이한 폐쇄 메커니즘을 지닌 네트워크 연결관계의 지역 유형: (a) 경로 폐쇄, (b) 활동성 폐쇄, (c) 인기도 폐쇄, (d) 순환적 폐쇄 319

〈그림 15.2〉 병원 간 환자 이송 네트워크 구조 323

〈그림 16.1〉 AS가 낮은 은행 지점에서의 조언 제공 네트워크와 만족 네트워크 336

〈그림 16.2〉 AS가 높은 은행 지점에서의 조언 제공 네트워크와 만족 네트워크 337

〈그림 18.1〉 확장 네트워크(augmented network)를 형성하는 과정: (a)는 응답자
들의 네트워크를 나타내며 흰색 노드는 응답자를, 검정색 노드는 지
명된 사람을 각각 나타낸다. (b) 네트워크는 두 응답자들의 네트워크
를 기반으로 한다. (c)는 인접 행렬로서 두 에고 네트워크로부터 형성
되었다. 372

〈그림 18.2〉 취업 상태와 사회 네트워크(n=551, 흰색 노드-재직, 검정색 노드-실직) 374

〈그림 18.3〉 재직자와 실직자의 지리적 분포(n=527, 흰색-재직, 검정색-실직).
공간적 배치는 지역 코드화 과정을 통해 수집된 위도 및 경도 좌표,
즉 공간상 좌표의 표준화값을 사용하여 NetDraw로 시각화했다. 374

〈그림 18.4〉 단계별 참가자 수 376

〈그림 19.1〉 모형에 사용된 삼자관계 유형. 연결관계 유형의 명칭은 방향성 있는
그래프의 일반 삼자 센서스 명칭을 따른다. 387

〈그림 21.1〉 네트워크 네 쌍의 시각화 422

〈그림 22.1〉 의존성 구조의 위계 442

표

〈표 4.1〉 네트워크의 선별 네트워크 통계량 67

〈표 5.1〉 더 코퍼레이션의 커뮤니케이션 관계에 대한 ERGM 모수 추정치(와 표준
오차) 84

〈표 6.1〉 두 개의 독립적인 연결선 변수들 96

〈표 6.2〉 두 개의 의존적인 연결선 변수들 96

〈표 8.1〉 방향성 없는 네트워크의 사회 선택 모형 연결관계 유형 160

〈표 8.2〉 방향성 있는 네트워크의 사회 선택 모형 연결관계 유형 160

〈표 8.3〉 ERGM에 대한 양자 공변량 연결관계 유형 167

〈표 9.1〉 네트워크 위치 유형, 통계량, 그리고 모수 184

〈표 9.2〉 네트워크-속성 연결관계 유형, 통계량, 그리고 모수 186

〈표 9.3〉 공변량 효과 연결관계 유형, 통계량, 그리고 모수 187

〈표 13.1〉 긍정적인 감정 네트워크에 대한 ERGM의 시작 모수 집합 제안 281

〈표 13.2〉 더 코퍼레이션 커뮤니케이션 네트워크에 대한 세 가지 모형 283

〈표 13.3〉 커뮤니케이션 네트워크(n=38)의 모형 A와 모형 C 관련 GOF 세부 항목 중 일부 288

〈표 14.1〉 청소년들 간 긍정적 감정 관계 모형 308

〈표 14.2〉 미식축구 선수들 간 공격관계 모형 313

〈표 15.1〉 병원 간 환자 이송에 대한 구조적 효과와 행위자-관계 효과의 ERGM 추정치 326

〈표 16.1〉 두 은행 지점에 대한 기술 통계량 337

〈표 16.2〉 AS가 낮은 은행의 조언 제공 및 만족 네트워크 모형 추정치 341

〈표 16.3〉 AS가 높은 은행의 조언 제공 및 만족 네트워크 모형 추정치 345

〈표 17.1〉 군사 훈련 중인 신병들 간 리더십 발현 모형의 모수 추정치 361

〈표 18.1〉 기술 통계량 373

〈표 18.2〉 네트워크 효과, 공간지리적 효과, 행위자 속성 효과를 통한 실직 예측 관련 ALAAM 추정치(그리고 표준오차) 378

〈표 19.1〉 면대면 친구 네트워크에서의 모수 추정치와 표준오차 389

〈표 19.2〉 문자 메시지 매개 친구 네트워크에서의 모수 추정치와 표준오차 389

〈표 20.1〉 속성과 속성 간 상호작용에 대한 요약 통계 405

〈표 20.2〉 순수 구조적 효과만을 포함한 두 개의 이사직 이원모드 ERGM 결과 410

〈표 20.3〉 구조적 효과, 행위자-관계 효과, 그리고 행위자-관계 상호작용 효과로 설명하는 이사직 이원모드 ERGM의 두 모형 411

〈표 21.1〉 서로 다른 네 개 네트워크 개요 419

〈표 21.2〉 행위와 회상에 대한 네 개의 네트워크 기술 통계 422

〈표 21.3〉 네 개의 데이터셋에 대한 단일변량 ERGM 모수 추정치(표준오차) 423

〈표 21.4〉 (행위 네트워크를 공변량 네트워크로 포함하는) 네 개의 회상 네트워크 모수 추정치 (표준오차) 425

〈표 21.5〉 네 개의 데이터셋에 대한 다변량 ERGM 모수 추정치(표준오차) 427

1장
서문

딘 러셔(Dean Lusher)·요한 코스키넨(Johan Koskinen)·개리 로빈스(Garry Robins)

지수 무작위 그래프(Exponential Random Graph, 이하 ERGM)[1]는 사회 네트 워크에 대한 통계 모형이다. ERGM은 네트워크 연결관계의 존재(와 부재)에 대해 설명하기에 네트워크 구조에 대한 모형을 제시한다. ERGM 모형은 상 호호혜적 연결관계와 삼각관계처럼 연결관계 기반의 작은 지역적(local)[2] 구 조 차원에서 주어진 네트워크를 모형화한다. 사회 네트워크는 네트워크 연결 관계 유형(network configurations)이라고 불리는 연결관계의 지역 패턴을 토 대로 형성되며, 이 연결관계 유형이 ERGM의 모수가 된다. 이러한 연결관계 유형은 지역적 사회 과정에서 발생하는 것으로 볼 수 있는데, 네트워크 내 행 위자들이 그들의 사회적 환경에서 다른 연결관계들에 대응하여 관계를 형성

---

1) 이 책을 통틀어서, "지수족 무작위 그래프 모형(exponential family random graph model)"이 라는 보다 정확하지만 다소 번거로운 명칭 대신, 이제는 널리 알려진 지수 무작위 그래프 모 형이라는 용어를 사용하고자 한다.
2) 옮긴이 주: 여기서 지역(local)은 전역(global)에 반대되는 개념이다. 하나의 전체 네트워크는 많은 연결관계들로 이뤄진 구조(또는 패턴)라 할 수 있는데, 이 구조(또는 패턴)를 전역에 해 당한다고 하면, 이 구조를 이루는 연결관계들의 부분 부분들은 지역에 해당한다.

한다. ERGM은 이와 같은 사회 네트워크를 이론에 기반을 둔 통계 접근을 통해 모형화한다. ERGM을 사용하기 위해서는 왜 관찰된 네트워크에서 해당 사회관계가 발생했는지에 대한 이론적 근거들이 있어야 한다. 이 이론적 근거들은 때로는 복잡하며 상호교차하기도 하고 때로는 서로 경쟁적이기도 하다. 예를 들어, 특정 네트워크 구조가 유유상종, 상호호혜성, 이행성, 또는 이들의 조합으로 인해 발생하는지에 대해 알기 위해 여러 이론적 논의를 토대로 하여 모형을 형성한다. 이 모수들을 하나의 모형에 함께 투입함으로써 연구자들은 다른 효과들이 통제된 상태에서 특정 효과를 검정할 수 있으며, 해당 네트워크를 형성한 사회적 과정들에 대해 추론할 수 있다. 통계 모형으로서 ERGM은 연구 대상인 네트워크에서 예컨대 상호호혜적 연결관계나 삼각관계가 예상했던 것보다 유의미하게 더 많이 (또는 더 적게) 발견되었는지에 대한 추론을 가능케 한다.

ERGM은 사회 네트워크를 분석하는 데에 있어서 중심적인 접근법들 중 하나로 급부상하고 있다. 여기 서문에서는 이 책의 집필 의도와 구성에 대해 소개하고, 이 책을 읽는 방법과 관련 소프트웨어 그리고 이 책을 읽기 전에 독자들이 지녀야 할 지식에 대해 설명하고자 한다.

1.1. 집필 의도

이 책을 통해 ERGM 모형 설정과 통계적 세부 내용을 토대로 기본 이론적 가정을 설명하는 것부터 얼마나 다양한 연구 문제들을 ERGM을 통해 실증적으로 연구할 수 있는지 그 실제 활용 사례까지 설명함으로써 독자들에게 ERGM을 소개하고자 한다. 이 책의 목표는 두 가지이다. 하나는 ERGM을 설명하는 것이고, 다른 하나는 최근의 방법론적 발전을 통해 사회 네트워크 연구 문제를 새롭고 효과적인 방법으로 어떻게 다룰 수 있는지를 보여주는 것이다. 구체적인 타깃 독자층은 사회 네트워크와 네트워크 기반 사회적 과정을 통계 모형을 통해 연구하고자 하는 사회과학자들이다. ERGM을 잘 모르는 독자들도 이 책을 통해 이 모형에 대한 직관적 이해가 가능하도록 하고자 한다. 또한 사회 네트워크 방법론적 배경을 지닌 독자들과 모형화와 추정에 대해 보다 깊은 지식을 원하는 독자들을 위해서 통계적 세부 내용에 대해서도 충실히 설명하고자 한다. 상호작용적 사회 과정에 대한 핵심 질문들에 답하기 위해 ERGM과 같은 통계 모형 접근이 갖는 가치를 낱낱이 소개하고자 한다.

1.2. 소프트웨어와 데이터

이 책은 데이터와 소프트웨어에 대한 정보를 제공함으로써 독자들이 해당 데이터와 소프트웨어를 다운받아서 일부 분석 방법을 직접 수행해볼 수 있도록 한다. 이 책은 부분적으로 ERGM 관련 PNet 프로그램군(Wang, Robins, & Pattison, 2009)을 사용하며, 모수들을 설명할 때에도 PNet 용어를 사용하는 경향이 있지만, 이 책에서의 ERGM 관련 설명이 PNet에만 국한된 것은 결코 아니다. (ERGM을 있는 그대로 다루는 그 어떤 소프트웨어에도 이 책의 설명은 통용된다.) 이 책의 12장에서 PNet과 R 패키지의 Statnet(Handcock et al., 2003; Handcock et al., 2008)에서 사용된 추정 알고리즘을 모두 설명하는데, 이 알고리즘이 Bergm(Caimo & Friel, 2011)에서 사용되기도 한다. SIENA 3도 횡단 데이터를 ERGM에 적합시키는 데에 사용되기도 하며 (실로 PNet의 주요 부분은 SIENA와 관련이 매우 깊다) 종단 모형은 RSIENA(또는 SIENA 4)로 분석할 수 있다. 다중 네트워크, 종단 네트워크, 그리고 이원모드 네트워크 모형은 XPNet, LPNet, 그리고 BPNet로 구성된 일군의 PNet 프로그램을 통해 추정 가능하다. 자기로지스틱 행위자 속성 모형 추정을 위해서는 IPNet이 필요하다. 이 책에서 사용된 PNet과 예제 데이터는 다운로드 가능하며(http://www.sna.unimelb.edu.au) 독자들이 직접 관련 분석을 수행해볼 수 있다. Statnet 패키지는 R 환경에서의 ERGM 추정 프로그램으로 일반적인 R처럼 CRAN을 통해 설치 가능하다. "통계 소프트웨어 학술지(Journal of Statistical Software)" 특별호에 이 패키지에 대한 설명이 잘 나와 있으며, 굿로우와 그의 동료들 (Goodreau et al., 2008)이 제시한 실습 예제들도 이 패키지를 이해하는 데에 큰 도움이 된다.

1.3. 책의 구성

이 책은 4부로 구성되어 있는데 ERGM 이론 및 이론적 근거, 방법론, 활용, 그리고 마지막 부에서는 향후 발전 방향을 논한다. 이론, 방법론, 그리고 실제 연구 사례들은 근본적으로 서로 뒤얽혀 있고 상호의존적이라고 생각한다. 따라서, 1부가 비록 개념적 논의에 초점을 두고 있지만 방법론적 문제와 실증적 사례들도 다루고 있으며, 2부의 방법론 섹션에서도 이론적 개념들을 다룬다.

1.3.1. 1부: 이론

이 책의 1부는 ERGM에 대한 직관적 설명을 제시한다. 사회 네트워크(와 사회과학) 이론의 다양한 측면들, 방법론 이면의 사고 과정들, 그리고 연구 문제들에 대한 실증적 분석들과 연결지어 ERGM을 설명한다. 2장은 ERGM 접근에 대한 광의의 정의와 주요 요소들에 대한 논의를 포함하여 ERGM에 대한 일반적이며 기초적인 설명을 제시한다. 3장은 사회 연결관계 형성과 사회 구조에 대해 일반적 차원에서의 네트워크 중요 개념들을 소개하며, 이 개념들이 어떻게 ERGM 분석과 연관되어 있는지를 설명한다. 4장은 이 모형을 잘 모르는 독자들도 직관적으로 이해할 수 있도록 ERGM의 일부 방법론적 세부 내용에 대해 소개하며, 통계적으로 보다 전문적인 내용은 방법론을 다루는 2부로 미뤄둔다. 마지막으로 5장은 네트워크 데이터에 ERGM을 적용한 사례(이 사례는 13장에서 보다 세부적으로 살펴볼 예정이다)를 간단히 소개한다. 이와 더불어, 어떤 경우에 ERGM을 사용하여 네트워크 구조에 대해 추론하고 해석할 수 있는지를 설명한다. 1부의 목표는 ERGM의 중요한 이론적 문제들을 논의하는 것뿐만 아니라 처음으로 ERGM을 접하는 독자들에게 이런 식의 모형화에 대한 직관을 심어주는 것이다. 이를 토대로 2부에서는 통계적으로 보다 상세한 내용을 다룬다.

1.3.2. 2부: 방법론

이 책의 2부는 ERGM의 기본적 통계 틀을 소개한다. 이 책을 통틀어서, 기준이 되는 네트워크는 이진형 및 단일변량 네트워크이며 횡단적 관찰을 토대로 한다. 이 기준 네트워크를 토대로 ERGM에 대한 통계적 세부 내용에 대해서 설명한다. 7장은 의존성 그래프[3] 개념을 바탕으로 ERGM에 대한 보다 깊은 이해를 도모한다. 여기서부터 ERGM에 대해 더 구체적인 설명이 시작되는데, 사회 선택, 양자 공변량, 그리고 공간지리적 효과를 포함한 모형에 대해 8장에서 설명한다. 9장은 자기로지스틱 행위자 속성 모형(autologistic actor attribute models: ALAAMs)을 다룬다. 이 모형은 행위자들의 속성에 대한 사회 영향력 모형의 하나이다. 10장에서는 다중 네트워크와 이원모드 네트워크 모

---

3) 옮긴이 주: '그래프'와 '네트워크' 간에 의미하는 바에 있어서 약간의 차이가 존재하지만, 이 둘을 빈번하게 혼용한다(Barabási, 2016). 굳이 구분하자면, '그래프'라는 용어는 네트워크를 수학적으로 표현하여 설명할 때 자주 사용하는 반면, '네트워크'라는 용어는 실제 존재하는, 관찰된 네트워크를 나타낼 때 사용한다.

형에 대해 설명하며 11장에서는 종단 네트워크 데이터 모형에 대해 다룬다. 12장에서 시뮬레이션, 추정, 적합도 과정을 그리고 13장에서 실제 연구 사례를 들어 설명함으로써 2부를 마무리한다.

1.3.3. 3부: 활용

이 책의 3부는 어떻게 ERGM을 사회 네트워크 연구 문제를 답하는 데에 실증적으로 활용할 수 있는지에 대해 다룬다. 3부에서는 앞에서 소개한 여러 유형의 ERGM에 대한 각각의 활용 사례를 살펴본다. 3부는 연구자들이 ERGM을 사용할 때 직면하게 되는 다양한 경우의 수, 문제, 그리고 ERGM을 다루는 데에 있어서 일반적인 기준 등에 대해 설명한다. 별개의 연구 사례들을 3부에서 다루지만, 이들 모두 ERGM 모형화 틀이 지니는 네트워크 이론적 문제와 특징들을 내포한다.

관계적 틀에서 형성된, 새로운 그리고 이론적으로 중요한 연구 문제들에 대한 답을 찾기 위해 어떻게 그리고 왜 ERGM 모형을 사용하는지에 대해 3부에서 다룬다. 여기서 다루는 다양한 문제들을 통해 ERGM 접근으로 다룰 수 있는 연구 문제들이 폭넓다는 점을 알 수 있다. 예컨대, 러셔와 로빈스(Lusher & Robins)는 14장에서 네트워크 내 다른 사람들의 태도에 대한 개인적 인식이 네트워크 연결관계를 형성하는 것과 독립적 연관성을 갖는지에 대해 서로 다른 두 맥락에서 살펴본다. 그들은 사회심리학 이론을 통해 이를 설명한다. 15장에서 로미와 팔로티(Lomi & Pallotti)는 다양한 경로 폐쇄 효과들을 살펴보는데, 궁극적으로 병원 간 환자 이송에 있어서 구조적 등위성과 같은 패턴이 중요함을 설명한다. 16장에서 자오와 랭크(Zhao & Rank)는 한 조직 내에서의 여러 관계 유형이 서로 어떻게 연관되어 있는지를 보여준다. 다양한 리더십 이론을 토대로, 칼리시와 루리아(Kalish & Luria)는 17장에서 관계적 현상으로서의 리더십을 연구했으며 어떻게 리더십 네트워크가 다른 많은 유형의 사회 네트워크와 상이한지를 설명한다. 18장에서 다라가노바와 패티슨(Daraganova & Pattison)은 공간적 요인과 사회적 관계가 실직에 미치는 영향에 관한 경쟁 가설들을 검증한다. 이가라시(Igarashi)는 19장에서 다양한 커뮤니케이션 방법을 포함한 네트워크에 대해 종단 분석을 수행함으로써 유유상종이 중요하다는 점을 보여준다. 해리건과 본드(Harrigan & Bond)는 20장에서 이원모드 네트워크 모형을 사용하여 어떻게 서로 다른 형태의 자본이 서로 다른 유형의 연결 행위를 초래하는지를 설명한다. 3부의 마지막 장인 21장에서는 퀸탄(Quintane)이 자기보고 연결관계와 실제 관찰된 연결 행위 간의 차이를 설명한다.

1.3.4. 4부: 미래

방법론은 계속 발전하고 있다. 이 책에서 다루는 내용이 ERGM에 대한 마지막 내용이 분명 아닐 것이다. 이 책을 마무리하면서, 패티슨과 스나이더(Pattison & Snijders)는 향후 ERGM 연구와 방법론이 나아가야 할 방향에 대해 제시한다.

1.4. 이 책을 읽는 법

이 책의 첫 표지부터 마지막 표지까지 전부 다 읽는 것이 모든 독자들에게 반드시 최선의 방법은 아닐 것이다. 통계적 지식이 부족한 독자들은 '1부: 이론'에 있는 네 개의 장들을 모두 살펴볼 것을 권한다. 1부를 통해 ERGM에 대한 기초 지식을 얻을 수 있다. 이와 더불어 ERGM의 기초에 대한 입문적 성격의 방법론을 다루는 6장도 중요하니 함께 읽어보기 바란다. 물론 독자들마다 자신의 필요에 따라 나중에 이를 살펴볼 수도 있다. '3부: 활용'과 '4부: 미래'

부분으로 넘어가기 전에 최소한 8장의 사회 선택 모형과 13장의 연구 사례들은 꼭 읽어보기 바란다.

어떤 독자들은 통계적 모형의 관점에서 ERGM을 이해하기를 원할 수도 있다. 이 경우, '2부: 방법론'으로 바로 이동하여 6장과 7장을 먼저 읽고 난 후에, 12장까지 살펴보기 바란다. 이후 개념적 문제들을 다루는 1부로 돌아가면 된다.

실증적으로 모형을 적합하는 것에 관심이 많은 독자들은 처음 이 책을 접할 때는 일단 7장은 읽지 않고 넘어가도 된다. 7장은 의존성을 다루는데 ERGM과 관련한 중요한 개념적 문제들을 상세히 설명하고 있다. 하지만, 통계적 모형의 이론적 토대에 대해 관심이 많은 독자들에게는 7장이 중요하다.

ERGM 틀에 익숙한 독자들과 특정 유형의 모형에 관심이 있는 독자들은 1부(그리고 아마도 2부의 첫 번째 장)를 먼저 훑어볼 것을 권한다. 여기서부터 독자들은 자신들의 관심사와 부합하는 활용 사례들을 선택하여 살펴보면 된다. 그리고 해당 사례들과 관련이 있는 부분들을 2부에서 찾아보면서 세부 내용에 대해 확인하면 된다. 예컨대, 만약 사회 영향력과 같은 모형에 관심이 있다면 18장부터 읽기 시작한 후에 필요한 경우 2부의 9장으로 돌아가서 보다 세부적인 내용을 참조할 수도 있다.

만약 자신이 가지고 있는 ERGM을 적합시키고자 한다면, 이 모형이 어떻게 적합하는지를 이해하는 것이 중요하므로 우선 4장과 5장을 읽어본 후에 13장 또는 보다 상세한 내용은 12장(시뮬레이션, 추정, 그리고 적합도)을 살펴보기 바란다. 3부의 구체적인 활용 사례들은 ERGM 실증 연구에 대한 일종의 안내서로서 도움이 될 것이다. 마지막으로, 일단 모형을 적합시키고 나면, 2부의 세부 내용에 대해 더 깊게 읽어보기를 권한다.

1.5. 사회 네트워크 분석에 대한 사전 지식

이 책은 독자들이 사회 네트워크 분석에 대한 기본 지식이 있다는 것을 전제로 하기에, 독자들이 네트워크 및 그래프 이론에서 사용된 일반 개념이나 용어에 대해 이해할 것으로 기대한다. 관련 사전 지식을 필요로 하는 독자들은 네트워크 분석에 관한 입문서들(Wasserman & Faust, 1994; Prell, 2011; Knoke & Yang, 2008; Scott, 2000; de Nooy, Mrvar, & Batageli, 2005; van Duijn & Vermunt, 2006; Hanneman & Riddle, 2005)이 많이 있으니, 이 중 한 권을 택해 읽어보기 바란다.[4] 이 책은 독자들이 회귀분석이나 로지스틱 회귀분석과 같은 일반적인 통계 기법들에 대해서도 잘 알고 있다고 가정한다. 콜락시크 (Kolaczyk, 2009)와 녹 그리고 양(Knoke & Yang, 2008) 둘 다 ERGM에 대해 설명하고 있는데, 콜락시크는 네트워크에 대한 통계 모형을 통계적 그리고 포괄적으로 다루고 있기에, 대안 모형을 검토하고자 한다면 이 책을 권한다. 콜락시크의 책은 고급 통계 분석과 관련한 문제들을 다루고 있으므로 더 포괄적인 지식이 필요한 독자들이 추후 읽어볼 만하다.

---

4) 옮긴이 주: 국내에도 네트워크 분석에 관한 여러 입문서들이 있다. 이 중 몇 권을 소개하자면, 기본 개념서로는 『사회 연결망 분석』(김용학 지음, 2016), 『소셜 네트워크 분석』(존 스콧 지음, 김효동·김광재 옮김, 2012) 등이 있으며, 수학적 설명이 가미된 책으로는 『소셜 네트워크 분석』(곽기영 지음, 2017)이 있다. 이뿐만 아니라, 문헌정보학적 관점에서 서술한 『네트워크 분석 방법론』(이수상 지음, 2012)과 네트워크 분석을 커뮤니케이션 이론/개념/현상과 연관지어 설명한 『커뮤니케이션 연구를 위한 네트워크 분석』(최수진 지음, 2016)이 있다. 이 외에도 네트워크 분석 소프트웨어의 매뉴얼 성격이 짙은 책들이 근래 여러 권 출판되었다.

1부 이론

2장 ERGM이란?

3장 사회 네트워크 구조의 형성

4장 통계 모형으로서의 ERGM에 대한 개설

5장 ERGM 분석 사례

2장

ERGM이란?

개리 로빈스(Garry Robins)·딘 러셔(Dean Lusher)

2.1. ERGM: 정의

ERGM은 네트워크 구조에 관한 통계 모형으로서, 어떻게 네트워크상의 연결관계가 구조화되는가에 대한 추론을 가능케 한다. 달리 말하면, ERGM은 어떻게 그리고 왜 사회 네트워크 연결관계가 형성되는가를 보여주는 연결관계 기반 모형이다. ERGM의 이러한 특징은 사회 네트워크 관련 실증 연구들이 목표로 하는 바와 부합하는데, ERGM을 통해 관찰된 네트워크 구조(즉, 연구자가 수집한 데이터를 토대로 형성된 네트워크)를 분석함으로써 사회 체계 저변의 네트워크 생성 및 유지 과정에 대한 통찰을 얻을 수 있기 때문이다.

대부분의 사회 네트워크 분석은 다양한 네트워크 지표들을 통해 해당 네트워크(즉, 그래프 G)의 특징을 요약적으로 보여주는 데에 관심을 가져왔다. 관련 연구들을 살펴보면, 그래프 G의 연결관계 수, 양방향 연결관계 수, 중심성(centrality) 지표, 세 개 노드(node)들로 형성할 수 있는 모든 연결관계들의 유형(triad census) 등을 다룬 네트워크 지표들을 흔히 볼 수 있다. 이러한 지표들을 네트워크 통계량(network statistics)이라고 부르며, 수학적으로 ERGM은 아래 산식에 근거하여 특정 그래프가 발생할 확률을 산출한다.

$$P_\theta(G) = ce^{\theta_1 z_1(G) + \theta_2 z_2(G) + \dots + \theta_p z_p(G)}$$

네트워크 G가 발생할 확률은 지수함수의 형태로 표현되는데, 일반 회귀분석식과 마찬가지로 가중치 θ값이 부여된 네트워크 통계량 z들의 합에 해당하며, 여기서 c는 정규화 상수(옮긴이 주: 0~1 사이의 확률값으로 만들기 위해 필요하다)이다. 네트워크 통계량은 네트워크 G에 내재된 연결관계들을 그 유형별로 숫자를 센 값이거나 그 수치들의 변환값이다. 이 연결관계 유형들은 네트워크에서 작은, 지역 하위 그래프이다. 간단히 말해, 네트워크의 발생 확률은 얼마나 많은 하위 연결관계 유형들이 존재하는지에 따라 달라지며, θ값은 각각의 하위 연결관계 유형들의 중요도를 알려준다.

위 산식은 '2부 방법론'에서 보다 자세히 설명할 예정이다. 여기서는 ERGM을 간략히 소개하고자 하므로 수학적 내용보다는 다소 직관적인 수준에서 설명하고자 한다.

연구자는 이론적 관심사에 부합하는 일련의 연결관계 유형들을 선별하여 ERGM을 구체화한다. 곧 설명하겠지만, 다양한 형태의 연결관계 유형들이 존재한다. 연구자가 이론적 목적에 따라 선별한 연결관계 유형들로 이뤄진 ERGM을 연구자가 관찰한 실제 네트워크에 적용함으로써 ERGM의 모수가 추정된다. 이를 통해 연구자가 수집한 데이터상의 연결관계 유형들에 대한 추론이 가능하며, 해당 네트워크를 형성하고 유지하는 데에 중요한 사회적 과정들에 대해서도 추론할 수 있다. 그리하여, ERGM을 통해 네트워크 구조와 과정에 대해 실증적으로 연구할 수 있다.

주목할 점은 단 하나의 ERGM이 존재하는 것이 아니라 수많은 ERGM들의 집합이 존재한다는 것이다. 일반 회귀분석에서 연구자가 회귀분석식에 포함시킬 변수들을 선택하듯이, 연구자가 ERGM에 들어갈 연결관계 유형들을 선택해야 한다. 이때 연구자는 분석하고자 하는 네트워크 구조를 가장 잘 설명할 수 있는 연결관계 유형들을 고르는 것이 중요하다. 연결관계 유형들을 선택함에 있어 일정 부분 표준화된 방법들이 있긴 하지만, 기본적으로 어떻게 연결관계가 생성되고 존재하는지에 대한 이론적 지식을 토대로 연결관계 유형들을 선택해야 한다. 3장에서 관련 이론에 대해 자세히 다룰 예정이지만, ERGM 자체가 네트워크, 사회 네트워크에 대한 개념화, 사회 네트워크 형성 과정 등에 대한 메타 이론을 내포하고 있다.

2.2. ERGM 이론

ERGM은 사회 네트워크 분석이 전제로 하는 아래의 기본 가정들을 공유한다.

- 사회 네트워크는 지역적으로(locally) 발현된다.
- 연결관계는 자기조직적(self-organizing)이기도 하지만 (즉, 연결관계들 간의 의존성이 존재한다) 노드의 속성과 다른 외부 요인들에 의해 영향을 받기도 한다.
- 네트워크 내의 패턴은 계속 진행 중인 일련의 구조적 과정들의 증거로 볼 수 있다.
- 여러 구조적 과정들이 동시에 진행될 수 있다.
- 사회 네트워크는 구조화되어 있지만 확률적이다.

각각의 가정들에 대해 앞으로 이 책에서 보다 상세히 다룰 예정이다. 분명한 것은 ERGM이 이론과 무관한 (옮긴이 주: 단순 분석 기법을 다루는) 것이 아니라는 점이다. 위에 언급했던 가정들만 보더라도 ERGM으로 다룰 수 있는 연구 문제가 별도로 존재함을 알 수 있다. 물론 이 가정들이 ERGM에만 국한된 것이 아니라 사회 네트워크를 다루는 다른 접근들에도 해당된다. 예컨대, ERGM은 사회 연결관계가 지역적으로 형성된다고 간주하며, 대부분의 사회 네트워크 이론도 상호호혜성(reciprocity), 이행성(transitivity), 유유상종(homo-phily)과 같은 지역적 연결관계 형성 과정(3장 참조)에 대해 다룬다. 몬지와 콘트랙터(Monge & Contractor, 2003)는 네트워크 연구가 동시에 여러 이론적 관점을 다룰 수 있도록 다중이론적(multitheoretical) 토대를 갖춰야 한다고 주장하는데, ERGM으로 이를 구현하는 것이 가능하다(섹션 3.1.5 참조).

ERGM의 명백하고도 중요한 특징은 연결관계가 상호의존적(즉, 연결관계가 자기조직적)이기에, 특정 연결관계의 존재가 다른 연결관계의 존재 여부에 영향을 미친다(일반적인 내용에 대해서는 섹션 3.1.4와 3.2.1, 보다 구체적인 설명에 대해서는 6장과 7장 참조)는 점이다. 물론, 사회 네트워크 내에서 개인들이 상호의존적이라는 점은 주지의 사실이다. 화이트, 부어만, 그리고 브라이거 (White, Boorman, & Breiger)는 1976년에 출간된 그들의 유명한 논문에서 많은 이론들이 개인 간의 상호작용에 대해 다루고 있지만, 실제 연구 과정에서는 연구자들이 개인들을 집단으로 묶어서 처리한다고 주장하면서, 사회적 상호작용 연구에 있어서 이론과 방법론상의 괴리에 대해 개탄했다. 개인들을 마치 서로 연관이 없는 개별적인 분석 단위(unit of analysis)로 간주하는 것보다 사회관계 속에 내재된 행위자들(actors in social relations)로 간주하여 사회 네트워크 분석을 하는 것이 더 현실적이다(Abbott, 1997: 1152). ERGM은 이보다 한 단계 더 나아간 상호의존성을 상정하는데, (옮긴이 주: 노드들 간의 상호의존성뿐만 아니라) 연결관계 간에도 상호의존성이 존재함을 가정한다. 이런 가정을 기반으로 연결관계들이 중요한 패턴을 형성하는 것으로 간주하며, 이 연결관계 유형을 ERGM에 모수화하여 투입한다. 실제 사회 구조에 내재되어 있는 다양한 형태의 의존성을 발견하는 것은 이론적 및 실증적인 과정을 통해서 가능하며 이 과정들이 결국 기본적인 수준에서의 사회 네트워크 이론을 구성한다.[1) 연결관계 간의 의존성은 7장 외에도 이 책의 곳곳에서 더 논의할 예정이다.

ERGM을 사용할 때 연구자가 고려해야만 하는 여러 가정들이 있지만, 이와 동시에 ERGM은 연구자에게 상당한 선택의 자유를 주기도 한다. 이미 언급한 바와 같이, 하나의 ERGM만 존재하는 것이 아니라 많은 ERGM들이 있기에, 연구자는 어떤 네트워크 구조가 중요한가를 판단함으로써 어떤 모형을 사용할지를 선택할 수 있다. 이러한 ERGM의 유용성과 동시에 어려움은 사회 네트워크의 시각에서 특정 이론(또는 이론들)을 찾아서 적용하고, 관련 이론적 개념을 반영하는 하나의 또는 복수의 연결관계 유형들을 특정하는 것이다. 이 과정들에 대해서는 3부에서 설명할 예정이다. 이론화 과정에서는 이론적 개념과 연결관계 유형 간의 적합성을 찾는 것이 중요하다. 그 사례로 14장과 17장에서는 많은 연결관계를 받는 노드들의 속성에 대해 다루며 15장에서는 연결관계의 내생적인 형성 과정, 특히 서로 다른 형태의 연결관계 폐쇄 메커니즘에 대해 다룬다. 14장과 17장은 연결관계와 노드 속성 간의 관련성을 다루지만 내생적인 (즉, 자기조직적인) 네트워크 형성 과정을 통제한 상태에서 관련 모형을 만든다. 마찬가지로, 15장은 네트워크의 내생적인 형성 과정에 대해 다루지만 노드 속성과 관련한 네트워크 효과들을 통제한 상태에서 관련 모형을 만든다. 이 세 개의 장에서 다루는 네트워크 구조들 (예컨대, 상호호혜성 효과, 내향 연결정도 효과 등) 간에는 공통점이 있는데, 사회 연결관계 형성과 관련한 많은 이론적 개념들이 서로 다른 연구에서 동시에 분석되고 있

1) 여기서는 횡단 데이터에서 의존성을 모형화하는 특정 방법에 대해서 언급한 것이다. ERGM 외에도, 의존성 관련 이슈들을 다루는 다른 많은 통계 모형들이 존재한다. 예컨대, 무작위 효과 p2 모형(van Duijn, Snijders, & Zijlstra, 2004)이나 잠재 사회 공간/변수 모형(Airoldi et al., 2008; Handcock, Raftery, & Tantrum, 2007; Hoff, Raftery, & Handcock, 2002; Schweinberger & Snijders, 2007) 등이 있다. 하지만, ERGM은 이들 중에서도 의존성을 모형화한 최초의 그리고 가장 명료한 접근법이라 할 수 있다. 네트워크 분석에 관한 통계적 접근의 개괄에 관해서는 스나이더(Snijders, 2011)를 참고하기 바란다.

고 복수의 이론들이 동시에 고려되어야 한다는 점을 보여준다는 것이다. 그러나 이 세 장에서 다루는 분석들은 서로 동일한 이론을 토대로 하지는 않으며, ERGM을 통해 많은 이론들을 연구할 수 있지만 특정 이론이 연구자의 연구 관심사에 더 부합할 수도 있다. 요컨대, ERGM은 연구자의 관심사에 따라 다양한 네트워크 이론들을 검증할 수 있는 개방된 분석틀을 가지고 있다. 일단 연구자가 사회 이론을 관계적인 시각에서 계량화된 변수로 조작적 정의만 할 수 있다면, ERGM은 이 연구 가설들을 통계적으로 검증할 수 있는 분석틀을 제공한다.

2.3. ERGM의 역사 개요

모레노와 제닝스(Moreno & Jennings, 1938)는 그들이 관찰한 네트워크 데이터를 귀무분포(null distribution)하에서 추정되는 네트워크 데이터와 비교하면서 네트워크 분석의 통계적 접근을 소개했다. 비록 그들의 방법론은 단순했지만, 구조적 효과가 무작위 상태에 일종의 편향(bias)을 초래한다는 시사점을 학계에 던져주었다. 몇 년 후, 라포포트(Rapoport, 1953, 1957)는 편향 네트워크 이론(biased net theory)에 이를 반영했다. 무작위 모형 그 자체는 에르되스-레니 그래프(Erdös & Rényi, 1959)나 균등 베르누이(uniform Bernoulli) 그래프 분포(Frank, 1981)를 사용한다. [귀무분포와 관련한 여러 발전 과정은 학계에서 다뤄진 바 있다. 패티슨과 그의 동료들의 논문(Pattison et al., 2000)을 참고하기 바란다.]

홀랜드와 라인하르트(Holland & Leinhardt, 1981)는 "p1 모형"이라고 불리는 양자 독립적 통계 모형(dyadic independence statistical model)을 소개한 바 있다. p1 모형은 단순 무작위 그래프 분포를 확장시킨 최초의 ERGM이다. 이 모형이 향후 네트워크 통계 모형의 발전에 토대를 마련했지만, 양자관계(dyad)를 넘어서서 모형화하지는 못했다. 그들의 단순 모형은 일반 로그선형 모형을 통해 추정이 가능했지만, 삼자(triad) 간의 연결관계가 형성되면 로그 선형 모형의 전제 조건인 독립성 가정이 성립되기 어려웠다. [양자관계 이외의 의존성(extradyadic dependence)을 고려한 더 정교한 양자 기반 모형을 반 두진과 그의 동료들(van Dujin et al., 2004)이 제시한 바 있다.]

이 책을 포함하여 학계에서 중요하게 생각하는 연구는 바로 프랭크와 스트라우스의 논문(Frank & Strauss, 1986)이다. 이들은 독립성에 기반을 둔 새로운 방법론을 찾기보다 연결관계 의존성을 다루는 적절한 접근법을 찾는 것이 더 필요하다고 생각했다. 이들은 공간 통계학적 접근을 네트워크 맥락으로 확장시켜서 마르코프[Markov, 옮긴이 주: 러시아 수학자 안드레이 마르코프(Andrei Andreyevich Markov)의 이름] 무작위 그래프 모형을 제안했다. 이 모형은 거의 20년 동안 ERGM의 핵심이었다. 가히 ERGM 역사상 기억할 만한 획기적인 논문이라 할 수 있다.

하지만 마르코프 무작위 그래프 접근법이 네트워크 연구자들에 의해 사용되기까지는 꽤 오랜 시간이 걸렸다. 1990년대가 되어서야 와써만과 패티슨(Wasserman & Pattison, 1996)이 이런 식의 네트워크 모형화를 p* 모형[p1 모형을 따라서 p*라고 명명했다. 렌놀스(Rennolls, 1995) 논문을 참고하기 바란다]이라고 칭하면서 널리 알려졌다. p* 모형들의 로그선형 형태를 강조하면서 마르코프 그래프의 기본 틀을 확장하는 것이 용이해졌으며 결과적으로 다변량(multivariate; Pattison & Wasserman, 1999), 계량(valued; Robins, Pattison, & Wasserman, 1999), 그리고 이원모드(bipartite; Skvoretz & Faust, 1999) 네트워크 데이터의 모형화가 가능해졌다. 노드 속성은 사회적 선택(social selection) 모형(Robins, Elliott, & Pattison, 2001)과 사회적 영향력(social influence) 모형(Robins, Pattison, & Elliott, 2001)을 토대로 네트워크 모형에 포함하게 되었다. 이로써 ERGM은 네트워크 사회과학 이론들을 연구하는 데에 효과적인 분석 틀로 자리매김하게 되었다(Contractor, Wasserman, & Faust, 2006; Monge & Contractor, 2003).

그러나 네트워크 데이터 속 의존성을 통계적 추정 과정(최대 유사 우도 추정; maximum pseudolikelihood estimation)에서 제대로 다루지 못했기 때문에 한계가 존재했다. 그럼에도 불구하고 지난 10년간 ERGM의 발전 속도나 인기는 급격하게 증가했다. 다양한 연구 팀들이 최대 우도 추정값(보다 정확히는 최대 우도 추정 근사값)을 산출하기 위한 알고리즘 개발에 몰두했는데 모두 컴퓨터 집약적 시뮬레이션(Corander, Dahmstrom, & Dahmstrom, 1998, 2002; Crouch, Wasserman, & Trachtenberg, 1998; Handcock, 2002, 2003; Snijders, 2002)을 기반으로 한다. 일견 알고리즘적 어려움으로 간주되었던 것이 핸드콕(Handcock, 2002)과 스나이더(Snijders, 2002)에 의해 ERGM의 마르코프 설정상의 문제인 것으로 추정되었는데, 그전까지만 해도 프랭크와 스트라우스(Frank & Strauss, 1986)가 제안한 이행성 경향을 반영한 마르코프 모형이 당연한 것으로 받아들여졌다. [모형 결핍(model deficiencies)에 대해서는 마르코프 모형을 다룬 섹션 6.6.3을, 모형 퇴보(model degeneracy) 또는 근사 퇴보(near-degeneracy)에 대해서는 섹션 12.6을 참고하기 바란다.] 이러한 문제점에 대한 대안으로, 패티슨과 로빈스(Pattison & Robins, 2002)가 제안한 실현 의존 조건부 독립성(realization-dependent conditional independence) 가정하에서, 마르코프 설정이 사회 순환 모형(social circuit model)과 결합되면서 보다 일반화되었다(Snijders et al., 2006). 이로 인해 실제 데이터에 대한 ERGM의 적합도가 향상되면서 ERGM의 설명력이 배가되는 돌파구를 마련했다(Robins et al., 2007).

최대 우도 추정치를 근사하기 위한 다수의 시뮬레이션 기반 알고리즘이 소프트웨어에서 구동되는데, 일반이 사용할 수 있는 컴퓨터 프로그램으로는 SIENA, Statnet, 그리고 PNet 패키지가 있다. SIENA(Snijders et al., 2005)는 ERGM 추정을 포함하며 종단적 행위자 지향(actor-oriented) 모형 알고리즘을 수반한다. Statnet(Handcock et al., 2008)은 같은 추정값을 다른 알고리즘을 사용하여 산출하며, PNet(Wang, Robnis, & Pattison, 2005)은 SIENA와 같은 알고리즘을 사용한다.

모형 생성과 추정(Hunter & Handcock, 2006) 그리고 새로운 모형 적합도 산출 방법(Hunter, 2007; Hunter, Goodreau, & Handcock, 2008; Robins et al., 2007) 등이 연이어 등장했다. 이 책의 뒷부분에서 설명하겠지만, 다양한 상황하에서 적용할 수 있는 새로운 모형 기법들이 많이 개발되었다. 예를 들어, 베이지안 추론, 결측치와 눈덩이 표집에 대한 모형화, 방향성 있는 네트워크, 이원모드 네트워크, 다변량 데이터, 종단 데이터, 사회적 선택과 영향을 볼 수 있는 데이터 등에 대해서도 ERGM을 적용할 수 있게 되었다. 자세한 내용은 이 책의 2부에서 설명할 예정이다.

2.4. ERGM에 사용 가능한 네트워크 데이터

ERGM은 실증적 네트워크 데이터를 사용하도록 만들어졌다. 추후 살펴보겠지만, ERGM을 통해 네트워크를 시뮬레이션해볼 수도 있으나(12장과 13장 참조), 연구자가 직접 수집하고 의미를 도출해내고자 하는 실제 네트워크 데이터를 다룰 때 ERGM의 강점이 발휘된다.

3부에서는 ERGM을 사용하여 분석할 수 있는 다양한 유형의 네트워크를 소개한다. 해당 네트워크는 방향성이 있을 수도 없을 수도 있지만, ERGM을 사용하여 분석하는 모든 네트워크는 이진형이다. (옮긴이 주: 이진 네트워크는 관계의 존재 여부만을 나타내며 관계의 강도는 나타내지 않는다.) 계량 네트워크는 ERGM 분석에서 사용하지 않으며, 연결관계의 강도를 이진 네트워크를 설명하기 위한 외생변수 공변량으로 사용할 수는 있다. 서열화된 연결관계(예컨대, 강한 연결관계-약한 연결관계, Robins et al., 1999)를 설명하기 위해 ERGM을 활용하는 것이 이론적으로는 가능하나 현재의 소프트웨어로는 아직 실행이 어려운 단계이다.

ERGM은 대체로 전체 네트워크(옮긴이 주: ego network의 반대되는 개념으로의 whole network)를 분석하는 데에 활용하지만, 에고 네트워크에서 사용할 수 없는 것은 아니다. 12장에서 설명한 바와 같이, 눈덩이 표집을 통해 수집한 네트워크 데이터도 ERGM으로 분석 가능하며 네트워크 데이터에 일부 결측치가 있다 하더라도 ERGM을 적용할 수 있다.

중요한 고려 사항 중 하나로 노드 개수가 있는데, 노드 수가 많을수록 ERGM 추정 과정에서 많은 컴퓨터 처리 용량이 소모될 뿐만 아니라 (옮긴이 주: 대규모 네트워크에서 노드는 동질적이지 않은 경우가 많아) ERGM의 동질성 가정을 충족시키기가 어렵기 때문이다. 현재의 컴퓨터 처리 능력으로 노드 수가 1,000개에서 2,000개가 넘는 네트워크를 추정할 수 있지만(Goodreau, 2007), 앞으로 최신 눈덩이 표집 기법으로 수집된 매우 큰 네트워크에 대해서 추정해야 할 수도 있다.

지금까지 ERGM은 대부분 횡단 데이터에 적용되었는데, 11장에서 설명한 것처럼 ERGM을 종단 데이터에 적용하는 것도 가능하다. 그뿐만 아니라, ERGM은 통상 같은 유형의 연결관계로 구성된 네트워크 분석에 적용되지만, 여러 유형의 연결관계로 구성된 네트워크에 대해서도 적용 가능하며(10장 참조), ERGM 모형에 다른 네트워크를 외생 공변량으로 포함시키는 것도 가능하다. ERGM은 이원모드 네트워크 데이터에도 활용 가능하며(10장 참조) 원칙적으로 어떠한 유형의 관계 데이터에도 적용 가능하다.

다차원 분석도 ERGM에서 가능한데(Lubbers & Snijders, 2007), 다수의 같은 유형의 네트워크(예컨대, 학교 교실들에서의 네트워크들)에 대해 ERGM으로 추정한 후에 다차원 사후 분석을 시행하여 전체 데이터셋에 걸쳐서 중요한 모수들을 판단할 수 있다.

ERGM 모형으로 노드의 속성에 대한 고려 없이 네트워크 연결관계만 분석하는 것도 가능하지만, 이진형, 범주형, 연속형 등 여러 다양한 형태의 노드 속성들을 ERGM 모형에 포함시켜서 노드 속성이 네트워크 연결관계 형성과 연관되어 있는지 여부를 규명할 수도 있고, 지리적/공간적 변수도 ERGM에 포함시킬 수 있다(8장 참조). 네트워크 연결관계를 통제한 상태에서 특정 노드 속성의 존재 여부를 예측하는 모형에 일반적인 ERGM 접근을 사용할 수도 있다. 이러한 자기로지스틱 행위자 속성 모형(autologistic actor attribute model: ALAAM)은 다양한 사회적 영향력과 관련 효과들을 분석하는 데에 활용할 수 있다(9장 참조).

3장
사회 네트워크 구조의 형성

딘 러셔(Dean Lusher)·개리 로빈스(Garry Robins)

3.1. 연결관계 형성: 구조의 발현

ERGM이 네트워크, 네트워크 형성 과정, 그리고 사회 구조에 대한 일정한 형태의 가정들을 수반한 이론을 토대로 한다는 점을 잘 모르는 경우도 있다. "ERGM 이론"이 특정 네트워크 형성 과정에 국한된 것이 아니라는 점에서 네트워크 메타 이론이라 할 수 있다. 일종의 이론적 시각이며, 그 틀 안에서 더 많은 구체화된 네트워크 이론들이 모색될 수 있다. ERGM 이론의 본질은 작은 지역 하위 구조의 축적을 통해 사회 구조가 형성되고, 보다 근본적으로 개별 연결관계의 형성을 통해 이런 하위 구조 패턴이 만들어진다는 데에 있다.

3.1.1. 사회 연결관계의 형성

ERGM은 사회 네트워크의 연결관계 패턴을 설명하는 최초의 모형이다. 이러한 ERGM의 연결관계 기반 접근은 특정 연구 문제들에 대한 답을 주지만, 다른 연구 문제들에 대해서는 그렇지 못하다. ERGM은 기본적으로 네트워크에 속한 구성원들의 속성 관련 종속변수를 예측하는 것이 아니라(소위 말해 확산 모형 또는 사회적 영향력 모형[1]), 구성원들의 속성이 연결관계 형성에 미친 영향(즉, 사회적 선택 과정)을 설명하는 것과 더불어, 연결관계 형성 과정에 대한 추론을 가능케 하는 연결관계 패턴을 도출하는 것이다.

많은 네트워크 이론들이 존재하며, 특정 네트워크를 ERGM 모형으로 설명하는 데에 이 이론들을 활용할 수 있다. 예를 들어, 상호호혜성 및 교환 이론은 기본적이고 보편적인 인간 활동을 설명하는데(Blau, 1964), 일반적으로 사람을 구성원으로 하는 사회 네트워크에서는 연결관계가 상호호혜적이기를 기대한다. 이러한 양자관계(dyad)를 넘어서, 삼자관계(triadic relations)의 중요성에 대해서도 짐멜(Simmel, 1950)이 강조한 바 있다. 하이더(Heider, 1958)에 기초하여, 카트라이트와 하라리(Cartwright & Harary, 1956)는 구조적 균형 이론을 제안했는데, 이 이론을 통해 사회 네트워크에서 "경로 폐쇄(path closure)" 또는 "네트워크 폐쇄(network closure)"로 알려진 삼각관계화(triangulation)에 대한 그래프 이론적 접근이 가능해졌다. 이때부터, 네트워크 폐쇄는 사회 네트워크 연구에서 중요한 주제가 되었다. 그래노베터(Granovetter, 1973)는 강한 연결관계의 폐쇄성과 약한 연결관계의 비폐쇄성에 대해 비교했고, 버트(Burt, 1992)는 네트워크 매개(network brokerage)와 구조적 공백(structural hole)을 연구했다. 버트의 연구 결과에 따르면, 폐쇄적이지 않은 구조의 중심에 있는 사람이 네트워크 내에서 유리한 위치에 있는 것으로 나타났다. 폐쇄성과 더불어, 네트워크 내에서의 인기도 이론 또한 사회적으로 잘 연결된 사람들이 유리한 위치에 있거나 특별한 사회적 위치에 놓인다고 설명한다(Bavelas, 1950; Freeman, 1977, 1979). 선호적 연결 원리(preferential attachment)는 현재의 네트워크 인기가 향후의 인기를 어떻게 유발하며(Barabási & Albert, 1999; Merton, 1968; Yule, 1925) 결과적으로 네트워크 내에서 중심성이 매우 높은 소

---

1) 하지만, ERGM류의 접근이 사회적 영향력 모형에서 사용되기도 한다(9장 참조).

수의 구성원이 어떻게 생기는지를 설명한다. 노드의 속성과 관련하여, 네트워크 연결관계 형성을 설명하는 데에 유유상종(옮긴이 주: 같은 속성을 지닌 노드들 간에 연결관계를 형성하는 경향)의 중요성(McPherson, Smith-Lovin, & Cook, 2001)이 자주 거론된다. 서로 다른 유형의 연결관계로 구성된 다중 네트워크에 대해, 나델(Nadel, 1952)과 화이트(White, 2008)는 하나의 사회 네트워크는 다른 사회 네트워크 맥락을 제공하기에 서로 다른 네트워크들 간에 상호의존성이 존재하며 한 네트워크에서의 연결관계는 다른 네트워크에서의 연결관계 형성을 촉진할 수 있음을 보여주었다.

3.1.2. 연결관계 유형: 결과로서의 네트워크 패턴과 관련 과정

이러한 이론들과 개념들을 통해 연결관계들이 왜 존재하는지, 어떻게 특정 지역 네트워크 패턴을 형성하게 되고, 어떻게 행위자 속성들과 연관되어 형성되는지에 대해 설명할 수 있다. ERGM의 언어로 표현하자면, 이러한 지역 네트워크 패턴을 연결관계 유형(network configuration)이라고 부른다. 연결관계 유형은 사회 네트워크 구조에서 존재할 수 있는, 지역 규칙성을 보이는 작은 하위 그래프이다. 어떤 연결관계 유형이 특정 네트워크 구조에 존재하느냐 여부는 실증적인 분석을 요하는 문제이지만, 연결관계 유형들을 살펴봄으로써 (실증 분석을 하기에 앞서서) 어떻게 네트워크들이 지역적으로 패턴화되어 있는지에 대한 생각을 구체화해볼 수 있다.

〈그림 3.1〉에 방향성 있는 그래프들의 몇몇 연결관계 유형들을 예시로 제시했다. 왼쪽의 첫 번째 예에서, 두 개의 노드 간 양방향 화살표는 두 행위자 간의 연결관계가 상호호혜적임을 보여준다. 그다음 연결관계 유형은 삼자 구조(triadic structure)의 특정 형태 중 하나인 이행적 폐쇄(transitive closure)를 나타낸다. (참고로, 화살표의 방향과 삼자 구조 내에서 일부 연결관계들이 상호호혜적인지 여부에 따라 다른 형태의 방향성 있는 삼자 구조가 형성될 수 있다.) "활동성

〈그림 3.1〉 일부 연결관계 유형과 기저의 사회적 과정

| 상호호혜적 연결관계 | 이행적 폐쇄형 연결관계 | 활동성 연결관계 | 인기도 연결관계 | 유유상종형 연결관계 |

(activity)"이라고 명명한 세 번째 연결관계 유형은 중심 노드에서 바깥 방향으로 향하는 두 개의 연결관계를 지닌 별모양[2] 구조를 지니고 있어서, 이를 본따서 "외향-2-스타(out-2-star)"라고 부른다. 외향의 별모양 구조는 연결관계의 화살표 방향이 특정 행위자로부터 그를 둘러싼 다른 많은 사람들에게로 향할 때, 그 행위자의 활동성을 나타내는 연결관계 유형 중의 하나로 ERGM 모형에 자주 투입된다. 이 연결관계 유형은 그래프의 외향 연결정도 분포와 연관된다. 네 번째 그림에 해당하는 내향의 별모양 구조는 내향 연결정도 분포와 관련이 있는데 네트워크 "인기도(popularity)"를 나타내는 지표로 간주된다. 마지막으로, 다섯 번째 연결관계 유형은 같은 속성을 지닌 두 행위자들(예컨대, 같은 성별일 경우; 노드들을 같은 색으로 표현함으로써 같은 속성을 지님을 나타낸다)이 상호호혜적인 연결관계를 맺고 있는 구조를 나타낸다. 이 연결관계 유형은 같은 행위자 속성을 지닌 사람들 사이에서 연결관계가 형성됨으로써 상호호혜적인 유유상종 현상을 시사하는 데에 자주 사용된다.

사회 네트워크는 다양한 사회적 과정과 메커니즘으로부터 발현된다(Hedström & Swedberg, 1998). 연결관계 패턴이 이 연결관계가 형성되도록 하는 사회적 과정들을 드러내기 때문이다. 과정이라는 개념은 사회 체계의 역동성(dynamic)을 떠올리게 하는데, 이 역동성을 살펴보기 위해서는 11장에서

---

2) 옮긴이 주: 네트워크 분석에서 네트워크가 별모양과 같다 함은 중심이 되는 노드가 하나 있고, 이 노드로부터 주변의 다른 노드들에게로 연결관계가 나가거나 들어오는 형태를 보이는 구조를 의미한다.

논한 것과 같이 여러 시점에 걸친 종단적 관찰이 필요하다. 하지만, 횡단적 데이터를 통해서 구조적 과정의 결과로써 명백히 발현된 네트워크 패턴을 살펴볼 수도 있다. 〈그림 3.1〉에서 본 것과 같은 이러한 연결관계 유형들은 시간에 걸쳐 발생한 사회적 메커니즘들에 따라 소위 고고학적 발자취가 네트워크 구조에 남겨진 결과라고 생각해볼 수 있다. 예를 들어, 같은 직업을 가진 사람들끼리 공동 작업을 할 가능성이 높다고 가정하자. (즉, 인간관계 형성의 메커니즘 중 하나로 잘 알려진 유유상종 현상이 나타났다고 하자.) 만약 여러 시점들에 걸쳐 해당 사회적 과정을 관찰한다면, 같은 직업을 가진 사람들끼리 짝을 이뤄 일련의 공동 작업을 수행하는 모습들을 볼 수 있을 것이다. 마지막 (횡단적) 관찰 시점에서, 이전 관찰 시점들을 살펴보았는지 여부와 무관하게, 같은 직업을 가진 사람들 간의 공동 작업 관계가 우연에 의해 발생할 수 있으리라 기대하는 공동 작업 관계보다 훨씬 더 많이 발생했다는 점을 발견할 것이다. 우연에 의해 기대할 수 있는 것보다 〈그림 3.1〉에서와 같은 유유상종형 연결관계 유형이 더 많이 나타났기 때문에, 최종 횡단적 관찰 그 자체만으로도 유유상종 현상이 존재한다는 근거를 제시할 수 있다. 따라서, 비록 횡단적 네트워크 데이터일지라도, 연구하고자 하는 현상과 관련된 네트워크 패턴을 고찰함으로써 해당 네트워크 구조를 형성하는 데에 기여한 사회적 메커니즘을 발견하기 위한 통찰을 얻을 수 있다.

연결관계 유형은 저변의 사회적 과정을 드러낼 수 있는 결과적인 패턴[3]이라는 점에서 중요하다. 이 설명은 해리슨 화이트(Harrison White, 2008)가 주장한 네트워크 구조(structure)와 네트워크 구조가 발현되도록 한 과정(process) 간의 차별성을 그대로 보여준다. 다시 말해, "네트워크 구조는 역동적 과정의

---

3) 물론, 어떤 네트워크의 경우에는 이러한 설명이 부합하지 않을 수도 있다. 특히 사회 네트워크가 아닐 경우에는 더욱 그러하다. 이런 네트워크에 대해서도 여전히 ERGM을 적용할 수는 있겠지만, ERGM 모형에 포함된 연결관계 유형들에 대한 해석은 다를 것이다.

결과"임을 시사한다[4]. 물론, 패턴(또는 구조: 옮긴이 주)과 과정 간의 구분이 ERGM에 국한된 것은 아니지만, 사회적 과정들과 연관된 정적 구조들은 ERGM에 있어서 특히 중요하다. 비록 ERGM이 횡단 데이터를 토대로 모형화하는 경우가 빈번할지라도 말이다. [실상 ERGM이 연결관계 형성과 소멸의 과정으로 탄생한 최종 산물이라는 점을 수학적으로 보여줄 수 있다(섹션 11.3.4 참조)].

3.1.3. 지역 네트워크 과정들

ERGM에서의 연결관계 유형은 지역적이다. 연결관계는 개인들 간의 쌍에서 형성된다. 만약 어떻게 연결관계가 만들어지는가에 대해 묻는다면, 개인들이 아니라 개인들의 쌍에 대해 한 번에 하나씩 살펴봐야 한다. 따라서, ERGM을 사회 네트워크에 대한 "연결관계 기반(tie-based)" 모형이라고 정의한다.[5] 연결관계는 두 개인이 속해 있는 기존 지역 사회적 환경을 반영하여 형성된다. 이 사회적 이웃은 이들 외의 다른 행위자 쌍들과 그들의 연결관계도 포함한다. 따라서 두 개인들 간의 쌍을 분석의 시발점으로 한다 하더라도 이 개인들 간의 쌍에 대해서만 초점을 맞추는 것은 아니다. 지역 사회적 환경에서 형성된 여러 연결관계들이 꽤 복잡한 지역 네트워크 구조를 형성하고 있을 것이다. 지역 인근의 행위자들의 속성에 더하여, 이러한 다른 연결관계

---

4) 과정이 구조에 의해 제한받을 수 있다는 점도 사실이다.

5) ERGM이 스나이더(Snijders, 2002)의 종단 네트워크의 확률적 행위자 지향 모델(stochastic actor-oriented models)처럼 개별 행위자들의 결정들이 그들의 선호와 제약 사항에 따라 모형화된 "행위자 기반(actor-based)" 모형이 아니라 할지라도, ERGM이 행위자 기반 이론과 모순되는 것은 아니다. 7장에서 개별 행위자들을 통해 어떻게 연결관계들이 상호의존적인지에 대해서도 설명할 예정이다. 행위자 기반 과정과 연결관계 기반 과정 간의 관계에 대한 보다 구체적인 설명이 필요한 독자는 이 책의 섹션 11.4.2나 스나이더(Snijders, 2006, 2010)의 연구를 참고하기 바란다.

들의 구조화가 새로운 연결관계의 형성에 영향을 미칠 수 있으며 이런 식으로 네트워크 연결관계 유형이 형성된다.

3.1.4. 의존성(그리고 네트워크 의존 이론)

ERGM의 토대를 이루는 기본 개념은 네트워크 연결관계 간의 의존성과 관련이 있다. 연결관계들 간의 어떤 형태의 의존성을 전제하지 않고서는 연결관계들 간 특정 패턴들이 형성되는 경향성이 있음을 주장하기 어렵다. 따라서, 결과적으로 형성된 네트워크 패턴들을 네트워크 연결관계 유형으로 상정하는 것은 네트워크 연결관계들 간의 의존성을 가정하는 것과 같다. 연결관계들이 서로 간에 의존적이지 않다면(다시 말해 어떤 연결관계들의 존재가 다른 연결관계들의 존재에 영향을 미치지 않는다면), 연결관계들 간에 특정 네트워크 유형을 형성할 기제가 없는 것과 같다.

지역 연결관계들을 유형화하는 데에 중요한 점은 무엇이 "지역(local)"으로 간주되고 구체적으로 어떤 연결관계 유형을 살펴봐야 하는지에 대한 이론이 필요하다는 것이다. 놀랍게도, 이 두 가지 질문들에 대해 모두 답할 수 있는 이론은 하나이다. 바로 네트워크 "의존(dependence)" 이론이며, 다행스럽게도 ERGM 모형화를 위해 필요한 여러 관련 이론들이 존재한다. 의존 이론을 통해 "지역"이 무엇을 의미하는지에 대해 자동적으로 정해지며 어떤 연결관계 유형을 고려해야 하는지도 이어서 정해진다. 하지만, 만약 보다 세부적인 사회과학 또는 사회 네트워크 이론에 근거하여 특정 연결관계 유형이 중요하다고 판단되면, (암묵적으로든 명시적으로든) 특정 의존성 가설과 이 가설이 수반하는 "지역"의 의미를 채택하게 되는 것이다.

이 책의 6장과 7장에서 의존성 가정들에 대해 더 자세히 소개할 예정이다. 각각의 의존성 가정들은 무엇을 지역 사회적 이웃으로 간주하는가에 대해 서로 다른 정의를 갖고 있기에 상이한 ERGM 유형이 적용된다. 이러한 서로 다른 정의들과 이들 간의 관계를 이해하는 데에 도움이 될 만한 연구들을 이 책 22장에 소개해두었다.

　단순한 예로, 직장에서 누군가가 나에게 중요한 문제들을 상담한다고 가정하자. 이로 인해 그 사람과 내가 상호교류할 가능성은 증가한다. 주지하다시피 인간관계에서 중요한 특징 중 하나인 상호호혜성이 발현된 것이다. 상호호혜성은 일종의 의존적 현상이라 할 수 있는데, 두 사람 간 두 개의 방향성 있는 연결관계들이 상호의존적으로 형성되기 때문이다. 다시 말해, 프레드(Fred)에서 메리(Mary)로 향하는 연결관계의 존재는 메리에게서 프레드로 향하는 연결관계의 존재 가능성을 증가시킨다. (물론, 반대의 경우도 마찬가지이다.) 이런 현상이 바로 "양자 간 의존성(dyadic dependence)"을 의미한다. 상호호혜적 연결관계 유형은 〈그림 3.1〉에 소개한 바 있다. 여기서, 양자 간 의존성 가설은 당연하게도 ERGM에 상호호혜성 관련 연결관계 유형을 투입해야 함을 시사한다.

　앞서서 네트워크 연결관계의 존재 여부에 영향을 미치는 지역 사회적 이웃의 의미로 의존성을 설명한 바 있다. 만약 양자 간 의존성이 적용 가능한 유일한 의존성 가정이라면, 여기서 "지역(local)"의 정의는 단순히 양자(dyad)를 뜻한다. 연결관계의 형성에 영향을 미치는 다른 효과들이 양자 간에 존재하지 않기 때문이다. [그리하여, 양자 간 관계가 다른 양자 간 관계에 대해 서로 독립적이기 때문에, 때로는 "양자 독립성(dyadic independence)"이라고 부르기도 한다.]

　물론, 양자 간 의존성 대신에, 또는 양자 간 의존성에 더하여 더 복잡한 형태의 의존성이 존재할 수 있다. 두 번째 사례로, 어떤 개인이 버락 오바마 전 미국 대통령의 친구가 될 가능성은 작다. 하지만, 만약 버락 오바마의 부인인 미셸 오바마와 친구라면, 버락과 친구가 될 가능성은 급격히 증가한다. 이처럼 "친구의 친구와 친구"가 되는 현상을 이행적 폐쇄성 또는 경로 폐쇄성이라고 부른다. "마르코프 의존성(Markov dependence)"은 연결관계들이 만약 하나의 노드를 공유한다면 상호의존적이라고 가정하는데, 이 책의 뒷부분에서 이러한 연결관계 유형들이 어떻게 "마르코프 의존성"에 기인하는지에 대해 설명하고자 한다.

이 외에도 다른 의존성 가정들이 존재한다. 예컨대, 파티에 두 커플이 있다고 하자. 한 커플 중 한 사람이 다른 커플 중 한 사람과 친구 사이라서 서로 대화를 시작하면, 각 커플 중 나머지 한 사람도 서로 간에 대화를 시작하고 시간이 흘러 서로 친구가 될 가능성이 높다. 이렇듯 오랜 친구관계가 새로운 친구관계의 형성 가능성을 높인 것처럼, 기존 관계의 존재 여부가 새로운 관계의 형성 여건을 조성한다. 이 사례에서와 같은 관계 형성 양상을 "4-사이클(4-cycle)"이라고 부르며, "사회적 순환 의존성(social circuit dependence)"으로부터 기인한 중요한 연결관계 유형이라 할 수 있다.

이뿐만 아니라, 의존성 가정들의 특수한 유형들이 있는데, 이들은 행위자 속성 그리고 연결관계의 양자 간 공변량 및 양자 외부의 공변량과 관련이 있다.

이러한 경우들을 통해 사회적 관계들 간의 의존성이 어떻게 특정 연결관계 유형을 탄생시키는지에 대해 살펴볼 수 있다. 상호호혜성, 이행적 폐쇄성, 그리고 4-사이클 유형은 연결관계의 형성이 특정 방식에 의해 다른 연결관계의 존재에 영향을 받기 때문에 나타난다. 의존성 이론을 통해 무엇이 지역인지를 정의할 수 있을 뿐만 아니라, 관계 형성의 동역학(dynamic)이 무엇을 의미하는지에 대해서도 설명할 수 있다.

그러나 전통적인 사회과학 통계적 접근은 관찰의 독립성(independence of observations)을 전제한다. 이 독립성의 관점에서는, 누군가가 말을 걸어올 때 다시 내가 그 사람에게 말을 걸지 여부에 대해 고려하지 않는다. 독립성의 관점에서는 내가 미셸 오바마와 친구라 할지라도 내가 버락 오바마와 친구가 될 가능성에 영향을 미치지 않음을 전제로 한다. 또한, 이미 아내들 간에 친구관계여도 원래 서로 모르는 관계였던 남편들 간에 친분을 맺게 될 가능성이 증가하지 않음을 가정한다. 이러한 가정은 우리의 사회생활을 돌이켜볼 때 타당하다고 보기 어렵다. 따라서, 연결관계 간의 일정 정도의 의존성을 감안한 채 사회 체계를 이해하고자 한다면 독립성을 전제로 한 t검정, 분산 분석, 회귀분석과 같은 전통적인 통계적 접근을 취할 수가 없다. 반면, ERGM은 이러한 사회관계에서의 의존성을 모형화 과정에서 고려하기 때문에, 네트워크 연결관계의 구조화 과정을 이해하는 데에 더 타당한 접근이라 할 수 있다.

3.1.5. 다수의 배속된 사회 과정들의 복잡한 조합

연결관계 기반 접근을 취하는 ERGM은 그 특성상 연결관계가 형성되는 저변의 사회적 과정들의 "복잡한 조합(complex combination)"에 대한 이해를 향상시킨다. 이러한 점에 주목하여 배속된(nested) 여러 사회 과정들에 대해 살펴보고자 한다.

사회 네트워크 구조의 형성 근원. 이번 장에서 연결관계 형성에 관한 이론들 중 일부를 앞서 소개한 바 있다. 그러나 어느 누구도 단 하나의 이론으로 사회 네트워크가 조직화되는 과정에 대해 모두 알 수 있다고 자신하는 사람은 없을 것이다. 네트워크 내의 전체 연결관계들에 대해 단순히 유유상종 현상만으로 또는 상호호혜적 원리만으로 설명하는 것은 어려우며, 유유상종과 상호호혜성이라는 두 사회적 과정이 하나의 네트워크 내에서 동시에 발생할 가능성이 훨씬 높다. 다수의 연결관계 유형을 하나의 ERGM에 동시에 투입함으로써(예컨대, 유유상종 현상을 반영하는 연결관계 유형과 상호호혜성을 반영하는 연결관계 유형), 어느 사회적 과정이 네트워크 구조의 형성을 더 잘 설명하는지를 검정해볼 수 있다(Monge & Contractor, 2003).

하나의 사회 네트워크에 여러 사회적 과정이 복합적으로 존재하는 경우가 많다. 인간은 사회적 행위를 할 때 의도성을 갖게 되며 다양한 동기와 표현 방식을 취하기 때문에, 특히 사람들의 사회 네트워크에서는 여러 사회적 과정들이 동시에 발생한다. 물론, 이론에 기반하여 사회 네트워크를 설명해야

하고 실증적으로 분석이 가능해야 하지만, 복잡다단한 인간의 사회 체계를 하나의 모형으로 간단하게 설명할 수 있으리라 기대하는 것은 어리석은 생각이다.

　배속된 연결관계 유형. 연결관계 유형은 때때로 서로 다른 연결관계 유형에 배속되어 있다는 점에 주목할 필요가 있다. 가장 단순한 연결관계 유형은 하나의 연결관계로 이뤄진 유형이다. 다른 모든 연결관계 유형은 하나의 연결관계로 이뤄진 유형을 내포하고 있으며, 이보다 더 복잡한 연결관계 유형도 내포하는 경우가 많다. 예를 들어 이행적 삼자관계를 생각해보자. 이 연결관계 유형은 세 개의 방향성 있는 단일 연결관계(즉, arc[6])들을 가지고 있는데, 2-경로 1개, 외향-2-스타 1개, 그리고 내향-2-스타 1개를 나타내기도 한다. (이 연결관계 유형들에 대해서는 〈그림 3.2〉를 참고하기 바란다.)

　연결관계 유형들이 서로가 서로에게 배속되어 있기 때문에, 네트워크 내에 많은 삼각관계들이 존재한다고 해서 이것이 반드시 네트워크 폐쇄성을 초래한다고 추론하기에는 무리가 있다. 많은 연결관계들이 존재하기 때문에 (즉, 네트워크 밀도가 높기 때문에) 또는 많은 2-경로나 2-스타(즉, 방향성 있는 네트워

〈그림 3.2〉 이행적 삼자관계에 배속된(nested) 연결관계 유형

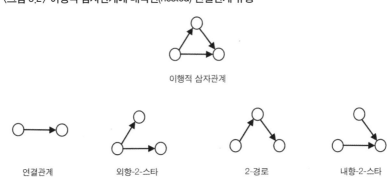

이행적 삼자관계

연결관계　　　　외향-2-스타　　　　2-경로　　　　내향-2-스타

---

6)　옮긴이 주: 방향성 있는 연결선을 특별히 아크(arc)라고 부른다.

크의 경우 내향-2-스타와 외향-2-스타)들이 존재하기 때문에 많은 삼각관계가 존재하는 것일 수 있다. 그렇다면 삼각관계로 인해 네트워크가 폐쇄적이라는 결론은 어떤 경우에 가능할까? 해당 네트워크 내의 단일 연결관계 유형, 2-스타 유형, 2-경로 유형의 수를 모두 감안했음에도 불구하고 삼각관계의 수가 확률적으로 기대할 수 있는 수준보다 더 많이 관찰되었을 때에 위와 같은 결론을 내릴 수 있다.

기본적으로 단일 연결관계를 형성하고자 하는 평균적 경향성이 충분히 강하다면, 이행적 삼자관계는 단순히 우연에 의해 발생한 것일 가능성이 크다. 이 기본적인 효과(즉, 단일 연결관계 형성 경향성)가 강하면 강할수록 더 많은 이행적 삼자관계가 존재할 것이다. 마찬가지로, 2-스타와 2-경로를 형성하고자 하는 경향이 강하게 존재한다면, 이로 인해 이행적 삼자관계가 발현되었을 가능성이 크다. 따라서 네 개의 (이행적 삼자관계의) 하위 연결관계 유형들의 경향성과 이행성 효과를 동시에 고려한 상태에서만 이행적 폐쇄성 존재 여부에 대한 규명이 가능하다.

단일 연결관계 유형, 2-스타 유형, 그리고 2-경로 유형의 발현 경향성이 평균 수준임을 전제로 할 때, 우리가 가지고 있는 네트워크 데이터에서 이행적 삼자관계가 더 많이 나타날까? 만약 이 전제하에서도 이행적 삼자관계가 더 많이 나타난다면, 이행적 폐쇄 효과가 존재한다고 볼 수 있다. 만약 그렇지 않다면, 네트워크 내 이행적 삼자관계의 존재는 하위 연결관계 유형들로 더 간단히 설명될 수 있으며, 해당 네트워크 구조를 설명하기 위해 폐쇄 효과를 상정할 필요가 없다.

요컨대, ERGM을 통해 여러 사회적 과정들을 살펴볼 수 있다는 의미는 단지 선택할 수 있는 이론들이 많다는 것만을 뜻하지는 않는다. 그보다, 지역적이면서 다수의 배속된 네트워크 효과들이 사회적 과정들의 복잡한 조합으로 엮어진다는 것을 뜻한다. ERGM은 사회 체계의 복잡성, 다시 말해 사회 체계의 다중성(multiplicity), 상호연결성(interconnectedness), 그리고 의존성(dependency)에 대한 이해를 증진시킨다.

3.2. 연결관계 형성 관련 개념적 틀

이 책에서는 〈그림 3.3〉에서 보는 바와 같이 연결관계 형성 과정에 관한 세 개의 큰 범주에 대해 논의하고자 한다. 그 세 개의 범주로 자기조직적 네트워크 과정, 속성 기반 과정, 그리고 외생적 양자 공변량이 있다. 이 세 개의 큰 범주의 하위 내용으로 더 구체적인 효과들을 살펴볼 수 있다. 다른 많은 연결관계 형성 과정들이 존재하기 때문에 〈그림 3.3〉의 내용만으로 이를 모두 파악할 수는 없다. 예컨대, 외생적 맥락 요인들은 〈그림 3.3〉에 제시한 내용 외에도 문화나 상황 등에 대한 범주를 포함할 수 있다. 〈그림 3.3〉은 이어지는 장들에서 다루게 될 내용들에 초점을 맞춰 도식화했다. 여기 소개된 각각의 과정들은 사회 네트워크 또는 사회과학 이론을 기반으로 하며, 각각의 사회적 과정들은 특정 연결관계 유형으로 발현된다.

〈그림 3.3〉 이 책에서 다루는 사회 연결관계 형성 과정들에 대한 개념적 틀

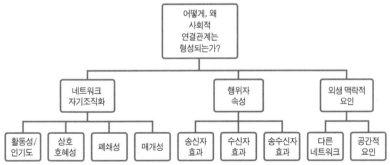

3.2.1. 네트워크 자기조직화

네트워크 연결관계는 자기조직화하여 패턴화할 수 있는데, 어떤 연결관계들의 존재는 다른 연결관계들의 형성을 조장하기 때문이다. 이런 현상은 행위자 속성이나 다른 외생적 요인들을 수반하지 않으므로, "순수 구조적(pure-ly structural)" 효과라고 불리기도 한다. 연결관계 체계 내에서의 내적 과정들을 통해 특정 네트워크 패턴이 발현된다는 점에서 "내생(endogenous)" 효과라 할 수 있다.

네트워크 자기조직화는 연결관계 기반 효과를 통해 발현될 수 있다. 예컨대, 개인이 인기를 얻게 되면서 더 많은 인기를 끌어모으게 되는데, 이 경우 행위자들 간에 인기의 많고 적음이 갈리게 되어 연결정도(degree) 분포 측면에서 높은 분산을 초래하게 된다. 결과적으로 소수의 중심적인 노드들에게 연결관계의 방향이 향하게 되어 네트워크 집중도 값이 높아진다. 이런 현상을 사회 네트워크 이론에서 "선호적 연결(preferential attachment)"(Barabási & Albert, 1999) 또는 "매튜 효과(Matthew effect)"(de Solla Price, 1976)라고 칭한다. 이 외에도 연결정도에 기반을 둔 다양한 사회적 과정들이 존재한다. 예를 들어, 방향성 있는 네트워크의 경우, 내향 연결정도("인기도") 및 외향 연결정도("활동성")와 관련한 효과들이 모두 나타날 가능성이 있다. 내향 및 외향 연결정도와 관련 있는 연결관계 유형으로는 〈그림 3.2〉에서 살펴본 내향-2-스타와 외향-2-스타를 꼽을 수 있다. 외향 연결정도 중심성이 높은 노드는 많은 외향-2-스타들의 중심에 있기 때문에 외향 연결정도(활동성) 면에서 집중도가 높은 네트워크들은 외향-2-스타가 많을 것이다. 내향-2-스타와 내향 연결정도(인기도)의 경우도 마찬가지이다. [2-스타의 수는 연결정도 분산 및 집중도와 직접적으로 연관되어 있다(Hagberg, 2004; Snijders, 1981a, 1981b)]. 하나의 연결관계가 노드를 향해 들어오고 다른 하나의 연결관계가 노드로부터 나가는 형태의 "2-경로" 또는 "혼합-2-스타(mixed-2-star)"도 가능하다. 이 연결관계 유형들은 내향 연결정도와 외향 연결정도 간의 상관관계를 보여준다. [예컨대, 말을 많이 하지 않는 좋은 청자(옮긴이 주: 2-경로가 음수여서 내향 연결정도와 외향 연결 정도 간 음의 상관관계를 가지는 경우가 이 예시에 해당한다)]. 이러한 연결관계 유형들은 방향성 있는 네트워크에서 가능하며, 방향성 없는 네트워크에서는 방향성 있는 2-스타의 세 가지 유형들 간의 차이가 사라지므로 2-스타 유형 하나만 남게 된다. 물론, 세 개 이상의 연결관계들이 하나의 노드에 집중되어 있는 형태의 3-스타, 4-스타 등과 같은 상위 스타 연결관계 유형도 가능하다. [이러한 연결관계 유형들은 실상 연결정도 분포의 모멘트(moment; 적률)로서 각각 분포의 왜도(옮긴이 주: 3-스타의 경우)와 첨도(옮긴이 주: 4-스타의 경우)를 시사한다.]

세 번째로 중요한 자기조직화 효과는 네트워크 폐쇄성이다. 특히 긍정적인 정서나 협동을 유발하는 네트워크 내에서는, 이전에 논의한 바와 같이 2-경로를 구성하는 행위자들 간에는 "삼각관계를 만드는 세 번째 연결관계를 형성하여" 경로를 폐쇄하려는 경향이 존재한다(Davis, 1970). 이를 "네트워크 군집화(network clustering)"라고 부르기도 하며, 방향성 있는 네트워크에서는 "이행성(transitivity)"(이행적 삼자관계를 형성하려는 경향성)이라고 칭하기도 한다.

삼각관계화(triangulation)는 집단 형태의 구조를 구성하려는 인간의 사회적 성향을 반영한다. 세 개의 연결관계를 포함하는 네트워크 삼각관계는 전형적으로 소집단을 표현한 것으로 볼 수 있다. 집단은 그들 사이에 많은 연결관계들을 지닌, 일단의 행위자들의 집합으로 나타나기 때문이다. 이런 경우 그 집합 내에서 많은 삼각관계들을 발견할 수 있다. 따라서 개별 삼각관계들의 형성을 넘어서 "다중 삼각관계화(multiple triangulation)" 과정이 존재한다. 이 과정에서 삼각관계들이 커뮤니티 구조[community structure; Newman & Park (2003)]나 다른 응집적 하위 집단[cohesive subgroup; Wasserman & Faust(1994)]처럼 네트워크 전반에 걸쳐 별개의 집단화가 고르게 발생한다기보다, 여러 행위자들로 구성된 상대적으로 규모가 큰 부분 집합들 사이에서 클리크(clique) 같은 구조로 함께 발생한다.

다양한 양상의 삼각관계화와 네트워크 폐쇄성이 존재한다. 〈그림 3.2〉에서 보듯, 방향성 있는 네트워크의 이행적 삼자관계 유형은 특정 유형의 네트워크 폐쇄성을 나타내는데, 하나의 노드가 두 개의 연결관계를 받는 것, 하나의 노드가 어떤 연결관계도 받지 않으면서 두 개의 연결관계를 내보내는 것, 그리고 하나의 노드가 하나의 연결관계를 받고 또 주는 것으로 구성된 지역 위계(local hierarchy)를 시사하기 때문이다. 네트워크 관계가 어떤 맥락에서 형성되었는지에 따라 다르지만, 대부분의 경우 집단화된 삼각관계 구조 내에서 연결관계를 받는 사람은 가장 인기 있는 사람으로 간주된다. 만약 "순환적 삼자관계(cyclic triad)"라면, 모든 연결관계의 방향이 일관되어 "3-사이클"을 형성하기에, 세 개 노드들 중 어느 노드도 두드러진 특징을 갖지 않는다. 물론, 방향성이 없는 네트워크에서는, 이행적 삼자관계와 순환적 삼자관계 간의 차이가 없고 방향성이 없는 삼각관계만 존재한다.

〈그림 3.3〉에서 보듯 "네트워크 매개성(network brokerage)"도 네트워크 자기조직화와 관련이 있다. 네트워크 매개성은 최근 사회 네트워크 연구에서 주요 연구 주제로 떠올랐으며(예컨대, Burt, 1992), ERGM을 모형화하는 과정에서도 중요한 고려 대상이 되었다. 이 책의 6장에서 관련 내용을 간단히 다루고자 한다(섹션 6.7 참조).

3.2.2. 개인 속성

사회 체계 내에는 개인들의 역량, 능력, 그리고 성향 등이 반영되어 있다. 네트워크에서 개인의 자질은 연결관계를 형성하는 데에 매우 중요하다 (Emirbayer & Goodwin, 1994; Kilduff & Krackhardt, 2008; Parkhe, Wasserman, & Ralston, 2006). 연구 분야에 따라 다르지만, 연령, 성별, 직업, 심리적 동기, 태도 등 기본 인구통계학적 변수들을 포함하여 많은 개인 수준의 변수들이 중요하게 다뤄진다. 네트워크 분석의 관점에서 말하자면, 이러한 개인 단위의 변수들은 "행위자 속성(actor attributes)"으로 명명된다. ERGM에서는 특정 속성과 사회적 연결관계 간의 관련성을 뜻하는 "행위자-관계 효과(actor-relation effects)"라는 용어를 종종 사용하는데, 행위자 속성이 연결관계 형성에 미치는 영향의 정도를 나타낸다.

행위자 속성은 네트워크에서 행위자의 관계성 정도에 영향을 미친다. 예를 들어, 방향성 있는 네트워크의 경우, 특정 행위자 속성이 해당 행위자로 하여금 더 활동적이게끔 (즉, 더 많은 연결관계를 내보내거나) 하거나 더 인기가 많게끔 (즉, 더 많은 연결관계를 받거나) 할 수도 있다. 이런 현상을 각각 "송신자 효과(sender effect)"와 "수신자 효과(receiver effect)"라고 부른다. 이런 효과들은 앞서 언급한 선호적 연결 원리와는 다르다는 점에 주목해야 한다. 선호적 연결 원리는 새로운 연결관계가 다른 연결관계의 존재로 인해 발생하지만, 송신자 또는 수신자 효과는 행위자들의 특정 속성 때문에 연결관계를 보내거나 받는다. 따라서 ERGM에서는 인기도 또는 활동성을 네트워크 자기조직화 또는 행위자 속성으로부터 기인한 결과로 간주한다.

연결관계들이 행위자 쌍들을 포함하기 때문에, 두 행위자 모두의 속성들이 네트워크 연결관계 형성에 영향을 미친다. 예컨대, 속성이 서로 유사하기 때문에 연결관계가 형성되었을 수도 있다. 이러한 유유상종의 과정은 자신들과 특정 면에서 유사한 사람들과 관계를 맺고자 할 때 발현된다.

이렇듯, 행위자 속성이 연결관계 형성에 미치는 영향을 다루는 사회적 과정들이 다양한데, 한 개인 또는 두 개인에 걸쳐서 속성이 관계에 미치는 영향을 살펴볼 수 있다. 데이터로부터 타당한 추론을 하기 위해서는 이 과정들을 모두 고려할 필요가 있다. 예컨대, 학교에서 여학생들이 친구관계 형성에 있어서 남학생들보다 더 적극적이라고 하자. 그렇다면, 여학생들이 더 많은 연결관계에 속해 있으므로 단순한 우연에 의해서 여학생과 여학생 간의 친구관계 비율이 더 높을 것이다. 단지 여학생들 간에 연결관계가 많다는 점만으로는 활동성이나 인기도 효과 외에 유유상종 효과가 존재한다고 확신하기 어렵다. 이 효과들을 동시에 고려해야만, 여학생들이 특별히 친구로서 여학생을 선택하는 경향이 있는지 여부에 대해 알 수 있다.

ERGM에서 행위자 속성은 사회적 연결관계의 형성에 영향을 미치는 외생변수 또는 설명변수로 간주된다. 이 책의 8장에서 이와 관련한 사회 선택 모형에 대해 논의할 예정이다. [연결관계를 외생 독립변수로 하여 행위자 속성이라는 종속변수를 예측하는 모형을 만드는 것도 가능하다(9장 참조)]. 외생변수로 간주되는 속성과 대조적으로, 네트워크 자기조직화는 내생적 과정으로 간주된다. 연결관계의 형성에 대한 내생적 설명과 외생적 설명의 차이는 중요하다. 행위자 속성 효과에 대해 제대로 추론하기 위해서는 연결관계 형성에 관한 순수 구조적 경향성을 설명할 수 있어야 한다. 예컨대, 만약 행위자 속성으로부터 연결관계 존재 여부를 예측하고 이러한 개인적 속성들을 통해서만 연결관계들이 발현된다고 가정할 때, 연결관계들 간에 내재되어 있는 의존성, 다시 말해 네트워크의 자기조직화를 고려하지 않은 채 개인의 속성이 연결관계 형성에 미치는 영향을 설명함으로 인해 행위자 속성의 중요도를 과대평가(또는 과소평가)하게 된다.

〈그림 3.4〉에 행위자-관계 효과와 관련한 연결관계 유형의 사례를 제시했다. 여기서, 색칠된 노드는 특정 속성적 지위(예컨대, "여성")를 지닌 행위자임을 나타낸다. 따라서, 이 사례에서 송신자 연결관계 유형은 여성 행위자가 다른 행위자들(이 행위자들이 여성인지 남성인지와 무관하게)에게 연결관계를 내보내는 것을 의미한다. 수신자 연결관계 유형은 여성 행위자가 다른 행위자들로부터 연결관계를 받는 것을 나타내며, 유유상종 연결관계 유형은 두 여

〈그림 3.4〉 행위자-관계 효과의 연결관계 유형 사례

송신자　　　　　　수신자　　　　　　유유상종

성 행위자들 간의 연결관계를 나타낸다. 이 사례는 이진형 행위자 속성(예컨대, 남성/여성)의 연결관계 유형만 보여주지만, 이 책 8장에서 설명한 것처럼 연속형 또는 범주형 속성의 연결관계 유형도 존재한다.

행위자-관계 효과를 살펴보기 위해 네트워크를 연구하든(14장 참조) 행위자-관계 효과를 통제변수로 하여 네트워크 자기조직화를 연구하든(15장 참조), 행위자-관계 효과는 중요하다. ERGM에서 행위자-관계 효과를 다룰 수 있다는 점은 네트워크 이론을 검정하는 데에 있어서 중요한 장점이다.

3.2.3. 외생적 맥락 요인: 양자 공변량

마지막으로, 다른 외생적 맥락 요인들도 연결관계 형성에 중요한 역할을 한다. 이 책에서는 외생적 맥락 요인들을 양자 간 연결관계 공변량으로 간주한다. 하지만, 외생적 맥락 요인들이 항상 양자 형태를 띠는 것은 아니다. 양자 공변량이 외생변수이면서 고정된 사회 네트워크라고 할 때, ERGM을 통해 연결관계 공변량의 존재가 관련 연결관계 형성을 예측하는지에 대해 분석할 수 있다(8장 참조). 이에 대한 좋은 사례로 공식적인 조직 위계관계가 조직 내에서의 실제 소통 관계의 형성에 미치는 영향의 중요성을 들 수 있다. 두 종류의 네트워크에서 생성된 연결관계는 공출현하거나 하나가 다른 하나를 유발했을 수 있다. 어떤 경우든 간에 예컨대 근로자는 그 또는 그녀의 상사와 대화를 나눌 것이다. 이 맥락에서, ERGM은 하향식(top-down)의 집중화된 위계 구조가 상향식(bottom-up)의 비공식적 네트워크와 어느 정도의 연관성을 보이는지에 대해 설명할 수 있다.

〈그림 3.5〉는 양자 공변량의 동반(entrainment) 효과를 보여주는 연결관계 유형이다. 여기서, 점선으로 표시된 아크는 공변량 네트워크를 나타낸다. 이 연결관계 유형을 통해 연구자가 관심 있는 연결관계가 연결관계 공변량과 공출현하는 정도를 파악할 수 있다. 이 책 10장에서 소개할 다중(multiplex) 연

〈그림 3.5〉 양자 공변량의 연결관계 유형 사례

동반

결관계 유형처럼 네트워크 공변량에 대한 의존성을 더 정교화하여 ERGM에 투입할 수 있다. 8장에서 보다 자세히 설명하겠지만, 공간지리적 요인, 같은 소속 여부, 맥락 등 다른 공변량도 ERGM에 투입할 수 있다.

요컨대, 〈그림 3.3〉에서 제시한 틀은 연결관계 형성에 대한 많은 네트워크 개념들 중 일부만 적시한 것이며, 이를 통해 연결관계 유형 측면에서 네트워크 개념들에 대한 이해를 높이고자 한다. 여기서 제시한 연결관계 유형들이 사회 네트워크 구조의 형성 근원에 대한 연구 문제를 다루고자 할 때 ERGM에 포함되는 일반적인 연결관계 유형들이라고 보면 된다.

4장

통계 모형으로서의 ERGM에 대한 개설

개리 로빈스(Garry Robins)·딘 러셔(Dean Lusher)

이 장에서는 ERGM의 방법론적 측면에 대해 간략히 설명하고자 하며, 관련 통계적 세부 내용들은 2부, 특히 6장과 7장에서 자세히 다룰 예정이다. 우선, 사회 네트워크 구조를 분석하는 데에 있어서 통계 모형의 가치를 이해하는 것이 중요하다.

해리슨 화이트(Harrison White, 2008: 1)는 "사회학은 혼돈(chaos)과 정상(normality)을 함께 설명해야 한다"는 중요한 언급을 했다. 사회생활은 확률적이며, 사회 네트워크는 미리 결정되어 있거나 변하지 않는 것이 아니다. 인간의 사회 네트워크에서 모든 상황에 상호호혜성이 (엄격히) 적용되리라 기대할 수 없다. 이보다는, 다른 사회적 과정들로부터 기인했으리라 예상한 것보다 더 많은 상호호혜성이 존재한다는 점에서 상호호혜성을 지향하는 경향이 있을 수는 있다. 약간의 변동을 내포한 "경향성(tendencies)"이라는 개념을 받아들이지 않으면, 다시 말해 비확률적 모형에 천착하면, 극단적으로 각각의 연결 관계마다 그 존재 여부에 대해 하나의 고유한 설명을 필요로 하게 된다.

따라서, 네트워크 구조를 연구하기 위해 ERGM과 같은 확률 기반 통계 모형이 필요하다. 통계 모형을 통해 무작위성을 고려함으로써 기대값에 대해 다룰 수 있게 되어, 관찰된 데이터가 이론을 기반으로 한 우리의 기대에 부합하는지 여부에 대해 추론할 수 있다.

무작위와 질서 간의 균형은 많은 사회 네트워크 연구에서 중요한 이슈이다. 예컨대, 사회 네트워크에서 흔히 볼 수 있는 "좁은 세상(small world)" 현상을 생각해보면, 매우 구조화된 그래프에 약간의 무작위성만 가미해도 경로 길이가 급격히 단축된다는 점을 와츠(Watts, 1999)가 보여준 바 있다. ERGM 맥락에서는, 연결관계 유형이 지역 구조의 위계적 특질을 나타낸다. 만약 연결관계 유형 효과가 모형에서 미미하면(예컨대, 상호호혜적 경향이 약하면), 해당 네트워크는 순수히 무작위적인 네트워크에 가까울 것이다. 그에 반해서, 만약 연결관계 유형 효과가 강하면(예컨대, 상호호혜적 경향이 강하면), 해당 네트워크는 매우 구조화된 네트워크에 가까울 것이다. (예컨대, 대부분의 연결관계들이 상호호혜적일 것이다.)

ERGM이 확률을 기반으로 하기 때문에 하나의 네트워크가 아니라 "그래프들의 확률 분포(probability distribution of graphs)"를 토대로 모형을 분석한다. 관련 내용은 이 장의 뒷부분에서 보다 자세히 다룰 예정이다.

4.1. 무작위 그래프

3장에서 어떤 의존성 가정을 택하느냐에 따라 해당 네트워크 구조에서 중요하게 간주되는 연결관계 유형이 달라진다고 언급한 바 있다. 서로 독립적으로 형성된 연결관계라 하더라도(다시 말해, 의존성이 전혀 없는 관계라 하더라도), 어떤 연결관계 유형은 단순 우연에 의해 발현되기도 한다는 점을 앞서 살펴본 바 있다. 〈그림 4.1a〉는 38개 노드와 146개 아크로 구성된 무작위 그래프인데, 노드들 사이로 146개의 선이 단순 무작위적으로 흩어진 모습이라고 보면 된다. [보다 정확히 말하자면, 146개의 선에 대한 조건부 단순 무작위 분포로부

〈그림 4.1〉 (a) 단순 무작위 네트워크, (b) 실제 커뮤니케이션 네트워크

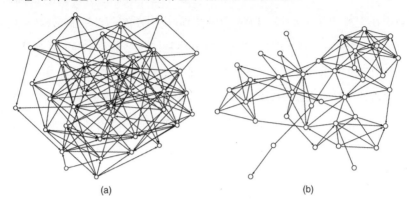

(a)　　　　　　　　　　　　　　(b)

터 해당 그래프가 탄생한 것이다(섹션 4.2 참조).] 노드와 선의 수는 〈그림 4.1b〉
의 노드와 선의 수에 맞춘 것인데, (b)는 실증적 관찰을 통해 형성한 커뮤니
케이션 네트워크이다. (이 커뮤니케이션 네트워크에 대해서는 이 장의 뒷부분에서
설명할 예정이다.) 이 그림으로 알 수 있듯이, 무작위 네트워크와 실제 커뮤니
케이션 네트워크는 다소 상이한 양상을 드러낸다. 이는 두 네트워크의 네트
워크 통계량 차이에서도 확인할 수 있다(〈표 4.1〉 참조).

　〈표 4.1〉에서 보는 바와 같이, 일부 연결관계 유형은 무작위 네트워크에서
도 여전히 발현된다. 146개의 연결관계가 노드들 사이에서 단순 우연에 의해

〈표 4.1〉 네트워크의 선별 네트워크 통계량

	무작위 네트워크	커뮤니케이션 네트워크
행위자 수	38	38
아크 수	146	146
상호호혜적 연결선 수	6	44
이행적 삼자관계 수	53	212
내향-2-스타 수	292	313
외향-2-스타 수	254	283

분포될 때, 여전히 상호호혜적 관계와 이행적 삼자관계가 다소 형성되었다. 하지만 실제 커뮤니케이션 네트워크만큼 많이는 아니다. (비록 내향-스타와 외향-스타의 숫자는 두 네트워크들 간에 그리 차이나지 않았을지라도 말이다.) 무작위 네트워크에서 명백히 적은 수의 상호호혜적 연결관계와 이행적 삼자관계가 발현되었다 할지라도, 어떻게 커뮤니케이션 네트워크가 우리가 기대했던 것보다 훨씬 더 많은 수의 상호호혜적 연결관계와 이행적 삼자관계를 보인다고 판단할 수 있을까?

4.2. 그래프 분포

특정 연결관계 유형이 단순 우연에 의한 것보다 훨씬 많이 존재하는지에 대해 (비모수) 통계 기법으로 분석하기 위해서는 38개 노드와 146개 선으로 이뤄진 방향성 있는 단순 무작위 그래프를 대규모로 시뮬레이션해야 한다. 단순 무작위 그래프들은 모든 방향성 있는 네트워크가 146개의 아크를 가지고 있다는 전제하에 형성될 확률이 동일한 (네트워크가 형성되지 않을 확률도 0으로 모두 동일한) "그래프 분포(graph distribution)"로부터의 그래프 표본이라고 간주할 수 있다. 그래프 분포는 간단히 말해 (이 사례에서는 38개 노드를 가지고 있는) 형성 가능한 모든 그래프의 집합을 뜻하며 각 그래프마다 그 형성 여부가 확률적으로 정해진다. 방금 설명한 그래프 분포를 U|L 분포(아크의 수가 146개로 주어졌을 때 38개 노드로 형성 가능한 방향성 있는 그래프의 균등 분포)라고 부른다. [U|L 분포에 대한 자세한 설명은 와써맨과 파우스트(Wasserman & Faust, 1994)를 참고하기 바란다.] 균등 분포인 이유는 146개의 아크를 지닌 각각의 그래프가 형성될 확률이 모두 동일하기 때문이다. 이러한 접근은 모레노와 제닝스(Moreno & Jennings, 1938) 시대에 단순 영가설 분포를 사용하여 가설 검증을 하던 초창기 네트워크 통계 방법론에서 많이 활용되었다.

〈그림 4.2〉 1,000개의 무작위 그래프 표본으로부터 추출한 상호호혜적 아크의 분포

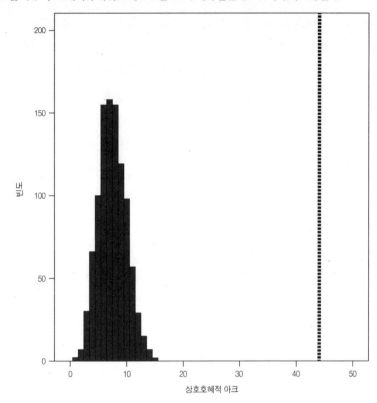

대규모 그래프 표본을 시뮬레이션을 통해 생성한 후에, 표집된 각각의 그래프에서 상호호혜적인 아크와 이행적 삼자관계의 수를 계산한다. 여기서는 1,000개의 단순 무작위 네트워크를 가지고 상호호혜적 아크의 수를 산출했는데, 〈그림 4.2〉에서 보는 바와 같다. 이 표본 분포에서 상호호혜적 아크 수의 평균은 7.5이며, 상호호혜적 아크는 1,000개의 네트워크에서 0개부터 15개까지 등장했다. 이 결과에 따르면, 만약 특정 네트워크가 이 단순 무작위 분포로부터 형성되었다면, 이 네트워크는 단순 우연에 의해 7~8개의 상호호혜적 연결선을 가지리라 예상할 수 있으며, 만약 15개 이상의 상호호혜적 연결선

을 갖는다면 이는 우연에 의해 발생하기에는 매우 힘든 경우라 할 수 있다. 커뮤니케이션 네트워크의 경우 〈그림 4.2〉의 수직 점선에서 보는 바와 같이 44개의 상호호혜적 연결선을 지녔는데, 이는 단순 무작위 네트워크 분포로부터 우연에 의해 형성되었으리라 기대할 수 있는 7~8개의 상호호혜적 연결선의 수준을 훨씬 뛰어넘는 것이다. 이를 바탕으로 다음과 같은 결론을 도출할 수 있다: (1) 해당 커뮤니케이션 네트워크는 단순한 무작위 그래프가 아니다, (2) 이 네트워크의 연결관계들 간에는 의존성이 존재한다, 그리고 (3) 이 네트워크에는 상호호혜적 사회 과정이 활발히 일어나고 있다.

상기 결과들을 더 간단히 표현하자면, 무작위 네트워크에서 상호호혜적 연결관계가 44개일 가능성은 거의 0에 가깝다. 5%[1])를 통계적 유의 수준으로 할 때, 이는 그보다 더 적다. 따라서, 전통적으로 사회과학 연구에서 해오던 영가설 검정에 따르면, 커뮤니케이션 네트워크에서 관찰된 상호호혜적 아크의 수는 영가설 분포(U|L)로부터 기대할 수 있는 수준을 통계적으로 유의하게 상회했으며, 이로써 해당 네트워크에는 통계적으로 유의한 수준의 상호호혜성이 존재한다고 결론지을 수 있다.

이행적 삼자관계에 대해서도 위와 유사한 결론을 도출할 수 있다. 1,000개의 단순 무작위 그래프 표본으로부터 이행적 삼자관계의 수를 구하니 평균 55개(표준편차 7.8개)가 산출되었는데, 커뮤니케이션 네트워크에서는 212개에 달하여 단순 무작위 분포로부터 기대할 수 있는 이행적 삼자관계의 수를 훨씬 상회했다.

그러나, 이와 같은 결론은 두 가지 한계를 지닌다. 우선, 146개의 아크를 지닌 무작위 그래프 분포에 대해서만 비교했다는 점이다. 만약 다른 유형의 그래프 분포(예컨대, 146개의 아크와 44개의 상호호혜적 연결관계를 지닌 그래프 분포)가 있다면, 212개라는 이 커뮤니케이션 네트워크에서의 이행적 삼자관

---

[1]   사회과학에서는 통상 5%(또는 0.05)를 통계적 유의 수준으로 정한다.

계의 수는 그리 극단적 값이 아닐 수 있다. 둘째, 이와 관련하여, 한 번에 하나의 효과만 고려한 채 연결관계 유형들 간의 배속성은 고려치 않았다. 예컨대, 통계적으로 유의한 수준의 이행적 삼자관계가 존재한다고 말할 수는 있지만, 이 이행적 삼자관계가 연결관계 유형 중 스타의 수가 많았기 때문인지 아니면 삼각관계화 과정 때문인지 알 수 없다. UIL 분포하에서 기대할 수 있는 것보다 상호호혜적 관계와 이행적 삼자관계가 통계적으로 유의한 수준으로 많다는 것은 곧 영가설(즉, 관찰된 그래프가 UIL 분포에서 생성되었다는 주장)을 기각한다는 의미이지만, 그 대안 가설(즉, 상호호혜성과 이행성이 두드러진 현상이라는 주장)에 대해서는 아무것도 시사하고 있지 못하다.

ERGM이 하려는 것은 연구자가 관심 있는 연결관계 유형의 효과(예컨대, 상호호혜적 연결관계, 이행적 삼자관계 등)를 모형화하면 이를 토대로 수많은 그래프 분포들 중에 관찰된 네트워크가 중심적인 분포를 찾아내는 것이다. (이를 통계 기법상으로 설명하면, ERGM의 모수를 추정함으로써 ERGM을 관찰된 네트워크 데이터에 적합시키는 것이다.) 위에서 다룬 커뮤니케이션 네트워크의 경우, ERGM은 38개 노드로 구성되어 있으면서 평균 146개의 아크와 평균 44개의 상호호혜적 연결선과 평균 212개의 이행적 삼자관계를 지닌 (이 외에도 배속 효과를 맞추기 위해 313개의 내향-2-스타와 283개의 외향-2-스타도 지닌) 그래프들의 분포를 찾아내려고 한다. 이러한 일련의 과정들이 복잡한 과정처럼 보이고 실제로도 그러하다. 다행스럽게도 이런 일을 해주는 소프트웨어가 존재하기에 어떻게 이런 알고리즘들이 작동하는지에 대해서 반드시 세세하게 다 알아야 할 필요는 없다. (12장에서 관련 내용을 설명하고는 있다.) 이 장의 뒷부분에서 특정 네트워크의 그래프 분포를 어떻게 찾는지에 대해 보여줄 예정이다. 이를 통해 어떤 연결관계 유형이 네트워크에서 중요한지, 어떤 효과가 독립적인 설명력을 갖는지, 그리고 어떤 효과가 다른 효과들에 의해 설명 가능한지에 대해 알 수 있다.

어떤 의미에서 보면, ERGM이 하는 일은 관찰된 네트워크를 다른 가능한 수많은 배열들로 생성된 네트워크들과 비교하는 것이다. 모든 네트워크에서 연결관계들이 배열될 수 있는 경우의 수는 유한하다. 이를 "표본 공간(sample space)"이라고 부르는데, 대규모 네트워크에서는 가능한 배열들의 경우의 수가 매우 많다. 방향성 있는 네트워크의 경우, 가능한 네트워크의 수는 $2^{n(n-1)}$이며, 여기서 n은 노드의 수이다. 노드의 수가 38개만 되어도 형성 가능한 그래프의 수는 매우 많아진다.[2] 따라서, 그래프들의 분포와 관련하여 정말 많은 수의 그래프들 각각에 대해 확률을 배정해야만 한다. 확률 배정은 모형 추정 과정에서 이뤄지는데, 모형에 투입한 모수 효과 차원에서 관찰된 네트워크가 극단이 아니라 중심이 되도록 확률을 배정한다.

4.3. 통계 모형화에 대한 기본 개념

왜 네트워크를 모형화해야 하는지에 대해 이해하는 것이 중요하다. 모형에는 관찰된 데이터를 설명하기 위한 이론이 담겨 있으며, 모형을 적합시키는 과정에서 데이터에 대한 이론적 개념이 타당한가를 판단할 수 있다. 모형의 목표는 관찰된 데이터를 가장 잘 대표하는 것이다. 다시 말해, 관찰된 데이터의 구조를 가장 잘 구현해낼 수 있어야 한다. ERGM은 관찰된 네트워크가 포함하고 있는 구조들의 조합으로 이뤄져 있으며, 이를 통해 네트워크 연결관계 형성 과정에 대한 추론을 가능케 한다. 이미 언급한 바와 같이, ERGM을 관찰된 데이터에 적용한다는 것은 사실 해당 데이터에 적합한 모형을 추정한다는 뜻이며, 이는 일반 사회과학 데이터에 회귀 모형을 적용하는 것과

---

[2] 사실, 노드의 수가 17개만 되어도 형성 가능한 방향성 있는 그래프의 수는, 흔히 인용되는 바와 같이, 관측 가능한 우주에 존재하는 원자의 수인 $2^{17(17-1)} \approx 10^{80}$을 상회한다(위키피디아, 2012).

같은 이치이다.

ERGM을 추정하는 방법으로 전통적인 사회통계 기법인 로지스틱 회귀분석을 오래전에 사용한 바 있다. 로지스틱 회귀분석은 (옮긴이 주: 여느 전통적인 사회과학 통계 기법과 마찬가지로) 독립적 관찰을 전제로 하기 때문에, 일단 네트워크 의존성을 감안하기 시작하면 로지스틱 회귀분석과의 그 어떠한 비교도 성립될 수 없다. 하지만, ERGM에 대한 초보자들의 이해를 돕기 위해 여기서 로지스틱 회귀분석에 빗대어 잠시 설명하고자 한다. 로지스틱 회귀분석에서는 여러 독립변수들을 통해 이항 종속변수를 설명하는데, 특정 독립변수가 종속변수를 설명하는 데에 있어서 얼마나 중요한지를 해당 독립변수의 회귀 계수(ERGM에서는 모형 모수라고 부름)를 통해 알 수 있다. 마찬가지로, ERGM에서도 네트워크 연결관계의 존재 여부(이진 변수)를 여러 독립변수들(해당 연결관계가 포함된 네트워크 연결관계 유형들)로 예측하는데, 모형 모수는 연결관계 존재 여부를 설명하는 데에 있어서 특정 연결관계 유형의 중요도를 나타낸다.

개별 연결관계들의 존재 여부를 이런 식으로 예측하면서 ERGM은 표본 공간상의 각각의 그래프에 확률을 배정하여 그래프 분포를 생성한다. 이해를 돕기 위해 몇몇 용어들에 대한 개념을 아래에서 풀이한다.

통계량(statistic): ERGM 통계량은 항상 특정 연결관계 유형과 관련이 있다. 여기서 통계량은 통상적으로 네트워크 내의 서로 다른 연결관계 유형들의 수(예컨대, 상호호혜적 연결관계의 수)에 해당한다. 다만, 어떤 경우에는 이런 수치들의 복합적 조합(complex combination)이나 연결관계 유형의 다른 함수들을 의미하기도 한다.

모수(parameter): 로지스틱 회귀분석에서 독립변수에 적용된 회귀 계수와 마찬가지로 모수는 통계량에 적용된 가중치이기에 해당 통계량의 중요도를 나타낸다. 다시 말해 네트워크에서 해당 연결관계 유형의 중요도를 시사한다.

2장 도입부에서 언급한 것처럼, ERGM은 모수에 의해 가중된 통계량들의 합(의 함수)에 기반하여 그래프에 확률을 배정한다. 양의 모수일 경우 그래프 분포에서 관련 연결관계 유형을 많이 가진 그래프의 확률은 더 높게 배정되는데 우선은 이 정도만 알아도 충분하다. 예를 들어, 이행적 삼자관계 모수가 수치적으로 큰 양수일 경우, 많은 이행적 삼자관계를 지닌 그래프가 (그 모형에 대한 그래프 분포에서) 형성될 가능성이 더 크다. 만약 이 모형이 실제 네트워크에 대한 설명력이 좋은 모형이라면, 관찰된 그래프는 무작위 그래프보다 이행성이 더 클 것이다. 따라서 이 그래프는 이행적 그래프가 형성될 확률이 더 높은 그래프 분포에 잘 들어맞는다. 하지만, 만약 이행적 삼자관계 모수가 수치적으로 큰 음수일 경우, 이행적 삼자관계가 적은 그래프가 형성될 확률이 더 높아진다. 이 과정들 속에서, 관찰된 네트워크가 발생하기 힘든 것이 아니라 발생할 가능성이 크다는 점을 전제로 하기에, 이러한 추정 방법을 "최대 우도(maximum likelihood)"라고 부른다.

시뮬레이션(simulation): ERGM을 수행하기 위해 몇몇 모수값들을 선택하여 해당 모형이 생산한 그래프의 유형을 시뮬레이션해 볼 수 있다. 〈그림 4.2〉에서 살펴본 것처럼, 38개의 노드와 146개의 아크를 지닌 그래프를 UIL 분포에 따라 시뮬레이션한 결과 15개 이하의 상호호혜적 아크를 갖는다는 것을 알았다. 이런 시뮬레이션을 통해 연구자가 선택한 모수가 특정 모형에서 어떤 값을 가질 것으로 기대할 수 있는지 알 수 있다. 상호호혜적 연결관계뿐만 아니라 다른 그래프 특징들도 이와 같은 방법으로 살펴볼 수 있다.

추정(estimation): 〈그림 4.1〉에서 보듯이 커뮤니케이션 네트워크가 44개의 상호호혜적 아크를 지녔기에 상호호혜적 경향이 두드러지리라는 것을 짐작할 수 있다. (옮긴이 주: 이를 살펴보기 위해 상호호혜성을 ERGM에 투입하여 추정해 봄으로써 확인할 수 있다.) 즉각적으로 모수값들을 단순하게 선택하는 대신, 관찰된 통계량이 ERGM으로부터 생산된 그래프 통계 분포에서 극단값이 아니라 중심값이 될 수 있도록, 가능한 모수값들을 체계적으로 탐색하면서 적합한 추정치를 찾아가는데, 이 과정을 "추정"이라고 한다.

표준오차(standard error: SE): 표준오차는 정확도를 나타내는 지표이자 모수 추정치에 대해 얼마나 확신할 수 있는지를 나타내는 값이다. 각각의 모수 추정치마다 표준오차를 지니며, 표준오차값이 작을수록 정확도와 확실성이 높으며 이 값이 클수록 불확실성이 높음을 뜻한다. 특정 연결관계 유형의 모수 추정치가 양수이면서 값이 클수록 해당 연결관계 유형이 그 네트워크에서 자주 등장할 가능성이 높음을 의미한다. 여기서 표준오차는 얼마나 커야 그 값이 크다고 판단할 수 있는지를 알려준다. 이 책에서는 모수 추정치의 절대값이 표준오차의 두 배보다 클 경우 해당 모수가 통계적으로 유의하다는 기준을 따른다. (자세한 내용은 섹션 12.5.1을 참고하기 바란다.)

4.4. 동질성

〈그림 4.1b〉의 커뮤니케이션 네트워크에서 상호호혜성을 고려할 때, 각각의 행위자 쌍마다 상호호혜적 연결관계를 맺고 있는지 여부보다 해당 네트워크에서의 전반적인 상호호혜적 경향에 대해 네트워크 연구자들은 더 큰 관심을 갖는다. 통상 ERGM은 네트워크 전반에 걸쳐서 모든 행위자 쌍들의 상호호혜성을 고려하여 하나의 상호호혜성 추정치를 산출한다. 물론, 일부 행위자들이 다른 행위자들보다 상호호혜적 연결관계를 맺으려는 경향이 더 클 수도 있지만, 하나의 값으로 산출된 상호호혜성 추정치를 통해 네트워크 전반에 드러난 평균적인 효과에 대해 파악할 수 있다. 여기 내재된 가정은 지역

연결관계 유형은 관찰된 네트워크 전반에 걸쳐서 동질적으로 발생한다는 것이다.3) 동질성 가정을 완화하는 방법 중의 하나로 행위자 속성을 모형에 투입하는 방법을 꼽을 수 있다. 남학생과 여학생은 평균적으로 서로 다른 수준의 상호호혜성을 지닐 수 있기에, 성별로 구분된 상호호혜성 모수들을 모형에 투입하여 동질성 가정을 완화할 필요가 있다.

ERGM의 방법론을 이해하는 데에 필요한 기본 지식을 갖추었다는 전제하에, 다음 장에서는 간단한 사례를 통해 사회 네트워크에 ERGM을 적용해보려 한다. 이 과정에서 연결관계 형성 과정에 대한 경쟁 가설들을 어떻게 하나의 모형 내에서 통계적으로 비교하는지에 대해 설명하고자 한다.

---

3) 동질성 가정은 ERGM만의 특별한 가정이 아니다. 모든 일반 선형 모형 기법들이 동질성을 기본 가정으로 삼는다. 예컨대, 회귀분석의 경우 관찰 대상은 그 관찰 대상을 나타내는 변수들의 값들로만 식별될 뿐이다.

5장
ERGM 분석 사례

딘 러셔(Dean Lusher)·개리 로빈스(Garry Robins)

ERGM을 통해 연결관계 형성에 관한 여러 경쟁 가설들을 하나의 모형 안에서 분석할 수 있다. 다시 말해, 연결관계 형성에 관한 하나의 이론적 개념을 다른 이론적 개념들과 비교(예컨대, 유유상종 효과와 상호호혜성 효과 중 어느 것이 특정 네트워크를 더 잘 설명하는가?)하여 검증할 수 있다는 뜻이다.

이 장은 단순한 사례를 통해 ERGM의 분석틀을 보다 명료하게 설명하는 데에 목적이 있다. 앞서 언급했던 용어들만을 사용하여 설명하고자 하며, ERGM 모수들과 기타 세부 사항에 대한 설명은 2부의 뒷부분으로 미루고자 한다. 이 장에 등장한 사례에 대한 자세한 분석은 13장에 있다.

5.1. ERGM 적용 사례: "더 코퍼레이션(The Corporation)" 내에서의 커뮤니케이션

사회 네트워크 연구자들이 실제로 다루었던 사례로 조직에 관한 사례 연구에 ERGM을 적용했다. 이 사례는 지금까지 논의했던 여러 ERGM 관련 이슈들을 포괄한다. 분석 대상으로는 엔터테인먼트 산업에 실제로 존재하는 한 조직을 택했으며, 이 조직의 이름을 "더 코퍼레이션"이라는 가명으로 칭하고자 한다. 더 코퍼레이션은 38명의 경영진으로 구성되어 있으며, 이 조직 내에서의 의사소통 관계를 분석하고자 한다. 다시 말해, 여기서 수집된 데이터를 토대로 "관찰된 네트워크(observed network)"는 "커뮤니케이션 네트워크"로 이진형이면서 방향성이 있는 네트워크이다. 이 네트워크에서 연결관계는 다른 경영진들 중에 누구와 소통하는 것이 일을 효과적으로 끝마치는 데에 중요한가에 대한 설문 응답을 토대로 형성된다. 〈그림 4.1b〉가 해당 네트워크이며, 이 네트워크에 대한 일부 기초 통계량은 〈표 4.1〉에 있다.

더 코퍼레이션은 시장 지배력 확장을 위해 다른 기업들과 경쟁관계에 있다. 이런 상황 속에서, 더 코퍼레이션의 비공식적 커뮤니케이션 관계 구조에 대해 살펴보고자 한다. 참여했던 프로젝트의 수, 사내 연공서열 수준, 그리고 소속 지사 등 경영진들에 대한 정보를 포함하여, 사내에서 조언을 주고받는 관계에 대한 정보도 있다. 이 조언관계는 이진형의 방향성 있는 네트워크로 표현되며 연결관계의 화살표는 조언을 구한 경영진에게로 향해 있다. 아래의 그림들은 더 코퍼레이션 내에서의 커뮤니케이션 구조만을 나타내거나 행위자 속성과 네트워크 공변량 둘 다와 연관된 커뮤니케이션 구조를 나타낸다.

관련 데이터셋 전부를 MelNet(http://www.sna.unimelb.edu.au/)에서 다운로드 받아서, 독자들 스스로 모형을 적합시켜보고 어떻게 ERGM이 실제 데이터에 적용될 수 있는지를 몸소 체험할 수 있다. 여기 있는 모형들은 PNet 소프트웨어를 사용하여 적합시킨 것이며, PNet도 같은 웹사이트에서 다운로드 받을 수 있다.

네트워크 자기조직화로 커뮤니케이션 관계를 설명할 수 있다. 〈그림 5.1〉을 통해 명백히 알 수 있는 점은 네트워크 내에 있는 삼자관계의 수이다. 일부를 제외하고는 대부분의 종사자들은 일정 형태의 삼자관계적 구조를 형성하고 있다. 이 네트워크의 몇몇 부분들에서 매우 촘촘하게 연결된 클러스터

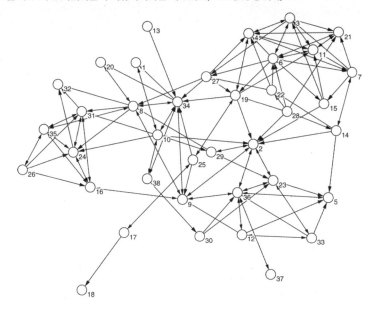

〈그림 5.1〉 더 코퍼레이션의 커뮤니케이션 네트워크(n=38명의 행위자)

들이 보인다는 점도 이를 뒷받침한다. 더 나아가, 몇몇 노드들(예컨대, 노드 24 와 노드 34)은 허브로서의 역할을 하며 네트워크 내에서 다른 노드들보다 더 많은 연결관계를 받는다.

〈그림 5.2〉는 네트워크 내에서 양방향 연결관계, 즉, 원래 데이터에서 상호호혜적인 관계들로부터 추출한 방향성 없는 연결관계들을 나타낸다. 이 네트워크에서는 양방향 연결관계들이 많기 때문에 이 네트워크에서의 의사소통 구조를 설명하는 데에 있어서 상호호혜성 효과를 적어도 부분적으로나마 고려해봐야 한다.

행위자 속성도 〈그림 5.3〉에서 보듯이 네트워크 구조에 영향을 미칠 수 있다. 예컨대, 〈그림 5.3〉에서 노드 크기는 경영진이 참여하여 완수한 프로젝트 수와 비례하며 노드 크기가 클수록 더 많은 프로젝트를 수행했음을 의미한다. 이 그림을 통해 완수한 프로젝트(경험) 수에 근거한 유유상종 효과가 존

〈그림 5.2〉 커뮤니케이션 네트워크(양방향 연결관계만 표시, 비대칭적 연결관계는 제거했다)

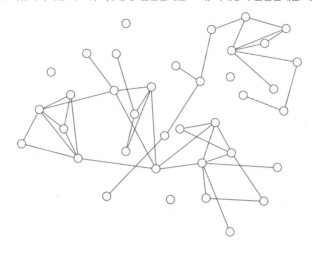

〈그림 5.3〉 경영진의 프로젝트 경험을 노드 크기에 반영한 커뮤니케이션 네트워크
(노드 크기가 클수록 프로젝트 경험이 많음을 뜻한다)

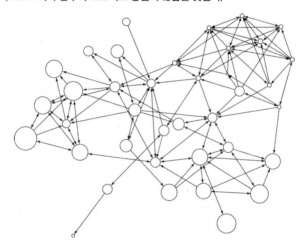

재할 가능성이 있음을 알 수 있다.

　〈그림 5.4〉와 〈그림 5.5〉는 각 경영진의 연공서열과 각 경영진의 소속 지사를 나타낸다. 연공서열에 따른 유유상종 효과가 존재하는 것으로 보이지만,

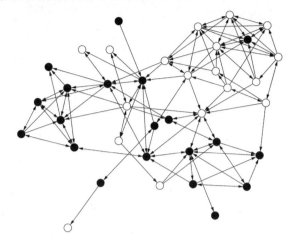

〈그림 5.4〉 연공서열을 반영한 커뮤니케이션 네트워크
(검정색=연공서열이 상위인 노드, 흰색=그 외)

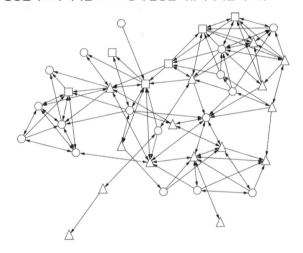

〈그림 5.5〉 경영진의 소속 지사를 노드 모양에 반영한 커뮤니케이션 네트워크

소속 지사에 따른 유유상종 효과는 이 시각화에서 명확히 드러나지는 않는다.

커뮤니케이션 연결관계는 경영진들 간의 조언 연결관계의 존재 여부에 영향을 받을 수 있다. 〈그림 5.6〉은 커뮤니케이션 네트워크와 조언 네트워크로

〈그림 5.6〉 커뮤니케이션 및 조언 관련 다중 연결관계(다른 모든 연결관계는 제거했다)

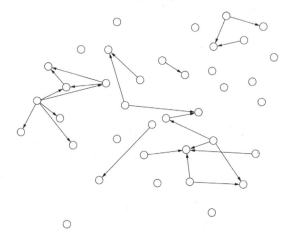

부터 추출한 연결관계들을 나타낸다. 단순 우연에 의한 것인지 별개의 동반 효과가 있는 것인지 여부는 그림으로 명확히 드러나지는 않았지만, 이들 네 트워크들 간에는 24개의 커뮤니케이션 및 조언 연결관계들이 존재한다.

위에서 살펴봤듯이, 커뮤니케이션 연결관계에 대한 네트워크 구조에 대해 많은 경쟁적 설명이 가능하다. 연결관계 형성에 미친 효과를 한 번에 하나씩 만 살펴보면, 해당 효과를 과대계상할 위험이 있다. ERGM을 통해 특정 연결 관계 유형이 네트워크에서 독립적으로 발생하는 경향이 있는지 아니면 다른 효과들이 복합적으로 작용하여 특정 연결관계 유형의 형성을 설명하는지에 대해 추론할 수 있다.

5.2. ERGM 모형과 해석

ERGM을 통해 산출된 모수 추정치는 네트워크 패턴의 강도와 방향성을 나 타낸다. 〈표 5.1〉에 커뮤니케이션 네트워크에 대한 여러 ERGM 사례 중 하나에서 산출된 모수 추정치(그리고 표준오차)를 제시했으며 통계적으로 유의한 모수들은[1] *로 표시했다. ERGM에서 모수 추정치가 양수(음수)일 경우 (다른 효과들이 주어진 상황에서) 기대했던 것보다 네트워크에서 해당 연결관계 유형이 더 많이 (드물게) 나타났음을 의미한다. 각각의 네트워크 효과에 대해 명확히 전달하기 위해 시각화를 했다. 네트워크 효과별 모수 추정치의 크기는 서로 단위가 다르기 때문에 다른 효과들과 직접적으로 비교하기는 어렵다. 여기서 사용한 모수의 명칭은 일반적인 어휘를 활용하여 단순화한 것이며, 13장에서 이 모형뿐만 아니라 이 모형의 비교 모형들에 대해 더 자세히 설명할 예정이다.

아크(arc): 우선, 부적 아크 효과가 존재했다. 아크 효과는 일반 선형 회귀분석에서 절편(intercept) 효과와 유사하며 연결관계 발생 가능성을 나타내는 기본 경향이라고 볼 수 있다.[2]

상호호혜성(reciprocity): 상호호혜성 모수 추정치가 양수이며 통계적으로 유의한 것으로 보아, 경영진들은 상호호혜적으로 의사소통할 가능성이 크다.

인기도와 활동성(popularity and activity)(내향 연결정도와 외향 연결정도 효과)(in- and out-degree effects): 이 효과들은 각각 내향 연결정도와 외향 연결정도 분포에서의 집중화 경향을 나타낸다. 내향 연결정도 모수 추정치는 음수이지만 통계적으로 유의하지 않았기에, 다른 효과들을 모두 감안한 상태에서 이 기업에는 두드러지게 인기 있는 경영진이 존재하지는 않음을 시사한다. 외향 연결정도 효과는 음수이지만 통계적으로 유의하지 않았다. 이는 사람들이 커뮤니

---

1) 통계적으로 유의한 효과들에 대한 설명은 섹션 12.5.1을 참고하기 바란다.
2) 아크 모수는 네트워크 밀도를 직접적으로 측정하는 지표가 아니다.

⟨표 5.1⟩ 더 코퍼레이션의 커뮤니케이션 관계에 대한 ERGM 모수 추정치(와 표준오차)

네트워크 효과		추정치(표준오차)
순수 구조적 효과(내생)		
아크		-1.96(0.73)*
상호호혜성		2.88(0.46)*
인기도(내향 연결정도)		-0.27(0.32)
활동성(외향 연결정도)		-0.34(0.34)
단순 2-경로[1]		-0.06(0.08)
다수 2-경로		-0.06(0.09)
이행성 (다수 2-경로의 이행적 경로 폐쇄)		1.22(0.19)*
순환적 폐쇄 (다수 2-경로의 순환적 폐쇄)		-0.37(0.17)*
행위자 관계 효과(외생) (검정색 노드는 속성정보가 있는 행위자를 나타낸다)		
송신자(연공서열)		-0.56(0.29)
송신자(프로젝트)		0.01(0.02)
수신자(연공서열)		0.08(0.23)
수신자(프로젝트)		-0.02(0.02)
유유상종(연공서열)[2]		0.64(0.26)*
이종선호(프로젝트)		-0.08(0.02)*
유유상종(지사)		-0.01(0.17)
공변량 네트워크(외생)		
조언 동반(공변량 아크)		1.76(0.30)*

*는 모수 추정치의 절대값이 표준오차의 두 배보다 크며, 이에 따라 해당 네트워크 효과가 통계적으로 유의함을 나타낸다. (자세한 내용은 섹션 12.5.1을 참고하기 바란다.)

1 "단순 2-경로(simple 2-path)"라는 용어는 ⟨표 5.1⟩에서 알 수 있듯이 단일 2-경로(단순 연결)를 다수 2-경로(다수 연결)와 구분하기 위해 사용했다. 단순 2-경로 모수는 2-경로(2-path) 또는 혼합 2-스타(mixed 2-star) 모수로도 알려져 있다.

2 유유상종(그리고 논리적으로 유유상종의 반대인 이종선호) 현상은 이진형, 연속형, 그리고 범주형 변수마다 다르게 작용한다. 8장과 3부에서 보다 자세히 설명할 예정이다. 이진형 변수와 범주형 변수의 경우, 유유상종을 속성이 유사한 사람들을 선택하여 관계를 맺는 것으로 측정하는 반면, 연속형 변수의 경우, 행위자의 속성별 차이를 통해 유유상종을 측정한다. 여기서 양의 모수 추정치는 이종선호(즉, 차이가 클 경우)를, 음의 모수 추정치는 유유상종(즉, 차이가 작을 경우)을 시사한다.

케이션 파트너로 누군가를 선택하는 횟수가 다소 균일하여 네트워크 활동성에서 집중화 경향의 부재가 두드러진다거나(음수이면서 통계적으로 유의할 경우), 소수의 사람들이 많은 사람들을 커뮤니케이션 파트너로 선택함으로써 활동성 면에서 이 소수들로의 집중화 경향이 확연하다거나(양수이면서 통계적으로 유의할 경우) 하지 않았음을 시사한다.

단순 2-경로(simple 2-path): 이 모수는 통계적으로 유의하지 않은 것으로 보아, 다른 네트워크 효과들이 모형에 투입된 상태에서 2-경로가 예상보다 더 많이 또는 더 적게 해당 네트워크에서 발현된 것은 아니라는 점을 뜻한다. 즉, 더 많은 연결관계를 내보낸 사람이 그만큼 연결관계를 받는다는 근거를 찾기 어렵다. 만약 이 모수가 통계적으로 유의하며 양의 값을 지닌다면, 예를 들어, 가장 인기 있는 행위자가 동시에 가장 활동적인 행위자임을 시사할 것이다. (즉, 내향 연결정도 분포와 외향 연결정도 분포 간의 정적 상관관계가 존재함을 보여줄 것이다.)

다수 2-경로(multiple 2-path): 단순 2-경로에 더하여, 노드 쌍들 간에 지역 연결성의 "깊이"를 설명하기 위해 다수 2-경로 모수를 ERGM에 투입하는 것이 바람직할 때가 많다. 이 둘에 대한 대조적인 해석을 눈여겨보면, 단순 2-경로는 두 경로(내향이면서 외향인 연결관계)의 중심에 있는 노드에 초점을 맞추는 반면, 다수 2-경로 모수는 경로들의 끝에 위치한 노드 쌍들 간의 연결성을 설명한다. 여기서, 이 모수는 통계적으로 유의하지 않았기에, 지역 연결성이 다른 네트워크 효과들을 감안한 상태에서 기대보다 강하거나 약하지 않았음을 알 수 있다.

이행성(transitivity): 이행성과 관련하여 통계적으로 유의한 정적 효과가 나타났기에 이 네트워크에서 위계적 경로 폐쇄 경향이 있음을 알 수 있다. 〈표 5.1〉에서 보듯이 이 네트워크 효과를 모형화하는 데에 단일 삼각관계들을 사용한 것이 아니라 다수 2-경로에 기반을 둔 다수의 이행적 삼자관계를 모형화한 것에 주목하기 바란다. 나중에 다시 언급하겠지만, 단일 삼각관계 모수는 ERGM에 적합하지 않으며 통상 일관된 모형화 결과를 산출하지 못하는 등 기법상의 중요한 문제들이 있다.[3] 이는 많은 실증적 사회 네트워크에서 삼각관계가 네트워크 내 촘촘히 연결된 부분에서 함께 발현되는 경향이 있다는 특징을 방증한다. 다수 2-경로는 여러 개의 삼각형들 내에 배속되어 있기에, 두 개의 모수 추정치의 조합은 다수 2-경로 모수에 대한 이전 해석을 보다 정교화할 수 있다. 이행성에 대한 모수 추정치가 양수일 경우, 다수 2-경로가 발생할 때 이행적 형태로 폐쇄성을 드러내는 경향이 있다고 해석할 수 있다.

순환적 폐쇄(cyclic closure): 순환적 폐쇄는 통계적으로 유의한 부적 효과를 지니는 것으로 나타났다. 이는 이 네트워크에서 비위계적 (또는 일반화된 교환) 네트워크 폐쇄가 기대보다 적음을 의미한다. 다시 말해, 순환적 폐쇄 형태는 다수 2-경로와 연관되어 있기에, 이 모수들을 함께 고려하여 해석을 보다 정교화할 수 있다. 다수 2-경로가 발생할 때, 이행적 형태로 폐쇄성이 나타나는 경향은 있으나 순환적 형태로 폐쇄성이 드러나지는 않음을 알 수 있다. 일단 이 두 개의 폐쇄 과정을 고려하고 나면, 다수 2-경로의 존재 유무에 대한

---

3) 기법상, 단일 삼각관계 모수를 포함한 모형은 수렴하지 못하는 현상이 자주 발생한다. 이와 관련하여 6장에서 자세히 논의할 예정이다.

어떤 다른 두드러진 경향성도 보이지 않는다. 달리 말해, 이행적 폐쇄로의 경향과 순환적 폐쇄에 반하는 경향으로 지역 연결성을 설명할 수 있다.

송신자 효과(sender effect): 송신자 효과는 특정 속성을 지닌 행위자가 네트워크 내 다른 행위자들에 비해 연결관계를 더 많이 내보내는 정도를 측정한다. 연공서열에 대한 이진형 속성의 송신자 효과가 통계적으로 충분히 유의미하다고 보기는 어렵지만 음수로 나타난 것으로 미루어 보아, 연공서열이 높지 않은 경영진(즉, 점수가 0점인 사람들)은 연결관계를 내보내는 경향이 있음을 알 수 있다. 이진형 속성변수인 연공서열과 달리, 완수한 프로젝트 수는 연속형 속성변수에 해당한다. 완수한 프로젝트 수에 대한 송신자 효과는 없었기에, 프로젝트 경험이 대화 관계 형성에 영향을 미친다는 통계적 근거는 발견하지 못했다. 마지막으로, "소속 지사" 변수는 범주형 변수이므로 이에 대해서는 송신자 효과나 수신자 효과 모두 존재하지 않았다.

수신자 효과(receiver effect): 수신자 효과는 특정 속성을 지닌 행위자들이 연결관계를 받는 정도를 측정한다. 연공서열과 프로젝트 수에 관한 수신자 효과는 통계적으로 유의하지 않았다.

유유상종(homophily): 연공서열과 프로젝트 수와 관련한 유유상종 효과는 통계적으로 유의하며 양의 추정치를 지닌다. 행위자들은 같은 연공서열에 위치한 사람들 그리고 완수한 프로젝트 수에 근거하여 유사한 경험치를 쌓은 사람들과 대화하려는 경향이 존재했다. 프로젝트 수에 관한 유유상종 효과는 음수인데, 여기서 차이의 절대값으로 유유상종 효과를 측정했기에 음의 값은 차이가 작음을 뜻한다. 범주형 변수인 소속 지사에 대한 유유상종 효과는 통계적으로 유의하지 않았다.

조언 네트워크 공변량(covariate advice network): 조언 네트워크 공변량은 커뮤니케이션 네트워크의 외생변수로 간주되었기에 모형화 과정에서 고정값으로 처리되었다. 이론적으로 이것이 뜻하는 바는, 조언이 커뮤니케이션(모형화하고 있는 네트워크)에 영향을 미칠 수는 있지만 커뮤니케이션은 조언에 영향을 미치지 않음을 전제로 한다는 것이다. (자세한 내용은 21장을 참조하기 바란다.) 더 정확하게 표현하자면, 우리의 관심사는 조언관계가 커뮤니케이션 관계를 어떻게 설명하는가에 있으며, 그 반대는 아니라는 점이다. 네트워크 공변량의 모수가 통계적으로 유의하고 양수일 경우 조언관계와 커뮤니케이션 관계가 동시에 발생하거나 조언관계가 커뮤니케이션 관계를 동반하다고 해석한다.

5.2.1. 네트워크 구조에 대한 설명

다른 무엇보다도 우선, 〈표 5.1〉에서 추정치를 살펴볼 때 순수 구조적 효과, 행위자-관계 효과, 그리고 네트워크 공변량 효과에 있어서 통계적으로 유의하다는 점을 강조했다. 다시 말해, 네트워크 효과에 대한 각각의 하위 유형은 커뮤니케이션 네트워크에서의 연결관계 형성에 대해 독립적인 설명력을 갖는다. 이런 견지에서 다음의 사항들을 강조하고자 한다. 사회 네트워크 관계가 행위자들의 개별 속성으로부터 영향을 받지 않는다고 생각한다면, 이는 중요한 정보를 놓치고 있는 것이다. 보다 구체적으로, 더 코퍼레이션 내의 여러 속성들 간의 유사성에 기반하여 커뮤니케이션이 어떻게 발생하는지에 대한 정보를 놓치는 것이다. 더 나아가, 외생적 관계 구조 (즉, 조언) 또한 커뮤니케이션 관계에 오롯이 영향을 미친다. 순수 구조적 효과 그 자체로는 행위자-관계 효과로 나타나는 현상들을 설명하지 못하기에, 이는 네트워크 내 행위자들의 속성에 대한 분석이 중요하다는 점을 강조한다. 반대로, 속성을 고려하는 것만으로는 네트워크로부터 발현된 순수 구조적 효과를 충분히 설명하지 못하기에, 속성 자체만으로는 네트워크 연결관계 형성을 설명하는 데에 역부족이다.

이 장에서 소개한 사례가 네트워크 구조를 이해하기 위해 ERGM을 적용하는 과정을 보여준 좋은 실례가 되기를 바란다. 이제 2부에서는 어떻게 ERGM을 형성하고 분석하는지 그 방법론적 세부 사항에 대해 더 자세히 설명하고자 한다.

2부 방법론

6장 ERGM의 기초

7장 의존성 그래프와 충분 통계량

8장 사회적 선택, 양자 공변량, 그리고 공간지리적 효과

9장 자기로지스틱 행위자 속성 모형

10장 ERGM의 확장: 다중 네트워크와 이원모드 네트워크 모형

11장 종단 모형

12장 시뮬레이션, 추정, 그리고 적합도

13장 사례: 시뮬레이션, 추정, 그리고 적합도

ERGM의 기초

요한 코스키넨(Johan Koskinen)·갈리나 다라가노바(Galina Daraganova)

6.1. 개요

이 장에서는 ERGM에 대해 더 자세히 설명할 예정이며 다음과 같은 질문 들에 대한 답을 주로 다룰 것이다.

- 독립성과 상호의존성이라는 상이한 개념들이 연결관계 변수들을 모형화 하는 과정에서 어떤 의미를 갖는가?
- ERGM은 무엇인가? ERGM을 통해 무엇을 알 수 있는가?
- ERGM은 왜 사용하고 언제 사용해야 하는가?
- 추가적인 모형 설정에는 무엇이 있고 이것은 무엇을 의미하는가?

우선, 앞으로 자주 사용하는 기호들을 설명한 후, 상호의존성을 이해하기 위해 다시 통계적 독립성의 개념을 살펴본다. 이는 네트워크 방법론이 필연 적으로 변수 간 의존성을 전제로 하기 때문이다. 이어서 ERGM에 대해 설명 한다. ERGM은 우리가 잘 알고 있는 일반화 선형 모형과 유사하지만, 관찰이 독립적인 것이 아니라 상호의존적이라는 점이 다르다는 것을 강조할 예정이다. 다음으로는, 관찰의 독립성 가정으로부터 벗어났다는 것이 무엇을 의미하는지에 대해 설명하고 모형 설정에 대한 함의를 소개하고자 한다. 먼저 개별 연결관계에 대해 설명할 예정인데, 이를 통해 개별 연결관계, 내생적 의존성, 그리고 전체 그래프를 설명하는 모형들이 서로 어떻게 연결되어 있는지를 이해할 수 있기 때문이다.

6.2. 네트워크 연결관계 변수

방향성 없는 그래프에서 일련의 n개의 노드들을 N={1, ⋯, n}로 표현하며, $i \in N$은 "i가 N집합에 속함"을 의미한다. 이 집합은 고정되어 있으며 미리 결정되어 있음을 전제로 한다. 노드 집합 N에서의 모든 가능한 연결관계들의 집합을 J라고 할 때, J={(i, j): i, j∈N, i≠j}로 표현한다. 이 집합은 같은 노드로 이뤄진 쌍(i, i)[옮긴이 주: 즉, 루프(loop)]은 제외하는데, 자기 자신에게로 보내는 연결관계는 허용하지 않기 때문이다. J집합의 원소의 수[1]는 $\binom{n}{2} = \frac{n(n-1)}{2}$ 이다. 어떤 관찰된 네트워크이든 J상의 일부 연결선은 존재하고 일부는 존재하지 않을 것이다. 확률적 모형에서 존재하는 연결선 E의 집합은 J의 무작위 부분집합이며, (i, j)∈E인 경우, i와 j 간의 연결선이 존재함을 의미한다. (i, j)∈J에서 무작위 변수 X_{ij}이 (i, j)∈E인 경우 1이며, (i, j)∉E인 경우 0이 된다. 이 설명은 방향성이 없는 그래프에 해당하며, 방향성이 있는 그래프의 경우 약간의 변경을 통해 이와 같은 설명을 적용할 수 있다. [예를 들어, J에서의 원소

---

[1] 일반적으로 n 원소들에서 k 부분집합을 선택하는 경우의 수는 다음과 같이 계산할 수 있다.
$$\binom{n}{k} = \frac{n(n-1)...(2)(1)}{k(k-1)...(2)(1)(n-k)(n-k-1)...(2)(1)} = \frac{n(n-1)...(n-k+2)(n-k+1)}{k(k-1)...(2)(1)}$$

의 수는 방향성 있는 네트워크에서 n(n-1)이 된다.]

이 변수들을 "연결선 변수(tie-variables)"라고 부르며, 연결선 변수들은 확률적 인접 행렬인 X=[X_{ij}]로부터 추출할 수 있는데, 이 행렬에서 i행과 j열은 i에서 j로 향하는 연결선을 나타낸다. 모든 가능한 인접 행렬 공간은 X로 표시한다. 확률적 인접 행렬 X의 특정 예에 해당하는 실현값(realization)[2]은 x=[x_{ij}]로 나타내며, 여기서 행렬은 변수들이 아니라 실제 0과 1의 값으로 구성되어 있다. 이런 의미에서 모든 관찰된 네트워크는 실현값에 해당한다.

〈그림 6.1〉에 네트워크 연결선 변수들의 집합과 네 개의 노드들로 구성된 네트워크의 특정 실현값을 나타냈다. 이 그림의 왼쪽은 네 개의 노드로 구성된 무작위 그래프인데, 이를 형성하는 여섯 개의 연결선 변수들을 도식적으로 보여준다. 예컨대, 노드 2와 3 간의 점선은 연결선 변수 X_{23}을 나타낸다. 무작위 그래프의 실현값들 중 하나를 그림의 오른쪽에 도식화했다. 여기서 노드 2와 3 간의 연결선은 존재하기에 굵은 선으로 표기했는데, 노드 2와 4 간의 연결선은 존재하지 않는다. 이에 해당하는 연결선 변수들의 실현값은

〈그림 6.1〉 (a) X의 네트워크 변수들과 (b) 네 개의 노드들로 구성된 네트워크 x의 실현값

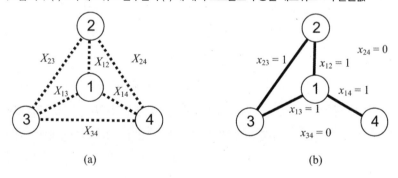

(a)   (b)

---

2) 옮긴이 주: 확률적 인접 행렬은 인접 행렬의 확률 모형으로 매번 인접 행렬을 만들 때마다 다른 원소값들을 가질 수 있다. 이때 원소의 값을 구체화된 값이라고 할 수 있고 일종의 관찰값으로 이해할 수 있다.

각각 x_{23}=1과 x_{24}=0이다.

네트워크 연결선 형성 과정을 모형화하는 것이 우리의 주요 관심사이다. 3 장에서 언급한 바와 같이, 어느 두 개인 간 연결선의 형성은 행위자 속성변수들 간의 조합과 네트워크상의 다른 구성원들 간의 연결관계 패턴에 의해 설명할 수 있다. 다시 말해, 연결선의 형성 가능성은 연결선을 공유하고 있는 행위자들의 개별 속성뿐만 아니라 네트워크 내에서 다른 연결관계들의 존재 여부에 영향을 받는다. 연결선 변수들 간의 이런 의존성이 확률적 네트워크 모형을 개발하는 데에 어려움을 초래한다.

6.3. 독립성 개념

통계적 의존성을 이해하기 위해 독립성 개념에 대해 먼저 논의하고자 한다. [참고로 통계적 개념에 대한 설명은 예컨대 뉴볼드, 칼슨, 톤(Newbold, Carlson, & Thorne, 2007)을 살펴보기 바란다.] 두 개의 연결선 변수들 X_{ij}와 X_{hm} 간의 독립성에 대한 가정은 동전 던지기와 비교해볼 수 있다. 연결선 (h, m)과 (i, j)가 존재하거나 존재하지 않을 가능성이 동일하다면, 이 연결선들에 대한 모형으로 두 개의 동전 I과 II로 형성된 모형을 생각할 수 있다. 두 개의 동전들을 따로따로 던질 때, 동전의 앞면과 뒷면이 나올 확률이 각각 0.5로 동일하며, 앞면이 나오면 연결선이 존재한다고 간주하고 뒷면이 나오면 연결선이 존재하지 않는다고 간주할 수 있다.

만약 동전 던지기가 독립적으로 발생한다면, 두 개의 동전이 모두 앞면일 확률은 〈표 6.1〉에서처럼 동전을 각각 던져서 앞면이 나올 확률의 곱으로 계산할 수 있다. 이는 밀도가 0.5일 것으로 기대되는 네트워크의 통계 모형에 해당한다.

이와 달리 동전의 앞면이 나올 확률들의 곱이 결합 확률(joint probabilities)

<표 6.1> 두 개의 독립적인 연결선 변수들

		연결선 (i, j)	
		연결선이 존재하지 않을 확률: .5	연결선이 존재할 확률: .5
연결선 (h, m)	연결선이 존재하지 않을 확률: .5	Prob (h, m), (i, j) $\notin$ E: .25	Prob (h, m) $\notin$ E, (i, j) $\in$ E: .25
	연결선이 존재할 확률: .5	Prob (h, m) $\in$ E, (i, j) $\notin$ E: .25	Prob (h, m), (i, j) $\in$ E: .25

<표 6.2> 두 개의 의존적인 연결선 변수들

		연결선 (i, j)	
		연결선이 존재하지 않을 확률: .5	연결선이 존재할 확률: .5
연결선 (h, m)	연결선이 존재하지 않을 확률: .5	Prob (h, m), (i, j) $\notin$ E: .4	Prob (h, m) $\notin$ E,(i, j) $\in$ E: .1
	연결선이 존재할 확률: .5	Prob (h, m) $\in$ E, (i, j) $\notin$ E: .1	Prob (h, m), (i, j) $\in$ E: .4

과 다르며 연결선 변수들이 〈표 6.2〉와 같다고 가정해보자. 이 경우에, 변수들은 상호 독립적이지 않다. 주변 확률(marginal probabilities)은 〈표 6.1〉과 동일하기에, 연결선 (h, m)이 존재할 확률은 여전히 0.5(=0.1+0.4)이다.

두 변수들 X_{ij}와 X_{hm} 간의 독립성에 대해서 $X_{hm}=x_{hm}$라는 정보가 $X_{ij}=x_{ij}$라는 확률에 영향을 미치지 않는다고 정의할 수도 있다. 다시 말해, 한 변수의 실현과 관련한 정보가 다른 변수의 값을 예측하는 데에 영향을 미치지 않는다는 것이다. 이는 두 번째 변수를 예측하는 데에 있어서 무조건적(또는 주변) 확률이 여전히 최선임을 의미한다.

로지스틱 회귀분석처럼 일반적인 통계적 접근은 〈표 6.1〉에서처럼 독립성을 요구하는 반면, 네트워크 분석은 〈표 6.2〉에서처럼 일정 정도의 의존성을 통상 내포한다. 예를 들어, 메리가 존에게 그리고 존이 피터에게 말을 건다는 점을 안다면, 메리가 피터에게 말을 걸 가능성이 전 세계에서 무작위로 추출된 두 명의 사람들이 서로에게 말을 걸 주변 확률(실제로 그 확률은 매우 작다)

보다 클 것으로 예상한다. 방향성 있는 네트워크의 경우, X_{ij}와 X_{ji}은 같은 노드들의 쌍과 관련이 있으므로, X_{ij}에 대한 동전 던지기가 X_{ji}에 대한 동전 던지기로부터 독립적으로 발생한다는 것은 가능해 보이지 않는다. 만약 존이 잭을 저녁에 초대한다면, 잭이 존을 저녁에 초대할 가능성이 증가할 것이다. 더나아가, 방향성이 있는 그래프이든 방향성이 없는 그래프이든 간에, X_{ij}에 대한 동전 던지기가 X_{ih}에 대한 동전 던지기로부터 독립적으로 발생한다는 것은 가능해 보이지 않는다. 그 이유는 두 연결선 변수들이 모두 같은 행위자 i와 관련이 있기 때문이다. (이것이 바로 이 장의 후반부에서 설명할 마르코프 의존성 가정의 기저에 흐르는 추론 과정이다.)

이러한 경우들은 연결선 변수들 간의 의존성을 전제로 하며, 어떤 연결선들의 존재는 다른 연결선들이 관찰될 확률에 영향을 미친다. 관찰된 연결선들 간의 의존성을 무시한 채 통계적 추론을 할 경우 잘못된 추론을 할 가능성이 높으며 이에 대해서는 스나이더와 보스커(Snijders & Bosker, 1999)의 연구를 비롯하여 참고할 만한 연구들이 꽤 있다. ERGM은 연결선 변수들 간의 독립성 가정을 완화하고 연결선 변수들 간의 발생 가능한 의존성을 고려하고자 하는 분명한 목적을 지닌다. "메리가 존을 안다"는 점을 모형에서 감안한다는 점이 모형 형성, 해석, 그리고 시뮬레이션 과정에서 가장 핵심적인 부분이다. ERGM은 로지스틱 회귀분석에서처럼 사회적 진공 상태(옮긴이 주: 아무것도 일어나지 않았음을 전제로 하는 상태)에서의 연결선 존재 확률을 예측하는 데에 그 목적이 있지 않다. ERGM은 네트워크의 나머지 부분에서 관찰된 것들을 감안한 채 특정 연결선이 존재할 "조건부 확률(conditional probability)"을 예측하고자 한다.

6.4. 일반화 선형 모형의 관점에서 살펴본 ERGM

ERGM이 일반화 선형 모형(generalized linear models: GLMs), 특히 일반적인 로그선형 모형이나 로지스틱 회귀분석과 일부 유사함에도 불구하고, ERGM은 자명한 경우들을 제외하고는 로지스틱 회귀분석의 틀에서 설명할 수 없다. 하지만, 몇몇 기본 개념들이 GLM과 ERGM에 동일하게 적용되기 때문에, 우리에게 조금 더 익숙한 로지스틱 회귀분석의 언어로 기본 개념들을 설명한다. 이는 또한 ERGM이 로지스틱 회귀분석과 어떻게 다른지, 다시 말해 관찰대상들 간의 의존성 가정이 어떻게 적용되는지를 살펴보는 데에 도움을 주기도 한다. 〈표 6.1〉에서처럼 로지스틱 회귀분석은 관찰 대상들의 독립성을 가정하지만, ERGM은 이런 가정을 수반하지 않으며, 오히려 그 반대의 가정을 기반으로 한다.

관찰된 연결선들을 공변량 또는 독립변수들의 집합으로 구성된 함수로 설명하는 데에 우리의 주된 관심사가 있다고 하자. 연결선 X_{ij}에 대한 공변량은 예를 들어 i와 j 간의 나이 차이와 i와 j가 성별이 같은지 여부를 나타내는 변수처럼 두 행위자의 개별적 특징들과 관련이 있다. p개의 양자 공변량에 대해 $w_{ij, 1}$, $w_{ij, 2}$, $\cdots$, $w_{ij, p}$로 표기한다. GLM의 경우, 기대값 $E(X_{ij}){=}\eta(w, \theta)$($X_{ij}{=}1$인 확률)를 가장 잘 설명하는 w와 미지의 모수들 θ_1, θ_2, $\cdots$, θ_p로 구성된 함수 η을 찾고자 한다. X_{ij}처럼 이진형 종속변수의 경우, 로지스틱 회귀분석은 미지의 모수들 θ_1, θ_2, $\cdots$, θ_p(로지스틱 회귀 계수)의 값을 추정하는데, 이 과정에서 연결선의 존재 확률을 가장 잘 예측하는 일련의 θ 모수들을 구한다. 로지스틱 회귀분석 함수는 다음과 같다.[3]

---

3) 옮긴이 주: 일반 사회과학 통계의 로지스틱 회귀분석과 관련하여, 다음과 같이 로짓, 승산, 확률의 형태로 표현할 수 있다.

로짓: $\text{logit}[p(x)]{=}\log \dfrac{p(x)}{1 - p(x)} {=}\alpha{+}\beta x$

$$\Pr(X_{ij}=1|\theta)=\eta(w,\theta)=\frac{\exp\{\theta_1 w_{ij,1}+\theta_2 w_{ij,2}+...\theta_p w_{ij,p}\}}{1+\exp\{\theta_1 w_{ij,1}+\theta_2 w_{ij,2}+...\theta_p w_{ij,p}\}}$$

가령, 만약 공변량 $w_{ij,2}$이 i와 j가 성별이 같음을 나타낸다면, 이에 해당하는 모수 θ_2이 양수일 경우 성별이 같은 사람들 간에 연결관계가 존재할 가능성이 높음을 의미한다. 모형을 로짓이나 로그오즈 단위로 해석하는 것이 대체로 더 쉬운데, 여기서 로짓은 $\Pr(X_{ij}=1|\theta)/\Pr(X_{ij}=0|\theta)$에 대한 자연 로그이다.

$$logit Pr(X_{ij}=1|\theta)=\log\frac{\Pr(X_{ij}=1|\theta)}{\Pr(X_{ij}=0|\theta)}=\theta_1 w_{ij,1}+\theta_2 w_{ij,2}+...+\theta_p w_{ij,p}$$

선형 그리고/또는 로지스틱 회귀분석을 잘 아는 독자의 경우, 오른쪽에 있는 수식에 대해서 이해하기 수월할 것이다. 연결선의 존재 가능성을 설명하는 독립변수들(w)의 상대적 중요도를 이에 각각 상응하는 모수들(θ)이 나타낸다. 모수가 양수일 경우 연결선이 존재할 확률이 증가함을 의미하는 반면 모수가 음수일 경우 연결선이 존재할 확률이 감소함을 뜻한다.

두 쌍 (i, j)와 (h, m)에 대한 로그오즈 차이, 다시 말해 i와 j의 성별이 같고($w_{ij,2}=1$) h와 m의 성별이 다르다($w_{hm,2}=0$)는 점에서만 차이가 있는 공변량은 다음과 같다.

$$\frac{logit\Pr(X_{ij}=1|\theta)}{logit\Pr(X_{hm}=1|\theta)}=\theta_1(w_{ij,1}-w_{hm,1})+\theta_2(w_{ij,2}-w_{hm,2})+...+\theta_p(w_{ij,p}-w_{hm,p})=\theta_2$$

승산: $\frac{p(x)}{1-p(x)}=\exp(\alpha+\beta x)$

확률: $p(x)=\frac{\exp(\alpha+\beta x)}{1+\exp(\alpha+\beta x)}$

같은 성별이 되는 이 비율이 바로 잘 알려진 오즈비(또는 승산비)이다. 다른 모든 조건이 동일할 때, θ_2의 값이 클수록 같은 성별을 가진 쌍들이 다른 성별을 가진 쌍보다 연결관계를 형성할 확률이 더 크다. θ_2는 다른 모든 조건들이 동일할 때 두 노드의 성별이 다른 상황에서 성별이 같은 상황으로의 변화와 관련이 있다고 생각하면 된다.

로지스틱 회귀분석에서 사용된 외생 공변량 w변수처럼, ERGM에서는 연결관계 유형의 수를 선형 독립변수에 공변량으로 투입한다. 연결관계 유형은 3장에서 이미 소개한 바 있으며, 그 예시로는 연결선(edge), 2-스타(2-star), 삼각관계(triangle) 등이 있다(섹션 3.1.2 참조). 이에 더하여, 이 장의 뒷부분에서 다른 연결관계 유형들에 대해 자세히 설명할 예정이다. 이 연결관계 유형들의 모수들에 대한 해석은 외생 공변량들의 모수들에 대한 해석과 같다. 예컨대, 삼각관계들의 수가 양의 모수일 경우, 연결선이 2-경로를 폐쇄하는 방향으로 형성될 가능성이 그렇지 않을 가능성보다 더 큼을 의미한다. 삼각관계의 사례에서 독자들이 이미 눈치챘겠지만 연결선이 2-경로를 폐쇄하느냐 마느냐는 삼각관계의 다른 두 연결선의 존재 여부에 달려 있다.

결과적으로, 로지스틱 회귀분석과의 두 번째 차이는 나머지 연결선들이 존재한다는 조건하에서 각각의 연결선 변수들에 대한 모형을 형성해야만 한다는 점이다. 즉, 연결선 X_{ij}을 예측할 때 다른 연결선들의 존재 여부를 고려해야 할 필요가 있다. 다시 말해, ERGM은 그래프에서 관찰된 다른 모든 연결선들이 존재한다는 조건하에 X_{ij}에 대한 확률을 예측한다. 이 조건부 확률은 $\Pr(X_{ij}=1|X_{-ij}=x_{-ij}, \theta)$로 표기한다. 양자 공변량(앞서 언급한 w변수)을 제쳐두고 독립변수로서 연결관계 유형의 수에 대해서만 (조건부) 로짓을 살펴보면 다음과 같다.

$$\log\frac{\Pr(X_{ij}=1|X_{-ij}=x_{-ij},\theta)}{\Pr(X_{ij}=0|X_{-ij}=x_{-ij},\theta)} = \theta_1\delta^+_{ij,1}(x) + \theta_2\delta^+_{ij,2}(x) + ... + \theta_p\delta^+_{ij,p}(x) \quad (6.1)$$

함수 $\delta_{ij,k}^{+}(x)$은 k번째 연결관계 유형에 대한 "변화 통계량(change statistics)"이라고 부른다. 변화 통계량은 그래프에서 단순히 연결관계 유형들의 수(예컨대, 삼각관계의 수)를 의미하는 것이 아니라 $X_{-ij}=x_{-ij}$와 $X_{ij}=0$인 그래프에서 $X_{-ij}=x_{-ij}$와 $X_{ij}=1$인 그래프로의 변화를 나타낸다. 예를 들어, 어떤 공변량이 연결선의 수를 나타낸다면, 연결선 (i, j)를 $X_{-ij}=x_{-ij}$에 추가한 것은 연결선의 수를 1만큼(즉, $\delta_{ij,edge}^{+}(x)=1$) 증가시킬 것이다. $x_{ik}=x_{kj}=1$일 때 연결선 (i, j)를 $X_{-ij}=x_{-ij}$에 추가한 것은 삼각관계의 수를 적어도 1만큼 증가시키는 결과를 낳는다. 왜냐하면, 새로운 삼각관계 $x_{ij}=x_{ik}=x_{kj}=1$을 형성하게 되기 때문이다. 만약 삼각관계 수와 관련한 모수가 양수일 경우, 이로 인한 삼각관계 수의 증가는 $X_{ij}=1$의 확률을 증가시킨다.

여기서 주목해야 할 점은 $\delta_{ij,k}^{+}(x)$과 조건부 로짓을 산출하기 위해서는 연결선 (i, j) 이외의 나머지 관계들을 알아야 한다는 점이다. 이는 연결선들이 상호의존적(특정 연결선의 형성 확률은 다른 연결선들의 존재 여부에 따라 달라진다)이라는 가정을 직접적으로 보여준다. 이 장에서 소개한 확률들(또는 확률 분포들)은 조건부적으로 해석할 수 있다. ERGM은 다른 조건들이 주어진 상황에서 행위자 쌍의 연결선이 형성되거나 소멸될 가능성을 설명한다. 이러한 확률들은 해당 연결관계의 형성이나 소멸과 관련한 연결관계 유형들의 변화에 대한 가중치를 기반으로 계산된다.

연결관계 유형 개수 자체보다 연결관계 유형의 변화 통계량을 독립변수로 사용하는 이유는 무엇일까? 이는 연결선 X_{ij}의 부재 대비 해당 연결선의 존재에 관한 로그오즈를 식(6.1)이 나타내기 때문이다. 여기서 독립변수는 $x_{ij}=0$일 때의 그래프에서 $x_{ij}=1$일 때의 그래프로의 변화를 나타낸다.

식(6.1)에 상응하는 모형이 있는데, 이 모형은 모든 연결관계 변수들을 동시에 고려한 확률 형태이며, 독립변수는 연결관계 유형들의 수이다. 식(6.1)의 결합 형태에 해당하며 다음과 같다.

$$\Pr(X=x|\theta) \equiv P_\theta(x) = \frac{1}{\kappa(\theta)} exp\{\theta_1 z_1(x) + \theta_2 z_2(x) + ... + \theta_p z_p(x)\} \quad (6.2)$$

식(6.2)는 이 책에서 앞으로 계속 사용하게 될 ERGM의 일반식이다. 함수 $z_k(x)$은 그래프 x에서의 연결관계 유형의 수이며 $z_k(x)$에 대한 변화 통계량은 $\delta^+_{ij,k}(x) = z_k(\triangle^+_{ij}x) - z_k(\triangle^-_{ij}x)$이다. 여기서 $\triangle^+_{ij}x(\triangle^-_{ij}x)$은 x_{ij}가 1(또는 0)에 해당하는 행렬 x를 나타낸다. 모수들은 각각의 연결관계 유형들의 상대적 중요성에 대한 가중치를 나타내는데, 정규화 항인 $\kappa(\theta) = \sum_{y \in X} exp\{\theta_1 z_1(y) + \theta_2 z_2(y) + \cdots + \theta_p z_p(y)\}$를 사용함으로써 확률질량함수 $P_\theta(x)$의 합이 모든 그래프들에 걸쳐 1이 되도록 한다.

식(6.2)는 n개의 노드로 구성된 모든 그래프들의 확률 분포를 나타낸다. 만약 하나의 연결관계 유형, 예컨대 연결선의 수만 모형에 투입했다고 가정하자. 이 경우, 이 연결선 모수인 θ_1과 네트워크 x상의 연결선 수의 단순 개수 L인 통계량 $z_1(x)$이 있을 것이다. 따라서 n개의 노드를 가진 그 어떠한 그리고 모든 그래프 x에 대해 주어진 연결선 모수 θ_1를 포함한 식(6.2)는 연결선의 수를 기반으로 x에 확률을 할당할 것이다. 이 확률 분포로부터 형성된 그래프가 무작위 그래프에 해당하며, 식(6.2)의 형태 때문에 해당 네트워크 분포를 "지수(족) 무작위 그래프 분포[exponential (family) random graph distribution]"라고 부른다. 식(6.2)가 특정 연결관계 유형들을 기반으로 하기 때문에, 이 분포에서의 그래프들은 특정 연결관계 유형들의 존재와 부재에 의해 형성되었다고 볼 수 있으며, 전체 그래프 구조를 형성하기 위해 특정 연결관계 유형들의 존재와 부재가 모수치에 따라 함께 결합되어 나타난다.

ERGM을 통해 X에 대한 그래프들의 분포를 알 수 있는 것처럼, 이 모형을 통해 통계량들의 분포에 대해서도 알 수 있다. 이를 통해 통계량들의 다양한 내재된 분포를 살펴봄으로써 모형의 다양한 특징들을 수월하게 파악할 수 있다. [이에 대해서는 4장에서 설명한 바 있으며, 통계량들의 시뮬레이션된 분포들을

어떻게 사용하는지에 대해서는 12장(시뮬레이션, 추정, 그리고 적합도)과 13장에서 더 자세히 다룰 예정이다.] 이러한 내재된 분포들의 기대값들인 $E_{x|\theta}\{z(x)\} = \sum_{x \in X} z(x)P_{\theta}(x)$을 자주 이용하는 것을 그 일례로 들 수 있다.

물론, 이러한 설명이 여전히 상당히 추상적임을 잘 안다. 구체적인 모형을 형성하기 위해서는 어떤 연결관계 유형들이 관련이 있는지에 대해 먼저 결정해야 한다. 이때, 연결관계 변수들 간의 의존성에 대한 가설을 토대로 정하면 된다.

6.5. 의존성 형태

선행 연구들을 토대로 연결선 변수들 간의 다양한 형태의 의존성에 대해 지금부터 소개하고자 하며 이들로 형성된 서로 다른 형태의 모형들에 대해 간단히 설명하고자 한다. 의존성에 대해 개괄한 후에 모형 각각의 유형들에 대해 보다 자세히 설명할 예정이다. 의존성에 대한 더 자세한 논의는 7장에서 다룬다.

6.5.1. 베르누이 가정

베르누이 그래프는 연결선 변수들이 독립적임을 가정하는, 가장 단순한 형태의 의존성을 나타낸다(e.g., Bollobás, 1985; Frank, 1981; Frank & Strauss, 1986; Karónsky, 1982). 베르누이 그래프에서 (설사 동전 던지기에서 앞면과 뒷면이 나올 확률이 동일하지 않은 편향이 존재할지라도 마치 동전 던지기처럼) 연결선 변수들이 독립적이면서 동등하게 분포되어 있는 베르누이 변수들이면 "동질적"인 그래프에 해당한다. 이러한 베르누이 의존성 가정에 따라 베르누이 그래프는 그래프의 (로그) 확률이 연결선 수의 가중합에 비례하는 특징을 지닌다. 사회 네트워크에서 이 가정은 비현실적이지만, 비교를 위한 기준치로 베르누이 그래프를 활용할 수 있다.

6.5.2. 양자관계 독립성 가정

방향성 있는 그래프의 경우, 의존성을 직관적으로 고려해보면 i로부터 j에게로 향하는 연결선이 j로부터 i에게로 향하는 연결선에 대해 의존적이어야 한다. 따라서 모형은 더 이상 네트워크 연결선들의 모형이 아니라 네트워크의 연결선 쌍들의 모형이 되며, 여기서 연결선 변수들의 쌍을 "양자관계(dyad)"라고 부른다.

6.5.3. 마르코프 의존성 가정

프랭크와 스트라우스(Frank & Strauss, 1986)는 "마르코프 의존성 가정(Markov dependence assumption)"을 제안했는데, 양자관계를 넘어 의존성을 고려한 가정들 중에 가장 단순한 형태이다. 이 가정은 두 개의 연결선 변수들이 하나의 노드를 공유하지 않는다면 상호 독립적이라고 전제한다. 연결선들이 노드들을 연결한다고 간주하는 대신 노드들이 연결선들을 연결한다고 간주하면 마르코프 의존성 가정을 쉽게 이해할 수 있다. 노드 i가 연결선 (i, j)와 연결선 (i, h)를 연결하기 때문에, 연결선 (i, j)와 연결선 (i, h)에 해당하는 연결선 변수들이 그래프의 다른 조건들을 고려한 상태에서 서로 의존적이라고 할 수 있다.

이 가정을 통해 메리가 존에게 말을 걸지 여부가 메리가 피터에게 말을 걸지 여부에 따라 달라질 수 있다는 점을 설명할 수 있다. 두 연결선 모두 메리를 공유하고 있기 때문이다. 이에 더하여, 존이 피터에게 말을 걸 확률은 존과 피터 둘 다 메리에게 말을 걸지 여부에 영향을 받을 수 있다. (존과 피터 사이의 연결관계 형성은 마르코프 가정하에서 메리와 존 간의 그리고 메리와 피터 간의 연결관계에 조건부 의존적이다. 특히 삼각관계에 주목하기 바란다.) 마르코프 의존성 가정에 따라 마르코프 무작위 그래프는 그래프의 (로그) 확률이 연결선, 스타, 삼각관계 등의 서로 다른 구조적 특징들의 개수의 가중합에 비례한다. 이런 특징들이 어떻게 추출되는지는 7장에서 설명할 예정이며, 구조적 특징들 자체와 이들에 대한 해석은 다음 섹션에서 다룰 예정이다.

6.5.4. 실현 의존성 모형(realization-dependent models)

패티슨과 로빈스(Pattison & Robins, 2002)는 어떤 상황에서는 두 개의 연결선 변수 X_{ij}와 X_{hm}가 노드를 공유하지 않을 때조차 다른 연결선 변수들이 존재하다는 가정하에 서로 조건부 의존적일 수 있음을 보여주었다. 이것이 바로 "부분 조건부 독립성 가정(partial conditional independence assumption)"인데 조건부 독립성이라는 익숙한 개념을 일반화한 것이다. 부분 조건부 독립성 가정에 따르면 제3의 변수가 어떤 상태인가에 따라서 두 변수들의 통계적 독립성이 영향을 받는다(Dawid, 1979, 1980). 이 가정하에서는 제3의 연결선 변수가 특정 상태일 때에만 두 연결선 변수들이 통계적으로 독립적이라 할 수 있다.[4]

부분 조건부 독립성 가정의 사례로 "사회 순환 의존성 가정(social circuit dependence assumption)"을 들 수 있다. 이 가정은 노드를 공유하지 않는 두 개의 연결선 변수들인 X_{ij}와 X_{hm}가 만약 i와 h 그리고 j와 m 간에 연결선들이 존재한다면 조건부 의존적이 됨을 나타낸다. 이 경우, 만약 그 두 변수들이 관

---

[4] 배들리와 몰러(Baddeley & Möller, 1989)가 공간 모형에 적용한 것과 유사한 접근방식이기에, 패티슨과 로빈스(Pattison & Robins, 2002)는 "실현 의존성 모형"이라는 동일한 용어로 이 모형들을 칭했다.

<그림 6.2> 사회 순환 의존성 가정

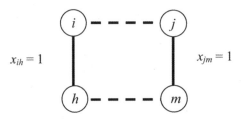

$$x_{ih} = 1 \qquad x_{jm} = 1$$

찰된다면(즉, $x_{ih}x_{jm}$=1), 4-사이클이 〈그림 6.2〉와 같이 형성된다. 이러한 의존성은 협력관계에서 흔히 나타나는데, i가 h와 그리고 j가 m과 일할 때, i와 j 간의 협력관계의 형성은 h와 m 간의 협력관계 형성에도 영향을 미칠 가능성이 크다.

이 가정은 마르코프 의존성 가정과 더불어 네트워크 모형에서 일련의 새로운 연결관계 유형들을 등장시켰는데, 시작 노드와 끝 노드가 동일한 2-경로 유형과 기본 삼각관계를 공통적으로 내포하는 일련의 삼각관계 유형들이 이에 해당한다.

6.6. 모형 설정

의존성 가정은 모형에서 네트워크 연결선 변수들 간의 연결관계 유형을 제한한다. 이 부분에 대해서는 의존성에 대한 방법론적 세부 내용을 자세히 다루고 있는 7장에서 더 설명하고자 한다. 지금 여기서는 의존성 가정이 어떤 연결선의 조건부 확률이 특정 연결관계 유형에 영향을 받는다는 것을 시사한다는 점만 알아도 충분하다. 다시 말해, 어떤 연결선이 의존성 가정과 관련한 연결관계 유형들의 특징을 지니고 있을 때 해당 연결선이 형성될 가능성이 높아진다(또는 낮아진다). 관찰된 그래프에서 이러한 연결관계 유형들의 개수가 모형의 통계량이 됨으로써, 로지스틱 회귀분석을 넘어서 의존성을 모형에 감안할 수 있게 되었다. 상이한 네트워크 통계량들의 조합을 통해 모형을 서로 달리 설정할 수 있으며, 설정 가능한 모든 모형들을 다 살펴보지는 못하겠지만, 의존성 가정들을 토대로 공통적으로 설정할 수 있는 모형들에 대해 지금부터 설명하고자 한다.

6.6.1. 베르누이 모형

방향성 없는 그래프. 가장 단순한 형태의 ERGM이 베르누이 모형이다. 앞서 언급한 바와 같이, 동질적인 베르누이 모형의 경우, 각각의 연결선이 형성될 가능성은 동전의 앞면이 나올 확률을 p라고 할 때 독립적인 (p−) 동전 던지기로 모형화할 수 있다. 만약 동전의 앞면이 나오면 연결선이 존재하는 것으로, 뒷면이 나오면 연결선이 존재하지 않는 것으로 해석한다. 이 경우 조건부 확률은 다음과 같다.

$$\Pr(X_{ij} = 1 | X_{-ij} = x_{-ij}, \theta) = \Pr(X_{ij} = 1 | \theta) = \frac{e^{\theta}}{1 + e^{\theta}}$$

연결선이 형성될 확률의 로짓은 연결선 모수인 θ로만 나타냈다. ERGM의 일반식[식(6.2)]에 따라 인접 행렬에 대한 ERGM 결합확률질량함수를 표현하면 다음과 같다.

$$P_{\theta}(x) = \frac{1}{\kappa(\theta)} exp\{\theta_L L(x)\} \qquad (6.3)$$

여기서 모수 θ_L는 "연결선 모수(edge parameter)"이며 이에 상응하는 통계량은 L(x)로 연결선의 개수($L(x) = \sum_{i<j} x_{ij}$)를 나타낸다. 이 모형에는 연결선이라는 단 하나의 연결관계 유형만 포함되어 있다.

방향성 있는 그래프. 동질적인 베르누이 모형은 방향성이 있는 그래프에서 연결선 변수들이 두 배 더 많다는 점을 제외하고는 방향성 없는 그래프에서와 같은 원리를 따른다.

6.6.2. 양자 독립성 모형

방향성이 있는 그래프의 경우 베르누이 모형은 명백한 한계를 지니는데, 사람들 간의 사회적 관계에서 가장 활발히 나타나는 상호호혜성 경향에 대해 다룰 수 없기 때문이다. 이런 한계는 홀랜드와 라인하트(Holland & Leinhardt, 1981) 그리고 피엔버그와 와써맨(Fienberg & Wasserman, 1981)이 지수족 분포의 양자 독립성(또는 p_1) 모형을 발전시키는 계기가 되었다. 베르누이 모형의 전제에 따르면, N에 속하는 두 행위자 i, j에 대해 $X_{ij}=x_{ij}$와 $X_{ji}=x_{ji}$일 확률은 〈표 6.1〉에서와 같이 두 주변 확률들 간의 곱으로 계산한다. 이는 마치 두 개 동전의 던지기가 서로 독립적으로 발생하는 것을 가정하는 것과 같다. (참고로, 여기서 두 동전은 편향되어 있을 수 있다.) 그에 반해, 양자 독립성 모형은 〈표 6.2〉에서처럼 두 연결선 변수들 간의 의존성을 허용한다. 그럼에도 불구하고, 의존성 가정은 한계가 있는데, 양자관계가 서로 독립적임을 이 모형이 전제로 하기 때문이다. 따라서 $X_{ij}=1$일 확률은 오로지 x_{ji}에 달려 있다. 그리하여, 연결선 변수 (X_{ij}, X_{ji})은 각각의 노드 쌍 (i, j)에 대해 독립적인 관찰로 간주된다. 이렇듯 양자 독립성 모형에서의 의존성 가정이 단순하기 때문에 기존 사회과학에서 사용하는 통계 기법[보다 구체적으로, 다항 로지스틱 회귀분석(옮긴이 주: 종속변수가 세 개 이상의 집단으로 구분 가능한 경우에 시행하는 회귀분석으로, 여기서는 종속변수가 'i → j, j → i, i ↔ j, 연결선 없음'의 네 가지 유형으로 도출될 수 있음)에도 여전히 적용 가능하다.

양자 독립성 모형의 가장 단순한 형태로는 스나이더(Snijders, 2002)가 "상호호혜성 p* 모형(reciprocity p* model)"이라고 부른 아래 모형을 꼽을 수 있다.

$$P_\theta(x) = \frac{1}{\kappa(\theta)} exp\{\theta_L L(x) + \theta_M M(x)\}$$

여기서 L(x)는 아크의 수이며 M(x)는 그래프에서 상호호혜적인 아크의 수이다$(M(x) = \sum_{i<j} x_{ij}x_{ji})$. 이 모형과 관련된 연결관계 유형이 두 개 있는데, 바로 아크와 상호호혜적인 아크이다. 각각의 노드 쌍에 대해 네 개의 결과가 나타날 수 있으며, 각 결과가 나타날 확률은 다음과 같다.

$$\Pr(X_{ij=x_{ij}}, X_{ji=x_{ji}}|\theta) = \begin{cases} \dfrac{1}{\kappa_{ij}(\theta)} & x_{ij} = x_{ij} = 0 \\ \dfrac{1}{\kappa_{ij}(\theta)} exp\{\theta_L\} & x_{ij} = 1, x_{ji} = 0 \\ \dfrac{1}{\kappa_{ij}(\theta)} exp\{\theta_L\} & x_{ij} = 0, x_{ji} = 1 \\ \dfrac{1}{\kappa_{ij}(\theta)} exp\{2\theta_L + \theta_M\} & x_{ij} = x_{ji} = 1 \end{cases}$$

여기서 $\kappa_{ij}(\theta)=1+2e^{\theta_L}+e^{2\theta_L+\theta_M}$은 네 개 결과들의 확률을 더해서 산출할 수 있다.[5]

원래의 p_1 모형에서 모수 θ_L은 송신자와 수신자 효과를 나타내는 것으로 전제되었다. 여기서 송신자와 수신자 효과는 특정 행위자가 다른 사람들에게 연결선을 보내거나 다른 사람들로부터 연결선을 받을 가능성을 의미한다. p_1 모형이 점차 정교화되면서, 베이지안 평활화(Bayesian smoothing)[6]가 적용되었고(Wong, 1987) 보다 최근에는 더 복잡한 의존성이 p_2 모형에 무작위 효과

---

5) 옮긴이 주: $\dfrac{1}{\kappa_{ij}(\theta)} + \dfrac{1}{\kappa_{ij}(\theta)} exp(\theta_L) + \dfrac{1}{\kappa_{ij}(\theta)} exp(\theta_L) + \dfrac{1}{\kappa_{ij}(\theta)} exp(2\theta_L + \theta_M) = 1$

6) 옮긴이 주: 현실적인 크기의 이진형의 방향성 있는 그래프에 대해, 인접 행렬의 일부 열 및 행 합계가 특히 작을 때 p_1 모수의 최대 우도 추정치가 만족스럽지 않게 도출될 때가 있다(Wong, 1987). 이 문제를 해결하기 위해 베이지안 평활화를 통해 최대 우도 추정치의 극단값들을 부드럽게(smoothing) 변환할 수 있다. 즉, 극소값은 더 크게, 극대값은 더 작게 만드는 것이다.

로 포함되었다(van Duijn, Snijders, & Zijlstra, 2004).

상호호혜성이 사회 네트워크 데이터에서 발현되는 상호의존성의 유일한 형태는 아니지만, 방향성 있는 네트워크에 대해 현실적으로 설명할 수 있는 모형을 만들기 위해서 상호호혜성은 빠져서는 안 되는 필수적인 연결관계 유형에 해당한다.

6.6.3. 마르코프 모형

방향성 없는 마르코프 무작위 그래프 모형. 마르코프 의존성 가정을 바탕으로 식(6.2)에 나타난 것처럼 연결선의 수, k-스타의 수[$S_k(x) = \sum_{i \in N} \binom{x_{i+}}{k}$, $x_{i+} = \sum_j x_{ij}$, $2 \leq k \leq (n-1)$](2-스타와 3-스타 각각에 대해서 〈그림 6.3〉과 〈그림 6.4〉를 참조하기 바란다), 그리고 삼각관계의 수($T(x) = \sum_{i<j<k} x_{ij}x_{jk}x_{ki}$)를 포함하는 모형이 등장했다. 마르코프 의존성 가정에 따르면, 두 개의 연결선 변수들이 노드를 공유할 경우 조건부 의존적이라고 본다.

이것이 의미하는 바는 모형에 포함된 어떤 연결관계 유형도 모두 노드를 공유하는 연결관계를 가져야만 한다는 것이다. 조금만 생각해보면 여기에 해당되는 경우는 다음 세 가지 경우에 불과하다는 것을 알 수 있다. 단 하나의 연결선으로 이뤄진 연결관계 유형이거나 모든 연결선이 하나의 노드를 공유

〈그림 6.3〉 2-스타 모형에서의 연결관계 유형

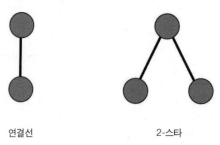

연결선   2-스타

〈그림 6.4〉 세 개의 연결선으로 이뤄진 연결관계 유형: 3-스타와 삼각관계

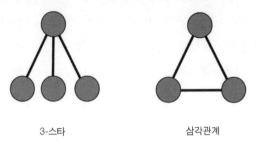

3-스타   삼각관계

하는 연결관계 유형(예컨대, 얼마나 많은 연결선이 존재하는가에 따라 그 크기가
다른 스타 네트워크)이거나 세 개의 노드들로 구성된 세 개의 연결선(예컨대, 삼
각관계)으로 이뤄진 연결관계 유형이 이에 해당한다. (이에 대해서는 7장에서
보다 자세히 설명할 예정이다.)

따라서 마르코프 완전 모형(full model)은 다음과 같다.

$$\Pr(X=x) = \frac{1}{\kappa} exp(\theta_L L(x) + \theta_{S_2} S_2(x) + \theta_{S_3} S_3(x) + ... + \theta_{S_{n-1}} S_{n-1}(x) + \theta_T T(x)) \quad (6.4)$$

마르코프 완전 모형에 배속된 하위 모형들은 일부 모수값들을 0으로 설정
함으로써 나타낼 수 있다. 이에 대해서는 섹션 3.1.5의 〈그림 3.2〉에서 이미
설명한 바 있는데, 하위(lower-order) 연결관계 유형은 상위(higher-order) 연결
관계 유형에 포함되어 있으므로 통계량도 이와 같이 배속되어 있다. 2-스타
(〈그림 6.3〉)의 개수는 단순히 연결선이 2개인 노드들의 개수가 아니며 세 개
의 2-스타를 3-스타와 삼각 연결관계 유형(〈그림 6.4〉)이 내포하고 있다. 마찬
가지로, 삼각관계는 세 개의 연결선을 내포하는 등 상위 연결관계 유형은 여
러 하위 연결관계 유형을 포함하고 있다. 따라서, 통계적으로 상위 연결관계
유형은 하위 연결관계 유형을 포함한 상호작용을 나타낸다고 할 수 있다. 예
컨대, 그래프 내에서의 연결선 수가 주어진 상태에서 2-스타 연결관계 유형
의 연관성에 대해 통계적 추론을 하거나 2-스타 연결관계 유형의 수가 주어진

상태에서 삼각관계 유형의 중요성에 대해 추론한다. 우리가 알고 싶은 것은 연결선과 2-스타 연결관계 유형이 형성될 가능성을 감안한 채 네트워크 내 연결 관계들이 삼각관계를 형성해 나가는가에 대해 통계적으로 추론하는 것이다.

서로 다른 통계량들을 0으로 설정함으로써 다양한 모형들을 설정할 수 있다. 이 장의 뒷부분에서도 설명하겠지만, 대부분의 마르코프 모형은 그 자체 만으로 사회 네트워크 데이터를 잘 설명하지 못하며 사회 순환 모형으로 대부분 대체되고 있다. 그럼에도 불구하고, 일반적인 모형화 과정에 대한 이해를 돕기 위해 단순 마르코프 모형들에 대해 조금 더 자세히 설명하고자 한다.

가장 단순한 형태의 마르코프 모형은 "2-스타 모형(2-star model)"인데, 상위 스타 연결관계 유형과 삼각관계 모수가 0으로 설정된 모형이다($\theta_{S3}=\theta_{S4}=\cdots=\theta_{Sn-1}=\theta_T=0$). 이 모형에 포함된 연결관계 유형은 연결선과 2-스타뿐이다.

2-스타 통계량은 다음과 같이 연결정도 분포로 표현할 수 있으며 여기서 d_j 는 연결선 j개를 가진 노드들의 수에 해당한다.

$$S_2(x) = \sum_{i<j} \sum_{k \neq i,j} x_{ik} x_{kj} = \sum_{j \geq 2} \binom{j}{2} d_j(x)$$

연결선의 수가 주어져 있을 때, 2-스타 모수가 양수일 경우 2-스타를 많이 내포하고 있는 그래프들이 형성될 가능성이 높다. 연결선의 수가 주어져 있을 때, 2-스타를 많이 만들기 위한 가장 간단한 방법은 연결선을 많이 가진 노드들을 생성하는 것이다. 다시 말해 한쪽으로 치우친 연결정도 분포(skewed-degree distribution)를 만드는 것이다. 연결정도 분산은 $S = \frac{1}{n} \sum_{i=1}^{n} (x_{i+} - \bar{x})^2$이며 집중도(centralization)의 지표로 사용된다(Hagberg, 2004; Snijders, 1981a, 1981b). 이 식을 조금 더 확장하면 첫 번째 항은 노드 i를 중심으로 한 2-스타 유형의 합($x_{i+}^2 = \sum_{j,h} x_{ij} x_{ih}$)에 해당한다. 따라서 2-스타 모형을 만들 때, 연결선 모수를 통해 노드당 연결선 수의 평균을, 2-스타 모수를 통해서는 각 노드의 연결선 수의 변동을 모형화한다. 다시 말해 연결정도 분포의 평균과 분산을 모형화하는 것과 마찬가지다. 2-스타 모형에 대한 통계 기법적 측면에 대한 자세한 설명은 핸드콕(Handcock, 2003)과 박과 뉴먼(Park & Newman, 2004)의 연구들을 참고하기 바란다.

이 모형이 관찰된 네트워크 데이터에서의 연결정도 변동을 설명하긴 하지만, 군집화나 삼각관계화와 같은 네트워크 폐쇄성을 설명하지는 못하므로 관찰된 네트워크 데이터에 대한 이 모형의 적합도는 대체로 낮다. 하지만, 삼각관계 유형을 모형에 포함시킴으로써 프랭크와 스트라우스(Frank & Strauss, 1986)가 명명한 "삼자관계 모형(triad model)"으로 확장할 수 있다. 여기서 다시 이 모형은 실제 네트워크 데이터와 여전히 낮은 적합도를 보일 수밖에 없는데, 매우 제한적인 상황만을 설명하고 있기 때문이다. 하지만 간단한 설명만으로도 중요한 점들을 도출할 수 있는데, 이 모형을 여러 유형의 삼자관계 개수를 나타내는 형태로 바꾸면 된다(Frank & Strauss, 1986). 삼자관계로부터 추출할 수 있는 유도된 하위 그래프(induced subgraph)[7]는 세 개의 노드들로 이뤄져 있으면서 연결선이 없는 경우, 한 개만 있는 경우, 두 개만 있는 경우, 또는 세 개 모두 다 있는 경우 등 총 네 가지로 이들 하위 그래프의 개수로 모형을 형성할 수 있다. 방향성 없는 그래프의 삼자관계 수를 다양한 형태의 영가설 분포와 비교함으로써 가설 검정에 이를 널리 활용한 바 있다(Frank, 1979; Frank & Harary, 1982; Holland & Leinhardt, 1971, 1976; Karlberg, 1997, 2002).

삼각관계 모수가 양수일 경우 네트워크 폐쇄성 또는 군집화가 존재함을 의미한다. 예컨대, 친구 네트워크의 경우, 친구들이 다른 친구들을 통해 서로 만나게 되는 경향이 존재할 가능성(쉽게 말해, 친구의 친구가 친구가 될 가능성)

---

7) 옮긴이 주: 유도된 하위 그래프 또는 유도된 부분 그래프는 그래프 G의 노드들과 그것들에 연결된 선을 선택하여 얻어진 그래프이다. 모든 유도된 그래프는 전체 그래프의 하위 그래프이지만, 모든 하위 그래프가 유도된 그래프인 것은 아니다.

이 있다. 2-스타 연결관계 유형은 삼각관계의 하위 그래프이기 때문에(즉, 하위수준인 2-스타 유형과의 상호작용이 존재하기 때문에), 삼각관계 모수가 모형에 포함되어 있으면 항상 2-스타 모수를 모형에 넣는 것이 바람직하다. 2-스타 모수를 모형에 포함하지 않을 경우, 삼각관계가 해당 네트워크에서 많이 형성된 것이 2-스타 연결관계가 축적되었기 때문으로 인한 효과인지 별도의 네트워크 폐쇄 효과가 발현되었기 때문으로 인한 효과인지 설명하기 어렵다.

삼자관계 모형은 3-스타 모수를 포함함으로써 확장될 수 있다(〈그림 6.4〉참조). 이 경우, 연결선, 2-스타 모수, 그리고 3-스타 모수는 각각 평균, 표준편차, 그리고 연결정도 분포의 왜도를 나타낸다. 모형 분석 결과를 해석해보면, 양의 2-스타와 음의 3-스타 모수는 연결정도 중심성이 높은 노드를 통한 집중화 경향성을 보여주지만 (3-스타 모수가 음의 값을 가짐에 따라) 이 집중화 경향에도 일정 한도가 있음을 시사한다. 다시 말해, 2-스타 모수가 양수이므로 노드들이 여러 연결관계를 가지려는 경향을 보여주지만 3-스타 모수가 음수이기 때문에 연결관계를 더 추가한다는 것이 바람직하지 않은 지점이 존재함을 나타낸다. (상식적으로 모두와 다 친구가 될 수는 없다.)

ERGM의 기본적인 특징은 모수들이 해당 연결관계 유형들이 평균적으로 얼마나 많을 것으로 기대되는지를 통제한다는 점이다. 예를 들어, 연결선, 2-스타, 3-스타를 포함하고 있는 모형에서 삼각관계 모수 θ_T가 삼각관계의 수를 통제한다고 하자. 여기서 해당 네트워크는 30개의 노드들로 이뤄진 방향성 없는 그래프이며, 연결선 모수는 -3.0, 2-스타 모수는 0.5, 3-스타 모수는 -0.2의 값을 각각 갖는다고 하자.[8] 삼각관계의 기대값과 삼각관계 모수값이 변화할 때마다 생성 가능한 삼각관계 개수의 범위가 〈그림 6.5〉에 그려져 있다. 오른쪽 그림을 보면, 삼각관계 형성 효과가 없을 경우(즉, θ_T=0), 평균 10개의 삼각관계를 기대할 수 있으며, 0.95의 확률로 네 개에서 17개의 삼각관계를

---

8) 간단히 설명하기 위해, 경험을 바탕으로 모수값들을 임의로 설정했다.

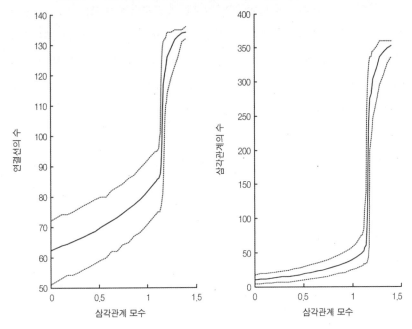

관찰할 수 있다. 삼각관계 모수값을 증가시킴에 따라, 형성될 것으로 기대되는 삼각관계의 수는 점차 증가한다. 예컨대, θ_T=1일 때 40개의 삼각관계가 평균적으로 형성되며 이 모형으로부터 생성된 그래프의 95%는 25개에서 59개 사이의 삼각관계를 지닌다. 대략 θ_T=1.11을 지나서, 삼각관계의 수가 급격히 증가하는데, θ_T=1.15가 되면 삼각관계 수에 대한 95% 구간은 38개에서 293개 사이로 확장된다.

통계량은 매우 상호의존적이다: 왼쪽 그림에 있는 연결선의 기대값을 증가시키지 않고서는 삼각관계의 기대값을 증가시킬 수 없다. 그리하여, θ_T=0일 때 51개에서 72개의 연결선을 갖는다 해도, θ_T=1일 때 71개에서 92개의 연결선을 갖게 되는 것이다. θ_T=1.11 이후 삼각관계 수의 급증은 연결선 수의 급격한 상승과 궤를 같이한다.

〈그림 6.5〉에서 밀도가 낮은 그래프에서 높은 그래프로의 전환은 마르코프 모형의 단점 중 하나를 보여준다. 삼각관계 모수값(다른 모든 모수값들은 고정되었음을 가정)이 0과 대략 1.11 사이에 있을 때에는 삼각관계 모수가 증가함에 따른 삼각관계 수의 증가가 작고 점진적으로 이뤄졌었다. 이 범위 내에서는 또 하나의 삼각관계가 형성될 확률의 증가는 연결선 모수(와 3-스타 모수)가 음의 값을 가짐에 따라 상쇄되었다.

x와 y 두 그래프가 있는데, 2-경로를 폐쇄하는 연결선을 y에 추가함에 따라 y가 x보다 하나의 삼각관계가 더 많다고 할 때 이 두 네트워크를 비교해보자. y는 확률(에 대한 지수)에서 x에 비해 θ_T가 한 단위 더 있는 셈이다. 다시말해, 삼각관계 모수가 양수이므로 x보다 y가 형성될 가능성을 높이는 결과를 초래한다. 하지만 y에 연결선을 추가함으로써 y가 형성될 가능성을 낮추기도 하는데, 그 이유는 연결선 모수가 음수이기 때문이다. 따라서, 잠시 스타 모수들(옮긴이 주: 모형에 투입했던 2-스타 모수와 3-스타 모수)을 제쳐두고 생각해보면, 삼각관계의 수를 늘리면 삼각관계 모수를 통해서 해당 그래프의 형성 가능성이 높아지지만 동시에 연결선 모수를 통해서 그 가능성이 낮아진다. 이를 〈그림 6.5〉로 살펴보면, 대략 θ_T=1.11이 될 때까지 양의 삼각관계 효과와 음의 연결선 효과 간에 균형을 이루고 있음을 알 수 있지만, 약 θ_T=1.18 이후부터는 이 균형이 깨지고 많은 삼각관계를 지닌 그래프가 형성될 가능성이 훨씬 더 높아진다. 이런 급격한 변화를 저밀도 그래프에서 고밀도 그래프로의 상 전이(phase transition)라고 부르는데, 이 상 전이 단계는 매우 넓은 95% 구간이 시사하듯 불확실성이 높은 상태임을 알 수 있다.

〈그림 6.6〉은 θ_T=1.1524일 때 그래프 전반에 있는 삼각관계의 수를 나타낸다. 이 그래프의 변동성이 큰 이유는 ERGM 모형에서 확률의 절반은 저밀도 그래프에, 나머지 절반은 고밀도 그래프에, 그리고 극히 일부만 저밀도 및 고밀도 그래프 사이에 있기 때문이다. 〈그림 6.6〉에서와 같은 양봉 분포는

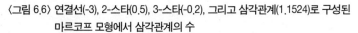

〈그림 6.6〉 연결선(-3), 2-스타(0.5), 3-스타(-0.2), 그리고 삼각관계(1.1524)로 구성된
마르코프 모형에서 삼각관계의 수

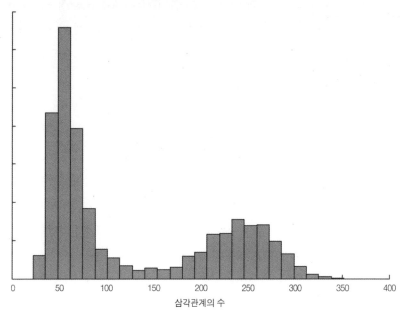

삼각관계의 수

모수에 대해 해석하고 추론할 때 문제가 된다.[9] 마르코프 모형에서 종종 관찰된 네트워크 데이터가 이 두 봉우리 사이에 위치하게 되는데, 관찰된 네트워크에 대한 통계량들의 조합이 확률적 그래프 통계 분포에서 중심에 위치하도록 하는 모수값들의 조합을 찾지 못할 경우 이런 현상이 나타난다. [스나이더 외(Snijders et al., 2006)를 참조하기 바란다.]

이와 유사한 상 전이를 스타 모수에서도 관찰할 수 있는데, 삼자관계 모형이 연결정도 분포를 모형에 포함하고 네트워크 폐쇄성을 고려한다 할지라도

---

9)   옮긴이 주: 모수 추정치가 관찰값을 적합된 기대값으로 구현한다고 할지라도, 이 기대값이 적합된 분포의 두 최빈값으로부터 멀리 떨어져 있기에, 이 적합된 모형은 데이터를 만족스럽게 설명한다고 할 수 없다(Snijders, Pattison, Robins, & Handcock, 2006).

실제 사회 네트워크에서 공통적으로 관찰되는 연결정도의 이질적 분포와 군집화를 해당 모형으로 설명하기에는 역부족이다(Handcock, 2003; Robins & Pattison, 2005; Snijders et al., 2006). 사회관계가 마르코프 의존성 가정이 상정하는 것처럼 양자 그리고/또는 삼자관계의 수준만으로 설명할 수 없는 복잡한 현상이란 점을 생각하면 별로 놀랄 만한 일은 아니다.

교호 스타 모수(alternating star parameter). 스타 모수와 관련한 상 전이 문제를 완화시킬 수 있는 모수화 방법으로 "교호 스타 모수"[또는 "기하학적으로 가중된 연결정도 모수(geometrically weighted degree parameter)"라고도 부른다]를 모형에 포함시키는 것을 꼽을 수 있다. 교호 스타 통계량은 (다음 문단에서 더 자세히 설명하겠지만 서로 다른 부호들로 이뤄진) 모든 스타 개수들의 가중합[10] 이며 상위수준 스타의 효과를 완화시켜서 저밀도 그래프에서 고밀도 그래프로의 급격한 상 전이를 막아준다.

실제 데이터에 모형을 적합시킬 때, 삼자관계 모형에서 밀도, 2-스타 모수, 3-스타 모수 간의 조합은 서로 반대되는 부호들을 가진 모수들을 종종 생산한다. (이는 상위수준 스타들로 구성된 모형에도 마찬가지이다.) 스타 모수들의 서로 다른 부호는 k-스타 개수가 배속되어 있다는 점과 관련이 있다. 모든 k-스타는 $\binom{k}{j}$j-스타(j≤k)를[11] 포함한다. 상위수준 스타는 모형에서 상위수준 통계적 상호작용을 의미한다: 상위수준 상호작용 효과에서 부호의 변화는 전통적인 일반 선형 모형 접근에서도 흔히 발생한다.

프랭크와 스트라우스(Frank & Strauss, 1986)는 연결정도 분포로 스타 모수

---

10) 옮긴이 주: 가중합이란 복수의 데이터를 단순히 합하는 것이 아니라 각각의 수에 어떤 가중치를 곱한 후 이 곱셈 결과들을 다시 합한 것을 말한다.

11) 옮긴이 주: $\binom{k}{j} = \dfrac{k!}{j!(k-j)!}$

들을 재모수화할 것을 제안했다. 여기서 연결정도 분포는 $\theta_{d(j)}=\sum_{k \leq j}\binom{j}{k}\theta_{S(k)}$이며 $\theta_{d(j)}$와 $\theta_{S(k)}$는 연결정도 j-스타와 k-스타 각각에 대한 노드들의 모수이다. 이렇게 연결정도 분포에 대해 완전한 모수화를 할 수 있지만 추정해야 할 자유 모수들을 너무 많이 양산하게 된다. 모수들의 수를 제한하기 위해, 스나이더와 그의 동료들(Snijders et al., 2006)은 $\theta_{d_j}=\theta_{d_{j-1}}e^{-\alpha}(\alpha>0)$라는 제약을 가할 것을 제안했다. 이 식에 따르면, 연결정도가 높은 노드들이 미치는 가중치를 기하학적으로 감소하는 방향으로 하향 조정하는 것이다. [이를 약간 변형한 헌터(Hunter, 2007)도 참고하기 바란다]. 여기서, α는 평활 상수(smoothing constant)로서 연구자가 설정한 값으로 고정되거나 추정해야 할 모수로 간주되기도 한다.(12장을 참고하기 바란다.) 연결정도 모수에 대한 이러한 모수 제약은 스타 모수에 대한 제약으로 바꿀 수 있다. 약간만 변경하면, $\theta_{d_j}=\theta_{d_{j-1}}e^{-\alpha}$이 스타 모수에 대한 제약인 $\theta_{s(k)}=-\frac{\theta_{s(k-1)}}{\lambda}$ ($\lambda=\frac{e^\alpha}{e^\alpha-1}$)과 동등하다. λ를 고정 상수로 볼 때, 이 제약은 하나의 교호 스타 모수 θ_S를 가진 것으로 풀이되며, 관련 통계량은 다음과 같다.

$$z_s(x;\lambda) = S_2(x) - \frac{S_3(x)}{\lambda} + ... + (-1)^k\frac{S_k(x)}{\lambda^{k-2}} + ... + (-1)^{n-1}\frac{S_{n-1}(x)}{\lambda^{n-3}} \quad (6.5)$$

2-스타와 3-스타 모수들의 특징과 그들의 연결정도 분산과 왜도와의 관련성을 고려할 때, 교호 스타 모수와 더불어 2-스타와 3-스타 모수들을 모형에 넣는 것이 유용할 때가 있다. 교호 스타 모수 외에도 연결선 모수 θ_L를 거의 항상 모형에 포함시키는 것이 바람직하다. 고정 밀도 모형인 경우는 예외로 하는데, 이에 대해서는 이 장의 후반부를 참고하기 바란다. 교호 스타 통계량은 1-스타(즉, 연결선)를 다룸에 있어서 기하학적 가중 연결정도(GWD) 통계량(Snijders et al., 2006)[그리고 이와 약간 다른 헌터(Hunger, 2007)의 GWD 통계량]과 상이하다. [정확한 관계는 스나이더와 그의 동료들(Snijders et al., 2006)이 정리

한 공식(14)[12])를 참고하기 바란다.]

교호 스타 모수 θ_S의 일반적 해석은 다음과 같다. $\lambda > 1$인 양의 모수값은 연결정도가 큰 노드들을 중심으로 한 집중도를 나타낸다. θ값은 이 집중도의 정도를 통제하는데, θ값이 클수록 연결정도가 더 큰 노드들에게 유리하다. 따라서, 모형에서 θ값이 클 경우 왜도가 더 심한 연결정도 분포를 가진 그래프가 설정된다. 그러나 θ_S이 음수일 경우 그 반대 양상이 벌어지게 되어 연결정도가 노드들에 걸쳐서 상대적으로 더 동등하게 분포된다. λ값을 자유 모수로서 추정할 수도 있지만[13])(Hunter & Handcock, 2006; Snijders et al., 2006), 실증 데이터셋에서 많은 경우, $\lambda=2$를 교호 통계량의 평활 상수로써 지정하기도 한다(Robins & Morris, 2007).

방향성 있는 마르코프 모형. 방향성 있는 그래프의 경우, 방향성 없는 그래프보다 더 많은 연결관계 유형들이 가능하다. 연결관계 유형들이 너무 많아서

---

12) 옮긴이 주: 스나이더와 그의 동료들(Snijders et al., 2006)이 정리한 공식(14)는 다음과 같다.
$$u_\lambda^{(s)}(y) = \lambda^2 u_\alpha^{(d)}(y) + 2\lambda S_1 - n\lambda^2$$
여기서, $u_\lambda^{(s)}(y)$은 λ값$(= e^\alpha/(e^\alpha - 1) \geq 1)$을 지닌 스타 통계량을, α는 연결정도 가중 모수(degree weighting parameter)를, S_1은 1-스타(즉, 연결선)를, n은 노드의 수를 의미한다. $u_\alpha^{(d)}(y)$은 α값을 지닌 연결정도 통계량을 나타내며 $u_\alpha^{(d)}(y) = \sum_{k=0}^{n-1} e^{-\alpha k} d_k(y) = \sum_{i=1}^{n} e^{-\alpha y_{i+}}$이다.

13) 스나이더와 그의 동료들(Snijders et al., 2006)이 지적한 것처럼, 모형에서 λ를 자유 모수로 간주할 경우, 이 모형은 더 이상 지수족 분포에 해당하지 않으며 곡선(curved) 지수족 분포에 해당한다. (옮긴이 주: 곡선 지수족 분포에 해당하는 이유는 연결정도가 높은 노드들에 대한 연결관계 형성의 로그오즈 증가분이 연결정도가 증가함에 따라 기하학적으로 감소하기 때문이다. 다시 말해, 해당 로그오즈 증가분이 연결정도가 증가함에 따라 선형적으로 감소하지 않는다). 헌터와 핸드콕(Hunter & Handcock, 2006)은 최대 우도를 사용하여 λ를 어떻게 추정할 수 있는지를 설명하며, 코스키넨, 로빈스, 그리고 패티슨(Koskinen, Robins, & Pattison, 2010)은 베이지안 추론을 통해 평활 상수를 추정한다(12장 참조). 여기 소개된 다른 교호 통계량에 대한 평활 상수에 대해서도 같은 내용이 적용된다.

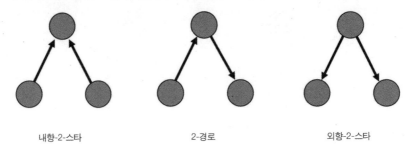

〈그림 6.7〉 세 개의 노드들에 대한 방향성 있는 스타 연결관계 유형

| 내향-2-스타 | 2-경로 | 외향-2-스타 |

하나의 모형에 모든 연결관계 유형을 포함하는 것이 불가능하다. (네 개 이하의 노드들에 대해 25개의 연결관계 유형이 가능하며, 이에 대해서는 7장의 〈그림 7.8〉을 참고하기 바란다.) 몇몇 스타 연결관계 유형은 방향성 있는 마르코프 모형의 그래프에서 특별한 의미를 지니는데 내향-2-스타($IS_2(x)=\sum_i \binom{x_{+i}}{2}$), 2-경로 ($P_2(x)=\sum_i \sum_{j,h,j\neq h} x_{ji}x_{ih}$), 그리고 외향-2-스타($OS_2(x)=\sum_i \binom{x_{i+}}{2}$)가 이에 해당한다 (〈그림 6.7〉 참조). 이들은 두 개의 아크를 지닌 세 개의 (고립자가 없는) 노드들로 구성된 연결관계 유형들이다(Snijders, 2002). 방향성 있는 그래프는 두 개의 연결정도 분포들을 갖는다: 내향-2-스타 모수는 내향 연결정도의 변동을, 외향-2-스타 모수는 외향 연결정도의 변동을 통제한다. 따라서, 원칙적으로, 내향-2-스타와 외향-2-스타 모수는 인기도와 활동성 관련하여 그래프 내에서의 이질성을 모형화한다. 2-경로 모수는 내향 연결정도와 외향 연결정도 간의 상관관계를 통제한다.

방향성 있는 그래프에 대한 완전 마르코프 모형은 전체 삼자 센서스를 모수화(Holland & Leinhardt, 1970)하는데, 이 역시 대체로 너무 많은 모수들을 갖게 된다. 만약 세 개의 노드들로 구성된 네트워크에서 어느 노드 쌍 간에든 아크를 단 하나만 갖는 것으로 삼각관계 모수를 제한할 경우, 3-사이클과 이행적 트리플 연결관계 유형이 형성된다(〈그림 6.8〉 참조). 3-사이클은 세 개의 서로 다른 2-경로 연결관계 유형으로 형성되어 있으며 이행적 트리플은 2-경

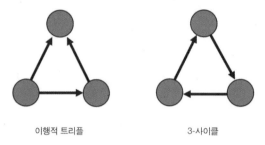

〈그림 6.8〉 각 양자관계에서 정확히 하나의 연결선만 지닌, 세 개의 노드로 구성된 연결관계 유형

이행적 트리플   3-사이클

로, 내향-2-스타, 그리고 외향-2-스타 연결관계 유형으로 형성되어 있다. 3-사이클과 이행적 삼자관계 모수가 모형에 포함되어 있을 경우, 이들을 형성하는 이러한 하위 연결관계 유형들이 통제되어야만 한다. 이와 더불어, 방향성 있는 마르코프 모형은 연결정도 분포를 통제하기 위해 스타 기반 모수들을 포함해야 할 뿐만 아니라, 방향성 있는 양자 의존성 모형에서 이미 살펴본 바와 같이 아크와 상호호혜성 모수를 포함해야만 한다.

이행성(transitivity)과 순환성(cyclicity)은 서로 다른 형태의 네트워크 폐쇄성을 나타내는데, 특히 네트워크에서 지역 위계(local hierarchy)와 관련하여 흥미로운 차이를 드러낸다. 예를 들어 명령의 흐름을 나타내는 네트워크이기에, 노드가 자신보다 지위가 낮은 노드들에게만 연결선을 내보낼 수 있다고 가정하자. 이 경우 사이클은 존재하지 않지만 이행적 트리플 관계는 존재할 수 있다. [하지만, 지역 위계가 반드시 전역 위계(global hierarchy)를 시사하는 것은 아니다.] 친구 네트워크에서 3-사이클은 부적 효과를 지니지만 이행적 삼자관계는 정적 효과를 지님으로써 친구관계가 지역 위계 면에서 꽤 강하게 조직화되어 있는 경우를 심심치 않게 볼 수 있다. 때때로 순환성이 일반화된 교환의 형태로 해석되기도 한다.

마르코프 모형이 서로 다른 다양한 모형들을 아우르고 서로 다른 유형의 그래프들을 많이 형성할 수 있을지라도(Robins, Pattison, & Woolcock, 2005),

이미 언급한 바와 같이 실제 데이터에 모형을 적합시킬 때의 어려움은 상존하기에(Corander et al., 1998, 2002; Frank & Strauss, 1986; Handcock, 2003; Snijders, 2002) 마르코프 의존성 가정만으로 추출할 수 없는 통계량들을 도입해야 할 필요성이 증대되었다.

이런 문제 때문에, 방향성 없는 모형에 대해 이미 교호 스타 통계량을 도입한 바 있다. 이와 마찬가지로 교호 내향 및 외향 스타 모수들을 방향성 있는 네트워크 모형에 투입할 수 있다. 교호 내향 및 외향 연결정도의 개수들을 산출하는 식들(Snijders et al., 2006)은 다음과 같다.

$$z_{d,\,out}(x;\alpha) = \sum_{j=0}^{n-1} e^{-\alpha j} d_{j}^{out}(x) = \sum_{i=0}^{n} e^{-\alpha x_{i+}} \qquad (6.6)$$

$$z_{d,\,in}(x;\alpha) = \sum_{j=0}^{n-1} e^{-\alpha j} d_{j}^{in}(x) = \sum_{i=0}^{n} e^{-\alpha x_{+i}} \qquad (6.7)$$

이 식들이 각각 "기하학적으로 가중된 외향 연결정도(geometrically weighted out-degrees)"와 "기하학적으로 가중된 내향 연결정도(geometrically weighted in-degrees)"에 해당한다. 앞서서 기하학적으로 감소하는 연결정도 통계량을 교호 스타 통계량으로 변형하여 표현한 것과 마찬가지로, 기하학적으로 가중된 외향 및 내향 연결정도를 각각 교호 외향 및 내향 스타로 표현할 수 있다(Robins, Pattison, & Wang, 2009). $Z_{d,out}(x; \alpha)$이 외향 연결정도 분포의 모양을 모형화함에 따라, "활동성 분산(activity spread)"으로 관련 효과를 명명할 수 있다. 마찬가지로, $Z_{d,in}(x; \alpha)$에 따른 효과는 "인기도 분산(popularity spread)"으로 부를 수 있으며, (긍정적인 사회관계의 경우) 받은 연결관계 수의 차이가 인기도 차이를 반영한다고 해석할 수 있다. 내향 또는 외향 스타 모수에서 양의 값이 클 경우 네트워크에 (내향 및 외향) 연결정도가 높은 노드들이 있음을 의미한다. (즉, 각각 인기도 또는 활동성 측면에서 네트워크가 집중화 경향을 보임을 의미한다.) α 모수는 앞에서 설명한 바와 같이 교호 통계량의 평활 상수로 통상 간주된다.

사회 순환 의존성 가정은 마르코프 모형 적합 관련 문제들을 다루기 위해 여기서 더 나아간다.

6.6.4. 사회 순환 모형

방향성 없는 모형. 마르코프 의존성과 결합하여 사회 순환 의존성 가정은 연결선, 서로 다른 수준의 k-스타, k-삼각관계, 그리고 k-독립적 2-경로와 같은 연결관계 유형들을 도출한다. 이들은 사회 순환 모형의 적합 과정에서 가장 흔하게 사용되는 연결관계 유형들이다. [서로 다른 크기의 클리크(clique) 등 다른 연결관계 유형들도 사회 순환 모형에 포함할 수 있지만 자주 사용되고 있지는 않다.]

k-삼각관계는 두 개의 연결된 노드들로 구성되어 있는데, 이 두 개의 노드들은 k개의 서로 다른 노드들과 공통적으로 연결되어 있다. k-독립적 2-경로 유형은 서로 다른 노드들에 공통적으로 연결된 두 개의 노드들로 구성되어 있다. 이 연결관계 유형들을 각각 〈그림 6.9a〉(k-삼각관계)와 〈그림 6.9b〉(k-독립적 2-경로)로 도식화할 수 있는데, (i, j)가 k-삼각관계의 밑변을 이루고 (i, h_k)와 (j, h_k)가 좌변과 우변을 형성한다고 보면 된다. 이런 연결관계 유형들은 사회 순환 가정과 마르코프 의존성 가정을 합친 것과 같은데, 이 관계

〈그림 6.9〉 (i, j)를 토대로 한 교호 삼각관계(a)와 독립적 2-경로(b)

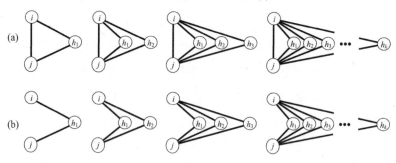

유형들의 통계량은 k-삼각관계에 대해 마르코프 의존성 가정 관련 밑변을 가진 4-사이클(사회 순환)의 개수이기 때문이다.

k-삼각관계 유형을 사용하는 이유는 앞서 언급한 바와 같이 마르코프 모형에서 삼각관계를 모형화하기 어려운 것과 관련이 있다. 실로 마르코프 모형은 삼각관계가 그래프 전반에 걸쳐 고르게 분포한다고 가정한다. 그러나 많은 관찰된 네트워크에서 삼각관계는 네트워크 내에서 다수의 삼각관계화를 보이는 밀도가 높은 지역에서 서로 뭉쳐진 형태로 존재하기에, 상위수준 k-삼각관계 유형을 사용하여 모형화하는 것이 더 바람직하다.

2-스타와 3-스타가 연결정도 분포의 분산과 왜도를 모형화하는 것처럼, 2-삼각관계와 3-삼각관계는 그래프 전반에 걸친 삼각관계 분포의 분산과 왜도를 모형화한다. 여기서 분포는, 보다 구체적으로, i와 j 둘 다에 연결된 제3의 노드들의 수에 대한 연결선들(i, j)의 분포를 의미한다. [이 분포를 "연결선형 공유 파트너 분포(edgewise shared partner distribution)"라고 부른다.]

k-2 경로 유형은 k-삼각관계 유형의 하위수준 연결관계 유형에 해당하므로, 이 둘을 모두 모형에 포함시킬 경우 k-공유 파트너들이 두 노드들 간의 연결선 형성을 조장하는지에 대해 추론해볼 수 있다. [양자관계에 걸친 k-2-경로의 분포는 "양자관계형 공유 파트너 분포(dyadwise shared partner distribution)"라고도 부른다.]

그래프 x에서 k-삼각관계 수는 $T_k(x) = \sum_{i<j} x_{ij} \binom{S_{2ij}(x)}{k}$이며, 여기서 $S_{2ij}(x) = \sum_{k \neq i,j} x_{ik} x_{kj}$은 i와 j를 연결하는 2-경로의 수이다. (단, 마르코프 모형에서처럼 1-삼각관계는 삼각관계의 수로 계산한다.) 교호 스타 통계량과 마찬가지로, k-삼각관계와 k-2-경로 각각과 관련한 서로 다른 모수들을 모두 고려할 경우 너무 많은 모수들을 포함한 과잉(overdetermined) 모형을 양산하게 된다. 이에, 스나이더와 그의 동료들(Snijders et al., 2006)은 교호 스타 통계량과 마찬가지로 k-삼각관계 수를 교호 삼각관계 통계량과 합칠 것을 제안했다. 그 식은 다음과 같다.

$$z_T(x;\lambda) = 3\,T_1(x) - \frac{T_2(x)}{\lambda} + \frac{T_3(x)}{\lambda^2} + \dots + (-1)^{k-1}\frac{T_k(x)}{\lambda^{k-1}} + \dots + (-1)^{n-3}\frac{T_{n-2}(x)}{\lambda^{n-3}} \quad (6.8)$$

[T_1 앞의 3은 1-삼각관계들이 단일 마르코프 삼각관계들로 간주되었기 때문이다. 자세한 내용은 Snijders et al.(2006)을 참고하기 바란다.[14]] 교호 삼각관계 통계량에 의해 상정된 k-삼각관계 모수에 대한 제약은 많은 간접적 경로들로 연결된 노드들을 포함한 연결선들이 차별적으로 가중된다는 것을 뜻한다. 이 효과 크기는 모수와 감쇠 요인 λ의 값에 달려 있다. $\lambda > 1$이며서 모수값이 양수인 경우, 군집을 많이 내포한 그래프들을 해당 모형이 선호함을 시사한다. λ값이 커질수록 상위수준 k-삼각관계의 가중치가 작아진다. λ이 클수록 그래프의 군집 지역은 더 커진다. 따라서, 교호 삼각관계 통계량은 네트워크에서 밀도가 높은 지역의 네트워크 폐쇄성을 나타내며, 여기서 이 지역들의 크기는 λ값으로 나타난다. (실제로 통상 $\lambda=2$로 지정하며, 앞서 설명한 바와 같이 교호 통계량의 평활 모수로 간주한다.) Statnet에서 기하학적으로 가중된 연결선형 공유 파트너(GWESP) 개념은 log(λ)의 형태로 모수화되므로, gwesp(0.693[15])은 $\lambda=2$인 교호 삼각관계 통계량에 해당한다. 기하학적으로 가중된 양자관계형 공유 파트너(GWDSP) 통계량(교호 2-경로)도 이와 마찬가지 방식으로 모수화되며 gwdsp(0.693)에서 $\lambda=2$에 해당한다.

마르코프 모형에서 삼각관계 모수가 양수일 경우 그래프 내에서 삼각관계가 "고르게" 분포되어 있음을 의미한다. 하지만, 교호 삼각관계 통계량을 포함한 모형에서는 삼각관계 하나의 존재가 이 삼각관계에 "붙을 수 있는" 다른

---

14) 옮긴이 주: 스나이더와 그의 동료들(Snijders et al., 2006)에 따르면, 식(6.8)을 $\sum_{i<j} y_{ij} \sum_{k=1}^{n-2} \left(\frac{-1}{\lambda}\right)^{k-1} \binom{L_{2ij}}{k}$ 와 같이 정리할 수 있으며, 1-삼각관계 수는 $T_1 = \frac{1}{3}\sum_{i<j} y_{ij}L_{2ij}$ 이므로 공유 파트너의 수 차원에서 식을 단순화하기 위해 T_1에 3을 곱해준다.

15) 옮긴이 주: ln(2)=0.693147

삼각관계들의 형성 가능성을 증가시킬 수 있다. 하지만 k-삼각관계 형성 확률의 증가는 k의 감소함수를 따르는데, 이는 다음과 같이 해석할 수 있다: 만약 서로 많은 파트너를 공유하는 개인들 간에 사회적 관계가 없을 경우, 공유 파트너 수의 증가만으로는 연결관계 형성 확률을 크게 높일 가능성이 작다. 현실적으로 상호 간의 반감이나 지리적 거리 등의 이유로 사회적 관계가 형성되기 어려운 경우가 있으며, 이 경우 서로 간에 공유하는 파트너의 수가 증가한다고 해서 이런 상황이 그다지 많이 바뀌지는 않는다.

분명한 것은 교호 삼각관계는 k-삼각관계의 새로운 밑변뿐만 아니라 새로운 좌변 또는 우변을 형성하는 것으로부터 발현된다. 축적된 2-경로로부터 기인한 삼각관계들에 대한 통제변수로써 2-경로를 사용하는 것과 마찬가지로, 교호 독립 2-경로를 교호 삼각관계의 통제변수로 사용할 수 있다. 전과 마찬가지로, 독립 2-경로의 수 관련 일련의 교호 및 감소 가중치(〈그림 6.9b〉 참조)는 감쇠 요인 λ를 지닌 교호 경로 통계량이라는 하나의 총합적 통계량을 만드는 데에 사용될 수 있다.

독립 2-경로의 두 번째 수준[옮긴이 주: 〈그림 6.9b〉의 두 번째 그림]은 4-사이클과 일치한다는 점에 주목하라. 상수 λ는 별도의 표기를 하지 않았더라도 교호 삼각관계의 λ와 다르지만, 여기서도 통상 2로 설정한다. 교호 2-경로와 교호 삼각관계 간에는 기능적 의존성이 존재하기에, 2-경로 모수가 삼각관계 모수와 함께 모형에 포함될 때 삼각관계 모수가 양의 값을 갖게 되면 2-경로 모수는 음의 값을 갖게 되는 경우가 많다. 이 경우, 행위자들은 스스로 연결되어 있지 않는 한 파트너를 공유할 가능성이 작으며, 이는 네트워크 폐쇄가 존재한다는 명백한 지표에 해당한다.

방향성 있는 그래프. 마르코프 모형과 마찬가지로, 사회적 순환 모형을 방향성 있는 네트워크에서 구현하게 되면 더 많은 다양한 연결관계 유형들이 도출된다. 교호 내향-스타와 교호 외향-스타 모수들에 대해서는 이미 언급한 바 있다.

교호 삼각관계 유형을 방향성 있는 네트워크에서 구현해보면, 스나이더와 그의 동료들(Snijders et al., 2006)이 제안한 것처럼 〈그림 6.10a〉와 같이 나타 난다. 밑변에 있는 노드 i와 j는 서로 직접 연결되어 있고, k개의 서로 다른 노 드들을 통해 2-경로를 걸쳐 간접적으로 연결되기도 한다. 하위수준 k-2-경로 에 해당하는 경우는 〈그림 6.10b〉를 보면 알 수 있다. 방향성이 없는 네트워 크 경우와 마찬가지로, 모수의 수는 교호 모수 제약을 사용함으로써 줄일 수 있다. 이러한 교호 통계량은 AT-T와 A2P-T로 각각 표시하는데, 여기서 T는 "이행적(transitive)"임을 뜻한다. [방향성 있는 네트워크의 경우, GWESP와 GWDSP 의 Statnet상 표현인 gwesp( )와 gwdsp( )는 $log(\lambda)$ 모수화된 이행적 연결관계 유형 AT-T와 A2P-T와 같다.] 이에 대응하는 모수들은 각각 "경로 폐쇄(path closure)" 와 "다수 2-경로(multiple 2-path)"이다.

방향성 있는 1-삼각관계(즉, 이행적 트리플)를 토대로 방향성 있는 k-삼각관 계가 형성되는 방식을 감안할 때, 여러 다른 기본 연결관계 유형을 선택하여 다양한 상위수준의 연결관계를 형성할 수 있음에 주목하고자 한다. 방향성 없는 삼각관계에서 세 개의 노드는 구조적으로 동등한 위치에 있기에 노드의 명칭이 재배열되도 하위 그래프는 변함이 없다. 하지만, 이행적 트리플에서 는 세 개의 노드가 각기 다른 위치에 있다. 어떤 노드는 두 개의 연결관계를 내보내며, 어떤 노드는 두 개의 연결관계를 받고, 또 다른 노드는 하나의 연 결관계를 받고 다른 하나의 연결관계를 내보낸다. 이런 양상은 〈그림 6.10a〉 의 방향성 있는 1-삼각관계에서 찾아볼 수 있는데, 노드 i는 외향-2-스타의 중 심에, 노드 j는 내향-2-스타의 중심에, 그리고 노드 h_1은 2-경로의 중심에 각각 위치한다. 방향성 있는 서로 다른 형태의 k-삼각관계 유형은 밑변에 외향-2- 스타, 내향-2-스타, 그리고 2-경로를 추가함으로써 형성할 수 있다. 〈그림 6.10〉 에서 (2-경로를 기본 연결관계 유형에 추가함으로써 형성된) AT-T 유형에 더하여, 로빈스와 그의 동료들(Robins et al., 2009)은 방향성 있는 k-삼각관계를 제안

<그림 6.10> 교호 형태의 방향성 있는 그래프 유형(a: AT-T, b: A2P-T)

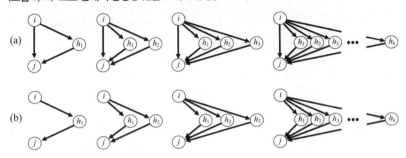

<그림 6.11> 방향성 있는 그래프에서 삼자관계 연결관계 유형의 교호 버전
(a: AT-U, b: AT-D, c: AT-C)

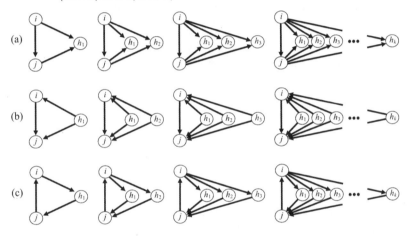

<그림 6.12> 방향성 있는 그래프에서 2-경로 연결관계 유형의 교호 버전(a: A2P-U, b: A2P-D)

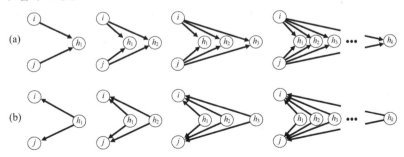

했다. 〈그림 6.11〉에서 보듯이, (1) 2-외향-스타를 기본 연결관계에 추가함으로써 AT-U를 형성했으며, 2-내향-스타를 추가하여 AT-D를 만들었고, (3) 순환적 패턴을 형성하기 위해 AT-C를 만들었다. 마지막 두 개(옮긴이 주: 즉, 〈그림 6.10〉과 〈그림 6.11〉)에 대한 2-경로 통제변수는 〈그림 6.12〉에서 교호 2-경로인 A2P-U("공유된 활동성")와 A2P-D("공유된 인기도")로 제시했다.

이 네 개의 서로 다른 형태의 교호 삼각관계 효과(옮긴이 주: 즉, 〈그림 6.9〉, 〈그림 6.10〉, 〈그림 6.11〉, 〈그림 6.12〉)는 서로 다른 형태의 네트워크 폐쇄와 관련이 있다. [〈그림 6.11〉에서 AT-D와 AT-U에 대한 표기는 전통적으로 삼자 센서스 표기에서 사용하던 표기법을 그대로 사용한 것인데, 여기서 D와 U는 "아래(down)"와 "위(up)"를 의미하며 AT-C에서 C는 "사이클(cycle)"을 의미한다. 이런 연결관계 유형들을 적용한 사례는 15장에서 살펴볼 수 있다.]

AT-T는 이행적 경로 폐쇄의 관점에서 생각해볼 수 있다. 친구관계를 예로 들면, i는 친구 h_u의 친구인 j를 선택하는 경향이 있다. 로빈스, 패티슨, 그리고 왕(Robins, Pattison, & Wang, 2009)에 따르면, 경로 폐쇄 모수인 AT-T가 양수일 경우 i와 j 사이에 독립적인 경로가 다수 존재할 때 구조적 공백이 닫히는 경향이 있다고 해석할 수 있다.

"활동성 폐쇄(activity closure)" 모수라고 불리는 AT-U 모수가 양수일 경우 두 행위자 i와 j가 활동성 면에서 유사하다면, 즉 같은 사람들에게 연결관계를 내보낸다면, 이것이 i와 j 사이에 연결관계가 존재할 확률을 증가시킨다. 이 해석은 만약 서로 다른 개인들이 같은 사람들에게 연결관계를 내보낸다면 이는 같은 여건에 직면해 있기 때문이거나 같은 사회적 관계나 사회적 환경에 놓여 있기 때문이라는 점을 내포한다. 물론, 이런 여건은 유사한 활동이 반복됨으로써 형성되고 강화된다. 예를 들어, 어떤 단체에 신규 가입한 두 명의 개인들이 (옮긴이 주: 해당 단체에서 아는 사람들이 없기에) 우선 그 단체에서 유명한 사람들에게 연결관계를 내보내고, 이로 인해 그들 사이에 연결관계가 형성됨으로써 그들 둘이 유사한 입장에 놓여 있다는 것을 알게 되는 상황을 생각해볼 수 있다.

위와 같은 해석은 "인기도 폐쇄(popularity closure)"를 나타내는 AT-D 모수가 양수일 경우에도 통용되지만, 여기서 다른 점은 행위자들이 활동성이 아니라 인기도와 관련하여 유사한 양태를 보인다는 점이다. 한 가지 흥미로운 사례를 들면, 만약 관계를 맺는 것이 긍정적으로 작용하는 네트워크라면 매우 잘 연결된 노드들 사이에서 (옮긴이 주: 연결관계를 얻기 위해) 어느 정도 경쟁이 존재하며, 이런 경쟁은 AT-D 개수가 우연에 의해 발생할 수 있는 것보다 더 많이 발생할 가능성을 낮춘다. 순환적 폐쇄를 시사하는 AT-C 모수가 양수일 경우 네트워크 내에서 3-사이클이 많이 존재함을 의미하며, 이는 비위계적 네트워크 폐쇄 경향이 있음을 시사한다.

로빈스, 패티슨, 그리고 왕(Robins, Pattison, & Wang, 2009)은 경로 폐쇄, 활동성 폐쇄, 인기도 폐쇄라는 세 가지 이행적 삼자관계 모수들을 동일시하여 하나의 일반적 이행성(general transitivity) 모수("AT-TDU"라고 부른다)를 사용하는 것이 경우에 따라 유용할 수 있으며 모형의 간결성을 확보할 수 있다고 주장한다. 일반적 이행성 모수가 양수일 경우 상기 세 가지 효과에 대한 구분 없이 위계적 네트워크 폐쇄 경향이 일반적으로 존재함을 시사한다. 물론, 특정 네트워크가 이런 일반적인 효과를 나타내는지 아니면 이행적 폐쇄 효과들 중 어느 것이 개별적으로 두드러지는지는 실증적으로 연구해봐야 할 문제다.

또한, 로빈스, 패티슨, 그리고 왕(Robins, Pattison, & Wang, 2009)은 방향성 있는 그래프의 연결정도 분포를 통제할 수 있는 다음 모수 세 개를 모형에 포함할 것을 제안했다. 고립된 노드(isolated node)(즉, 연결정도가 0인 노드), 소스(source)(즉, 내향 연결정도는 0이지만 외향 연결정도 값은 양수인 노드), 그리고 싱크(sink)(즉, 외향 연결정도는 0이지만 내향 연결정도 값은 양수인 노드)의 수 관련 모수들이 이에 해당한다.

다른 효과들을 별개로 한 채, 모수들과 그들의 효과를 독립적으로 해석하는 것은 위험하다. 서로 다른 모수값들 간에 상호의존성이 매우 높기 때문이다. 추정된 모수값들의 크기도 통상 해석하기 어렵다. 따라서, 개별 모수들에 대한 해석을 이전 단락들에서 그랬던 것과 마찬가지로 여기서 제시한다 할지라도, (옮긴이 주: 개별 모수보다) 모형 자체를 해석하는 것이 더 유용할 때가 많다. 즉, 시뮬레이션을 통해 생성된 연결관계 유형들을 토대로(12장 참조) 모형 내에 포함된 모수값들을 동시에 고려하여 해석할 필요가 있다. 때로는 8장에서 설명하는 것처럼 모형이 특히 행위자 속성을 포함할 경우 조건부 로그오즈(conditional log-odds)와 오즈비(odds ratio)를 사용할 필요가 있다.

6.7. 기타 모형 설정

ERGM의 특정 모형 설정이 주어진 맥락에서 적절한지 여부를 판단하는 것은 토대가 되는 이론적 틀이 얼마나 논리 정연한지와 상관없이 어느 정도는 실증적인 문제에 해당한다. 따라서 모형을 설정할 때에 새로운 네트워크 데이터를 다루면서 그리고 특정 모형 설정의 강점과 한계를 알아가면서 ERGM의 다양한 의존성 가정들과 모형들을 고려하는 과정을 분명히 거치게 된다.

버츠(Butts, 2006)는 "상호 경로 의존성(reciprocal path dependence)"이라는 새로운 형태의 의존성을 제안했다. 두 개의 연결선이 그래프 내에서 어떤 경로 길이로든 방향성 있는 사이클(cycle)을 형성한다면 두 연결선 변수들은 조건부적으로 의존적이라는 것이다. 이와 관련한 그래프 통계량은 소위 사이클 센서스라고 불리는, 각각의 경로 길이에 따른 사이클의 수이다.

네트워크 폐쇄가 연결관계 형성의 중심 메커니즘으로서 연구되어 왔지만, 너무 많은 폐쇄성은 이론적으로 순수 마르코프 모형(〈그림 6.5〉와 〈그림 6.6〉 참조)의 불안정성을 초래한다는 점을 이미 살펴본 바 있다. 그뿐만 아니라, 로빈스, 패티슨, 스나이더, 그리고 왕(Robins, Pattison, Snidjers, & Wang, 2009)의 주장처럼 사람들 간의 관계를 맺고 유지하는 데에 비용이 드는 것처럼 큰 규

<그림 6.13> 네트워크 매개와 관련된 연결관계 유형

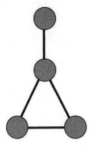

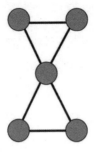

연결선-삼각관계   나비 연결선

모의 집단을 유지하는 데에는 더 많은 비용이 소요된다. (옮긴이 주: 따라서 네트워크 폐쇄를 통해 집단을 형성하려는 경향과 더불어 집단을 형성하지 않으려는 경향도 현실적으로 존재한다.) 결과적으로, 실재에 부합하는 그래프를 구현하는 모형을 수립하고자 하는 관점과 이론적인 고려 사항들을 고려해야 한다는 점을 모두 생각할 때, 비폐쇄 경향도 모형에 반영할 필요가 있다. 로빈스, 패티슨, 스나이더, 그리고 왕(Robins, Pattison, Snidjers, & Wang, 2009)은 네트워크 폐쇄성에 대응하는 특정 메커니즘의 연결관계 유형으로 연결선-삼각관계와 나비 연결선(<그림 6.13> 참조)을 제안했다. 연결선-삼각관계 유형은 중심 노드(세 개의 연결선을 지닌 노드)가 매개하는 형태를 나타낸다. 마찬가지로, 나비 연결선은 하나의 노드가 두 개의 삼각관계에 속하는 형태를 띠는데, 이는 부분적으로 중첩되는 집단 멤버십을 나타낸다. 여기서, 삼각관계는 가장 단순한 집단의 형태를 보여준다. 이와 같이 추가적으로 제안된 연결관계 유형들의 복잡성에 대해서는 후속 연구가 진행 중이다.

이렇듯, 의존성에 대한 특정 해석으로부터 모형을 구체화하는 방법은 모형 구축으로 가는 의미 있는 과정이다. 하지만, 이와 동일하게 중요한 점은 얼마나 적절하게 모형이 설정되었는가를 실증적으로 평가하는 방법이다. 이에 대해서는 12장에서 설명하고자 한다.

6.8. 결론

ERGM 모형은 연결선과 그래프 자체를 모두 내포하기에 이에 대한 이중적 해석을 전제로 모형화가 이뤄져야 한다. 이 이중성은 이론적인 차원과 방법론적인 차원에서도 모두 드러나는데, 이론적으로 연결관계를 형성하는 것은 개인들이지만 동시에 구조에 의해 연결관계 형성에 영향을 받기도 하고 제약을 받기도 하며, 방법론적으로는 모형화 과정에서 연결선 변수들이 별도로 존재하지만 그래프의 나머지 부분들에 대해 이 변수들이 조건부적으로 의존한다. 이 장에서는, 지역화된(localized) 구조와 관련한 모형 설정에 대해 논의하고 흥미로운 효과들을 중심으로 이 구조들을 해석했다. 이 장에서 설명하는 하위 그래프를 모형에 포함시킬 필요가 있다는 점을 연결선과 전반적인 네트워크 구조에 대한 이중성을 중심으로 설명했다. 보다 구체적으로, 이 하위 그래프들이 의존성 가정과 어떻게 연관되어 있으며 연결선의 형성 가능성이 주변 네트워크 구조에 의해 어떻게 영향을 받는지에 대해 설명했다.

7장

의존성 그래프와 충분 통계량[1]

요한 코스키넨(Johan Koskinen)·갈리나 다라가노바(Galina Daraganova)

7.1. 개요

다양한 형태의 의존성에 관한 가정들을 어떻게 공식화할 수 있는지에 대해 더 자세히 알고 싶은 독자들은 이 장을 읽어보기 바란다. 여기서 다루는 내용들은 ERGM을 적용하는 데에 필수적으로 알아야 할 내용들은 아니며 이 책을 처음 읽을 때에는 건너뛰어도 된다. 그럼에도 불구하고, 프랭크와 스트라우스(Frank & Strauss, 1986)가 제시한 의존성 그래프 개념은 네트워크 통계 모형을 형성하는 데에 있어서 중요하다.

이 장의 주요 요점은 다음과 같다:

---

1) 옮긴이 주: X가 밀도함수 $f(x \mid \theta)$를 따른다고 할 때, 통계량 $T(X)$가 주어졌을 때 X의 조건부 분포가 θ에 의존하지 않을 때 $T(X)$를 θ의 충분 통계량(sufficient statistics)이라고 한다. 자료가 가진 θ에 대한 정보가 충분 통계량에 모두 포함되어 있으므로 충분 통계량만 알면 더 이상 자료의 세부 내용을 몰라도 충분하다는 의미로 해석할 수 있다(오만숙, 2012).

- ERGM에서 하위 그래프 개수는 임의적으로 정해지는 것이 아니라 특정 의존성 구조에 의해 정해진다.
- ERGM에서 하위 그래프 개수는 복잡하게 배속되어 있고 상호의존적이기에, 모수치를 독립적으로 해석하는 데 있어서 주의를 기울여야 한다.
- ERGM은 하위 그래프 개수가 연결선 변수들의 상호작용으로 표현된 로그선형 모형과 유사하다.
- ERGM은 관찰된 네트워크의 복잡성을 근저의 구조적인 원칙들과 확률적 요인들로 설명하고자 한다.
- 동질적인 ERGM은 구조적으로 동일한 그래프에 같은 확률을 할당한다.

이 장에서는 방향성 없는 그래프에 대한 모형에 초점을 맞춰 설명한다. 방향성 있는 그래프에 대한 의존성 모형은 여기서 설명하는 내용들을 확장하여 적용하면 되지만, 여기서는 간단히 설명하고 넘어갈 예정이다.

7.2. 의존성 그래프

프랭크와 스트라우스(Frank & Strauss, 1986)는 연결선 변수들의 의존성 가정들을 나타내기 위해 의존성 그래프 D를 제안했다.[2] 의존성 그래프는 연결선 변수들이 서로 의존적일 수 있다는 것을 표현한 것이다.

공식적으로, (무작위) 그래프 G의 의존성 그래프 D는 G의 연결선 변수 X_{ij}를 사용하여 정의할 수 있다. D는 G가 방향성 있는 네트워크인지 아닌지에

---

2) 프랭크와 스트라우스는 그래프 모형화 연구[Lauritzen(1996) 참죄를 참고하여 의존성 그래프를 도출했다. 그래프 모형화 연구에서는 프랭크와 스트라우스의 의존성 그래프를 "독립성 그래프(independence graph)"라고 부른다.

따라 n(n-1)/2 또는 n(n-1)개의 노드로 형성된 연결선 변수 X_{ij}을 노드 집합으로 지닌다. 하지만, D의 연결선은 G의 연결선 변수들 간의 조건부적 의존성이 반영된 경우만을 나타낸다. 다시 말해, (X_{ij}, X_{kl})은 모든 나머지 연결선 변수들의 값이 주어진 상황에서 X_{ij}와 X_{kl}이 조건부적 의존성을 지닌다고 전제될 때에만 D의 연결선이 된다. 그리하여, 의존성 그래프는 어떤 무작위 변수들이 서로 조건부적 의존성 또는 조건부적 독립성을 갖는지를 시사한다. 무작위 변수들 간의 의존성은 실로 가정의 문제라는 점을 다시 한 번 강조하고자 하며, 의존성은 연구자가 모형의 토대가 된다고 가정한 기본 가설들을 반영한다.

네 개의 노드들에 대해서 형성 가능한 네트워크들을 간단한 사례로 들고자 한다. 네 개의 노드들로 정확히 여섯 개의 연결선 변수들을 만들 수 있다(〈그림 7.1a〉 참조). 그리하여, 의존성 그래프는 각각의 연결선 변수들에 하나씩, 여섯 개의 노드들을 가지게 된다. 예컨대, 〈그림 7.1a〉에서 연결선 변수 X_{23}은 의존성 그래프에서 노드 23에 해당한다.

연결선 변수들이 서로 독립적인 상황에서 D로 베르누이 의존성 가정을 나타낸다고 생각해보자. 의존성 그래프에서 연결선은 두 연결선 변수들 간의

〈그림 7.1〉 네 개의 노드로 구성된 그래프 (a)와 관련 베르누이 의존성 그래프 (b)에 대한 연결선 변수들

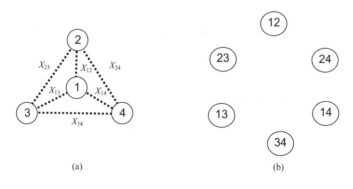

(a)   (b)

조건부적 의존성을 시사하기에 이 경우 D에는 연결선이 존재하지 않는다. 베르누이 가정에 대한 의존성 그래프는 〈그림 7.1b〉에서처럼 빈 그래프가 된다.

대신, 의존성 그래프 D가 마르코프 그래프 의존성을 나타낸다고 가정해보자. 그러면 만약 {i, j}와 {h, m}의 교차점이 비어 있지 않다면, 나머지 X가 주어진 상황에서 연결선 변수들 X_{ij}와 X_{hm}는 의존적이 된다. D에서 연결선은 〈그림 7.2b〉에서처럼 노드를 공유하는 연결선 변수들 간에 존재한다. (예컨대, 노드 12와 노드 24 간에는 노드 2를 공통적으로 갖고 있기 때문에, 이들 두 노드들 간에 연결선이 존재하는 것이다.)

이 의존성 그래프의 중요한 특징은 〈그림 7.2b〉에서 많은 노드들 간에 연결선이 존재함에도 D가 완전히 연결된 그래프는 아니라는 점이다. (예컨대, 노드 12와 노드 34 간에는 연결선이 없다.) 이것이 의미하는 바는 주어진 그래프 G에서 그래프의 나머지 부분들을 알게 되면(즉, 12와 34를 제외한 모든 노드 쌍에 대한 연결선 변수 X_{ij}의 값), X_{12}를 안다는 것이 X_{34}를 추정하는 데에 도움이 되지 않는다는 것이다. 이 두 변수들은 조건부 독립적이기 때문이다. (즉, 그래프의 나머지 부분들에 대해서는 조건부 의존적이다.) 어느 정도의 독립성이 존재해야만 모형을 식별할 수 있으며 그렇지 않으면 데이터로부터 추정할 수 없다.

사회 순환 모형의 의존성 가정에 따르면, 마르코프 의존성에 더하여 관찰된 그래프 G에서 i와 h 그리고 j와 m 간에 연결선이 존재하는 한 {i, j}와 {h, m}이 연결되어 있지 않을 때조차도 두 연결선 변수 X_{ij}와 X_{hm}이 조건부 의존적이다. 이 가정은 이전 장에서 설명한 바와 같이 4-사이클로 설명할 수 있다. 이 점이 의존성 그래프의 표현을 복잡하게 만드는데, 어떤 연결선들은 G에서의 연결선 변수 값들 때문에 나타난 것일 수도 있기 때문이다. 하지만, 사회 순환 모형이 마르코프 의존성도 전제로 하기에 〈그림 7.2b〉에서의 의존성이 적어도 존재한다는 점을 잊지 말아야 한다. 〈그림 7.2b〉에서 12와 34 사이에는 연결선이 없지만, 사회 순환 의존성에서는 4-사이클을 형성하기 위해 만약 $x_{13}=x_{24}=1$이 되면, 12와 34 사이에 연결선이 존재할 수 있다. 하지만, 만약

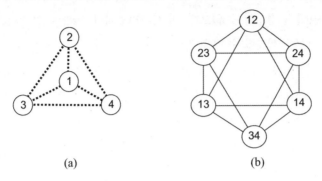

〈그림 7.2〉 네 개의 노드로 구성된 그래프 (a)와 관련 마르코프 의존성 그래프 (b)의 연결선 변수들

(a)　　　　　　　　　(b)

〈그림 7.3〉 사회 순환 그래프와 그 의존성 그래프의 연결선 변수들(위)과 값이 0인 일부 연결선
　　　　　변수들에 조건부 의존적인 의존성 그래프(부분 의존성 그래프에 없는, 흐리게 표시된
　　　　　노드들)

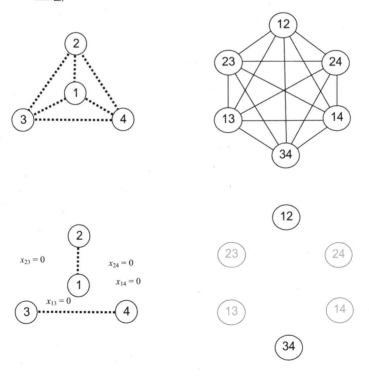

X_{13}과 X_{24}를 제외한 모든 연결선 변수들이 0일 경우, 연결선 1, 2와 연결선 3, 4는 4-사이클을 형성할 수 없으며, 이 시나리오에서 X_{13}과 X_{24}는 독립적이다. 따라서, 모형을 식별할 수 있을 정도의 독립성이 어느 정도 확보되며, 이를 0인 일부 연결선 변수들(즉, $x_{13}=x_{14}=x_{23}=x_{24}=0$)에 의존적인 "부분 의존성 그래프(partial dependence graph)"로 구체화할 수 있다(〈그림 7.3〉 참조). 이 의존성 그래프에서 〈그림 7.3〉에서 흐리게 표시된 노드 13, 14, 23, 24에서 보듯이 $x_{13}=x_{14}=x_{23}=x_{24}=0$일 경우, X_{12}와 X_{34}는 독립적이며, 이에 따라 12와 34 사이에는 연결선이 존재하지 않는다. 원칙적으로, 각각의 연결선 변수들의 부분 집합이 0일 때 존재하는 의존성을 나타내는 부분 의존성 그래프가 있기에, (어떠한 G에 대한) 복잡한 사회 순환 의존성 구조도 원칙적으로 일련의 부분 의존성 그래프로 표현할 수 있다. 다시 한 번, 마르코프 의존성 그래프에 관해서 부분 의존성 그래프에 서로 연결되지 않은 연결선 변수 쌍들이 있음을 알 수 있다. 결과적으로 조건부 독립성이 있다는 것을 시사한다. 부분 조건부 의존성은 ERGM의 여러 다양한 조건들에서 나타나는데, 패티슨과 로빈스(Pattison & Robins, 2002)에서 보다 상세한 설명을 접할 수 있다.

세 가지 의존성 가정에 입각하여 의존성 그래프를 살펴봤다. 프랭크와 스트라우스(Frank & Strauss, 1986)에 따르면, 의존성 그래프는 의존성 가정과 데이터에서 이 가정이 어떻게 나타나는지 간의 개념적 연결 고리이다. 의존성 가정이 제한적인 수의 하위 그래프로 전체 그래프의 특징을 규명할 수 있음을 시사할지라도, 관련 의존성 그래프는 특정 하위 그래프를 나타낼 뿐이다.

요컨대, 의존성 그래프와 모형 간의 연결 고리는 D에서 서로 연결된 노드 집합(즉, D에서 연결선 변수들 간의 클리크들[3])이 연결선 변수들 간의 상호작용

---

3) 옮긴이 주: 그래프 이론에서 클리크는 완전 하위 그래프(complete subgraph)에 해당한다 (Wallis, 2007). 다시 말해, 여기서 클리크는 모든 노드들이 다른 모든 노드들에 대해 인접한 하위 그래프를 뜻하며, 단일 노드로 구성된 1-클리크나 두 개의 노드로 구성된 2-클리크가 존

효과로 모형에서 나타날 수 있다는 것이다. 의존성 그래프에서 각각의 클리크는 가능한 연결관계 유형을 나타내며 이에 따라 모형에 투입할 수 있는 가능한 모수도 나타낸다. 더 중요하게는, D의 노드들 집합에서 클리크가 존재하지 않는다면, 모형에서 그 노드 집합을 포함한 연결관계 유형을 투입할 수 없음을 시사한다.

예컨대, 만약 두 개의 연결선 변수들 X_{12}와 X_{13}이 D에서 연결되어 있다면, D의 저변에 존재하는 의존성 가정에 대한 모형은 X_{12}와 X_{13} 간의 상호작용 효과를 포함하고 있을 것이다. 만약 X_{12}와 X_{13}이 D에서 연결되어 있다면, G의 나머지가 주어졌을 때 X_{12}와 X_{13}은 조건부적으로 의존적이다. 의존성의 정의에 따르면, $\Pr(X_{12}=x_{12}, X_{13}=x_{13} \mid rest) \neq \Pr(X_{12}=x_{12} \mid rest)\Pr(X_{13}=x_{13} \mid rest)$[4]이기에, 연결선 12와 13은 각각에 대한 주변 확률하에서 기대했던 것과 상이한 확률로 공출현할 것이다. 여기서 시사하는 바는 $X_{12}X_{13}$의 상호작용 효과가 존재할 수 있다는 것이다. 더 나아가, 그래프의 나머지가 주어진 상황에서 X_{12}, X_{13}, 그리고 X_{23}이 모두 결합하여 의존적임을 가정하면, 이 세 연결선 변수들의 공출현 정도는 $X_{12}X_{13}X_{23}$의 상호작용에 의해 측정할 수 있다.

만약 $x_{12}=x_{13}=1$이면 $x_{12}x_{13}=1$이고 노드 1이 2-스타가 됨을 상기하자. 이에, 상호작용 효과 $x_{12}x_{13}$은 마르코프 연결관계 유형인 2-스타를 나타내며, 이에 따라 마르코프 모형에서의 모수를 나타낸다. 더 나아가, 만약 $x_{12}=x_{13}=x_{23}=1$이면 $x_{12}x_{13}x_{23}=1$이고, 노드 1, 2, 그리고 3 간에 삼각관계가 존재한다. 따라서, 상호작용 효과 $x_{12}x_{13}x_{23}$은 또 다른 마르코프 연결관계 유형인 삼각관계의 가능성을 나타내며 이는 마르코프 모형에서의 또 다른 모수를 시사하기도 한다. 이런 식으로 의존성 그래프의 클리크는 모형에 투입 가능한 효과들을 식

재할 수 있다.

4) 옮긴이 주: 두 사건 A, B에 대하여 P(A)>0, P(B)>0일 때, A, B가 서로 독립이면 P(A∩B)=P(A)P(B)이며, 그 반대도 성립한다. [즉, P(A∩B)=P(A)P(B)이면 A, B가 서로 독립이다.]

별하게 된다. 하지만, $x_{12}=x_{34}=1$이라고 상정할 때 $x_{12}x_{34}=1$일지라도 D에서 12와 34 간에는 연결선이 없기 때문에 이들 둘에는 클리크가 없다. 따라서, 마르코프 모형의 경우, 이 연결관계 유형과 관련한 모수를 모형에 넣는 것은 적절치 않다.

7.2.1. 해머슬리-클리포드 정리(Hammersley-Clifford Theorem)와 충분 통계량

해머슬리-클리포드 정리는 그래프 확률과 의존성 그래프 간의 중요한 연결고리를 제공해준다(Besag, 1974). 이 정리는 그래프 모형화 연구(예컨대, Lauritzen, 1996)의 중요한 토대이며 프랭크와 스트라우스(Frank & Strauss, 1986)에 의해 네트워크 통계 방법론에 도입되었다. 요점은 다음과 같다. [더 자세한 설명은 프랭크와 스트라우스(Frank & Strauss, 1986) 그리고 로빈스와 패티슨(Robins & Pattison, 2005)에서 찾아보기 바란다.]

모든 그래프 분포에 대한 확률분포함수는 어떤 실수값 함수[5] Q에 대해 $\Pr(X=x)=\kappa^{-1}\exp Q(x)$[6]와 같은 형태로 표현된다. [여기서 κ는 정규화 상수이며 모든 $x \in X$에 대해 $\Pr(X=x)>0$를 가정한다.] 빈 그래프 $x^{(0)}$와 관련해 $Q(x)=\log\{\Pr(X=x)/\Pr(X=x^{(0)})\}$로 표현함으로써 부분집합 $A \subseteq J$로 정의된 함수 λ_A에 대해 포함-배제의 원리[7]를 사용하여 $Q(x)=\sum \lambda_A(x_A)$로 쓸 수 있다. 비율 $\Pr(X=\triangle_{ij}^{+}x)/\Pr(X=\triangle_{ij}^{-}x)$에 대해, 조건부적 확률의 정의에 따라 $Q(\triangle_{ij}^{+}x) - Q(\triangle_{ij}^{-}x)$은

---

5) 옮긴이 주: 공역이 실수 집합인 함수를 실수값 함수 또는 실함수라고 한다.

6) 옮긴이 주: 참고로, 정규 분포의 확률밀도함수도 $f(x) = \dfrac{1}{\sqrt{2\pi}\,\sigma}e^{-\frac{(x-m)^2}{2\sigma^2}}$ $(-\infty \langle x \langle \infty)$로 표현된다.

7) 옮긴이 주: 집합 A와 B가 유한 집합일 때 다음 식이 성립하는데, 이를 포함-배제의 원리라고 한다. $|A \cup B| = |A| + |B| - |A \cap B|$

x_{ij}가 조건부 의존적인 x_{kl}으로만 이뤄진 함수일 것이다. (여기서 x_{kl}은 D에 의해 주어진다.) 그리하여, D의 클리크에 해당하는 A에 대해서만 (다소 추론 과정이 필요하지만) $\lambda_A(x_A) \neq 0$으로 간주된다.

충분 통계량에 이르기 위해서 우선 이진 그래프의 경우 $\lambda_A(x_A)=\theta_A \prod_{\{i,j\} \in A} x_{ij}$로 표현할 수 있다. $\prod_{\{i,j\} \in A} x_{ij}$이 이진형 변수의 산물이기 때문에, 두 개의 값만 가질 수 있다: 지수 집합(index set) A에 있는 모든 변수들이 1이라면 1의 값을, 지수 집합 A에 속한 변수들 중 적어도 하나가 0이라면 0의 값을 갖는다.[8] A를 연결관계 유형이라고 부를 수 있는데, A가 잠재적 연결관계의 하위 집합과 일치하며 연결관계 유형 A의 모든 연결관계들이 존재할 때 $\lambda_A(x_A)=\theta_A$이기 때문이다. 예컨대, 만약 A가 {i, j}, {j, h}, {h, i}와 같다면, 노드 i, j, h를 포함한 삼각관계가 존재할 경우 (즉, 만약 $x_{ij}x_{jh}x_{hi}=1$이거나 x_{ij}, x_{jh}, 그리고 x_{hi}가 모두 1과 같다면) A도 존재한다. 함수 λ_A은 X에서의 A 상호작용이라고 부른다.

$\lambda_A(x_A)=\theta_A \prod_{\{i,j\} \in A} x_{ij}$로 표현된 모형은 6장[식(6.2)]에서 설명한 것처럼 ERGM의 형태를 가지고 있다. 달리 말하면, 해머슬리-클리포드 정리는 일단 의존성 가정이 채택되면 모형의 일반적인 형태를 완전히 규정한다. 네트워크 용어로 해머슬리-클리포드 정리는 다음과 같이 표현할 수 있다.

$$\Pr(X=x) = \kappa^{-1}\exp\sum_{A \subseteq \mathcal{J}^*} \theta_A \prod_{\{i,j\} \in A} x_{ij} = \kappa^{-1}\exp\sum_{A \subseteq \mathcal{J}^*} \theta_A Z_A(x) \qquad (7.1)$$

8) 옮긴이 주: ㅠ은 곱집합을 나타내며, 곱집합은 집합의 다양체에서의 직접곱이며, 집합의 범주에서의 곱이다. 일반적으로 임의의 n개의 집합 A_1, A_2, $\cdots$, A_n에 대해 $a_1 \in A_1$, $a_2 \in A_2$, $\cdots$, $a_n \in A_n$인 원소 a_1, a_2, $\cdots$, a_n으로 만들어지는 순서쌍 전체의 집합을 A_1, A_2, $\cdots$, A_n의 곱집합이라고 하며 $\pi A_i = A_1 \times A_2 \times \cdots \times A_n$으로 쓴다. 단, N = {1, 2, ……, n}이다. 예컨대, A={a, b}, B={1, 2, 3}, C={x, y}일 때 $A \times B \times C$ = {(a, 1, x), (a, 1, y), (a, 2, x), (a, 2, y), (a, 3, x), (a, 3, y), (b, 1, x), (b, 1, y), (b, 2, x), (b, 2, y), (b, 3, x), (b, 3, y)}이다.

여기서 J*는 의존성 그래프의 모든 클리크들의 집합이며 θ_A는 클리크 연결 관계 유형 A와 연관된 모수이며, $z_A(x)$은 연결관계 유형 A가 그래프 x에서 관찰된다면 1의 값을, 그렇지 않은 경우에는 0의 값을 갖는 지시(indicator) 변수이다.

어떠한 단일 연결선 변수도 의존성 그래프에서는 클리크에 해당하며 클리크의 어떠한 하위 그래프도 (특정 부분 의존성 구조를 제외하고는) 클리크임을 유념할 필요가 있다. 이에 따라, 만약 A가 D의 클리크이면, A의 모든 부분 집합도 그러하다. 결과적으로, 만약 A가 모형에 투입 가능한 연결관계 유형이라면, A의 하위 그래프도 그러하다.

7.2.2. 방향성 없는 그래프의 충분 하위 그래프

베르누이 모형. 베르누이 모형의 경우, 의존성 그래프(〈그림 7.1b〉 참조)는 빈 그래프이며 유일한 클리크는 D로부터의 단일 노드로 구성된 클리크이며, 클리크 각각은 그래프 x의 연결선과 관련이 있다. 따라서, 식(7.1)에 따른 모형은 각각의 연결선 변수들에 대해 고유한 모수를 가지며, 많은 수의 모수들이 존재하게 된다. 예컨대, 20개의 노드로 구성된 네트워크에 대해 모형은 $\binom{20}{2} = 190$개의 모수들을 추정해야 한다.

연결관계 유형 A와 관련 모수들 θ_A의 수를 줄이는 한 가지 방법은 구조적으로 동일한 모든 그래프가 형성될 확률이 동일하다(즉, 구조만 관련이 있다)고 가정하는 것이다. 이런 동질성 가정은 ERGM을 사용하여 네트워크를 모형화할 때에 중요한 역할을 한다.

예컨대, 모수 θ_{ij}이 연결선 유형 A={i, j}을 나타낸다고 하자. 동질적인 모형의 경우, 모든 i, j에 대해 $\theta_{ij}=\theta_L$로 모수들을 동일시한다. 이에 따라, 식(7.1)로부터 다음을 산출할 수 있다.

$$\Pr(X=x) = \kappa^{-1}\exp\sum_{A \subseteq \mathscr{P}} \theta_A \prod_{(i,j) \in A} x_{ij} = \kappa^{-1}\exp\sum_{(i,j)} \theta_{ij}x_{ij} = \kappa^{-1}\exp\theta_L L(x)$$

여기서 L(x)=$\sum_{i<j}$x$_{ij}$은 x에서의 연결선 수를 의미한다. 20개의 노드를 지닌 네트워크에서 동질성 가정을 적용하면, 190개의 연결관계 유형 대신 연결선의 수만 고려하면 된다. 일단 이런 식으로 (특정 의존성 가정과 무관하게) 동질성을 부여하면, 식(7.1)에서 통계량 z$_A$(x)은 개별 연결관계 유형에 대한 지시 변수 이상이 된다. 더 정확히 말하면, z$_A$(x)은 x의 특정 연결관계 유형의 개수가 되어 식(7.1)이 6장에서 설명한 ERGM의 익숙한 형태를 띠게 된다.

베르누이 모형과 관련하여, 연결선 수는 모수 θ_L에 대한 충분 정보에 해당하기에, 베르누이 의존성 그래프와 그 상호작용으로 정의한 모형에 대한 충분 정보가 된다. 여기서 하위 그래프는 하위 네트워크의 개수가 충분 통계량이므로 "충분 하위 그래프(sufficient subgraph)"에 해당한다. 하위 그래프 개수를 충분 통계량으로 간주하는 것은 (편향된) 동전의 n번 던지기에서 앞면이 나올 횟수가 앞면이 나올 확률에 대한 충분 통계량인 것과 마찬가지이다. 보다 구체적으로, 앞면을 1이라고 할 때, 앞면이 나온 순서가 (1, 0, 0, 1, 0)인지 (0, 1, 0, 0, 1)인지는 중요치 않으며 단지 앞면이 나온 합이 2라는 점만 알면 된다. 따라서, 특정 그래프를 관찰할 확률은 x에 대한 그래프 통계 z(x)와 관련 모수 θ에 영향을 받는다.

마르코프 모형. 마르코프 모형과 관련하여, 베르누이 모형과 마찬가지로 〈그림 7.4〉의 12에서와 같이 단일 클리크는 개별 연결선 변수들과 일치한다.

이전 설명과 마찬가지로, D에서 클리크 12, 23은 X$_{12}$와 X$_{23}$을 뜻하는데, 이 둘은 X에서의 연결관계 유형으로 x$_{12}$=x$_{23}$=1일 때 노드 2를 중심으로 한 2-스타이다. 대조적으로, 12와 34에서 추출된 D의 하위 그래프는 완전하지 않은데, 이 두 노드들이 연결되어 있지 않기 때문이다. D에서 크기가 3인 클리크는 X의 서로 다른 두 연결관계 유형과 부합한다. 예컨대, 〈그림 7.5〉에서

〈그림 7.4〉 의존성 그래프에서의 단일 클리크와 X에서의 관련 연결관계 유형

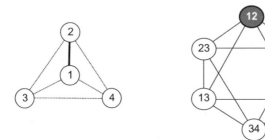

〈그림 7.5〉 의존성 그래프에서의 3-클리크와 X에서의 관련 3-스타 연결관계 유형

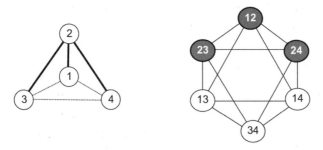

〈그림 7.6〉 의존성 그래프에서의 3-클리크와 X에서의 관련 삼각관계 유형

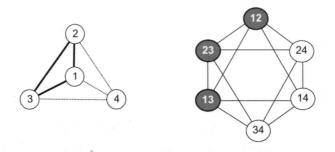

3-클리크는 노드 12, 23, 24로 구성되어 있으며, 이 노드들은 모두 G의 노드 2
를 공통적으로 가지고 있기에 G에서 노드 2를 중심으로 한 3-스타 구조를 나
타낸다. 〈그림 7.6〉에서 클리크 12, 23, 13은 X에서의 삼각관계 유형을 시사
한다.

마르코프 그래프 모형에서 D의 클리크는 연결선, 스타, 또는 삼각관계에 해당한다(Frank & Strauss, 1986). 해머슬리-클리포드 정리에 따르면, 마르코프 무작위 그래프는 마르코프 무작위 그래프 모형의 충분 하위 그래프인 연결선, 스타, 그리고 삼각관계로 완전히 규정할 수 있다. 달리 말하면, X의 어떠한 그래프에 대해서도 마르코프 가정하에서 그것의 확률은 연결선, 스타, 그리고 삼각관계의 수로 완전히 규정할 수 있다. 예컨대 다섯 개의 노드들로 구성된 완전한 하위 그래프가 존재하든 아니든 중요치 않으며, 중요한 것은 이 완전한 하위 그래프가 10개의 삼각관계, 10개의 연결선 등으로 규정된다는 점이다.

스타와 삼각관계 유형은 마르코프 의존성 가정으로부터 탄생한 연결선 변수들의 상호작용에 해당함을 반복적으로 언급한 바 있다. 각각의 사례에서, 상호작용 효과는 각각의 연결선 변수가 홀로 형성될 확률로부터 기대할 수 있는 것에 비해 특정 연결관계 유형이 형성될 가능성(또는 형성되지 않을 가능성)이 얼마나 큰지에 대해 다룬다. 결과적으로, 하위수준 효과와 더불어 상위수준에 해당하는 상호작용 효과를 포함한 위계 모형에서, 상호작용항을 통해 하위수준 효과를 감안한 채 특정 연결관계 유형의 형성 가능성을 알 수 있다. 여기서 기존 로그선형 모형과의 직접적인 비교가 이뤄진다. 따라서, 2-스타 모수는 하위수준인 연결선 효과를 감안하여 네트워크 집중화 효과를 다룬다. 달리 말하면, 2-스타 모수를 토대로 한 추론은 연결선 수에 대해 조건부 의존적이기에, 연결선 수가 주어진 상황에서 2-스타가 기대치보다 더 많이 존재하는지 여부를 추론할 수 있다. 마찬가지로, 3-스타 모수의 경우, 2-스타 수와 연결선 수를 고려하여 기대 이상으로 3-스타가 많이 존재하는지에 대해 추론해볼 수 있다. 삼각관계 모수는 2-스타 수와 연결선 수에 조건부 의존적인 삼각관계화를 나타낸다. 이는 네트워크 밀도 값과 2-경로 수가 주어진 상황에서 네트워크 폐쇄에 대한 추론(즉, 네트워크 폐쇄의 가능성)을 가능케 한다.

여기서 주목할 만한 것은 연결선들 간 의존성에 대한 간단한 가정만 주어지면 네트워크 구조가 형성될 가능성을 알기 위해서 네트워크의 정확한 구조까지 알 필요는 없다는 것이다. 우리가 알아야 할 것은 연결선, 스타, 삼각관계 등과 같이 해당 네트워크 하위 구조의 일부분일 뿐이다. 스타 구조와 삼각관계 구조를 나열하는 것이 어떤 결과를 초래할지에 대해 생각해보자. n개의 노드들 각각에 대해, 다른 n-1개의 노드들은 $\binom{n-1}{2}$의 방법으로 조합될 수 있는 연결선들을 가지고 있는데 여기서 노드는 2-스타의 중심이기에 $n\binom{n-1}{2}$개의 서로 다른 2-스타들이 형성될 가능성이 있다. 일반적으로 표현하면, $n\binom{n-1}{k}$개(k=2, ⋯, n-1)의 서로 다른 k-스타들이 형성될 가능성이 있다. 삼각관계가 세 개의 노드를 포함하기 때문에, 형성 가능한 서로 다른 삼각관계의 수는 $\binom{n}{3}$로 계산할 수 있다. 만약 의존성 그래프에서의 클리크에 부합하도록 각각의 연결관계 유형에 대해 별도의 모수를 설정한다면, 매우 많은 모수들을 모형에 넣어야만 할 것이다. 예컨대, 20개 노드로 구성된 마르코프 그래프는 단지 190개의 연결선 변수들을 지니지만, $\binom{20-1}{2}+20\binom{20-1}{3}+20\binom{20-1}{4}+...+20\binom{20-1}{19}+\binom{20}{3}=10,486,690$개의 서로 다른 모수들을 가질 것이다.

앞서 설명한 바와 같이, 연결관계 유형과 이에 해당하는 모수의 수를 줄이기 위해서는, 구조적으로 동일한 모든 그래프가 형성될 가능성이 동일하다는 동질성 가정을 전제로 해야 한다. 이것이 의미하는 바는 예컨대 모든 2-스타의 효과가 동일하기에 2-스타 개수 관련 통계량을 나타내는 단 하나의 2-스타 모수만 모형에 넣으면 된다는 것이다. 마르코프 의존성 가정을 식(7.1)에 적용한다고 하자. 형성 가능한 연결관계 유형 A 중에서 2-스타는 이 식에서 $\sum_{i}\sum_{j<h,j,h\neq i}\theta_{ijh}X_{ij}X_{ih}$항을 지닌다. 동질성 가정을 적용하여 2-스타 관련 모든 A에 대해 $\theta_A=\theta_{S(2)}$를 적용하면, 모든 2-스타 항에 대한 합은 $\theta_{S(2)}S_2(X)$[여기서 $S_2(x)$는 x에서의 2-스타 수를 의미한다]으로 줄여서 표현할 수 있다. 다른 연결관계 유형들(예컨대, 연결선, 다른 스타와 삼각관계 유형들)도 이와 유사한 결과를 따른다. 따라서 결과적으로 식(7.1)은 6장에서 본 것과 같은 마르코프 모형으

로 정리할 수 있다. 동질성 가정을 전제로 함으로써, 20개의 노드들로 구성된 네트워크를 분석하기 위해 필요한 것은 일천만 개의 하위 그래프가 아니라 연결선의 수, 서로 다른 18개 스타 유형의 수, 그리고 삼각관계 유형의 수이다. 연결선의 수, 서로 다른 수준의 스타 구조의 수, 그리고 삼각관계의 수만으로도 모수들에 대한 충분 정보를 얻을 수 있으므로, 이들은 해당 모형에서의 충분 통계량에 해당한다. 동질성 가정을 전제로 하는 것이 그래프 노드들의 이름과 무관하게 그래프 유형(즉, 그래프 구조) 자체를 모형에서 고려할 수 있도록 한다는 점을 다시 강조하고자 한다.

동질성 가정은 연결선과 삼각관계 모수 그리고 (n-2)개의 스타 모수로 구성된 n개의 모수들로 모형을 축소시켜준다. 대부분의 사례에서 모든 스타 구조들에 대한 고유의 모수들을 모형에 투입할 수는 없다. 대부분의 데이터에서 그런 모형은 추정 가능하지 않다. [예컨대, 만약 모든 노드가 다른 모든 노드와 연결되어 있지 않다면, (n-1)-스타의 수는 0이며 관련 모수는 추정될 수 없다.] 대규모 네트워크에 대해서는 어느 경우든 n개의 모수들이 여전히 간결한 모형을 이루지는 못한다. 스타 모수의 수를 줄이는 한 가지 방법은 그들 중 일부를 0으로 설정하는 것이다. 상위수준 스타 모수들을 0으로 설정하는 것은 일반 로지스틱 회귀분석에서 독립변수들 간의 상위수준 상호작용항을 모형에 넣지 않는 것과 마찬가지이다. 예컨대, 프랭크와 스트라우스(Frank & Strauss, 1986)가 (가능한 모형의 하나로) 연결선, 2-스타, 그리고 삼각관계 모수로 이뤄진 "삼자관계 모형(triad model)"을 제안한 바 있다. 여기서 모든 3-스타와 상위수준 스타 모수들은 0으로 설정한다. 로빈스, 패티슨, 그리고 울콕(Robins, Pattison, & Woolcock, 2005)은 0이 아닌 3-스타 모수를 포함한 확장 모형을 제안한 바 있다. 하지만, 많은 데이터셋의 경우, 5장에서 설명한 바와 같이 이런 모형들을 여전히 제대로 추정하기 어렵다. 스타 모수의 수를 제한하는 대신, 하나의 교호 스타 모수로 만드는 방법도 있다. 이것이 모형 추정의 문제를 완전히 해소하지는 못할지라도 일부 해결할 수 있는 방안으로 현재 선호되고 있다. 자세한 내용은 6장에서 설명했다.

베르누이와 마르코프 의존성에 대해 꽤 길게 설명했는데 이런 단순한 형태의 모형들이 관련 가정을 설명하는 데에 용이하기 때문이다. 하지만, 실질적으로 데이터를 적합하고자 할 때 이런 모형들이 성공할 가능성은 드물다. 이런 모형들 대신, 교호 모수를 지닌 사회 순환 모형이 모형 추정의 어려움을 피하기 위한 하나의 옵션으로 지금까지 선호되고 있다.

사회 순환 의존성. 패티슨과 로빈스(Pattison & Robins, 2002)를 토대로 부분 의존성 그래프를 사용하여 사회 순환 부분 의존성 가정이 무작위 그래프 모형의 경우 어떻게 형성될 수 있는지에 대해 이미 언급한 바 있다. 스나이더와 그의 동료들(Snijders et al., 2006)은 사회 순환 독립 가정을 만족시키는 모형을 제안했다. 〈그림 7.3〉과 관련하여 설명한 것처럼, 이 모형은 다른 연결선들이 존재하는 상황에서 연결선들이 노드를 공유하고 있지 않을 때조차 몇몇 연결선 변수들이 조건부 의존적임을 시사한다. 6장에서 설명한 바와 같이, 이 모형은 모든 마르코프 모수들과 더불어 k-삼각관계와 k-독립 2-경로 모수를 포함한다. 다른 연결관계 유형들(예컨대, k-클리크)도 의존성 가정들과 부합하지만 지금까지 널리 사용되고 있지는 않다.

마르코프 그래프의 사례와 마찬가지로, 서로 다른 모든 k-삼각관계에 해당하는 연결관계 유형들을 모두 모형에 포함시키는 것은 너무나 많은 통계량을 양산하기에, 구조적으로 동일한 그래프는 해당 모형하에서 같은 확률로 형성된다는 동질성 가정을 전제로 해야 한다. 이 동질성 가정을 토대로 해도 여전히 삼각관계 수 관련 모수들은 매우 많다. 교호 스타 도입에 적용한 것과 같은 논리를 적용하여, 6장에서 설명한 것처럼 교호 삼각관계 모수를 투입하여 k-삼각관계 모수에 제약을 부여할 수 있다.

방향성 있는 그래프에 대한 충분 하위 그래프. 이전에 설명한 것과 동일한 접근을 토대로 방향성 있는 그래프에 대해 충분 통계량을 도출할 수 있다. 기억해 두어야 할 중요한 점은 방향성 있는 그래프에서는 두 배로 많은 연결선 변수들이 생성된다는 것이다. 따라서 의존성 그래프에서 이전보다 두 배 많은 노드들이 존재한다(〈그림 7.7〉 참조). 이제는 각각의 노드 쌍에 대해 두 개의 연결선 변수들이 존재하므로, 마르코프 의존성 관련하여 스타 유형과 삼각관계 유형이 훨씬 더 다양하게 존재한다. 단일 클리크는 아크에 해당하며, 〈그림 7.7〉에서 클리크 12와 21은 두 개의 서로 다른 연결관계 유형이다.

마르코프 의존성 가정을 따르는, 네 개의 노드들로 구성된 그래프의 사례로 돌아가보자. 앞서 논의한 바와 같이 동질성 가정을 적용하여, 〈그림 7.7〉의 D로부터 도출한 충분 하위 그래프를 〈그림 7.8〉에 제시했다.

아크에 더하여, 상호호혜적 연결선(reciprocated arc)이라는 또 다른 양자관계 유형이 존재한다(D에서 {12, 21} 유형에 해당하는 클리크). 이 외에도 다양한 스타 유형이 존재할 뿐만 아니라 세 명의 행위자로 구성된 하위 네트워크에서 서로 다른 유형의 관계적 폐쇄를 나타내는 일곱 개의 삼각관계 통계량도 존재한다. 〈그림 7.6〉에서 보는 것처럼, 이런 연결관계 유형들의 모수는 본질적으로 그래프의 삼자 센서스를 모수화한다(Frank, 1979; Frank & Strauss, 1986; Holland & Leinhardt, 1981; Wasserman & Faust, 1994). 만약 네 개 이상의 노드들로 구성된 연결관계 유형에 해당하는 모수들이 0으로 설정될 경우, 방향성 있는 마르코프 그래프 모형은 삼자 센서스의 형태로 직접적으로 모수화가 가능하다.

방향성 있는 그래프에 대한 사회 순환 의존성 가정은 이 장의 앞부분에서 설명한 부분 의존성 접근의 가정을 토대로 한다. 여기서 더 세부적인 내용은 다루지 않을 것이다. 충분 하위 그래프가 6장에서 설명한 방향성 있는 k-삼각관계와 k-경로 유형을 포함한다는 언급만으로도 족하리라 생각한다. 모수들의 교호적 또는 기하학적으로 가중된 형태가 실제 데이터를 적합할 때에 가장 흔히 사용된다.

〈그림 7.7〉 관련 마르코프 의존성 그래프와 네 개의 노드로 구성된 방향성 있는 그래프의
연결선 변수들

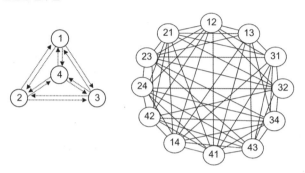

〈그림 7.8〉 네 개의 노드들로 형성된, 방향성 있는 마르코프 그래프에 대한 충분 하위 그래프

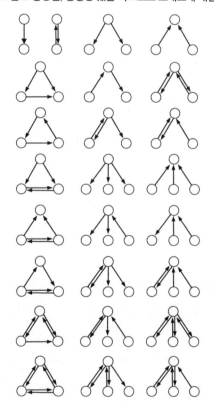

7.3. 노드 속성을 수반한 의존성 그래프

속성변수는 네트워크 연결관계의 외생 독립변수(사회적 선택 효과)로서든 또는 네트워크 구조로부터의 결과 변수(사회적 영향력 효과)로서든 의존성 그래프에 포함될 수 있다. 이런 유형의 모형들은 8장과 9장에서 소개할 예정이다. 외생 독립변수와 다양한 변수 유형을 의존성 그래프 형성에 투입하는 것은 복잡성을 가중시키며, 이에 대한 설명은 이 책의 범위를 뛰어넘는다. 관심 있는 독자들은 로빈스, 패티슨, 엘리엇(Robins, Pattison, & Elliott, 2001), 로빈스, 엘리엇, 패티슨(Robins, Elliott, & Pattison, 2001), 그리고 로빈스와 패티슨(Robins & Pattison, 2005)을 참고하기 바란다.

7.4. 결론

ERGM은 확률 모형에 해당하는데, 관찰된 네트워크가 특정 개수의 노드 집합에서 형성될 수 있는 네트워크 X들의 집합에 대한 확률 분포로부터 실현된 하나의 사례로 간주된다. 특정 그래프 x가 실현될 확률은 x의 특정 연결관계 유형들과 연관된 모수들 및 통계량들에 따라 결정된다. 이런 연결관계 유형들은 인위적으로 선택된 것이 아니라, 이와 반대로 해당 네트워크를 발현시킨 특정 사회적 과정의 결과로서 여겨진다.

ERGM을 형성하는 과정은 다음 단계들을 거쳐 이뤄진다. 첫째, 의존성 구조는 의존성 그래프의 형태로 상정된다. 둘째, 클리크는 의존성 그래프로부터 도출된다. 셋째, 해머슬리-클리포드 정리는 클리크를 토대로 모수들로 인수분해(factorization)하는 데에 적용된다. 넷째, 동질성 제약은 모형을 식별하는 데에 기여한다. 결과적으로 모형은 일반적으로 지역 네트워크의 다양한 연결관계 유형 관련 모수들과 통계량들로 이뤄진다.

네트워크 변수들 간의 다양한 의존성 가정을 반영하는 등 기본 모형을 보다 정교화함으로써 위계 모형을 만들 수 있다. 이에 더하여, 외생변수(예컨대, 노드 속성 또는 지리적 위치)도 모형에 포함시킬 수 있다. 네트워크 내의 사회적 영향력 패턴(즉, 개별 행위자들의 속성을 네트워크 연결관계로부터 예측하는 모형)에 대해 모형을 형성하는 것도 가능하다.

다른 다양한 형태의 의존성에 대한 연구가 현재 진행 중이다. 의존성을 이해하기 위한 체계적 접근은 이론적인 차원 이상이라는 점에서 그 장점을 찾을 수 있다. 의존성 구조를 통해 대규모 ERGM을 추정하기 위해 눈덩이 표집을 하는 데에 필요한 데이터가 어떤 유형인지 알 수 있다. 그뿐만 아니라, 의존성 가정의 위계를 식별할 수 있으며 이를 통해 모형을 체계적으로 정교화할 수 있다. 이런 내용들은 이 책의 마지막 장에서 다룰 예정이다.

8장

사회적 선택, 양자 공변량, 그리고 공간지리적 효과

개리 로빈스(Garry Robins)·갈리나 다라가노바(Galina Daraganova)

8.1. 개인적 속성, 양자관계 속성, 그리고 기타 속성들

이 장에서는 행위자 속성과 양자 공변량 효과를 포함한 모형에 대해 다루고자 한다. 행위자 속성은 네트워크 노드에 대한 개인 수준의 측정값이다. 사회적 선택 모형은 속성이 네트워크 연결관계에 영향을 미치는가(예컨대, 유사한 행위자 속성을 지닌 개인들 간에 연결관계가 형성될 가능성이 높은 유유상종 현상)에 대해 분석한다(McPherson, Smith-Lovin, & Cook, 2001). 이와 대조적으로, 양자 공변량은 행위자들의 쌍으로 이뤄진 각각의 양자관계를 분석 단위로 하는 측정값이며 연결관계의 형성 여부에 영향을 미칠 수 있다. 예컨대, 조직 내에서의 신뢰 네트워크에 대해 분석한다고 할 때, 공식적인 조직의 위계는 신뢰관계 형성에 부분적으로 영향을 미칠 수 있다. 이 경우, 조직 위계를 양자 공변량으로 하여 모형에 투입함으로써 신뢰관계가 위계적 관계(예컨대, 톰은 프레드의 상사이다)와 일치하는지에 대해 추론해볼 수 있다. 이진형 양자 공변량은 사람들이 같은 속성 또는 멤버십을 공유하고 있는지 여부(즉, 같은 곳에서 일하는지, 같은 집에서 사는지, 또는 같은 교회를 다니는지 여부)에 대해 다룬다. 이진형 양자 공변량뿐만 아니라 연속형 양자 공변량도 가능한데, 네트워크의 공간적 배속을 연속형 양자 공변량을 통해 어느 정도 파악할 수 있다. 하지만, 공간지리적 효과는 별개의 특징을 지니기에 이 장의 별도 섹션에서 다루고자 한다.

이전 장들에서는 ERGM의 일반적 방법론에 대해 설명하되 연결관계 기반의 내생 효과와 관련한 모형에 더 중점을 뒀었다. 개별 연결관계의 존재 또는 부재가 주변 연결관계들의 영향을 받으며, 이 주변 연결관계들은 의존성 가정에 따라 규정된다. 이러한 내생 효과는 네트워크의 자기조직화 과정을 나타낸다.

노드 속성을 모형에 포함시킴으로써 내생 효과가 모든 노드들에 걸쳐 동질적이라는 가정이 완화된 것으로 볼 수 있지만, 이보다는 속성 효과를 네트워크 자기조직화라는 내생적 메커니즘과 더불어 함께 작용하는 외생적 과정의 지표로 간주하고자 한다. 외생 효과는 고정적이며 네트워크의 자기조직화 체계 외적인 효과로 전제한다. 예컨대, 성별과 같은 속성은 네트워크 내 행위자들 사이에서 서로 다르지만, 각각의 행위자들의 성별은 고정되어 있다. 따라서 성별이라는 변수는 네트워크 구조에 영향을 미칠 수 있다는 점에서 외생변수에 해당하지만 그 반대는 성립하지 않는다. (즉, 네트워크 연결관계 형성이 행위자의 성별에 영향을 미칠 것으로 기대할 수는 없다.) 마찬가지로, 공식적인 조직 위계는 조직의 신뢰 네트워크 형성에 영향을 미치는 외생적 양자 공변량이 될 수 있다. 각각의 행위자 쌍에 있어서 위계관계가 있을 수도 없을 수도 있다는 점에서 가변적이기에, i가 j의 상사일 경우 연결관계가 존재하는 것으로 두 번째 네트워크를 정의할 수 있다. 공식적인 위계관계를 나타내는 두 번째 네트워크는 신뢰 네트워크에 영향을 미칠 수도 있지만(예컨대, 상사를 신뢰하고자 하는 경향이 있을 수도 있다), 누군가의 상사라는 위계 네트워크 자체는 고정적이며 외생적이다. 신뢰라는 사회 체계가 어떤 네트워크 구조를 지니든지 간에, 공식적인 조직의 위계구조에는 영향을 미치지 않는다.

노드에 대한 그 어떤 측정값도 행위자 속성이 될 수 있다. 출생지처럼 아예 변치 않는 속성일 수도 있고 횡단 연구에서의 연령처럼 연구 당시 변화가 매우 천천히 또는 매우 드물게 일어나기에 고정값으로 간주되는 속성도 있다. 이런 경우, 속성을 외생변수로 처리해야 한다는 점에 대한 이견은 거의 없다. 여기서 네트워크 연구 문제는 이러한 속성들이 네트워크 연결관계의 존재 또는 부재에 영향을 미치는지 여부에 관한 것이 된다. 이는 "사회적 선택(social selection)"에 대한 질문으로 행위자들이 관계를 맺고자 하는 대상을 고를 때 다른 사람들의 속성을 고려하는가에 관한 것이다. 따라서 회귀분석과 마찬가지로 속성은 네트워크 연결관계의 예측 변수가 된다.

위의 경우와 달리, 행위자 속성은 태도나 행위처럼 변화하는 변수들을 포함하기도 한다. 이런 변수들도 ERGM의 사회 선택 모형에서 외생변수로 간주할 수 있는데, 이러할 경우 해당 속성이 원칙적으로 네트워크 연결관계에 의해 변하지 않는다는 점을 암묵적으로 가정하게 된다. 물론, 이런 가정이 항상 현실적인 것은 아니다. 사회 선택 모형(옮긴이 주: 행위자 속성 → 연결관계)과 더불어, 연결관계의 형성이 속성을 바꾸는 "사회적 영향력(social influence)"(옮긴이 주: 연결관계 → 행위자 속성)을 행사할 수도 있다. 예컨대, 사람들은 관계를 맺고 있는 사람들로부터 영향을 받아 자신의 의견이나 행동을 바꿀 수도 있다. 횡단 데이터에서는 사회적 영향력 효과와 사회적 선택 효과를 구분하는 것이 어렵다. (이 점에 대해서는 다음 장에서 사회 영향력 모형에 대해 다룰 때에 더 논의하고자 한다.) 따라서, 만약 변화하는 속성을 모형에 포함시킬 경우, ERGM의 사회 선택 모형에서 연결관계의 예측 변수로 간주할 수 있지만 (횡단적 접근을 토대로 한 회귀분석에서와 마찬가지로) 그 분석 결과를 추론하는 데에 있어서는 유의해야 한다. 만약 통계적으로 유의한 속성 효과를 발견한다면, 속성과 네트워크 연결관계 간 연관성이 있음을 시사하는 것이지만, 인과적 추론에 대해서는 신중해야 한다. 속성으로 인해 연결관계가 형성되었는지, 그 반대인지에 대해서는 알 수 없기 때문에 관찰된 효과가 사회적 선택 또는 사회적 영향력으로부터 기인한 것인지를 확신할 수 없다. 만약 사회적 선택과 사회적 영향력을 구분하고자 한다면, 종단 데이터를 수집해서 다른 방법으로 접근해야 한다. (자세한 내용은 11장에서 확인할 수 있다.)

많은 경우, 위와 같은 문제들이 그리 크게 심각한 사항은 아니다. 예컨대, 가설 검정을 할 때 만약 이론적 가설이 유유상종 효과에 관한 것이면 사회 선택 모형을 설정하여 해당 가설을 검정하는 것이 맞다. 군이 인과관계에 대해 알지 못해도 연결관계와 속성 간의 연관성 자체에 대한 추론만으로 충분한 경우도 있다. 만약 속성이 아니라 네트워크 구조 자체에 연구의 초점이 있다면, 속성을 예측 변수로 설정하여 내생적 네트워크 구조에 대한 추론을 위한 통제변수로 간주할 수도 있다. 이런 판단들은 일반 회귀분석에서도 이뤄지는데, 일반 회귀분석에서 변수들 간에 예측 변수와 결과 변수가 설정되지만 그 인과적 방향성은 담보하지 않는 것과 마찬가지이다.

통제변수 문제는 중요하다. 유유상종과 같은 속성 효과에 대해 통계적 추론을 하고자 할 경우에도 여전히 모형에 내생적 연결관계 기반 효과들을 포함해야 하는데, 네트워크 데이터 내의 의존성에 대해 통제해야만 통계적으로 강건한 추론이 가능하기 때문이다. 따라서, 외생 속성 효과와 내생 연결관계 효과를 모두 내포한 모형은 두 가지 측면에서 살펴볼 수 있다. 만약, 속성의 사회 선택 효과에 연구의 초점이 있다면, 내생적 연결관계 효과는 통제되어야 하며, 만약 연구의 초점이 네트워크 구조 자체에 있다면, 속성변수가 사회 선택 효과에 대한 통제변수로 모형에 투입되어야 한다.

사회 선택 모형이 연결관계와 속성 간의 연관성을 다루기 때문에, 이 두 유형의 변수들 간의 관계를 강조하기 위해 속성 기반 효과를 "행위자-관계 효과(actor-relation effects)"라고 부르기도 한다.

표기의 편의상, X_{ij}를 이진 네트워크의 연결관계 변수를 나타내는 것으로 계속 사용하고자 한다. 노드 i에 대한 속성변수는 Y_i으로, 그리고 노드 i와 노드 j 간의 양자 공변량은 W_{ij}으로 표기한다. 이 장에서는, 범주형 속성에 대해 언급할 때도 있겠지만, 기본적으로 속성변수와 양자 공변량을 이진형 또는 연속형 변수로 간주한다. 아래 설명한 속성 효과와 공변량 효과는 모두 PNet 소프트웨어를 사용하여 분석할 수 있다.

8.2. ERGM의 사회적 선택 모형

ERGM의 사회 선택 모형은 속성과 네트워크 연결관계 변수들 간의 다양한 형태의 의존성을 포함한다. 이에 대한 상세한 설명은 이 장의 범위를 넘어서지만, 대략적으로 네트워크 변수들 간에는 의존성이 존재함과 동시에 속성변수들은 네트워크 연결관계 변수들의 외생 독립변수로 간주된다. 관심 있는 독자들은 로빈스, 엘리엇, 그리고 패티슨(Robins, Elliott, & Pattison, 2001)의 연구를 살펴보기 바란다. 이들은 마르코프 내생 네트워크 효과의 틀 내에서 ERGM의 사회 선택 모형과 관련하여 의존성의 토대를 마련했다. ERGM의 사회 선택 모형에서 각각의 속성 효과는 적어도 하나의 속성과 하나의 연결관계 변수들 간의 통계적 상호작용이기에, 연결관계 유형은 연결관계 패턴만을 나타내는 것이 아니라 이진형과 범주형 속성변수임을 노드의 색깔로 표현하거나 연속형 속성변수임을 노드의 크기로도 나타낸다. ERGM의 사회 선택 모형의 일반적 수식은 다음과 같다.

$$\Pr(X = x | Y = y) = \frac{1}{\kappa} exp(\theta^T z(x) + \theta_a^T z_a(x, y)) \qquad (8.1)$$

이 식에서 θ와 z는 이 책의 앞부분에서 다룬 것처럼 내생 네트워크 효과에 대한 모수와 통계량을 나타내며, θ_a와 z_a는 네트워크 변수(x)과 속성변수(y) 간의 상호작용을 포함한 사회 선택 모형의 연결관계 유형에 대한 모수와 통계량을 나타낸다.

〈표 8.1〉 방향성 없는 네트워크의 사회 선택 모형 연결관계 유형

연결관계 유형	통계량	모수
이진형 속성		
1 ●——○	$\sum_{i<j} x_{ij}(y_i + y_j)$	속성 기반 활동성
2 ●——●	$\sum_{i<j} x_{ij}y_iy_j$	유유상종(상호작용)
연속형 속성		
3 ⬤——○	$\sum_{i<j} x_{ij}(y_i + y_j)$	속성 기반 활동성
4 ⬤——●	$\sum_{i<j} |y_i - y_j| x_{ij}$	유유상종(차이)

〈표 8.2〉 방향성 있는 네트워크의 사회 선택 모형 연결관계 유형

단일아크 효과		
이진형 속성		
1 ●——▶○	$\sum_{i,j} y_i x_{ij}$	송신자 효과(속성 기반 활동성)
2 ○——▶●	$\sum_{i,j} y_j x_{ij}$	수신자 효과(속성 기반 인기도)
3 ●——▶●	$\sum_{i,j} x_{ij}y_iy_j$	유유상종(상호작용)
연속형 속성		
4 ⬤——▶○	$\sum_{i,j} y_i x_{ij}$	송신자 효과(속성 기반 활동성)
5 ○——▶⬤	$\sum_{i,j} y_j x_{ij}$	수신자 효과(속성 기반 인기도)
6 ⬤——▶●	$\sum_{i,j} |y_i - y_j| x_{ij}$	유유상종(단일 아크 차이)
상호 효과		
이진형 속성		
7 ●◀——▶○	$\sum_{i<j} (y_i + y_j) x_{ij}x_{ji}$	상호 활동성
8 ●◀——▶●	$\sum_{i<j} y_iy_j x_{ij}x_{ji}$	상호 유유상종(양방향 차이)

이진형 속성변수와 연속형 속성변수들과 관련하여, 사회 선택 모형의 연결관계 유형 중 가장 중요한 유형을 ⟨표 8.1⟩과 ⟨표 8.2⟩에 제시했다. 이 표들에서 색칠한 동그라미는 속성값 $y_i=1$을 가진 노드임을 나타낸다. 예컨대, 만약 성별이라는 속성변수가 남성의 경우 0 그리고 여성의 경우 1일 경우, 색칠한 동그라미는 여성임을 나타낸다. (간단히 말해, 노드가 "속성을 가지고 있다"고 표현한다. 해당 속성이 성별일 경우 부여된 점수에 따라 이 표현이 여성을 나타내는 것으로 풀이된다.) 연속형 속성변수의 경우, 속성값이 클수록 노드의 크기도 크게 표시된다. 속이 빈 동그라미는 속성적 지위와 무관한 노드를 나타낸다. 따라서, 예를 들어, ⟨표 8.1⟩의 첫 번째 줄은 특정 속성을 지닌 노드가 다른 노드와 연결되어 있는 유형을 나타낸다. 다시 말해, 연결관계 유형은 속성을 지닌 노드들의 네트워크 활동을 나타낸다. (⟨표 8.1⟩과 ⟨표 8.2⟩의 통계량 열을 보면, 모든 노드 i와 j에 걸쳐 합산이 이뤄지는데, 연결관계 유형의 중복 계산을 피하기 위해 $i<j$라는 단서가 붙어 있다.)

⟨표 8.1⟩과 ⟨표 8.2⟩는 양자관계와 관련된 선택 효과만을 보여준다. 연결관계 유형 내에서 서로 다른 위치를 점하는 색칠된 (또는 크기가 큰) 하나 또는 그 이상의 노드들과 관련하여 스타, 삼자관계, 그리고 다른 연결관계 유형과 관련한 효과들이 가능하다. 그 예로 로빈스, 엘리엇, 그리고 패티슨(Robins, Elliott, & Pattison, 2001)의 연구를 살펴보기 바란다.

8.2.1. 방향성 없는 네트워크 모형

방향성 없는 네트워크(⟨표 8.1⟩)에 대해, 양자관계의 속성 효과는 상대적으로 단순하다. 이진형 속성변수들과 관련하여, ⟨표 8.1⟩의 첫 번째 줄은 속성을 지닌 노드가 상대의 속성적 지위와 무관하게 그 상대와 연결관계를 갖는 유형을 나타낸다. 여기서 통계량은 이런 연결관계 유형이 그래프에 존재하는 개수이다. 이를 속성 기반 활동성 효과라고 부른다. 양의 모수는 속성을 지닌

노드가 속성을 지니지 않은 노드보다 더 높은 네트워크 활동성(즉, 더 많은 연결
관계)을 갖는 경향이 있음을 나타낸다. [이를 속성의 "주효과(main effect)"라고
칭할 수 있다.] 하지만, 두 번째 줄을 보면, 속성을 지닌 노드들 간에 서로 연결
관계를 맺는 것으로 보아 유유상종 효과를 시사한다. 물론 유유상종 효과는
다양한 방식으로 드러날 수 있다. 두 번째 줄에서 통계량은 노드 i와 노드 j의
두 속성변수들 간의 상호작용을 나타내기에, 두 변수들이 모두 1일 때(즉, 두
노드가 모두 속성을 지니고 있을 때) 그 효과가 발현된다.

하나의 모형에 활동성 효과와 유유상종 효과를 모두 포함하는 것이 대체로
바람직할 경우가 많다. 만약 특정 속성(예컨대, 여성)을 지닌 노드가 더 활동적
이라면, 여성이 특별히 여성을 선택하는 독립적인 과정이 반드시 존재하지
않더라도 이런 노드들은 높은 활동성의 단순 결과로서 그들 간에 더 많은 연
결관계를 형성할 수 있다. 모형에 활동성과 유유상종 관련 모수들을 모두 포
함시킴으로써, 유유상종 모수가 통계적으로 유의할 경우 활동성 효과를 통제
한 상태에서 여성이 여성을 선택하는 유유상종의 독립 효과가 존재함을 추론
할 수 있다. 특히 연구 문제가 유유상종 효과와 관련이 있을 경우 두 모수들
을 모두 모형에 포함시켜야 한다.

범주형 속성변수들(예컨대, 조직 내 부서들)의 경우, 유유상종은 같은 범주
에 속해 있는지를 기반으로 그 효과를 가늠할 수 있는데, 통계량 $\sum_{i<j} x_{ij} I\{y_i=y_j\}$
에서 I{a}는 [옮긴이 주: 지시 함수(indicator function)[1]로서] 같은 범주에 속할 경
우 1(그 반대는 0)이 되며, 양의 모수는 유유상종 효과가 존재함을 나타낸다.
(즉, 같은 범주에 속한 두 개의 노드는 네트워크 연결관계를 형성하는 경향이 있다.
이런 효과는 Statnet에서 nodematch라고 부른다.) Statnet은 nodecov(옮긴이 주:
연속형 속성일 때), nodefactor(옮긴이 주: 범주형 속성일 때), 그리고 nodemix

---

[1] 옮긴이 주: 지시함수는 $A \subset \Omega$에 대해 I_A: $\Omega \to R$, $I_A(\omega) = \begin{cases} 1, \omega \in A \\ 0, \omega \notin A \end{cases}$ 이다. 이때 $P(I_A=1)=P(A)$,
$P(I_A=0)=p(A^c)$이 된다.

(옮긴이 주: 범주형 속성들을 짝지을 때)와 같이 서로 다른 공변량 효과들을 다양하게 모수화할 수 있다. 참고로, nodemix는 확률적 사전 블록 모형이 된다.

〈표 8.1〉의 세 번째 줄과 네 번째 줄에 연속형 속성의 효과가 제시되어 있다. 여기서, 유유상종 통계량은 절대적 차이 효과를 나타내는데, 모수가 음의 값을 지닐 경우 유유상종을 시사한다. (즉, 두 노드들 간의 속성 차이가 작을수록 연결관계가 형성될 가능성이 높다.) 물론, 유유상종 효과와 관련하여 모수화할 수 있는 방법들은 다양하다. [예컨대, 절대적 거리 또는 상호작용 대신 유클리디언 (Euclidean)[2]을 사용할 수도 있다.] 연속형 공변량에 대한 상호작용은 유유상종의 다른 측면을 보여주는데, 유유상종이 양극단에서 작용한다. 두 행위자가 0으로부터 멀어질수록 (또는 만약 점수가 표준화되었다면 평균값으로부터 멀어질 수록) 서로 선택할 가능성이 더 크다.

8.2.2. 방향성 있는 네트워크 모형

방향성 있는 네트워크에서는 아크의 방향성으로 인해 더 많은 양자관계 효과들이 가능하다. 〈표 8.2〉에서 첫 번째 줄부터 세 번째 줄까지 활동성 효과, 인기도 효과, 그리고 유유상종 효과를 포함한 단일 아크 효과들이 제시되어 있다. 방향성 있는 네트워크에서 이진형 속성에 대한 유유상종 효과를 분석하기 위해서는 적어도 이 세 개의 모수들을 포함해야만 한다. 네 번째 줄부터 여섯 번째 줄은 연속형 속성들과 관련한 연결관계 유형들을 보여준다. 다시 한 번 말하면, 이진형의 상호작용 효과가 양의 모수값을 지닐 경우 그리고 연

---

2) 옮긴이 주: 유클리디언 거리는 두 점 사이를 자로 잰 것과 같은 거리를 의미한다. 1차원에서의 유클리디언 거리는 두 점의 차이의 절대값이며, 2차원에서의 유클리디언 거리는 피타고라스 정리를 사용하여 $\sqrt{(a_1 - b_1)^2 + (a_2 - b_2)^2}$ 이 된다.
참고로, n차원일 경우 $\sqrt{(a_1 - b_1)^2 + (a_2 - b_2)^2 + ... + (a_n - b_n)^2}$ 이 된다.

속형의 차이 효과가 음의 모수값을 지닐 경우 유유상종을 시사한다. 방향성 있는 네트워크에서 상호호혜적 연결관계와 관련하여 속성 효과를 연구하고 자 할 때, 이진형 속성에 대한 상호 활동성 효과와 유유상종 효과(일곱 번째 줄과 여덟 번째 줄)도 포함할 수 있다. (연속형 속성변수들에 대한 효과도 가능하지만 여기 제시하지는 않았다.)

8.2.3. 조건부 오즈비

로지스틱 회귀분석에서처럼, (조건부) 오즈비를 계산하는 것이 선택 효과를 해석하는 데에 도움이 되는 경우가 있다. 단일의 이진형 속성을 지닌 노드들로 형성된 방향성 없는 네트워크가 있다고 하자. 〈표 8.1〉을 참고하여 선택 효과 관련 활동성과 유유상종을 포함한 모형을 제시해보면, 식(8.1)이 다음과 같이 바뀐다.

$$\Pr(X=x|Y=y) = \frac{1}{\kappa} exp(\theta^T z(x) + \theta_a \sum_{i<j} x_{ij}(y_i + y_j) + \theta_b \sum_{i<j} x_{ij} y_i y_j) \quad (8.2)$$

여기서 θ_a와 θ_h은 각각 활동성 모수와 유유상종 모수이다. 6장에서 설명한 바와 같이, 식(8.2)를 다음과 같이 조건부 오즈의 형태로 표현할 수 있다.

$$\frac{\Pr(X_{ij}=1|Y=y, X_{-ij}=x_{-ij})}{\Pr(X_{ij}=0|Y=y, X_{-ij}=x_{-ij})} = exp(\theta^T \delta_{ij}^{+}(x) + \theta_a(y_i + y_j) + \theta_b y_i y_j) \quad (8.3)$$

여기서 $\theta^T \delta_{ij}^{+}(x)$은 내생적 네트워크 효과에 대한 변화 통계량의 가중합으로 6장에서 조건부 로짓과 관련하여 이에 대해 설명한 바 있다. 방향성 없는 네트워크에서 X_{ij}의 조건부 오즈를 예측할 때 i나 j를 특별하게 다룰 이유가 없기 때문에, 활동성 통계량이 i와 j의 속성값의 합이 된다는 점을 주목할 필요가 있다.

해석을 용이하게 하기 위해 두 개의 노드 i와 j가 있으며 주변 네트워크 연결관계가 고정되어 있어서 $\delta_{ij}^{+}(x)$이 항상 같다고 하고, 노드들에 상이한 속성값들을 할당하자. 물론, 이는 순전히 추상적인 사고 실험에 불과하지만 속성 효과를 해석하는 데에 도움을 준다. 따라서, 속성이 없는 노드들 사이($y_i=y_j=0$)에 연결관계가 존재한다고 할 때 연결관계의 조건부 오즈는 단순히 $\exp\left\{\theta^{T}\delta_{ij}^{+}(x)\right\}$이 된다. 만약 연결관계가 속성을 지닌 노드와 속성을 지니지 않은 노드 간($y_i=1$, $y_j=0$)에 형성되어 있다면, 연결관계의 조건부 오즈는 $\exp(\theta^{T}\delta_{ij}^{+}(x)+\theta_a)$이 된다. 그리고 만약 속성을 지닌 노드들 간($y_i=y_j=1$)에 연결관계가 존재한다면, 연결관계의 조건부 오즈는 $\exp(\theta^{T}\delta_{ij}^{+}(x)+2\theta_a+\theta_b)$이 된다. 각각의 사례에서 지수함수 내의 합을 "조건부 로그-오즈(conditional log-odds)"라고 부른다.

기준 사례로 속성을 지니지 않은 두 노드들(즉, $y_i=y_j=0$)의 사례를 선정해보자. 여기서 기준 사례의 오즈 대비 다른 사례의 오즈의 비율을 "오즈비(승산비, odds ratio)"라고 부른다. 하나의 노드가 속성을 지닌 경우의 오즈비는 $\exp(\theta_a)$이며 두 개의 노드가 모두 속성을 지닌 경우의 오즈비는 $\exp(2\theta_a+\theta_h)$이다. 이제 보다 직접적인 해석이 가능하며 로지스틱 회귀분석에서의 오즈비처럼 해석하면 된다. 양자관계에서의 속성 패턴에 대해 연결관계가 형성될 오즈는 기준값에 대한 오즈비만큼 증가한다.

예를 들어 학교에서의 성별 유유상종 현상에 대해 연구하고자 할 때, 여성은 1, 남성은 0으로 코딩했고 활동성과 유유상종에 대한 모수 추정치가 각각 -1과 2라고 하자. 그러면 남학생과 여학생 간의 연결선에 대한 오즈비는 e^{-1}=0.37이 되며 두 여학생 간의 오즈비는 $e^{-2+2}=e^{0}$=1.0이 된다.[3] 이 오즈비들은

---

3) 옮긴이 주: 식(8.3)에 $y_i=1$, $y_j=0$을 대입해보면 알 수 있다.

두 남학생 간의 연결관계에 대한 오즈를 기준으로 한다는 점을 기억할 필요가 있다. 이에, 다른 모든 것이 동일하다면, 두 남학생들 간의 연결관계의 오즈와 두 여학생들 간의 오즈는 동일(오즈비=1)한 반면, 남학생과 여학생 간의 연결관계에 대한 오즈는 같은 성별 내의 연결관계에 대한 오즈의 37%에 불과하다. 여기서 "다른 모든 것이 동일하다면(all other things being equal)"이라는 문구는 비교된 두 연결관계들을 둘러싼 주변의 연결관계들이 동일하다는 것을 의미하는데 물론 실제 데이터에서는 발생하기 힘든 상황이다. 하지만, 오즈비 분석은 데이터의 내생적 네트워크 효과를 넘어 속성변수의 효과에 대한 이해를 돕는다.

방향성 있는 모형에 대한 오즈비 계산도 위와 같지만, 속성을 지닌 노드들을 송신자와 수신자로 구분해야 한다는 점에서 다르다. 〈표 8.2〉에서 보듯, 모형이 이진형 속성을 지닌 세 개의 단일 아크 효과들을 포함하고 있다고 하자. 여기서 θ_s, θ_r 그리고 θ_h은 각각 송신자 모수, 수신자 모수, 그리고 유유상종 모수에 대한 추정치에 해당한다. 다시 여기서 $y_i=y_j=0$인 경우를 기준으로 상정하자. 그러면 속성을 지닌 노드가 속성을 지니지 않은 노드에게 연결선을 내보내는 오즈비는 $\exp(\theta_s)$이 된다. 속성을 지니지 않은 노드가 속성을 지닌 노드에게 연결선을 내보내는 오즈비는 $\exp(\theta_r)$이 된다. 그리고 속성을 지닌 노드들 간의 연결관계에 대한 오즈비는 $\exp(\theta_s+\theta_r+\theta_h)$이 된다.

로지스틱 회귀분석에서와 같이 연속형 속성의 높고 낮은 점수(예컨대, 평균값 위아래로 각각 1표준편차씩 떨어진 점수 또는 최소값과 최대값)에 대해 해석적 결정을 내리는 것이 가능하다. 이에 따라 기준값으로 낮은 점수를 받은 두 개의 노드를 선택하여 이들을 다른 속성 패턴들을 나타내는 노드들과 오즈비를 사용하여 비교할 수 있다.

8.3. 양자 공변량

ERGM에서 양자 공변량을 사용하는 것은 상대적으로 간단하다. 〈표 8.3〉에서 "동반(entrainment)" 효과를 제시했는데, 방향성 있는 네트워크와 방향성 없는 네트워크 둘 다에 대한 관련 연관성을 다루고 있다. 예컨대, 연구 문제 중 하나로 같은 부서에 속한 사람들이 서로 조언관계를 형성할 가능성이 더 높은지에 대해 연구해볼 수 있다. 여기서, "같은 부서"는 양자 공변량에 해당한다. 연속형 양자 공변량은 두 사람이 같은 프로젝트에 대해 함께 일한 시간이 될 것이다.

만약 양자 공변량이 별도의 네트워크이고 단순 통제변수 이상으로 이에 관심이 있다면, 이 효과들을 이변량(bivariate) ERGM을 사용하여 10장에서 설명한 바와 같이 두 네트워크를 동시에 모형화하여 확장하는 것이 가능하다. 물론, 양자 공변량이 별도의 다른 네트워크가 아니라 그 자체로 복잡한 개념화를 포함하기도 한다. 그 예로 양자 공변량이 지리적 공간으로부터 추출된 경우를 들 수 있으며, 이에 대해서는 곧 설명할 예정이다. (i는 j와 친구이며, j는 k와 친구이며, 따라서 i는 k를 신뢰하는 것과 같이 여러 네트워크에 대해 다양한 삼자관계 효과들을 살펴보는 것도 10장에서 설명한 것처럼 가능하다.)

〈표 8.3〉 ERGM에 대한 양자 공변량 연결관계 유형

연결관계 유형	통계량	모수
방향성 없는 네트워크 ⊂ ⚬- - -⚬	$\sum_{i,j} w_{ij} x_{ij}$	동반(공변량 엣지)
방향성 있는 네트워크 ⊂ ⚬- - -▶⚬	$\sum_{i,j} w_{ij} x_{ij}$	동반(공변량 아크)

8.4. 공간지리적 효과

주지하다시피 두 개인 간의 연결관계의 존재는 해당 개인들의 지리적 위치상의 물리적 거리에 조건부 의존적일 수 있다. 네트워크의 공간적 배속은 행위자들 간의 단순 물리적 거리보다 더 복잡하며 연구자가 고려하고자 하는 많은 효과들이 있을 수 있다. 예를 들어, 특정 지역에서의 폐쇄성에 관심이 있을 수도 있고, 양자 간 물리적 거리 대신 중심점으로부터 거리를 연구할 수도 있으며, 자연적으로 존재하는 공간 장애물이나 가장 근접한 이웃들에 대해서만 고려할 수도 있는 등 다양하다.

개인들의 지리적 배열을 감안하도록 ERGM을 확장하기 위해, 각각의 개인이 물리적 공간에서 특정 위치를 점유한다고 가정해보자. 이 위치는 고정되어 있으며 특정 좌표 체계(예컨대 위도와 경도 좌표)에 입각하여 정의되어 있다. 전술한 지리적 공간과 사회적 공간 간의 상호작용을 ERGM에 포함할 수 있다. 하지만, 일단은 양자 간 거리에 대해 초점을 맞추고자 한다. 공간적 위치에 기반을 둔 채 네트워크 내에서 개인 간의 쌍들에 대해 모든 가능한 물리적 거리에 대한 연속형 거리 변수들을 추출할 수 있다. 이 형태에서 개인들 간의 지리적 배열은 쌍별 거리의 양자 공변량에 해당하지만, 이 접근을 활용하는 데에는 많은 어려움이 존재한다.

우선, 거리를 어떻게 측정할 것인가에 대한 판단이 필요하다. 개인 쌍 간의 거리는 다양한 방법으로 계산 가능한데, 서로 다른 맥락에 따라 서로 다른 측정법들을 적용할 수 있다. 유클리디언 거리는 2차원의 물리적 공간에서의 거리에 초점이 맞춰져 있을 때 널리 쓰인다. 구형 공간상의 거리(예컨대, 지구 표면)에 대해서는 관련[리만(Riemannian)] 아크 거리[4]도 계산해볼 수 있다.

---

4) 옮긴이 주: 독일 수학자 게오르그 프리드리히 베른하르트 리만(Georg Friedrich Bernhard Riemann)의 이름을 따서 붙여졌으며, 비유클리디언 거리로써 곡률을 고려하여 곡면 위 길이

두 번째로 어려운 점은 노드 i와 j에 대한 공간적 위치 간 거리는 연속형 측정값이기 때문에 이에 맞는 적절한 거리 상호작용 함수를 선택하는 것이다 (Besag, 1974; Robins, Elliot, & Pattison, 2001). 거리 상호작용 함수는 두 노드들 간의 네트워크 연결관계 형성 확률과 해당 노드들의 지리적 위치 간 거리 사이의 함수적 관계를 결정한다. 다양한 함수들을 고려할 수 있으며, 단순한 곡선-적합을 통해 적절한 함수 형태를 결정할 수 있다. 실제로 관심 있는 일부 특징들을 중심으로 한 모수 함수들에 주목하는 것이 유용하다. 버츠(Butts, 2012)는 네 개의 그러한 특징들을 정의했는데, (1) 단조적 대 비단조적 행위 특성, (2) 공간적 위치 간 거리가 원점에서의 연결관계 형성 확률로 모수화된 0과 같을 때의 함수 행위 특성, (3) 원점 근처에서 곡률로 모수화된 근거리에서의 함수 행위 특성, 그리고 (4) 꼬리 가중치(tail weight)로 모수화된 장거리에서의 함수 행위 특성이 이에 해당한다. 이런 특징들과 관련 모수 형태에 대해 더 자세한 설명이 필요하면 버츠의 연구를 살펴보기 바란다. 가장 널리 사용된 공간적 상호작용 함수군은 지수적 감쇠(exponential decay) $e^{-\alpha d}$와 역-멱 법칙 함수(inverse power law functions) $\frac{1}{1+\alpha d^\gamma}$ 이다(Butts, 2002; Daraganova et al., 2012; Kleinberg, 2000; Latané, 1996). 이런 함수들이 일반적인 모형 동작에서 유사할지라도, 장거리에서의 연결관계 형성 확률과 더 나아가 꼬리의 함수적 형태에서 차이를 보인다. 지수적 감쇠 함수에 대해 장거리에서의 연결관계 형성 확률은 특정 지점을 넘어서면 사실상 0에 가까워지는 데 비해, 멱법칙 함수에서는 장거리에서의 연결관계 형성 확률이 무시할 만한 수준은 아니다.

ERGM 접근이 갖는 어려움은 이러한 함수들을 지수족(exponential family) 함수의 형태로 변환해야 한다는 점이다. 지수적 감쇠 함수를 변환하는 것이 꽤 쉽다고 할지라도 감소하는 멱법칙 함수를 ERGM의 틀로 변형하게 되면 곡

를 구하는 방식이다.

선형 지수족 그래프 모형이 되며 비선형 모수에 대해 추정해야 한다.

다라가노바와 그의 동료들(Daraganova et al., 2012)은 노드 i와 j 간의 거리가 주어졌을 때 이들 간의 연결관계 형성 확률이 다른 연결관계들과 조건부 독립적인 간단한 사례를 들며, 이 사례에서 일반적인 역-멱법칙 함수를 거리의 자연 로그인 logd로 표현할 수 있음을 보여주었다. 더 복잡한 의존성 가정을 포함시킴으로써 연결관계 형성 확률과 거리 간의 관계를 달리 규정하는 것이 항상 가능하지만, 탐사적 목적에서 모든 모형에 대해 거리를 로그 변환하여 이를 ERGM에 양자 공변량으로 투입할 수 있다.

거리가 0인 경우와 거리가 극단값을 갖는 경우 모두 특별히 주의해야 하는데, 그 이유로 두 가지를 꼽을 수 있다. 첫째, 이런 거리값들은 모형 적합 시 불안정성을 야기할 수 있다. 둘째, 이론적 관점에서 서로 다른 과정은 서로 다른 규모로 작용하기에 공간지리적 효과는 매우 짧은 거리, 중간 거리, 그리고 매우 긴 거리에서 다르게 나타날 수 있다. 거리가 0인 경우와 극단값을 갖는 경우 이를 두 가지 방법으로 다룰 수 있다. 첫 번째 방법은 거리가 0인 값을 해당 데이터셋에서 가능한 가장 작은 거리값으로 변환하고(Preciado et al., 2012) 극단값을 갖는 거리는 무시하는 것이다(Daraganova et al., 2012). 다라가노바와 그의 동료들에 따르면, 거리 임계점 후에 불규칙한 간격으로 간헐적으로 연결관계가 형성되었는데, 이 연결관계들이 형성되는 비율이 거리에 대한 어떠한 의존성도 없는 것으로 나타났다. 따라서, 임계점보다 크지 않은 거리에 해당하는 관찰들에 대해서만 데이터를 적합시키는 것이 이론적으로 적절할 것으로 보인다. 두 번째 방법은 두 개의 더미 변수들로 0(또는 0의 근사값)과 극단값을 갖는 거리들을 나타내는 것이다.

따라서, 개인들 간의 지리적 배열을 고려하기 위해서는, 공간적 위치 간의 거리 측정 방법과 거리와 연결관계 형성 주변 확률을 연관 짓는 거리 상호작용 함수의 성질을 연구자가 정해야 한다. 이러한 연구자의 결정이 ERGM에서 양자 공변량으로 표현되는 쌍별 거리의 형태를 결정하므로 특히 중요하다.

8.5. 결론

행위자 속성 모수와 양자 공변량 모수를 모형에 포함시키는 것은 이들이 직접적인 연구 관심사에 해당하든 통제변수로서 필요하든 간에 ERGM에서 당연하고도 중요하다. 실증 데이터를 대상으로 ERGM 모형을 설정할 때 가능한 그리고 관련 있는 모든 행위자 또는 양자 정보를 모형에 모수화하여 투입해야만 한다.

9장
자기로지스틱 행위자 속성 모형

갈리나 다라가노바(Galina Daraganova)·개리 로빈스(Garry Robins)

9.1. 사회적 영향력 모형

지금까지 어떻게 특정 네트워크 구조가 내생적 네트워크 과정(클러스터링, 이행성, 인기도 등)과 외생적 노드 및 양자관계 요인(성별, 멤버십, 지리적 위치 등)의 산물인지에 대해 초점을 맞춰 설명했다. 이 장에서는 횡단적 네트워크 모형에 대해 다루고자 하는데, 네트워크 구조 모형화보다 어떻게 개인적 행위가 사회 네트워크에서의 위치와 네트워크에서의 다른 행위자들의 행위에 의해 제약을 받는지에 대해 설명하고자 한다. 이 목적을 위해, 네트워크 연결관계가 외생적임을 간주하고 행위자들의 행위를 모형화하고자 한다. 여기서 행위라는 용어는 관심의 대상이 되는 노드의 속성을 의미하지만 예를 들어 태도나 신념을 포함하기도 한다. 행위는 상태를 표현함을 전제로 하며 적어도 원칙적으로는 변화하기 쉽고 여러 번 바뀔 가능성이 있음을 전제로 한다. 하지만, 네트워크 연결관계는 외생변수로 간주되어 속성에 의해 변화하지 않는 것으로 본다. 이 장에서는, 이진형 속성변수들을 행위의 측정값으로 보며, 만약 변수의 값이 1일 경우 행위자가 해당 행위를 나타내거나 해당 행위가 그 행위자에게 존재한다는 점을 시사한다.

사회 네트워크에서 정보의 확산, 영향력의 행사, 그리고 질병의 확산과 같은 사회적 과정들은 네트워크 연결관계에 의해 많은 영향을 받기 때문에 사회 네트워크에 대해 아는 것이 중요하다. 개인적 행위의 결과와 네트워크 구조 간의 연관성의 본질을 살펴볼 수 있는 모형이 상대적으로 드물다. 사회적 영향력 과정을 모형화한 일반 네트워크 접근의 초기 사례로 공간 통계 관련 연구(Anselin, 1982, 1984; Cliff & Ord, 1973, 1981; Ord, 1975)에 기반을 둔 네트워크 자기상관 모형(Doreian, 1982, 1989, 1990; Doreian, Teuter, & Wang, 1984; Erbring & Young, 1979; Leenders, 2002)이 있다. 이 접근에서 네트워크 연결관계는 개별 변수들 간의 의존성을 반영한다. 네트워크를 매개로 한 사회적 영향력 이론은 명백히 역동적이지만 결정론적 관점을 지녔는데, 이 이론을 제안한 프리드킨(Friedkin, 1998)은 이를 사회 영향력의 구조 이론이라고 불렀다. 이 이론은 여러 사회심리학자들과 수학자들의 연구(DeGroot, 1974; Erbring & Young, 1979; French, 1956; Friedkin & Johnsen, 1997; Harary, 1959)에 기반을 둔다. 프리드킨에 따르면, 이 이론은 "대인 간 영향력 과정의 수학적 공식화이며, 대인 간 영향력은 집단 내에서 발생하고 이슈에 대한 개인의 태도와 의견에 영향을 미치며 초기 의견 불일치 상태에서 서로 간 또는 집단 내의 합의를 끌어내는 데에 작용한다"(2003: 89). 특히, 사회 영향력의 구조 이론은 일단의 행위자들이 사회 구조적 제약 조건 내에서 사람들 간 서로 충돌하는 영향력을 저울질하고 통합하는 과정을 설명한다. 이런 맥락에서 발렌티(Valente, 1995)는 여러 사회 구조들에 걸쳐서 발생한 혁신의 확산 과정을 모형화했다. 네트워크의 개인적 그리고 구조적 특징의 함수로서 개인의 지위를 모형화함으로써 네트워크 전염병학에서 전염병이 확산되는 과정에 대한 이해를 향상시켰다(Meyers, 2007; Sander et al., 2002).

이런 모형들은 영향력, 전염, 확산과 같은 사회 과정들을 설명하는데, 이런 사회 과정에서는 두 행위자 간의 연결관계가 상호의존적 행위자 속성을 수반하게 된다. 달리 말하면, 네트워크 구조는 속성/행위의 확산에 대해 설명하는 데에 도움을 준다. 이 모형들을 토대로 다양한 사회과학 분야에서 사회 네트워크에서의 확산 과정에 대한 중요한 실증적 연구가 이뤄졌다. 예를 들어 교육적 결정에서의 동료 효과에 대한 연구(Davies & Kandel, 1981; Epstein, 1983), 파리 코뮌(Paris Commune)에서의 동원 과정에 대한 연구(Gould, 1991), 그리고 학술지 중요도에 대한 사회학자들의 인식에 대한 연구(Burt & Doreian, 1982) 등이 있다. 영향력 과정은 경제학에서도 관심을 불러일으켰는데, 경제학에서는 이를 일반적으로 "동료 효과(peer effects)"라고 부른다(Durlauf, 2001; Jackson, 2008; Manski, 1993). 이 용어는 다양한 유형의 영향력 과정을 포괄하기 위해 명명되었는데 최근에는 네트워크 매개 영향력을 포함하기도 한다. 상기 모형들이 개인들의 속성과 그들의 사회 네트워크 간의 관계의 본질에 대해 연구하는 데에 크게 기여했지만, 앞으로는 ERGM의 분석틀을 활용하기를 권하는 바이다. ERGM의 경우 모형을 설정함에 있어서 유연성이 크기에 변수들 간의 다양한 의존성 유형을 분석할 수 있기 때문이다.

9.2. 행위자 속성 확산으로의 ERGM 확장

ERGM과 의존성 그래프의 논리를 반영해, 로빈스, 패티슨, 엘리엇(Robins, Pattison, & Elliott, 2001)은 사회 선택 모형과 차별화된 "사회 영향력 모형(social influence models)"이라는 자기로지스틱 행위자 속성 모형(이후 ALAAM)을 제안했다. 이 모형은 관계적 연결선들로 구성된 고정 네트워크에 걸쳐서 나타나는 속성의 분포를 모형화하는 데에 초점을 맞춘다. 사람들 간의 영향력을 모형화하기보다 개인들 간의 사회적 관계의 패턴이 공유된 의견 그리고/또는 유사한 행위와 어느 정도로 연관되어 있는지를 분석하고자 한다. 따라서 이 모형은 확산의 결과에 대한 이해를 향상시킨다.

이 모형에서 연구 관심사에 해당하는 속성은 개인 수준에서 측정된 확률적 종속변수로 간주되며, 네트워크 연결선 변수는 양자관계 수준에서 측정된 고정된 독립변수로 간주된다. 이 모형은 한 개인의 속성이 다른 사람들의 속성에 대해 잠재적으로 의존적이거나 다른 사람들의 속성에 영향을 미칠 가능성이 있다는 전제에서 출발한다(Durlauf, 2001).

무작위 변수들의 집합인 $Y=[Y_i](i=1, \cdots, n)$을 확률적 이진 속성 벡터라고 하자. 여기서 Y는 연구 관심사에 해당하는 속성 종속변수이다. 모든 가능한 속성 벡터의 공간은 Y로 표현된다. 확률적 속성 벡터 T의 실현은 $y=[y_i]$로 표현되며, 여기서 속성이 존재하면 $y_i=1$이고 그렇지 않으면 $y_i=0$이다. 기억을 상기시키기 위해 다시 언급하자면, 실현은 속성의 관찰된 벡터를 의미한다. 이전 장에서처럼, 네트워크 관계 변수들의 집합을 고정된 이진 행렬로 표현할 수 있는데, 여기서 $x_{ij}=1$은 연결관계가 존재할 때를, $x_{ij}=0$은 그렇지 않을 때를 나타낸다. 다른 공변량 속성 독립변수인 W도 있을 수 있는데, $w=[w_i]$로 표기하며 이진형이거나 연속형 변수일 수 있다.

네트워크 연결관계를 외생변수(즉, 독립변수)로 간주할 때, i의 속성이 네트워크 연결관계를 통해 i와 사회적 관계를 맺고 있는 행위자들의 속성과 연관이 있을 때 네트워크 기반 사회 영향력 효과를 추론할 수 있다. 즉, 속성이 존재할 확률은 행위자의 일부 지역 네트워크 인근에서의 속성 존재 여부에 달려 있다고 가정한다. i가 어떤 행위를 채택하게 되는 것은 오로지 네트워크 내에서의 i의 위치(예컨대, 다른 노드들보다 인기도나 활동성이 높다) 때문일 수도 있고 i의 다른 속성들 때문일 수도 있다. 이러한 여러 가능성들을 모형에 포함시킬 필요가 있다.

ERGM 접근을 일반화하면, 각각의 가능한 관찰에 대해 속성을 관찰할 확률을 다음과 같이 구체화할 수 있다.

$$\Pr(Y = y | X = x) = \frac{1}{\kappa(\theta_I)} exp(\sum_I \theta_I Z_I(y, x, w)) \qquad (9.1)$$

여기서 θ_I와 z_I는 속성 종속변수(y), 네트워크 변수(x), 그리고 공변량 변수 (w)들의 상호작용을 포함한 네트워크-속성 유형에 대한 모수와 통계량이다. 해당 유형의 사례는 이 장 후반부에 〈표 9.1〉과 〈표 9.3〉으로 제시했다.

식(9.1)은 주어진 그래프 x에서 n개의 노드들에 대한 벡터의 확률 분포를 나타낸다. 존재하는 다양한 연결관계 유형들의 상대 빈도와 모수값을 기반으로 구체적인 확률이 각각의 벡터에 할당된다. 모수값이 크고 양수일 경우, 부합하는 많은 연결관계 유형을 지닌 벡터는 관찰될 확률이 높지만, 모수값이 크고 음수일 경우, 해당 벡터는 관찰될 확률이 낮다. 제안된 모형은 일반 로지스틱 회귀분석이라면 감안하지 못했을, 관찰들 간의 네트워크 의존성을 감안한 상태에서 결과 변수 Y를 예측한다. 네트워크 연결관계를 통한 속성들 간의 의존성이 전제되지 않을 때, 자기로지스틱 행위자 속성 모형은 일반 로지스틱 회귀분석과 동일하다는 점을 강조하고자 한다.

로지스틱 회귀분석과의 비교는 모형의 조건부 형태를 고려하면 더 분명해진다. 6장에서 살펴본 것처럼 ERGM은 식(9.1)에서처럼 결합 형태로 또는 조건부 로그-오즈처럼 조건부 형태로 표현가능하다. 식(9.1)의 조건부 형태를 채택하여 여기서 설명한 대로 서로 다른 유형들을 토대로 연결관계 유형들을 분리해보면, 다음과 같다.

$$\log \frac{\Pr(Y_i = 1 | y_{-i}, x, w)}{\Pr(Y_i = 0 | y_{-i}, x, w)} = \theta_1 + \sum \theta_P z_P(x) + \sum \theta_I z_I(x, y) + \sum \theta_C z_C(w) + \sum \theta_{IC} z_{IC}(x, w)$$

여기서 θ_1은 절편항이며 일반 ERGM에서 연결선 모수와 유사하다. θ_P 모수 [P는 "위치(position)"]는 i의 네트워크 위치로부터 Y_i를 예측하며, 통계량 z_p는 노드 i를 포함한 네트워크 연결관계 유형과 관련이 있다. 이들을 "네트워크 위치(network position)" 효과라고 명명하고자 한다. 관련 사례들을 〈표 9.1〉에서 볼 수 있다. θ_1 모수들[I는 "영향력(influence)"을 뜻한다]은 i와 어떤 식으로든 연결되어 있는 다른 행위자 j의 Y 속성으로부터 Y_i를 예측한다. 통계량 z_I은 노드 i와 노드 j 그리고 이들의 연결관계를 포함한 네트워크 연결관계 유형과 관련이 있다. 이들을 "네트워크 속성(network attribute)" 효과라고 부르며, 〈표 9.2〉에서 관련 사례들을 살펴볼 수 있다. θ_C 모수[C는 "공변량(covariate)"]는 i의 공변량 속성으로부터 Y_i를 예측한다(〈표 9.3〉의 상단). θ_{IC} 모수들은 i와 어떤 식으로든 연결되어 있는 다른 행위자 j의 공변량으로부터 Y_i를 예측한다. 통계량 z_{IC}는 노드 i와 노드 j 그리고 이들의 연결관계를 포함한 네트워크 연결관계 유형과 관련이 있다. 이들을 "공변량(covariate)" 효과라고 부르며 〈표 9.3〉에서 그 사례들을 볼 수 있다.

만약 네트워크 내에서 확산이 발생하지 않는다면(즉, 관계 존재 여부가 무관하다면), $\theta_P = \theta_I = \theta_{IC} = 0$이며 모형은 θ_1과 θ_C을 회귀 계수로 하는 일반 로지스틱 회귀분석으로 돌아간다. 그러나, 어떤 형태로든 네트워크 효과가 존재한다면, 일반 로지스틱 회귀분석과는 꽤 상이한 모형이 된다. 이 경우, i의 속성적 지위를 예측할 때 속성변수 Y_i는 반응 변수로 간주될 뿐만 아니라 j의 속성적 지위를 예측할 때의 예측 변수로도 간주된다. 바로 이 부분이 이런 모형들의 자기로지스틱적 특성을 시사한다. 일반 로지스틱 회귀분석을 사용하면 통계 추정에 있어서 편향이 초래되며 부적절한 통계적 추론의 위험 또한 증대된다.

ALAAM은 다음과 같은 점에서 사회 네트워크의 ERGM과 차이가 있다. ERGM은 상호의존적 연결관계 변수 X_{ij}을 연결선 변수인 내생변수와 속성변수 또는 공간적(양자관계) 변수와 같은 외생변수의 함수로 표현하는 반면, ALAAM은 상호의존적 행위자 속성 Y_i를 연결선 변수인 외생변수 X_{ij}(그뿐만 아니라 원칙적으로 속성변수나 공간 공변량 같은 다른 외생변수들)의 함수로 표현한다. 달리 말하면, ERGM은 속성이 주어진 상태에서 연결선을 모형화하며, ALAAM은 연결선과 다른 속성들이 주어진 상태에서 속성을 모형화한다. 이 모형들이 서로 다른 설명변수와 반응변수를 가지고 있지만, 서로 간에 상호 의존적인 변수들에 대해서 모형화하며, 이 변수들이 다른 외생변수들에 대해 의존적일 수도 있다는 점에서 공통적이다. 이 두 모형에서 중요한 단계는 의존성이 모형에서 모수화된 연결관계 유형의 형태를 결정하기 때문에 의존성 가정을 적절하게 설정해야 한다는 점이다.

9.3. 의존성의 가능한 형태

이전 장들에서 강조한 것처럼, 변수들 간의 의존성 가정은 가능한 다양한 형태를 띠며 다양한 방식으로 네트워크 연결관계와 다른 속성들에 대해 의존적이라는 점을 가설화한다. 적절한 의존성 구조가 무엇인지 자명하지 않으며, 가장 그럴듯한 하나의 의존성 집합을 설정한다는 것이 쉬운 일은 아니다. 선행 연구에서 제시한 의존성 가정들을 아래에서 곧 설명할 예정이다 (Daraganova, 2009; Robins, Pattison, & Elliott, 2001). 의존성 가정이 특정 네트워크와 네트워크-속성 유형을 제약하는 과정에 대한 기술적 논의는 이 장의 범위를 넘어선다. 관심 있는 독자들은 로빈스, 패티슨, 그리고 엘리엇(Robins, Pattison, & Elliott, 2001)과 다라가노바(Daraganova, 2009)의 연구에서 어떻게 방향성 있는 비순환적 그래프(directed acyclic graph)와 일반 의존성 그래프로부터 네트워크 통계량을 추출하는지에 대한 설명을 찾아볼 수 있다. 이 장에서 설명하는 모수들과 효과들은 통계 추정 소프트웨어인 IPnet을 통해 적합시킬 수 있으며, IPnet은 PNet 웹사이트에서 다운로드할 수 있다.

9.3.1. 속성 독립성 가정

가장 단순한 의존성 가정은 속성의 독립성에 대한 가정이며(Robins, Pattison,

& Elliott, 2001), 이 가정에 따르면 두 개의 속성 Y_i와 Y_j는 서로 독립적이다. 이런 의존성 가정하에서 가능한 연결관계 유형은 단일 노드가 유일하다. 이 가정은 네트워크가 행위자들 간 속성의 확산에 영향을 미치지 못하기에 사회적 영향력 효과가 존재하지 않는다는 점을 내포한다. 이 가정이 바로 모든 일반 로지스틱 회귀 모형의 토대가 된다.

9.3.2. 네트워크 의존성 가정

연결선이 사람들 간의 연결을 나타내며 이 연결을 통해 영향력이 확산된다는 점을 감안할 때, 영향력이나 의존성이라는 개념을 단순화하여 개인들의 연결관계를 통해 모형화할 수 있다(Robins, Pattison, & Eliott, 2001). 네트워크 의존성의 가장 단순한 형태는 오로지 {i}∩{k, j}≠ϕ일 때만 속성변수 Y_i이 네트워크 연결선 X_{kj}에 대해 조건부 의존적임을 가정한다. 스타 유형(속성을 지닌 개인이 다른 개인들과 맺고 있는 연결선의 수)은 이런 의존성 가정으로부터 출발한 중요한 연결관계 유형이다.

네트워크에서 개인의 구조적 위치에 따른 역할은 개인의 연결선 수에 의해서뿐만 아니라 관계를 맺고 있는 상대들의 활동성 수준과 해당 개인이 이행적 관계(친구의 친구가 친구가 되는 관계)에 연관되어 있는지 여부에 의해 결정된다. 이런 형태의 의존성을 나타내기 위해, 속성변수 Y_i이 오로지 어떤 j에 대해 경로 길이 2(x_{ij}=1이며 x_{jk}=1)인 경우에만, 네트워크 연결선 X_{kj}에 대해 조건부 의존적임을 가정한다. 이 가정이 2-경로와 삼각관계 유형의 중요성을 시사하는데, 예를 들어, 메리가 특정 행위를 하느냐의 여부는 그녀가 다른 사람들과 관계를 맺고 있는지 여부, 이 사람들이 사회적으로 활동적인지 여부, 그리고 그녀가 이행적 관계에 연관되어 있는지 여부에 달려 있다. 이런 가정들 때문에 네트워크 의존성 모형이 등장했는데, 속성이 나타날 확률은 행위자 스타 유형, 행위자 2-경로 유형, 그리고 행위자 삼각관계 유형과 같은 서로 다른 구조적 특징들의 개수의 가중합에 비례한다. [〈표 9.1〉을 참고하기 바란다. 이 장에 있는 모든 표들은 식(9.1)의 결합 형태에 부합하는 방식으로 통계량을 나타냈기에 각각이 모든 i에 대한 합을 포함한다.]

이런 의존성 가정을 토대로 네트워크 위치 모수(앞에서 설명한 모형의 조건부 형태로의 θ_P)가 등장했다.

9.3.3. 네트워크-속성 의존성 가정

두 개의 속성변수들이 연결관계의 존재로 인해 조건부 의존적이라는 가정하에서, 더 흥미롭고 네트워크 관점에서 보다 현실적인 속성 간의 의존성 개념이 등장한다(Robins, Pattison, & Elliott, 2001).

가장 단순한 네트워크-속성 가정은 "직접적인 네트워크-속성 가정(direct network-attribute assumption)"인데, 이 가정은 두 개의 속성변수 Y_i와 Y_j이 오로지 연결선을 공유할 때에만($x_{ij}=1$) 그들이 조건부 의존적이라고 전제한다. 6장에서처럼, 이는 "부분 조건부 독립성 가정(partial conditional independence assumption)"에 해당하는데, 두 개의 속성변수들이 오로지 다른 변수들(이 경우에는 연결선 외생변수 x_{ij})이 특정 상태일 때에만 통계적으로 독립적이다. [더 자세한 내용은 다라가노바(Daraganova, 2009)를 참고하기 바란다.]

직접적인 네트워크-속성 가정을 통해 i의 속성과 i의 관계 상대의 속성들 간의 의존성을 모형화할 수 있다. 이런 의존성은 직접적인 전염 효과에 해당하는데, 연결되어 있는 사람들로부터 감염되는 것과 같은 이치이다. 이 가정은 엄격하게 양자관계 수준에서 미시적 수준의 사회 영향력 과정을 개념화하지만, 서로 영향을 주고받는 것이 항상 직접적인 면대면 의사소통을 요구하는 것은 아닐 수 있다. 친구들을 통해 간접적으로 영향을 받을 수도 있는데(Brock & Durlauf, 2002; Marsden & Friedkin, 1993), 친구들과의 전반적인 연결 패턴이 개인의 속성적 지위에 상당한 영향을 미칠 수도 있다. 예컨대, 다른 많은 사람들과 연결됨으로써 사회적으로 활동적인 친구들은 더 영향력이 있는 것으로 간주될 수 있으며 그들의 의견이 사회적으로 활동적이지 않은 친구들의 의견보다 더 가치 있는 것으로 여겨질 수도 있다. 이에 더하여, 친구의 지역 네트워크에서의 초기 속성 패턴은 각각의 개인이 영향받는 정도에 크게 영향을 미칠 수 있는데, 내 친구의 친구 또는 내 친구의 친구에 대한 정보를 통해 간접적으로 영향받을 수 있기 때문이다(Bian, 1997; Denrell & Mens, 2007; Mason, Conrey, & Smith, 2007). 예컨대, 사람들은 그들 친구의 친구들이 같은 속성을 가지면 해당 속성을 지닐 가능성이 더 높다. 이런 종류의 간접적 영향력 경로를 포착하기 위해, "간접적인 의존적 속성 가정(indirect dependent attribute assumption)"이 도입되었다(Daraganova, 2009). 어떤 두 개의 속성변수 Y_i와 Y_k는 오로지 연결관계가 경로 길이 2(어떤 j에 대해 $x_{ij}=1$와 $x_{jk}=1$)일 경우에만 조건부 의존적이다.

이 네트워크-속성 가정에 따라 속성 벡터의 확률이 노드와 연결선 변수들의 조합에 해당하는 특징들의 개수의 가중합과 비례하는 모형이 가능하다(〈표 9.2〉 참조). 이런 가정들을 토대로 네트워크-속성 모수(앞선 모형의 조건부 형태에서의 θ_1)가 탄생했다.

9.3.4. 공변량-의존성 가정

사회 네트워크에서의 ERGM처럼, 외생 요인(예컨대, 공간적 위치, 멤버십, 그리고 기타 개인적 속성들)을 독립변수로 모형에 포함시킬 수 있다. 가장 단순한 형태의 의존성 가정은 "공변량 의존성 가정(covariate dependence assumption)"인데, 행위자 속성이 동일한 행위자와 관련된 다른 공변량들에 대해 조건부 의존적임을 가정한다. 이 가정은 그 자체로 일반 로지스틱 회귀 모형과 동등한 모형을 생성하는데, 이 모형에서는 다수의 공변량이 하나의 변수를 예측한다.

때때로 다른 사람들의 특징뿐만 아니라 개인의 특징이 개인의 행동과 태도에 영향을 미치기도 한다. 예를 들어, 젊은 사람들이 일과 관련한 연결망이 많이 없다고 할 때, 특정 개인이 더 많은 젊은 사람들(이들의 취업 상태와 무관하게)과 연결된다면 그 개인은 고용되지 않을 확률이 더 높다. 이 가정을 구체적으로 모형화하기 위해 네트워크 공변량 의존성 가정을 사용할 수 있는데, 오로지 i와 j 간에 연결관계가 있을 때에만(즉, $x_{ij}=1$) 행위자 속성 Y_i는 다른 행위자 w_j의 공변량에 대해 조건부 의존적이다(〈표 9.3〉 참조). 이 가정을 통해 네트워크 공변량 모수(앞선 모형의 조건부 형태에서의 θ_C와 θ_{IC})가 탄생했다.

9.4. 다른 모형 설정과 해석

특정 의존성 가정은 모형에서 모수의 형태로 표현된 특정 네트워크-속성 유형이 속성의 조건부적 확률에 영향을 미친다는 점을 시사한다. 의존성 가정과의 관계를 이해하기 위해서는, 여러 의존성 가정들을 구성하는 요소들을 사용하여 (ERGM과 같은) 모형이 형성된다는 점에 주목할 필요가 있다. 이 섹션에서는 특정 의존성 가정에 의해 제약을 받는 연결관계 유형들의 네 가지 집합[즉, (1) 독립성 가정, (2) 네트워크 위치 효과, (3) 네트워크-속성 효과, (4) 공변량 효과]에 대해 다룬다. 이 가정들의 조합은 서로 다른 모형 설정을 가능케하며, 특정 연구 맥락에서는 일부 연결관계 유형이 다른 유형보다 더 흥미로울 수 있다. ALAAM의 장점은 일부 또는 모든 가정을 하나의 모형에 포함할 수 있고 동시에 검증할 수 있다는 점이다.

9.4.1. 독립성 모형

가장 단순한 독립적 속성 가정에 따르면, 모형은 하나의 가능한 연결관계 유형만 포함하는 것으로 제약되며, 이 모형의 모수는 속성이 존재할 기준 확률(즉, 절편항 또는 속성 빈도)을 나타낸다. 이 모형이 현실적으로 적절한 모형이 될 가능성이 낮고 어떠한 영향력/확산 효과도 포함하고 있지 않지만, 더 복잡한 모형을 비교해볼 수 있는 기준 확률 모형으로서 그 역할을 할 수 있다. 만약 다른 속성 측정값이 공변량 독립변수로 포함되어 있다면, 이 모형은 일반 로지스틱 회귀 모형이 된다.

9.4.2. 네트워크 위치 효과 모형

네트워크-의존성 가정은 〈표 9.1〉에 나타난 서로 다른 연결관계 유형의 집합을 결정한다. 여기에 제시된 모든 유형에서, 속성변수가 연결관계 유형 통계량에 포함된 노드와 관련이 있음을 검정색 노드로 표현한다. 예컨대, 행위자 활동성 유형에 대한 통계량 $\sum_i \sum_j y_i x_{ij}$은 다른 행위자들(흰색 노드)의 속성과 무관하게 주요 행위자(검정색 노드)의 속성과 그 행위자의 연결관계만을 포함한다.

이 가정들이 "네트워크 위치 효과(network position effects)"의 토대를 이루는데, 이 효과는 영향력이 어떤 속성적 지위를 지닌 특정인과의 상호작용을 통해서라기보다 네트워크 내에서 일반적인 수준의 상호작용 활동을 통해 발생한다고 본다.

만약 같은 형태의 연결관계 유형이 같은 모수들을 갖고 있다고 가정한다면, 이 모형은 〈표 9.1〉에서 나타난 바와 같이 다양한 연결관계 수의 함수로써 속성 벡터의 확률을 표현한 것이다. 따라서 이 모형을 통해 네트워크 내에서 어떤 지역 구조적 위치가 속성의 분포에 영향을 미치는가를 연구해볼 수 있다.

ERGM에서처럼, 서로 다른 통계량들을 0으로 설정하여 다양하게 모형을 형성할 수 있다. 파트너 2-스타나 그 이상뿐만 아니라 행위자 4-스타나 그 이

〈표 9.1〉 네트워크 위치 유형, 통계량, 그리고 모수

연결관계 유형	통계량	모수
	$\sum_i y_i$	속성 밀도
	$\sum_i y_i \sum_j x_{ij}$	행위자 활동성
	$\sum_i y_i \sum_{i<k} x_{ij} x_{ik}$	행위자 2-스타
	$\sum_i y_i \sum_{j<k<l} x_{ij} x_{ik} x_{il}$	행위자 3-스타
	$\sum_i y_i \binom{x_{i+}}{k}$	행위자 k-스타
	$\sum_i y_i \sum_{j,k} x_{ij} x_{jk}$	파트너 활동성 행위자 2-경로
	$\sum_i y_i \sum_i x_{ij} \binom{x_{j+}}{2}$	파트너 2-스타
	$\sum_i y_i \sum_j x_{ij} \binom{x_{j+}}{m}$	파트너 m-스타
	$\sum_i y_i \sum_{j<k} x_{ij} x_{ik} x_{jk}$	행위자 삼각관계

상에 해당하는 모수들의 경우 종종 0으로 설정되기도 한다. 상위수준 행위자/파트너 스타 모수들을 포함함으로써 개인의 사회 활동 수준의 파급 효과를 보다 정확하게 모형화할 수 있는 반면, 어느 정도 근사치만으로도 충분하다고 판단되면 하위수준 모수들만으로 모형을 설정하기도 한다.

행위자 활동성, 행위자 2-스타, 그리고 행위자 3-스타 모수는 행위자의 행동이 행위자가 관계를 맺고 있는 사람들(파트너)의 수에 의존적이라는 점을 나타낸다. 만약 행위자 활동성 모수가 양의 값을 지니면, 다수의 연결관계를 지닌 행위자가 해당 행위를 할 가능성이 더 높음을 의미한다. 행위자 2-스타와 3-스타 모수를 통해 파트너 수에 비선형적(예컨대, 회귀분석에서의 제곱항이나 세제곱항)으로 의존적인 현상도 모형화할 수 있다. 만약 행위자 2-스타가 양수이고 행위자 3-스타가 음수일 경우, 다수의 파트너를 지닌 행위자가 해

당 행위를 할 가능성이 더 높은 반면, 이 모수들의 상대적 효과 크기에 따라 많은 수의 네트워크 파트너를 지닌 행위자들에게는 이런 양상이 감소된 채 나타날 것이다. 행위자 2-경로와 행위자 삼각관계 유형을 포함함으로써 해당 행위가 네트워크 폐쇄와 연관되어 있는지 여부에 대해 추론할 수 있다. 만약 행위자 삼각관계 모수가 양수이고 행위자 2-스타 모수가 음수이면, 해당 행위가 네트워크의 군집화된 부분에서 더 많이 관찰될 수 있다는 근거가 된다.

9.4.3. 네트워크-속성 효과 모형

〈표 9.2〉에 중요한 네트워크-속성 연결관계 유형을 제시했다.

"파트너 속성(partner attribute)" 모수는 해당 행위를 하는 네트워크 파트너의 수를 의미하며 네트워크 전염 효과로 해석할 수 있다. 만약 이 모수가 값이 크고 양수라면, 가까이에 있는 네트워크 파트너가 해당 행위를 할 경우 그 행위가 발생할 확률이 높다.[1] "간접적 파트너 속성(indirect partner attribute)" 모수는 같은 행위를 보이는 행위자들 간의 구조적 등위성을 나타낸다. 이 모수의 양의 값은 두 행위자가 같은 사람들에게 연결되어 있을 때 해당 행위가 발생할 가능성이 더 높다는 점을 시사한다. 쉽게 설명하자면, 구조적으로 등위적인 행위자들이 속성을 공유하는 경향이 있다는 것이다. [보다 엄격한 구조

---

1) 보다 단순한 이징(Ising) 모형에서, 모수가 양수인지 음수인지에 따라 해당 모수를 각각 "두 사이트(site)의 상호작용" 및 "강자성(ferromagnetic)" 또는 "반강자성(antiferromagnetic)"으로 부른다(Besag, 1972; Cressie, 1993). {옮긴이 주: 이징 모형은 물리학자 에른스트 이징(Ernst Ising)의 이름을 따서 명명되었으며, 통계 역학의 상 전이와 임계 현상에서 다루는 모형이다. 이 모형은 자석 가열 후 자성을 잃는 현상을 자석을 이루는 입자들의 상호작용으로 이해하고자 만든 모형이다. 이 모형에서 입자는 스핀 성질을 갖고, 이는 입자가 시계 방향 혹은 반시계 방향으로 회전하는 성질이다. 이 모형은 강자성체를 위치가 고정되어 있는 자기 쌍극재자성 두 가지(+1, -1) 중 하나의 상태를 갖는 입재의 격자(lattice)로 나타내는데, 각 쌍극자는 +1 또는 -1인 이산 변수이며 격자 위에서 바로 옆에 있는 쌍극자와 상호작용한다.}

<表 9.2> 네트워크-속성 연결관계 유형, 통계량, 그리고 모수

연결관계 유형	통계량	모수
	$\sum_{i<j} y_i y_j x_{ij}$	파트너 속성
	$\sum_{i<k} y_i y_k \sum_j x_{ij} x_{jk}$	간접적 파트너 속성
	$\sum_{i,j} y_i y_j x_{ij} x_{j+}$	파트너 속성 활동
	$\sum_{i,j,k} y_i y_j y_k x_{ij} x_{jk}$	파트너-파트너 속성
	$\sum_{i,j,k} y_i y_j x_{ij} x_{ik} x_{jk}$	파트너 속성 삼각관계
	$\sum_{i,j,k} y_i y_j y_k x_{ij} x_{ik} x_{jk}$	파트너-파트너 속성 삼각관계

적 등위성 정의에 입각하여 이 부분을 쉽게 규명할 수 있다. 이론적 설명은 버트(Burt, 1987)를 참고하기 바란다.] "파트너 속성 활동성(partner attribute activity)" 모수는 해당 행위를 하는 네트워크 파트너의 사회적 활동성에 입각하여 해석할 수 있으며, "파트너-파트너 속성(partner-partner attribute)" 모수는 해당 행위를 하는 네트워크 파트너의 속성 자원에 입각하여 해석할 수 있다. "파트너 속성 삼각관계(partner attribute triangle)"는 구조적 등위성처럼 생각할 수도 있는데, 다만 [구조적으로 등위인 노드들 간의 연결관계를 요구하지 않는 "간접적 파트너 속성(indirect partner attribute)"과는 대조적으로] 동등한 노드들로 구성된 응집적인 블록 내에 존재한다. "파트너-파트너 속성 삼각관계(partner-partner attribute triangle)"는 양자관계보다 집단 수준에서의 전염을 다룬다.

9.4.4. 공변량 효과 모형

공변량 의존성 가정은 <표 9.3>에서처럼 효과들을 확장한다. <표 9.3>에서, 상자는 노드 또는 노드의 네트워크 파트너와 관련이 있을 수 있는 다른

<표 9.3> 공변량 효과 연결관계 유형, 통계량, 그리고 모수

연결관계 유형	통계량	모수
연속형 또는 이진형 외생 변인		
▣	$\sum_{i} y_i w_i$	속성 공변량
●—▢	$\sum_{i,j} y_i w_i x_{ij}$	파트너 공변량
범주형 외생 변인		
▣—▢	$\sum_{i,j} y_i x_{ij} I\{w_i = w_j\}$	동일 파트너 공변량

독립변수 속성을 나타낸다.

"속성 공변량(attribute covariate)" 모수는 모형에서 다른 개인 수준의 독립변수를 통제하며, 앞서 설명한 바와 같이, 네트워크 효과와 네트워크-속성 효과가 없을 경우 하나의 변수를 다수의 개별 공변량으로 설명하는 일반 로지스틱 회귀 모형과 동등한 모형에 해당한다. "파트너 공변량(partner covariate)" 모수를 통해 해당 행위와 연관되어 있을 가능성이 높은 네트워크 파트너의 특징들을 규명할 수 있다. 예컨대, 높은 수준의 불안감을 지닌 사람들과 연결되어 있는지 여부가, 이 사람들의 음주 행위와 무관하게, 개인의 음주 행위에 영향을 미치는지에 대해 살펴볼 수 있다.

"동일 파트너 공변량(same partner covariate)" 모수를 통해 범주형 공변량에서 같은 범주에 속한 네트워크 파트너를 지닌 개인이 해당 행위를 할 가능성이 더 높은지 여부에 대한 가설을 검정할 수 있다. 만약 예컨대 모수가 양의 값을 갖는다면, 자신과 같은 범주(집단, 조직, 또는 교육 수준)에 속한 네트워크 파트너가 많을수록 해당 행위를 할 가능성이 높다. 처음 두 모수들은 이진형과 연속형 공변량에 관한 것인 반면, 세 번째 모수는 범주형 공변량을 전제로 한다. (하지만, 물론 일반 ERGM에서처럼 공변량의 곱셈이나 차이의 절대값을 사용할 수도 있다.) 공간지리적 효과를 포함하여 연속형 양자관계 공변량 효과도 포함될 수 있지만 여기에서 설명하지는 않는다(8장 참조).

어떠한 특정 연구 맥락에서는, 일부 연결관계 유형이 다른 유형들보다 발생할 가능성이 더 높을 수 있다. 하지만, 상위수준 연결관계 유형에 대한 모수(예컨대, 삼자관계)를 포함한 모형일 경우 하위수준 연결관계 유형에 대한 모수(예컨대, 2-스타)도 모형에 포함하는 것이 도움이 될 때가 종종 있다 (Robins & Pattison, 2005). 이런 위계 모형을 통해 상위수준 효과가 하위수준 효과에 의해 설명될 수 있는지 여부 또는 그 자체로 독립적인 효과를 지니는지 여부를 규명할 수 있기 때문에 모수에 대한 해석을 용이하게 한다.

9.5. 결론

이 장에서 네트워크 구조에 대해 조건부 의존적인 노드들의 속성에 대한 모형을 설명했다. 일반적으로 이 모형들은 네트워크에서 클러스터를 형성하는 속성들을 규명하는 것을 목표로 한다. 여기서 속성은 행위, 태도, 또는 신념이 될 수 있다. ALAAM은 관찰들 간의 네트워크 의존성을 고려하면서 이런 결과들을 모형화한다. 원칙적으로 이 모형들은 개인들 간의 관계가 네트워크 연결관계, 물리적 근접성, 또는 공유된 멤버십의 형태로 표현되든 아니든 간에 개인들 간의 그 어떠한 가능한 관계로도 확장이 가능하다. 이진관계에서 계량관계로의 확장도 가능하다. 물론, 계량관계의 경우, 관계의 강도와 특정 속성을 관찰하게 될 확률 간의 함수 형태를 결정해야 한다. 공간상의 계량관계를 어떻게 모형에 포함할 수 있는지에 대해서는 18장에서 사례를 들어 설명하기로 한다.

이 장의 초점은 횡단 모형에 있지만, 종단 데이터를 통해 본질적으로 역동적인 사회 과정에 대해 더 많은 정보를 수집할 수 있다는 점을 강조한다. 이 장에서 다룬 모형들은 종단 분석틀로 확장 가능하며 이에 대해서는 11장에서 다룰 예정이다. 횡단 데이터로 사회적 선택과 사회적 영향력을 구분하는 데에는 한계가 있다. 물론 관심을 갖고 있는 사회 과정이 선택, 영향력, 또는 이 둘의 조합 중 어느 것이든지 간에 이론적으로 의미가 있어야 한다. 아울러, 시간의 흐름에 따라 네트워크와 행위 모두를 기록한 데이터를 통해 사회적 선택과 영향력의 결합된 역동성을 연구할 수 있다(Snijders, van de Bunt, & Steglich, 2010).

10장

ERGM의 확장

다중 네트워크와 이원모드 네트워크 모형

팽 왕(Peng Wang)

이전 장들에서는 단일변량 일원모드 네트워크 데이터에 대한 모형을 다루었다. 하지만 ERGM은 다른 관계 데이터 유형에도 적용이 가능하다. 이 장에서는 ERGM 설정을 (1) 두 네트워크에 대한 다변량 분석과 (2) 이원모드 네트워크로 확장하고자 한다. 이 두 종류의 모형들에 대한 모형 설정과 모수 해석에 대해서 논의할 예정이다.

10.1. 다중 네트워크(multiple network)[1]

사회 네트워크 분석은 한 종류의 네트워크에만 한정된 것이 아니라 주어진 노드 집합에서 하나 이상의 연결관계 종류가 함께 드러나는 경우가 종종 있다. 예를 들어, 조직 내의 구성원들 간에 친구관계와 조언관계가 함께 나타날

---

1) 옮긴이 주: 원서에서는 "multiple network"라고 표현했지만, 동일한 의미로 "multiplex network"라는 용어가 근래 더 널리 통용되고 있다.

수 있다. 이렇듯 다중 네트워크 관계일 경우, 어떻게 서로 다른 종류의 네트워크가 상호작용하는지 그리고 이런 상호작용이 각각의 네트워크 구조에 어떻게 영향을 미치는지에 대한 연구 문제를 다룰 수 있다. 예컨대, 친구들은 조직 내에서 서로에게 조언을 구하는지(옮긴이 주: 친구 네트워크와 조언 네트워크)와 같은 연구 문제를 해결할 수 있다. 이러한 다중 네트워크에 대한 통계 분석을 "다변량 네트워크 분석(multivariate network analysis)"이라고 부른다.

다중 네트워크에 대한 블록 모형(White, Boorman, & Breiger, 1976), 이차 할당 절차(Quadratic Assignment Procedures: QAP; Dekker, Krackhardt, & Snijders, 2007; Krackhardt, 1987), 네트워크 대수 모형(Pattison, 1993), 그리고 ERGM(Pattison & Wasserman, 1999)을 포함하여 다중 네트워크 분석 관련 여러 기법들이 개발된 바 있다. 이 장에서는 가장 단순한 형태의 다변량 ERGM 설정에 대해 설명하고자 하는데, 이 모형은 같은 노드 집합 내에서 두 종류의 연결관계로 형성된 네트워크에 대해 다룬다.

10.1.1. 두 개의 네트워크 분석을 위한 ERGM

6장에서 설명한 것처럼, 단일 네트워크 분석은 아래 ERGM의 일반식을 따른다.

$$P_\theta(x) = \frac{1}{\kappa(\theta)} exp\{\theta_1 z_1(x) + \theta_2 z_2(x) + ... + \theta_P z_P(x)\} \qquad (10.1)$$

여기서 x는 하나의 그래프에 대한 연결선 변수 [x_{ij}]의 집합을 나타낸다. 패티슨과 와써맨(Pattison & Wasserman, 1999)은 ERGM을 M개의 네트워크 집합이 n개의 노드 집합에 대해 정의되는 다변량 네트워크 분석으로 확장했다. 여기서 x는 연결선 변수들의 집합 (x_{ijm}, m∈M)이며 네트워크는 "n×n×M"의 인접 배열(array)로 표현할 수 있다. 방향성 있는 네트워크에서 네트워크 m의 노드 i에서 노드 j로 연결선이 나갈 때 $x_{ijm}=1$이 되며, 그렇지 않을 경우 $x_{ijm}=0$이 된다. 방향성이 없는 네트워크에서는 $x_{ijm}=x_{jim}$이 된다. 모형에 M개의 네트워크를 포함함으로써, 그래프 공간의 크기는 단일 네트워크의 경우보다 수 배더 크다. 형성 가능한 그래프의 수는 방향성 있는 네트워크의 경우 $2^{n(n-1)M}$, 방향성 없는 네트워크의 경우 $2^{n(n-1)M/2}$이다.

그래프 통계량 $z_k(x)$는 서로 다른 유형의 네트워크들의 연결관계 내/간에서 정의된다. 따라서, 단일 네트워크에 대한 ERGM의 그래프 통계량보다 더복잡할 가능성이 크며, 일반적으로 다음과 같은 식으로 표현된다.[2]

$$z_k(x) = \sum_{A \in A_k} \prod_{(i,j,m) \in A} x_{ijm} \qquad (10.2)$$

여기서 A_k는 연결관계 변수의 동형(isomorphic) 연결관계 유형 A의 집합이다.

단일 네트워크 분석에 대한 마르코프 가정과 사회 순환 의존성 가정에 입각해, 다중 네트워크에 대한 ERGM 모형을 도출할 수 있다. 다음 섹션에서는두 개의 네트워크를 모형화하는 가장 단순한 사례를 통해 ERGM 설정과 해석에 대해 살펴보고자 한다. 아래 설명하는 모형들은 XPNet 소프트웨어를 사용하여 적합시킬 수 있는데, XPNet은 PNet 웹사이트에서 다운로드할 수 있다.

10.1.2. 두 개의 네트워크에 대한 ERGM 설정

두 개의 네트워크 A와 B가 있다고 하자. 그리고 이 네트워크들의 연결선변수들을 x_{ijA}와 x_{ijB}의 형태로 표현하자. 모형 설정은 두 부분으로 나눌 수 있는데, 하나는 "네트워크 내 효과(within-network effects)"이며 다른 하나는 "네트워크 간 효과(cross-network effects)"이다. 전자는 그래프 연결관계 유형을

---

2) 옮긴이 주: 식(7.1)을 참고하기 바란다.

하나의 네트워크 연결선을 활용하여 정의하며, 후자는 두 개의 네트워크 연결선들을 포함한다. 두 네트워크 모형에 대한 네트워크 내 효과는 이전 장에서 설명한 것처럼 단일 네트워크의 네트워크 내 효과와 동일하기에, 각각의 네트워크에 대해 일련의 표준화된 그래프 내 통계량을 사용하면 된다. 일례로 방향성 없는 네트워크에 대한 베르누이 모형에서, 네트워크 A와 네트워크 B에 대한 네트워크 내 효과는 A와 B 둘 다에 대한 연결선 모수(앞으로 "EdgeA"와 "EdgeB"로 표기한다)를 포함하며, 각각 통계량 $z_{A, L}(x) = \sum_{i < j} x_{ij}A$와 $z_{B, L}(x) = \sum_{i < j} x_{ij}B$에 해당한다. 마르코프 또는 사회 순환 관련 네트워크 내 모수도 모형에 넣을 수 있다.

단일 네트워크 효과는 이미 이전 장에서 다루었기 때문에, 여기서는 네트워크 간 모수에 대해 살펴본다. 보다 구체적으로 동반, 교환, 네트워크 간 활동성과 인기도, 그리고 네트워크 간 군집화를 다룬다. 이 장에서 설명할 ERGM은 횡단 데이터를 바탕으로 하기 때문에, 네트워크 간 효과에 대한 해석 시 서로 다른 유형의 연결선에 대한 인과성을 추론할 수 없다. 즉, 어떤 네트워크에서 연결선이 존재하기 때문에 다른 네트워크에서 연결선이 반드시 형성되는 것은 아니다. 네트워크 간 모수의 통계적 유의성은 해당 모수와 관련한 특정 형태에 대해 두 개의 네트워크가 단순히 연관성을 지닌다는 것을 의미할 뿐이다. 한 종류의 연결선이 다른 종류의 연결선의 형성을 초래하는지 여부에 대해 알기 위해서는 종단 데이터가 필요하다.

동반과 교환 효과. 가장 기본적인 네트워크 간 효과는 양자 수준에서의 네트워크 A와 네트워크 B 간의 연관성에 대한 것이다. 방향성 없는 이진형 네트워크 모형은 두 개의 네트워크로부터 연결선 "공출현(co-occurrence)"에 대한 모수("EdgeAB")를 포함해야 하며 관련 통계량은 다음과 같다.

$$Z_{LAB}(x) = \sum_{i < j} x_{ijA} x_{ijB}$$

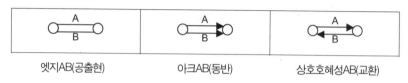

엣지AB(공출현)　　　　아크AB(동반)　　　　상호호혜성AB(교환)

이와 대조적으로, 방향성 있는 네트워크 모형에 대해서는 두 개의 양자 연결관계 유형이 있다(〈그림 10.1〉). "동반(entrainment)" 모수("ArcAB")는 두 개의 네트워크 연결선이 양자관계 내에서 같은 방향으로 향하는 정도(즉, 두 연결선이 모두 i에서 j로 향하는 정도)를 나타내는 반면, "교환(exchange)" 모수("ReciprocityAB")는 양자가 서로 다른 유형의 연결관계를 교환하는 정도(i에서 j로의 A와 j에서 i로의 B)를 나타낸다. 관련 통계량은 다음과 같이 계산 가능하다.

$$Z_{ArcAB}(x) = \sum_{i,j} x_{ijA} x_{ijB}, \quad Z_{ReciprocityAB}(x) = \sum_{i,j} x_{ijA} x_{jiB}$$

이러한 양자 네트워크 효과는 네트워크 연관성에 대한 기본 유형에 해당하며 이진 네트워크 모형에 항상 포함되어야만 한다. 이 모수들을 포함시키는 것만으로도 많은 경우에 있어서 네트워크 간의 연관성을 모형화하는 데에 충분할 것이다. 예컨대, 방향성 없는 네트워크 A와 B의 경우, A와 B 각각에 대한 연결선, 교호 스타, 그리고 교호 삼각관계 모수(즉, 사회 순환 네트워크 내 모수)들과 더불어 공출현 모수(EdgeAB)를 모형에 포함할 수 있다.

네트워크 간 효과가 없는 두 개의 네트워크를 다루는 ERGM은 두 개의 독립적인 단일 네트워크 ERGM과 동등하다. 네트워크 간 연결관계 유형을 포함함으로써, 네트워크 간의 의존성을 검증할 수 있다. 이러한 연결관계 유형을 포함하거나 포함하지 않은 모형들을 비교함으로써 매우 다른 네트워크 내 효과를 도출할 수 있다. 그 이유는 강한 네트워크 내 효과를 네트워크 간 효과가 설명할 가능성이 있기 때문이다. 예컨대, A에서의 삼각관계화가 B에서의 강한 삼각관계화와 A와 B의 공출현 경향에 기인한 것일 수 있다.

네트워크 간 **활동성과 인기도 효과.** 네트워크 간 연관성에 대해 보다 섬세한 이해가 필요하다면, 추가 효과들을 고려해봄 직하다. 네트워크 간 마르코프 활동성과 인기도 효과는 두 개의 네트워크를 포함한 다양한 크기의 스타들로 나타낼 수 있다. 〈그림 10.2〉는 방향성 있는 네트워크와 방향성 없는 네트워크 간의 2-스타 연결관계 유형을 나타낸다.

방향성 없는 네트워크의 경우, 2-스타-AB 모수는 서로 다른 파트너와 두 종류의 연결관계를 맺을 가능성이 어느 정도인지를 나타낸다. 방향성 있는 네트워크의 경우, 2-내향-스타-AB와 2-외향-스타-AB 그리고 2-경로-AB와 2-경로-BA 모수들을 정의할 수 있다. 각각은 서로 다른 로컬 과정을 나타낸다. 2-내향-스타 모수와 2-외향-스타 모수는 노드들이 서로 다른 종류의 연결선을 보내고 받는 경향을 설명한다. 2-경로 모수는 한 종류의 연결선을 받는 노드들이 다른 종류의 연결선을 보내는 경향을 나타낸다.

〈그림 10.2〉 네트워크 간 2-스타 효과

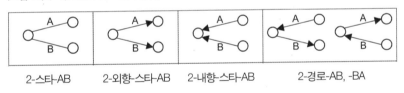

| 2-스타-AB | 2-외향-스타-AB | 2-내향-스타-AB | 2-경로-AB, -BA |

네트워크 간 **군집 효과.** 네트워크 간 군집 효과는 방향성 없는 네트워크에 대해 〈그림 10.3〉에 표현한 것처럼 마르코프 삼각관계 유형으로 나타낼 수 있다. 여기서 삼각관계는 하나의 네트워크로부터 두 개의 연결선을 그리고 다른 하나의 네트워크로부터는 하나의 연결선을 갖는다.

관련 사례로 적 네트워크(A)와 친구 네트워크(B)를 살펴보면, "삼각관계-AAB" 유형은 공동의 적을 갖고 있는 노드 쌍들 간의 친구관계를 나타낸다. "삼각관계-AAB" 모수 추청치가 양수일 경우 적의 적은 친구임을 시사한다. 방향성 있는 네트워크의 경우, 가능한 삼각관계 유형의 수는 상당히 증가한다.

〈그림 10.3〉 네트워크 간 삼각관계 효과

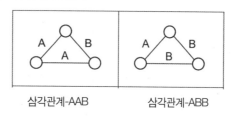

삼각관계-AAB   삼각관계-ABB

사회 순환 효과. 이러한 네트워크 간 효과를 사회 순환 의존성 가정을 토대로 확장할 수 있으며 두 네트워크로부터의 연결선들로 형성된 교호 스타, 교호 삼각관계, 그리고 교호 2-경로 등을 모형에 포함할 수 있다. (〈그림 10.4〉에 몇 가지 사례가 있다.)

〈그림 10.4〉 네트워크 간 사회 순환 효과

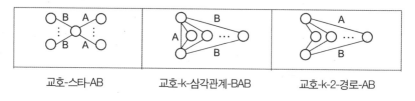

교호-스타-AB   교호-k-삼각관계-BAB   교호-k-2-경로-AB

행위자 속성을 지닌 다변량 모형. 8장에서 설명한 것과 같은 방식으로 다변량 사회 선택 모형을 형성하기 위해 다변량 네트워크 분석에서 행위자 속성을 공변량으로 포함할 수 있다.

따라서 그래프 통계량은 네트워크 연결선과 행위자 속성 둘 다의 함수이다. 네트워크는 방향성이 있을 수도 없을 수도 있으며, 행위자 속성은 이진형, 연속형, 또는 범주형일 수 있다. 〈그림 10.5〉에 방향성 있는 동반 속성 효과의 사례들을 제시했다. 여기서 ArcAB 효과는 [Attr]로 명명된 속성과 결합되어 있다.

〈그림 10.5〉 네트워크 간 양자 속성 효과

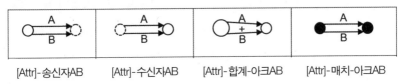

| [Attr]-송신자AB | [Attr]-수신자AB | [Attr]-합계-아크AB | [Attr]-매치-아크AB |

[Attr]-송신자AB([Attr]-SenderAB) 효과는 속성을 지닌 노드들이 두 네트워크에서 동반된 연결선들을 다른 사람들에게 내보내는지 여부를 다룬다. [Attr]-수신자AB([Attr]-ReceiverAB) 효과도 연결선을 받는다는 점만 다를 뿐 이와 동일하다. 연속형 속성 효과인 [Attr]-합계-아크AB([Attr]-Sum-ArcAB)는 행위자 쌍들 중 속성을 합한 값이 더 큰 쌍들이 동반 연결선을 형성하는 경향이 있는지 여부를 다룬다. Y_i가 노드 i의 연속형 속성을 나타낸다고 할 때, 다음과 같이 표현할 수 있다.

$$Z_{A\,Sum\,Arc\,AB}(x) = \sum_{i,j} x_{ijA} x_{ijB} (y_i + y_j)$$

범주형 속성 효과 [Attr]-매치-아크AB는 같은 범주에 속한 노드들이 동반 연결선을 형성하는지 여부를 검증한다. [Attr]-매치-아크AB 통계량은 다음과 같이 나타낼 수 있다.

$$Z_{A\,Match\,Arc\,AB}(x) = \sum_{i,j} x_{ijA} x_{ijB} I(y_i = y_j)$$

여기서 $I(a)$는 지시 함수(indicator function)로 괄호 안의 내용이 맞으면 1, 틀리면 0의 값을 갖는다.

그래프 공간의 크기와 그래프 통계의 복잡성의 증가는 다중 네트워크들을 모형화하는 데에 어려움을 낳는다. 단일 네트워크로 형성된 모형과 비교하면, 다변량 ERGM은 통상 더 많은 수의 모수들을 포함하며 모형이 수렴하기 위해 소요되는 모수 추정 시간이 더 길다(12장 참조). 이에, 네트워크 내에 적용되는 일반 사회 순환 모형 설정과 네트워크 간 단순 양자관계 동반 모수와 교환 모수로부터 모형화를 시작하기를 제안하는 바이다. 일단 이러한 단순 네트워크 간 효과를 지닌 적절한 모형을 구해본 뒤에, 더 정교한 네트워크 간 연관성을 모형에 포함할지 여부를 연구자가 판단해보면 된다. 때때로 단일변량 모형들을 각각의 네트워크에 개별적으로 적합시켜보는 것도 도움이 되며, 이 과정을 통해 도출된 주요 효과들을 두 개의 네트워크들을 합친 이변량 모형에 넣는 것을 고려해볼 수 있다.

16장에서는 조직의 맥락에서 도출된 다변량 네트워크 분석 사례를 살펴본다.

10.2. 이원모드 네트워크(bipartite network)

이원모드 네트워크는 두 개의 노드 집합으로 구성되며, 연결선은 이 두 개의 노드 집합 내에서 정의되는 것이 아니라 노드 집합 간에서만 정의된다. 브라이거(Breiger, 1974)는 이런 네트워크를 "사람들과 집단들 간의 이중성(the duality of persons and groups)"으로 설명한 바 있는데, 두 개의 노드 집합에 속한 노드들 간의 상호 구성적인 관계를 시사한다. 대응 분석(correspondence analysis)(Faust, 2005), 블록 모형(blockmodels)(Doreian, Batagelj, & Ferligoj, 2004), 그리고 ERGMs(Pattison & Robins, 2004; Skvoretz & Faust, 1999; Wang, Sharpe, Robins, & Pattison, 2009; Agneessens, Roose, & Waege, 2004의 일부 사회 선택 모형; Agneessens & Roose, 2008)과 같이 이원모드 네트워크를 분석할 수 있는 여러 기법들이 있다. 이 장에서는 이원모드 네트워크의 특별한 특징들과 왕, 샤프, 로빈스, 그리고 패티슨(Wang, Sharpe, Robins, & Pattison, 2009)의 모형 설정에 대해 살펴보고, BPNet 소프트웨어(Wang, Robins, & Pattison, 2009)에서

시행된 바 있는 일부 사회 선택 모형 설정에 대해 소개한다.

10.2.1. 이원모드 네트워크와 그 특징

이원모드 네트워크가 A집합에 속한 n개의 노드와 P집합에 속한 m개의 노드로 형성되었을 경우 (n, m) 이원모드 네트워크로 표현한다. 〈그림 10.6〉은 (5, 6) 이원모드 네트워크 사례이며, A집합에 속한 노드는 네모로, P집합에 속한 노드는 동그라미로 나타냈다.

이원모드 그래프에 대한 ERGMs은 식(6.1)과 동일한 일반적 형태를 갖는다. 하지만, 네트워크가 (옮긴이 주: n×n 또는 m×m의 정사각형 행렬로 표현되는 일원모드 네트워크와 달리) n×m의 직사각형 행렬로 표현되며, 노드 i와 j 간의 연결선이 존재하면 해당 행렬 칸에 1(x_{ij}=1)이, 존재하지 않으면 0(x_{ij}=0)이 표시된다. (n, m) 이원모드 그래프 공간은 2^{nm}의 크기를 지니며, 그래프 통계량은 이 책의 앞부분에서 소개한 연결선 변수 의존성 가정을 토대로 정의된다.

이원모드 네트워크가 두 개의 노드 집합 간의 연결선으로만 정의되기 때문에, 홀수 사이클을 포함한 연결관계 유형은 존재하지 않는다. 일원모드 네트워크의 네트워크 폐쇄와 삼각관계화에 대한 전통적 정의는 이원모드 네트워

〈그림 10.6〉 (5, 6) 이원모드 네트워크

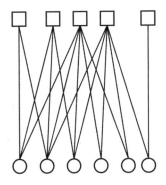

크에서는 적용할 수 없다. 이원모드 네트워크의 폐쇄성 정도를 측정하기 위해 여러 학자들(Opsahl, 2009; Robins & Alexander, 2004; Skvoretz & Agneessens, 2009)이 군집 계수들을 제안한 바 있다. 예컨대, 로빈스와 알렉산더(Robins & Alexander, 2004)의 군집 계수 $C(x)$는 가장 작은 규모의 이원모드 폐쇄 구조인 4-사이클(C_4)을 형성하기 위해 다른 연결선에 의해 닫혀진 3-경로(L_3)의 비율을 측정한다. 해당 계수는 4-사이클 수와 3-경로 수 간의 비율로 계산하며, 계수값이 0과 1 사이에 놓이도록 하기 위해 4를 곱한다.

$$C(x) = \frac{4\,C_4(x)}{L_3(x)}$$

노드 집합 A에서 노드 i와 k 쌍 간의 2-경로 수는 $t_A(i, k, x) = \sum_j x_{ij}x_{kj}$이며, A에 속한 노드 i의 연결정도 값은 $x_{i+} = \sum_j x_{ij}$이다. 4-사이클 수와 3-경로 수는 〈그림 10.7〉에서 보는 바와 같이 각각 $z_{C4}(x) = \sum_{i<k}\binom{t_A(i,k,x)}{2}$[3]와 $z_{L3}(x) = \sum_{i<k} t_A(i, k, x)(x_{i+}+x_{k+}-2)$[4]로 계산할 수 있다.

〈그림 10.7〉 이원모드 3-경로와 4-사이클

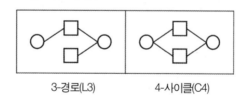

3-경로(L3)　　　　4-사이클(C4)

---

3) 옮긴이 주: 이 식에서 2인 이유는 4-사이클이 2-경로 두 개를 합친 것과 같기 때문이다.
4) 옮긴이 주: 이 식에서 -2인 이유는 x_{ik}와 x_{ki}를 노드 i와 노드 k 연결정도에서 제하기 위해서이다.

10.2.2. 이원모드 네트워크에 대한 ERGM 설정

이원모드 네트워크의 특징들을 감안하여, 일원모드 네트워크에 적용된 다양한 의존성 가정들을 기반으로 특별한 ERGM 설정 집합을 만들었다.

베르누이 모형. (n, m) 이원모드 네트워크의 가장 단순한 ERGM은 베르누이 모형으로 이 모형에서 연결선 변수는 조건부 의존적이다. 베르누이 모형은 하나의 연결선 모수 θ_L를 포함하며 그 통계량은 $z_L(x)=\sum_{i,j}x_{ij}$로 구할 수 있다. 여기서 x는 연결선의 수(L)이다. 이원모드 네트워크의 밀도는 $d(x)=z_L(x)/nm$이다. 베르누이 모형의 경우, θ_L의 최대 우도 추정치는 $\hat{\theta}_L=\log d(x)-\log[1-d(x)]$로 구할 수 있다.

마르코프 모형. 마르코프 의존성 가정을 토대로, 공동의 노드를 가지고 있지 않는 한 두 개의 연결선 변수들이 조건부 독립적일 때, 당초 스크보레츠와 파우스트(Skvoretz & Faust, 1999)가 제안한 것처럼 네트워크 활동성을 나타내는 다양한 크기의 스타 유형(k-스타)을 ERGM 설정에 넣을 수 있다. k-스타의 두 유형은 〈그림 10.8〉에서 보는 바와 같이 S_{Ak}와 S_{Pk}로 명명할 수 있다. 스타의

〈그림 10.8〉 이원모드 스타 연결관계 유형

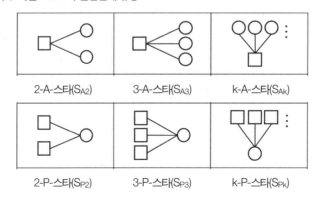

2-A-스타(S_{A2}) 3-A-스타(S_{A3}) k-A-스타(S_{Ak})

2-P-스타(S_{P2}) 3-P-스타(S_{P3}) k-P-스타(S_{Pk})

수인 S_{Ak}은 $z_{SAk}(x) = \sum_i \binom{x_{i+}}{k}$ 로 계산한다.

왕, 샤프, 로빈스, 패티슨(Wang, Sharpe, Robins, & Pattison, 2009)의 시뮬레이션에 따르면 연결선과 k-스타 모수로만 이뤄진 ERGM 설정에서는 6장(〈그림 6.5〉와 〈그림 6.6〉 참조)에서 다룬 마르코프 모형의 상 전이와 같은 현상이 빈번히 나타날 수 있다. 이런 모형들에 대해 대부분의 모수값들은 빈 그래프(empty graph)나 완전 그래프(complete graph)[5]에 가까운 그래프 분포를 생성한다. 6장에서 살펴본 것처럼, 일원모드 네트워크의 경우, 스나이더와 그의 동료들(Snijders et al., 2006)이 도입한 연결정도 분포에 대한 기하학적 가중, 즉 교호 스타 모수들을 통해 이러한 문제들을 완화시킬 수 있다. 왕, 샤프, 로빈스, 및 패티슨(Wang, Sharpe, Robins, & Pattison, 2009)은 이원모드 네트워크에도 이와 같은 방법을 적용하여 두 종류의 교호 k-스타인 KSA와 KSP를 제안했다. 교호 k-스타는 연결정도 분포의 분산을 측정하는데, 모수가 큰 양의 값을 가질 경우 이원모드 그래프가 어느 한 유형의 연결정도가 높은 소수 노드들을 중심으로 집중화되어 있음을 시사한다. KSA를 예로 들면, 교호 k-스타 통계량은 다음과 같이 계산할 수 있다.

$$z_{KSA}(x,\lambda) = \sum_{k=2}^{m} (-1)^k \frac{Z_{SAk}(x)}{\lambda^{k-2}} \text{[6]}$$

이에 더하여, 마르코프 모형은 이원모드 네트워크에서 4-사이클과 같은 군집화 효과를 발견하지 못한다. 마르코프 모형보다 사회 순환 모형이 이원모드 네트워크에서의 군집화 효과를 모형화하는 데 더 적합하다.

---

5)　옮긴이 주: 그래프에서 모든 연결선들이 존재하고 그로 인해 모든 노드들이 인접할 경우, 이를 완전 그래프라고 부른다. 완전 그래프에서는 노드들 간 연결 가능한 모든 연결선들이 존재하기 때문에 네트워크 밀도가 1이 되며, n개의 모든 노드들의 연결정도 중심성이 n-1이 된다.

6)　옮긴이 주: 식(6.5)를 참조하기 바란다.

실현 의존성 모형. 6장에서 설명한 바와 같이, 실현 의존성 모형은 특정 주변 연결관계가 관찰될 경우 두 연결선 변수들은 의존적이 된다는 점을 설명한다. 이원모드 그래프 모형에서는 두 가지의 실현 의존성 가정을 사용하는데, 4-사이클(사회 순환) 가정과 3-경로 가정이 이에 해당하며 〈그림 10.9〉와 〈그림 10.10〉에서 각각 살펴볼 수 있다.

이원모드 네트워크에 대한 4-사이클 가정은 $x_{jk}=x_{il}=1$일 경우 사회 순환(4-사이클)의 부분이 되기에 연결선 변수 X_{ij}와 X_{kl}가 의존적임을 가정한다. 4-사이클 가정은 직관적인 의미를 갖는데, 클럽 멤버십 네트워크를 예로 들어 설명하고자 한다. 두 개의 서로 다른 클럽에 속한 두 명의 멤버(〈그림 10.9〉에서 클럽 k에 속한 j와 클럽 i에 속한 l)가 있는데, j가 클럽 i에 참여할 확률은 l이 클럽 k의 멤버일 경우 바뀔 가능성이 있다. (즉, l이 클럽 i에 대해 j에게 말할 수 있다). 다시 말하면, 변수 X_{ij}와 X_{kl}는 $x_{jk}=x_{il}=1$일 때마다 조건부 의존적이다. 4-사이클 가정에 따르면, 4-사이클 모수를 통해 이원모드 네트워크 폐쇄성을 규명할 수 있다. 4-사이클 가정은 다양한 크기의 2-경로 유형 또는 2-경로 분

〈그림 10.9〉 4-사이클 의존성 가정

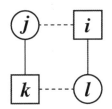

〈그림 10.10〉 3-경로 의존성 가정

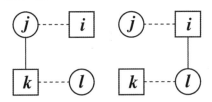

포도 내포한다. h-2-경로로 연결된 노드들의 쌍을 h-2-경로로 정의한다. 이원모드 네트워크에서 h-2-경로에 대한 해석은 비교적 명확하다. h-2-경로는 다른 유형[예컨대, 클럽(옮긴이 주)]의 h 공동 노드들에 대해 연결관계를 갖고 있는 같은 유형[예컨대, 클럽 멤버(옮긴이 주)]의 두 노드들을 시사한다. 예컨대, 두 사람이 h 공동 소속들을 가질 수 있다.

교호 형태를 2-경로 분포에 적용하여 〈그림 10.11〉에서 보는 바와 같이 두 개의 모수, 교호 A 사이클(K_{CA})과 교호 P 사이클(K_{CP})을 만들 수 있다. 왕, 샤프, 로빈스, 그리고 패티슨(Wang, Sharpe, Robins, & Pattison, 2009)을 참고하면, 이 모수들에 대한 세부 내용과 관련 통계량들을 계산하는 방법을 알 수 있다.

4-사이클 가정을 보다 일반화한 것이 3-경로 가정인데, 3-경로 가정에 따르면 두 개의 연결선 변수들 X_{ij}와 X_{kl}가 $x_{jk}=1$ 또는 $x_{il}=1$인 한 조건부 의존적이다. (즉, X_{ij}와 X_{kl}가 3-경로의 부분에 해당한다.) 3-경로 가정은 4-사이클 가정을 내포하지만, 그 반대의 경우는 성립하지 않는다. 3-경로 가정을 토대로, 3-경로 유형을 관련 통계량(L_3)과 함께 모형에 모수화할 수 있다.

〈그림 10.11〉 교호 2-경로

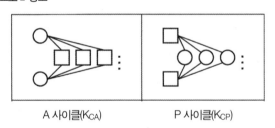

A 사이클(K_{CA})　　　　　P 사이클(K_{CP})

행위자 속성을 지닌 이원모드 모형. 사회 선택 모형을 형성하기 위해 이원모드 ERGM에 행위자 속성을 공변량으로 포함할 수 있다(8장 참조). 아그네센스 외(Agneessens et al., 2004)와 코스키넨 및 애드링(Koskinen & Edling, 2010)은 행위자 속성을 지닌 이원모드 그래프 관련 모형 설정을 제안한 바 있다. 이 섹션에서는 행위자 속성을 포함한 연결관계 유형들 중 (BPNet에서 분석한 것들을 중심으로) 몇 가지를 소개하고자 한다. 행위자 속성을 포함한 그래프 통계량은 속성(y)의 벡터값과 네트워크 연결관계(x) 둘 다를 기반으로 한다.

이원모드 모형에 대한 속성 효과는 두 가지로 나눠볼 수 있다. 첫째, 속성은 이진형, 연속형, 또는 범주형일 수 있기에 이 유형들을 토대로 세 가지의 서로 다른 효과들을 정의할 수 있다. 둘째, 이원모드 네트워크는 두 종류의 노드를 지니므로 노드 집합 내 또는 노드 집합 간의 효과로 나누어 살펴볼 수 있다. 이 효과들과 관련하여, A와 P 두 개의 노드 집합들을 지닌 이원모드 네트워크에 대해 행위자 속성 유형의 몇 가지 사례를 소개한다.

노드 집합 내 유형. 노드 집합 내 유형은 하나의 노드 집합으로부터의 속성값들을 고려한다. 노드 집합 A의 노드 속성(y)을 사용하여 다양한 유형의 모형을 설정할 수 있다. 노드 집합 P의 노드 속성에 기반을 둔 효과들을 비슷한 방법으로 추출할 수 있다.

양자 속성 활동성 효과는 이진형과 연속형 속성 모두에서 살펴볼 수 있다(〈그림 10.12〉 참조). 〈그림 10.12〉에서 이진형 속성을 지닌 노드는 1을 포함한 네모로 표현했고, (이진형보다) 더 큰 값을 지닌 연속형 속성의 노드는 더 큰 크기의 네모로 표현했다. 양의 모수값은 이진형 속성을 지니거나 더 큰 값의 연속형 속성을 지닌 노드들이 더 많은 연결선을 지니는 경향이 있음을 시사한다.

〈그림 10.12〉 속성 활동성 효과

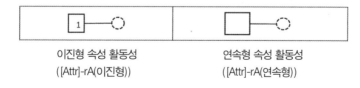

이진형 속성 활동성
([Attr]-rA(이진형))

연속형 속성 활동성
([Attr]-rA(연속형))

2-스타 수준에서 여러 연결관계 유형을 〈그림 10.13〉처럼 나타낼 수 있다. 2-스타 속성 효과를 2-경로의 중심에 있는 노드의 속성에 기반을 두고 정의

〈그림 10.13〉 2-스타 속성 효과

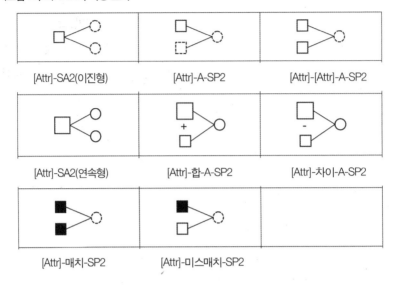

[Attr]-SA2(이진형)	[Attr]-A-SP2	[Attr]-[Attr]-A-SP2
[Attr]-SA2(연속형)	[Attr]-합-A-SP2	[Attr]-차이-A-SP2
[Attr]-매치-SP2	[Attr]-미스매치-SP2	

할 수 있다([Attr]-SA2). 이 경우 이진형과 연속형 속성 둘 다 적용해볼 수 있다. 2-스타 모수는 연결정도 분포에서 분산, 즉 네트워크 집중화 경향을 나타내기 때문에, 스타의 중심에 있는 노드에 대한 이진형 속성 2-스타 모수는 그 유형의 노드들을 둘러싼 보다 높은 집중화 경향을 나타낸다. 마찬가지로 연속형 속성에 대해 2-스타 모수는 해당 속성에 대한 값이 큰 노드들에 대해 보다 높은 집중화 경향이 존재함을 나타낸다. 예를 들어 노드 집합 A에 속한 노드들, 즉 개인들의 경우 성별을 이진형 속성으로 하여 남성을 1로, 여성을 0으로 표현하고, 연공서열을 연속형 속성으로 정하자. 통계적으로 유의한 양의 남성-SA2 효과는 남성의 경우 연결정도 분포에 있어서 분산이 더 크다는 점을 시사하기에, 남성 중에 매우 활동적인 사람들과 그렇지 않은 사람들이 있음을 알 수 있다. 따라서, 여성보다 남성의 경우에 네트워크 연결관계가 소수의 연결정도가 높은 노드들을 중심으로 더욱 집중화되어 있다. 마찬가지로, SEN-SA2[옮긴이 주: SEN은 연공서열(seniority)의 약자이다] 효과가 통계적으로

유의한 양의 값을 지닐 경우 연공서열이 더 높은 행위자들을 중심으로 네트워크 활동성이 보다 집중화되어 있음을 시사한다.

2-경로의 끝에 위치한 노드들의 이진형 속성을 통해, 특정 속성을 지닌 노드들이 같은 집합에 있는 다른 노드들과 파트너를 공유하는 경향에 대해 검정해볼 수 있다. 이 접근을 토대로 노드 집합 내에서의 유유상종에 대한 이원모드 버전을 생각해볼 수 있는데, 예컨대 속성을 공유하는 개인들은 같은 조직과 관계를 맺는 경향이 있을 수 있다. (여기서 A 노드는 개인을, P 노드는 조직을 의미한다.) 성별을 다시 예로 들면, 남성-A-SP2 효과는 남성들이 더 인기 있는 조직과 관계를 맺는 경향이 있는지 여부를 검정하며, 남성-남성-A-SP2 효과는 남성들이 같은 조직과 관계를 맺는 경향이 있는지 여부를 검정한다. 일원모드 네트워크는 유유상종이 양자 수준에서 설정되는 반면, 이원모드 버전에서 유유상종은 세 개의 노드들을 포함한다는 점에 주목하기 바란다.

2-경로의 끝에 위치한 노드들의 연속형 속성과 관련하여, 일원모드의 사회선택 모형의 경우(8장의 〈표 8.1〉 참조)와 마찬가지로 총합 효과([Attr]-Sum-A-SP2)와 절대적 차이 효과([Attr]-Difference-A-SP2)를 살펴볼 수 있다. 예컨대, 연공서열 속성과 관련하여, SEN-합-A-SP2 모수가 통계적으로 유의한 양의 값을 가질 경우 연공서열을 합쳐서 더 높은 사람들이 같은 조직과 관계를 맺는 경향이 있다는 점을 시사한다. SEN-차이-A-SP2 모수가 통계적으로 유의한 음의 추정치를 가질 경우 연공서열이 유사한 노드들이 같은 조직과 관계를 맺는 경향이 있음을 의미한다.

범주형 속성과 관련하여, [Attr]-매치(Match)-SP2와 [Attr]-미스매치(Mismatch)-SP2 효과를 통해 이원모드 유유상종을 분석해볼 수 있다. 다시 말해, 같은 또는 상이한 범주에 속하는 한 쌍의 노드들이 같은 조직과 관계를 맺는 경향이 있는지를 살펴볼 수 있다.

4-사이클 수준에서, 같은 노드 집합에서 추출된 노드 쌍의 속성을 토대로 위에서 살펴본 것과 유사한 효과들을 정의할 수 있다(〈그림 10.14〉 참조).

<그림 10.14> 4-사이클 속성 효과

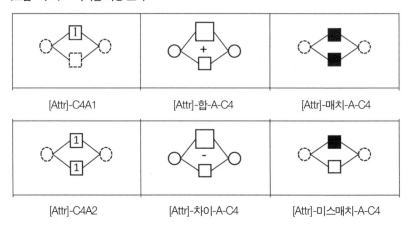

| [Attr]-C4A1 | [Attr]-합-A-C4 | [Attr]-매치-A-C4 |
| [Attr]-C4A2 | [Attr]-차이-A-C4 | [Attr]-미스매치-A-C4 |

이진형 속성 효과 [Attr]-C4A1은 A 유형의 노드가 네트워크 폐쇄와 관련된 가능성이 어느 정도인지를 측정한다. [Attr]-C4A2는 같은 속성을 지닌 노드들 간에 네트워크 폐쇄가 발생하는 경향을 나타낸다. 예컨대, 남성이 여성보다 같은 이사회에 소속될 가능성이 더 높다는 점을 보여주는 데에 이와 같은 효과를 사용할 수 있다(Koskinen & Edling, 2012).

연속형 속성을 지닌 4-사이클 구조와 관련하여, [Attr]-합-A-C4 효과는 더 높은 결합 속성값을 지닌 노드 쌍이 네트워크 폐쇄를 형성하는지 여부를 규명하는 반면, [Attr]-차이-A-C4 효과는 유사한 속성값을 지닌 노드 쌍이 네트워크 폐쇄에 포함될 가능성이 더 높은지 여부에 대해 검정한다. 예컨대, 연공서열을 연속형 속성으로 사용할 경우 SEN-차이-A-C4가 양의 값을 지니면 네트워크 폐쇄가 서로 다른 연공서열을 지닌 개인들 간에 발생할 가능성이 더 높음을 시사한다. 범주형 속성의 경우, [Attr]-매치-A-C4와 [Attr]-미스매치-A-C4 모수는 네트워크 폐쇄가 같은 범주의 노드들 또는 다른 범주의 노드들을 포함하는 경향에 대해 다룬다.

노드 집합 간의 연결관계 유형. 노드 집합 간의 연결관계 유형은 두 노드 집합의 속성에 기반한다. 8장에서 일원모드 네트워크에 대해 사용한 모수 설정과 유사하게 모형을 구축할 수 있다. 두 노드 집합 모두에 대해 동일한 속성이 정의되어 있다면(두 노드 집합이 모두 사람일 경우 성별이 이에 대한 사례가 될 수 있다), 8장에서와 유사하게 활동성 모수와 유유상종 모수를 사용할 수 있다(〈표 8.1〉 참조). 그러나 두 종류의 노드를 지니는 이원모드 네트워크를 다루고 있기 때문에, 두 개의 노드 집합에 걸친 동일한 속성을 정의할 수 없는 경우들이 존재한다. 이 경우 노드 집합 간 연결관계 유형을 통해, 두 종류의 속성을 합친 것이 네트워크 구조에 어떻게 영향을 미치는지에 대해 살펴볼 수 있다. 그 일례로, 양자 이진형 속성 유형인 [Attr]-[Attr]-rAP를 〈그림 10.15〉로 표현했다. A 노드가 사람이고 P 노드가 스포츠 클럽이라고 가정하자. A 노드의 속성은 더미 변수로 남성이며 P 노드의 속성도 더미 변수로 권투 클럽이라고 하자. 이 경우 해당 모수를 통해 남성이 권투 클럽의 회원일 가능성이 더 높은지 여부에 대해 추론할 수 있다.

〈그림 10.15〉 노드 집합 간의 양자 연결관계 유형

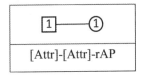

실현 의존성 가정을 적용하고 다양한 상위수준 통계량과 노드 속성을 합침으로써 선택 모형 설정을 확장하는 것도 가능하다. 그러나 대부분의 경우 앞서 언급한 모수들만으로도 실증 연구를 하는 데에 충분할 것이다. 20장에서는 실제 데이터를 토대로 ERGM을 활용하여 이원모드 네트워크에 대해 분석하고 그 분석 결과를 해석해볼 예정이다.

10.2.3. 이원모드 네트워크 관련 추가 이슈

일원모드 네트워크와 달리, 이원모드 네트워크가 지니는 주요 특징에 대해 다시 강조할 필요가 있다. 이원모드 네트워크에서 두 개의 서로 다른 종류의 노드들이 있다는 사실은 서로 다른 두 개의 연결정도 분포가 있음을 의미한다. 이와 더불어, 노드들의 연결정도를 모형화하고자 할 경우 ERGM 분석을 위해 베르누이 가정을 넘어서는 의존성 가정을 해야 할 필요가 있다. 더 나아가, 모형을 해석할 때에 노드들이 실제로 서로 다른 종류임을 유념하는 것이 중요하다. 종종 한 종류의 노드가 다른 한 종류의 노드의 구성 요소로 작용하여, 하나의 모드가 다른 한 종류의 노드 집합으로 구성되기도 한다. (옮긴이 주: 이어지는 사례의 이원모드 네트워크는 이사 노드와 이사회 노드로 형성되는데, 이사는 이사회의 구성 요소이기도 하다.) 예컨대 의존성이 기업 이사회들이나 이사회들의 특성 간에 존재하는 것인지, 아니면 이사회가 같은 이사들로 구성되어 있기 때문에 존재하는 것일까? 때때로 A-P 연결관계를 저변의 A-A 또는 P-P 연결관계의 대용으로 사용할 수도 있다. 그렇다고 해서 A-P 연결관계를 일원모드인 A-A나 P-P로 변환하는 것이 바람직하다는 것은 아니다. 오히려 이원모드를 일원모드로 변환함으로써 그 단순 변환의 결과로 일원모드에서 허구의 군집화나 의존성을 야기할 수 있다(Wang, Sharpe, Robins, & Pattison, 2009). 다수준 네트워크에 대한 현재의 연구(Lazega et al., 2008)는 서로 다른 종류의 노드들 간의 서로 다른 종류의 연결관계들이 전체 네트워크 구조를 설명하는 데에 고유하게 기여하는 바가 어느 정도인지에 대해 구체적으로 분석하려고 시도한다.

많은 연구에 있어서 그 맥락을 고려할 때 정의에 따라 연결관계들이 반드시 존재해야 하는 노드 종류가 있다. 예컨대, 회원이 없는 클럽을 고려하는 것은 이치에 맞지 않을 수 있다(Niekamp et al., 2011). 네트워크의 본질상 네트워크 구조에 관한 이러한 제약은 두 종류의 모드 각각의 연결정도 분포를 완전히 파악하는 데에 어려움을 초래한다. 이 문제들은 연결정도를 기반으로 한 다양한 효과들을 합치거나 고립자가 없다(옮긴이 주: 고립자가 없는 것은 구성원×클럽으로 이뤄진 이원모드 네트워크에서 구성원이 반드시 어느 하나의 클럽에 속하고, 구성원 없는 클럽이 없음을 의미한다)는 조건하에 추론하는 방법으로 (예컨대, BPNet에서 하는 것과 같이) 해결할 수 있다.

경계에 대해 정의하는 것이 이원모드 네트워크에서는 어려운 이슈이고 최적화된 해결책이 존재하는 것은 아닐지라도, 이것이 추론 결과를 이해하는 데에는 많은 도움을 준다(Koskinen & Edling, 2010). 네트워크가 한 종류의 노드에 대해 표집되었는지 그리고 노드 각각의 종류들이 얼마나 큰 비중으로 수집되었는지에 대한 질문들은 이웃 노드들 간의 중첩 정도(군집화) 그리고 연결정도 분포가 제한된 정도와 관련이 있다. 이원모드 네트워크에 대한 ERGM은 일원모드 네트워크에 대한 ERGM만큼 연구에 있어서 긴 역사를 갖고 있지 않기에, 오늘날 대부분의 이원모드 네트워크 연구들은 아직 모형 설정 및 추론 관련 이슈들을 다룬다.

11장

종단 모형

톰 스나이더(Tom Snijders) · 요한 코스키넨(Johan Koskinen)

11.1. 네트워크 동역학(network dynamic)

세상의 모든 것과 마찬가지로 네트워크도 변화하기 마련이다. 연구자들이 때때로 특정 시점의 네트워크를 관찰하는데 이를 "네트워크의 횡단적 관찰"이라고 부른다. 이 외에도, 네트워크를 반복적으로 관찰하기도 하는데 이때 노드 집합은 그대로이지만 노드들 간의 연결관계는 변할 수 있다. 이를 "종단적 또는 동역학적 네트워크 데이터"라고 부른다. 종단적 데이터 수집에 더 많은 노력을 기울여야 하지만, 네트워크 동역학은 횡단적 접근보다 무엇이 사회적 행위에 영향을 미치는가에 대해 더 많은 것을 알려주기 때문에 더 많은 수고를 기울일 만한 가치가 있다. 이 장에서는 ERGM을 종단적 사례로 확장하여 살펴보고자 한다.

11.2. 데이터 구조

같은 노드 집합과 같은 종류의 관계를 지닌 네트워크를 유한한 횟수만큼 관찰하여 수집한 데이터(예컨대, 회사에서 근로자들 간의 협업)를 "네트워크 패널 데이터셋"이라고 부른다. 이러한 데이터셋을 $X(t_0), X(t_1), \cdots, X(t_{M-1})$로 표현할 수 있으며 여기서 $X(t_m)$은 시점 t_m에서 관찰된 네트워크를 나타내는 인접 행렬이다. 모든 관찰 시점에서 노드 집합은 n명의 행위자로 구성되어 있지만 이들 간의 연결관계는 다를 수 있다. 이 장에서 다루는 문제는 시점 t_m에서 관찰된 각각의 네트워크 자체를 어떻게 설명하거나 모형화하느냐가 아니라, 시점 $X(t_m)$에서 $X(t_{m+1})(m=0, \cdots, M)$로의 변화를 어떻게 모형화하느냐이다.

첫 시점에서 관찰된 네트워크는 주어진 것으로 간주하고 이 네트워크에서 일어나는 후속 변화들을 모형화하는 데에만 목적이 있다. 여기서 기본 전제는 각각의 네트워크들이 서로 다른 시점에 관찰된다는 것이며 새로운 관찰마다 설명하고자 하는 변화가 발생한다는 점이다. 이와 더불어, 한 시점에서 다른 시점으로의 네트워크 변화는 점차적으로 발생한다는 점을 가정한다.

11.3. 모형

11.3.1. 연속시간 마르코프 체인(Continuous-Time Markov Chain)

우선 단 하나의 연결선 변수에의 변화만을 고려할 경우 연속시간 마르코프 체인[1]으로 모형을 정의하게 된다. 예컨대 t_0 시점에서 밥과 프레드릭 간에 연

---

1) 옮긴이 주: 마르코프 체인은 상태 공간 S(모든 $t \in T$에 대해 X_t가 취할 수 있는 가능한 모든 값들의 집합)와 지수 집합 T(관찰 시점들의 총집합)가 모두 이산인 형태(예컨대, 일일 발생 교

결선이 존재하지 않았지만 t_1 시점에서 봅과 프레드릭 간에 연결관계가 형성되었다고 하자. t_0 시점과 t_1 시점 사이에 연결관계가 형성되었다는 점은 알지만 정확히 언제 형성되었으며, 형성되고 소멸되고 다시 재형성된 것인지 여부도 알 수 없다. 연속시간이 여기서 중요한 이유는 모든 연결선 변수들에 대한 모든 변화를 모형화하는 데에 다른 연결관계, 예컨대 봅과 에리카 간의 연결관계가 봅과 프레드릭 간의 연결관계가 형성되기 전이나 후에 형성되었는지 여부가 개념적으로 차이를 만들기 때문이다. 결국, 네트워크 동역학을 모형화하는 것이 목표인데, 어떻게 네트워크에서의 하나의 변화가 네트워크에 대한 다른 잠재적 변화 여건을 재형성하는가에 관심이 있다.

관찰 시점들 간의 네트워크 변화가 점차적으로 이뤄진다는 가정을 수학적으로 설명하면, 시간 의존적인 네트워크 $X(t)$의 모형 설정에서 시간 모수 t는 첫 번째부터 마지막 관찰 시점까지의 모든 실수값을 지니며 시간 간격은 [t_0, t_{M-1}]이다. 매우 짧은 순간에도 일부 연결관계들은 변화할 수 있지만 이러한 개별적인 연결관계 변화들을 모두 관찰하지는 못한다. t_0 시점부터 t_{M-1} 시점까지 해당 시점에서의 전체 네트워크만 관찰될 뿐이다. t_0 시점부터 t_{M-1} 시점

통사고 건수)로, '미래'의 상태 변화가 '현재' 상태에 의해 결정되며 현재를 알면 '과거'의 변화와는 무관한 성질(즉, 비기억성)을 갖는 확률 과정이다. 예컨대, 내일 비가 올 확률이 오늘 비가 왔는지 오지 않았는지에 따라 좌우될 뿐 과거의 날씨와는 무관하다고 가정하는 경우가 이에 해당한다. 이와 같은 마르코프 성질을 식으로 표현하면 다음과 같다. 모든 n과 임의의 상태 $i_0, i_1, \cdots i_{n+1} \in S$에 대해 $P(X_{n+1}=i_{n+1}|X_0=i_0, X_1=i_1, \cdots, X_n=i_n)=P(X_{n+1}=i_{n+1}|X_n=i_n)$이다. 현재 시점을 n으로 보았을 때 미래 시점인 $n+1$에서의 상태 X_{n+1}은 과거 $0, 1, 2, \cdots, n-1$ 시점에서의 상태 $X_0, X_1, \cdots, X_{n-1}$과는 서로 독립이다. 즉, 미래는 현시점 n에서의 상태에만 의존하게 된다. 연속시간 마르코프 체인은 상태 공간이 위와 같이 이산형이지만 지수 집합이 $T=[0, \infty)$와 같이 연속형인 경우이다. 이산시간 마르코프 체인에서는 한 상태에서 다른 상태로 이동할 때 각 상태에 머무는 시간을 고려하지 않지만, 연속시간 마르코프 체인에서는 각 상태에 머무는 시간을 지수 분포로 가정하여 고려한다. 이때 지수 분포를 가정하는 이유는 비기억성을 갖는 연속확률 분포는 지수 분포밖에 없기 때문이다. 상태 i에 머무는 시간과 어느 상태로 옮겨 가게 될 것인가는 마르코프 성질에 따라 서로 독립적으로 결정된다(이외숙, 2018).

까지 네트워크의 변화는 (옮긴이 주: 관찰된) 유한한 횟수만큼 발생한 것으로 간주되며 그 외의 시간들에는 네트워크에 변화가 없는 것으로 가정한다. 따라서 각각 나눠진 시점들에서의 관찰과 변화 둘 다뿐만 아니라 연속시간 모수 t도 설정할 수 있는 것이다. 대체로 네트워크를 관찰한 시점보다 네트워크의 변화가 훨씬 더 자주 발생한다.

복잡한 네트워크 동역학 분석을 보다 용이하게 해주는 두 번째 가정은 홀랜드와 라인하트(Holland & Leinhardt, 1977)가 제안했다. 이 가정에 따르면, 그 어느 순간에도 네트워크가 변화할 때 단 하나의 연결관계 변수만 변화할 수 있다. 따라서 연결선은 생성이나 소멸이 함께 일어나지 않으며 하나하나씩 발생한다. 이 가정은 네트워크 변화 과정을 가장 작은 구성 단위로 쪼개줄뿐만 아니라 조직화, 파트너 교체, 순간적 집단 형성 등을 배제한다.

세 번째 가정은 네트워크 변화 확률이 네트워크의 현재 상태에 의존적이며 이전 상태에 의존적이지 않다는 것이다. 말하자면 기억이라는 것이 없다는 의미이다. 수학적으로 이 비기억성 가정에 따라 확률 과정[2] $X(t)$가 n개 노드의 모든 그래프 집합에 대한 연속시간 마르코프 과정[자세한 설명은 노리스(Norris, 1997)를 참조하기 바란다]으로 표현된다.

11.3.2. 연결관계-지향 동역학

이 세 개의 가정을 통해, 네트워크의 나머지 부분에 대해 조건부적으로, 주어진 연결선이 형성되거나 소멸될 확률을 구체화함으로써 네트워크 동역학 과정을 규명할 수 있다. 많은 방법들을 통해 이 과정을 구체화할 수 있지만,

---

2) 옮긴이 주: 확률 과정(stochastic process 또는 random process)은 임의의 $t \in T$에 대해 X_t가 같은 확률 공간상에 정의된 확률변수일 때 그 확률변수들의 집합 $\{X_t | t \in T\}$을 나타낸다(이외숙, 2018).

이 책에서는 ERGM과 밀접하게 연관된 모형 설정 방법에 대해 다루고자 한다. 이에 대해 설명하기 위해서는 6장에서 살펴본 ERGM의 일반식을 다시 상기할 필요가 있다.

$$P_\theta(x) = \frac{1}{\kappa(\theta)} exp\{\theta^T z(x)\} = \frac{1}{\kappa(\theta)} exp\{\theta_1 z_1(x) + \theta_2 z_2(x) + \ldots + \theta_p z_p(x)\} \qquad (11.1)$$

함수 $\theta_1 z_1(x) + \theta_2 z_2(x) + \cdots + \theta_p z_p(x)$은 "퍼텐셜 함수(potential function)"[3]라고 불리기도 한다. 7장에서 설명한 바와 같이, ERGM의 흥미로운 수학적 특성은 네트워크 나머지 부분이 주어진 상황에서 연결선 변수 X_{ij}의 조건부적 분포를 통해 ERGM을 완벽히 규정할 수 있다는 점이다.

표기법은 6장에서 처음 제시했던 것을 사용한다. 어떤 주어진 네트워크 x에 대해 x_{-ij}은 연결선 변수 x_{ij}의 값에 대한 정보가 삭제된 불완전 네트워크를 나타낸다. 더 나아가, 네트워크에서 $\triangle_{ij}^+ x$은 연결선 변수 x_{ij}이 1로 변경될 때 그리고 $\triangle_{ij}^- x$은 연결선 변수 x_{ij}이 0으로 변경될 때를 나타낸다. 따라서, 연결선 (i, j)는 $\triangle_{ij}^+ x$에서는 존재해야만 하고 $\triangle_{ij}^- x$에서는 존재하지 않아야만 한다. 그러나 나머지 연결선들에 대해서는 당초 네트워크 x와 다를 바가 없다. 네트워크의 나머지 부분들이 주어졌을 때 연결선 변수 X_{ij}의 조건부적 분포는 다음의 확률로 정의할 수 있다.

$$\Pr(X_{ij} = 1 | X_{-ij} = x_{-ij}) = \frac{\Pr(X = \triangle_{ij}^+ x)}{\Pr(X = \triangle_{ij}^+ x) + \Pr(X = \triangle_{ij}^- x)}$$

---

3) 옮긴이 주: 대한수학회의 수학용어사전에 따라 퍼텐셜 함수로 번역한다. 이 퍼텐셜 함수가 있으면 어떤 네트워크도 무작위로 균일하게 그릴 수 있다.

식(11.1)에서와 같은 ERGM의 확률 분포에 대해 몇 번의 계산 끝에 다음과 같이 나타낼 수 있다.

$$logit\{\Pr(X_{ij}=1|X_{-ij}=x_{-ij})\}=\theta_1\delta_{ij}^+z_1(x)+\theta_2\delta_{ij}^+z_2(x)+...+\theta_P\delta_{ij}^+z_P(x) \qquad (11.2)$$

여기서 로짓 함수는 $logit(p)=\log(\frac{p}{1-p})$이다. 그리고 $\delta_{ij}^+z_k(x)$은 $\delta_{ij}^+z_k(x)=z_k(\triangle_{ij}^+x)-z_k(\triangle_{ij}^-x)$로 정의할 수 있는데 통계량 $z_k(x)$와 관련된 "변화 통계량 (change statistic)"으로도 종종 불린다. 식(11.2)는 6장에서 식(6.1)로 처음 소개된 바 있다.

11.3.3. 동역학 과정에 대한 정의

변화하는 네트워크 X(t)의 동역학 과정에 대해 이제 정의해보고자 한다. 식 (11.1)과 식(11.2)상의 모수 θ_k뿐만 아니라 모수 ρ로 표현된 변화율에 따라서도 동역학 과정은 달라진다. 해당 과정이 현재 t 시점과 X(t)=x에 있다고 할 때 이 과정은 다음 변화를 구체화함으로써 정의할 수 있다. 아래 설정에 이러한 부분을 담았는데, 네트워크 동역학 과정에 대한 시뮬레이션을 설정하는데에 사용할 수 있다. 여기서는 방향성 있는 네트워크에 대해 설명했지만 정확히 같은 과정을 방향성 없는 네트워크에도 적용할 수 있다.

동역학 모형에 대한 업데이트 스텝*
- 시간 증가분을 dt, 지수 분포를 지닌 무작위 변수를 모수 ρ로 표현할 때, 확률 분포는 누적분포 함수로 다음과 같이 정의할 수 있다.
$$\Pr\{dt \le S\}=1-e^{-\rho S}(S \ge 0)**$$
- 시간 모수를 새로운 값인 t+dt로 변경한다.
- 방향성 있는 쌍(i, j) (여기서 i≠j)를 무작위로 선택한다.

- 식(11.2)에서 정의한 확률 분포에 따라 연결선 변수 X_{ij}에 대해 새로운 값을 선택한다.

이 네 스텝을 통해 시간 모수와 네트워크에 대한 새로운 값을 생산하고 이 스텝들을 무수히 많이 반복하여 네트워크에 대한 확률 과정을 정의할 수 있다. 이 스텝들이 네트워크에 항상 변화를 초래하는 것은 아닌데 스텝 4에서 X_{ij}에 대한 새로운 값이 현재 값과 동일할 수 있기 때문이다. 이 모형은 네트워크의 나머지 부분이 주어진 상태에서 더 큰 구조를 고려하지 않고 연결선 변수의 변화만을 토대로 하므로 연결선 지향 모형이라고 부른다.

주어진 연속시간 구간 ($t_b - t_a$) 내에서 스텝 1부터 4까지 시도된 횟수는 기대값이 $\rho(t_b - t_a)$인 포아송 분포[4]를 따른다. 하지만 변화 횟수는 통상 더 작을 것이다. 모수 ρ는 소위 장애 모수(nuisance parameter)라고 불리는데 모형에는 반드시 포함되어야 하지만 이 모수치는 주요 연구 관심사가 아니다. 이 모수와 연속된 시간 구간 간에는 트레이드 오프(trade-off)가 존재하는데, 서로 다른 단위로 측정된 시간을 $\rho(t_b - t_a)$를 일정하게 유지한 상태에서 ρ에서의 상응하는 변화로 쉽게 감안할 수 있다. 연속된 관찰들 간의 간격의 지속성은 모든

---

[4] 옮긴이 주: 포아송 과정은 독립증분 및 정상증분 성질을 갖는 가장 대표적인 셈 과정(counting process)이다. 독립증분이라 함은 시간 구간 안에서 일어나는 사건 발생 수가 독립이라는 것을 의미하며, 정상증분은 임의의 시간 구간에서의 사건 발생 수가 오로지 시간 구간의 길이에 따라 좌우됨을 뜻한다. 포아송 분포의 기대값과 분산은 포아송 분포($P(X=k) = \dfrac{\lambda^k e^{-\lambda}}{k!}$ (k=0, 1, 2, 3 …))의 모수와 같다(즉, $E(X) = Var(X) = \lambda$)(이외숙, 2018).

m에 대해 인위적으로 $(t_{m+1} - t_m) = 1$로 고정하기도 하며 별도의 변화율 모수 ρ_m 를 t_m부터 t_{m+1}까지 별도의 시간에 대해 상정하기도 한다.

이와 다른 방법으로 이 동역학 과정을 수학적으로 동등하게 정의하는 방법은 다음과 같다. 특정 시점 t, 짧은 시간 증가분 dt>0, 그리고 X(t)의 값에 해당하는 특정 그래프 x가 있다고 하자. 어느 순간에도 단 하나의 연결선만 변화 가능하다는 점을 떠올리면, 이 과정은 어떤 하나의 연결선이 생성되고 소멸되는 확률을 설정함으로써 완전히 정의될 수 있다. 만약 $x_{ij}=0$(즉, 시점 t에서 i에서 j로 향하는 연결선이 없다면)이라면 짧은 시간 안에 연결선(i, j)가 형성될 확률의 근사치는 다음과 같이 구할 수 있다.

$$\lim_{dt \to 0} \frac{\Pr\left\{X(t+dt) = \triangle_{ij}^{+}x | X(t) = x\right\}}{dt} = \frac{\rho}{n(n-1)} \frac{e^{\theta^T z(\triangle_{ij}^{+}x)}}{e^{\theta^T z(\triangle_{ij}^{+}x)} + e^{\theta^T z(\triangle_{ij}^{-}x)}}$$

만약 $x_{ij}=1$이라서 i에서 j로의 연결선이 시점 t에 존재한다면 이 짧은 시간 내에 해당 연결선이 소멸할 확률은 다음과 같이 근사할 수 있다.

$$\lim_{dt \to 0} \frac{\Pr\left\{X(t+dt) = \triangle_{ij}^{-}x | X(t) = x\right\}}{dt} = \frac{\rho}{n(n-1)} \frac{e^{\theta^T z(\triangle_{ij}^{-}x)}}{e^{\theta^T z(\triangle_{ij}^{+}x)} + e^{\theta^T z(\triangle_{ij}^{-}x)}}$$

이것으로 마르코프 체인의 소위 강도 행렬(intensity matrix) 또는 Q-행렬(옮긴이 주: 전이 행렬을 의미한다)을 정의한다.

11.3.4. 정상 분포(Stationary Distribution)[5]

앞선 모형은 변화 확률에 따라 정의했다. 그런데 이 자체로는 어느 시점 t 에 대한 X(t) 분포를 구체화해 주지는 못한다. 이 분포를 X(t)의 주변 확률 분 포(marginal distribution)라고 부르는 반면, 이전에 정의했던 변화 확률은 전이 분포[6](transition distribution; 옮긴이 주: 추이분포라고도 한다)라고 부른다. 이 장 에서는 마르코프 과정의 일반적인 특징들로부터 직접 도출된 몇 가지 성질들 을 다루고자 한다. 자세한 내용은 노리스(Norris, 1997)를 참고하기 바란다.

X(t)의 주변 확률 분포는 전이 분포와 함께 초기 분포 X(t_0)에 의해 결정된 다. 전이 분포는 ERGM과 부합하는데, 스텝 4에서 ERGM에 따른 조건부적 확 률이 사용된다는 점에서 그러하다. 이는 만약 X(t_0)이 식(11.1)로 정의된, θ 모 수를 지닌 ERGM 분포를 갖는 무작위 네트워크라면 나중 시점의 t에 대한 각 각의 X(t)는 같은 분포를 가질 것이라는 점에서 ERGM이 정상 분포에 해당한 다는 점을 수학적으로 시사한다. 또한, 만약 X(t_0)이 어떤 다른 분포를 갖는 무작위 네트워크[임의로 고정된(arbitrarily fixed) 네트워크와 빈 네트워크 포함]일 경우, 매우 큰 시점 t에 대해 X(t)의 주변 확률 분포는 이 ERGM 분포에 근사

---

5) 옮긴이 주: 상태 공간 S와 전이 행렬 P를 따르는 마르코프 체인에서 어떤 벡터 $\pi=(\pi 1, \pi 2, \cdots)$가 다음과 같은 성질을 만족할 때 정상 분포라 한다(이상호, 2018).

   (a) $\pi_i \geq 0$, 모든 $i \in S$ 그리고 $\sum_{i \in S} \pi_i = 1$

   (b) $\pi_i = \sum_{i \in S} \pi_j P_{ji}$ 모든 $i \in S$

6) 옮긴이 주: $n \geq m$일 때, 확률 과정 $\{X_n\}$이 시간 m에서 상태 i에 있다가 시간 n에서 상태 j로 바 뀔 확률을 $P_{ij}^{m,n}$으로 표시하면 $P_{ij}^{m,n}=P(X_n=j|X_m=i)$와 같으며 이를 전이 확률이라 한다. 특히 임의의 m, n에 대해 $P_{ij}^{m,n}=P_{ij}^{0,n-m}$이 성립하면 $P_{ij}^{m,n}$을 정상추이 확률이라 부른다. 이는 i에서 j로 가는 확률이 출발 시점 및 도착 시점과는 무관하고, 단지 경과된 시간에 의해서만 좌우됨 을 뜻한다(이외숙, 2018). 전이 확률은 초기 확률과 전이 행렬에 의해 얻어진다. 마르코프 체 인의 모든 확률적 성질도 전이 확률과 초기 분포에 의해 완전히 얻어진다(이상호, 2018).

할 것이다. ERGM이 X(t)의 점근 분포(asymptotic distribution)라고도 표현할 수 있다. 결과적으로 이 과정을 통해 무작위 네트워크를 생산할 수 있는데, 근사가 잘 된 경우 ERGM 분포로부터 무작위로 추출한 것으로 간주할 수 있다. 마르코프 체인 몬테 카를로(Markov chain Monte Carlo; 이후 MCMC)[7] 용어로는 이 과정을 "메트로폴리스-헤이스팅스 알고리즘(Metropolis-Hastings algorithm)"[8]이라고 부르며 무작위로 선택된 연결선 변수에 대해 완전 조건부 분포[9]에 해당하는 "제안 분포(proposal distribution)"를 갖는다.[10]

11.3.5. 변화에 기반을 둔 추정

ERGM으로부터 그래프를 생성하는 데에 사용한 것과 같은 과정으로 모형화할지라도, 이전에 시뮬레이션을 끝냈기 때문에 관찰한 것에 대해 상정된 모형이 엄격히 말하면 ERGM이 아니라는 점(통상 지수족 분포에 해당한다고조차 할 수 없다)을 주목할 필요가 있다. 이런 부분이 모형을 추정하는 방식에 일

---

7) 옮긴이 주: 마르코프 체인 몬테 카를로 방법은 확률 분포로부터 무작위 표본을 추출하는 하나의 방법으로 몬테 카를로 법(확률밀도함수에서 서로 독립인 표본을 생성하여 이것을 이용하여 근사 적분값을 구하는 방법으로, 컴퓨터를 이용하여 유사 난수를 생성하여 이것으로 서로 독립인 표본을 만들어서 적분을 하는 데 사용한다) 중 하나이다(이상호, 2018). 마르코프 체인을 사용한 무작위 표본을 추출하고 이것을 활용하여 적분값을 구하는 방법이며, 주로 복잡한 확률 모형(정규 분포가 아닌 경우, 선형이 아닌 경우, 그리고 다봉 분포인 경우 등)에 적용할 수 있다. 잘 알려진 MCMC 방법으로는 메트로폴리스-헤이스팅스 알고리즘과 이것의 특수한 형태인 깁스 표집이 있다(이상호, 2018).

8) 옮긴이 주: 완전 조건부 사후분포로부터 표본 추출이 용이하지 않아서(특히, 사전분포가 공액 사전분포가 아닐 때), 깁스 표집의 사용이 불가능한 경우가 있다. 이 경우, 메트로폴리스-헤이스팅스 알고리즘을 적용하여 사후분포로부터의 표본을 추출할 수 있다(오만숙, 2017).

9) 옮긴이 주: 어떤 모수의 완전 조건부 분포(full conditional distribution)란 그 모수를 제외한 다른 모든 모수가 주어졌을 때 해당 모수의 조건부 분포를 말한다(오만숙, 2017).

10) 옮긴이 주: 이 단락을 이해하기 위해서는 이상호(2018)와 이외숙(2018)을 참고하기 바란다.

부 영향을 미치는데, 모형 추정 방식이 ERGM과는 약간 다르며 ERGM과 비교했을 때 모형에 대해 미묘하게 다르게 해석된다. 여기서의 초점은 이전 상태에 대한 조건부 의존적인 변화에 대해 설명하는 것이며 정상성(stationarity) 가정에 의존하지 않기 때문에 모형은 평형 과정(옮긴이 주: 정상 과정[11])으로서 해석하지 않아도 된다. 후자는 또한 모형이 "폭발적(explosive)"이고 불안정하다는 점을 허용할 필요가 있음을 의미하기도 한다. 보다 현실적인 모형이 되기 위해서 이 과정이 미래에 현실적 그래프를 생산해야 한다는 점을 요구하지 않는다.

상기 논의는 초기에 관찰된 네트워크 $X(t_0)$(이 네트워크는 그 어느 것도 가능하다)에 대한 분포와 전이 분포[식(11.2)의 확률과 변화율 ρ로 정의되는 분포] 간의 분리를 시사한다. 이 분리는 실로 이 장에서 추구하는 바이며, 여기서는 전이 분포에 대해서만 관심을 갖는다. 실증 연구에서 이러한 접근은 장점을 갖는데, 초기 관찰된 네트워크가 발현된 과정에 대해 관심을 갖지 않아도 되며 대신 네트워크 변화 과정을 좌우하는 전이 확률에 의해 나타난 "사회적 규칙(social rules)"에 대해서만 초점을 맞출 수 있기 때문이다. 모수 θ와 ρ에 대한 추정은 $X(t_0)$(즉, 네트워크의 최초 관찰값은 당연한 것으로 받아들여지며 이 값은 추후 관찰되는 값들의 변화에 대한 시발점으로서의 역할로서만 모수 추정에 영향을 미친다)에 대해 조건부 의존적이다.

다른 장들에서 다룬 ERGM과 대조적으로, 여기서의 모형은 통계적 맥락에서 지수족 분포를 정의하지 않기 때문에 12장에서와 같은 우도 원칙과 모멘트 방정식[12] 간의 등가성은 동역학 모형에서는 유효하지 않다. 이 경우 이 두 원칙은 서로 다른 추정량을 도출한다.

---

11) 옮긴이 주: 정상 과정 X_n에서는 확률 과정 $\{X_n: n \geq 0\}$에서 임의의 k>0, m>0에 대하여 $\{X_0, X_1, \cdots X_m\}$의 결합 분포가 $\{X_k, X_{k+1}, \cdots X_{k+m}\}$의 결합 분포와 항상 같게 된다(이외숙, 2018).
12) 옮긴이 주: 12장의 섹션 12.3.1에서 모멘트 방정식에 대한 설명이 나온다.

11.3.6. 네트워크 유형

종단 모형을 정의하는 데에 사용된 통계량은 식(11.1)에서와 같이 $z_k(x)$로 나타내는데, 횡단 분석에서의 ERGM과 정확히 동일한 방법으로 선택하면 된다. (이에 관해서는 3장, 5장, 6장, 8장을 비롯하여 ERGM 활용을 다루었던 모든 장에서 해당 내용을 찾아볼 수 있다.) 대체로 연결관계 유형의 수가 이에 해당하며, 연결관계 유형 개수는 종종 노드 공변량이나 양자 공변량과 결합되기도 한다. 하지만 (옮긴이 주: 횡단 분석에서의 ERGM에 비해) 한 가지 더 간단한 점이 있다. 모형의 근사 퇴행과 관련한 어려움들(6장의 〈그림 6.5〉 및 〈그림 6.6〉과 관련한 논의 내용 참조)이 일부 예외적인 경우를 제외하고는 여기서 발생하지 않는다는 점이다. 따라서 삼자관계로 이행성을 표현하는 마르코프 설정은 대부분의 종단 데이터셋에 대해 문제없이 사용할 수 있다.

이러한 차이점이 발생한 원인은 ERGM에서 연결선 간의 의존성은 모든 연결선 변수들로부터 모든 연결선 변수들에까지 동시에 적용되는 반면, 종단 모형에서는 의존성이 시간의 흐름에 따르며 연결선 변수의 변화는 연결선 변수의 현재 값에 대해 의존적이기 때문이다. $X(t_0)$에 대한 어떠한 확률 분포로부터 시작해도 앞서 정의된 전이 과정은 향후 시점 $t > t_0$에서의 $X(t)$에 대한 확률 분포를 나타낸다. 모형의 근사 퇴행은 데이터 수집의 시간 범위로부터 동떨어진 시점들에 위치할 때에만 발생할 것이다. 관찰된 네트워크 동역학과 잘 부합하는 범위에 있는 시점들과 모수들에 대해 $X(t)$의 분포는 대체로 퇴행하지 않는다.[13]

---

[13] 확률적 행위자 지향 모형(Stochastic Actor-Oriented Models, 이하 SAOMs)에 대해서는 섹션 11.4.2를 참조하기 바란다. 자카드 지표(Jaccard index)는 관찰들 간의 변화량을 측정하는 데에 흔히 사용된다. 자카드 지표가 0.3보다 작을 경우 SAOM을 적용하기에는 너무 많은 변화가 발생했다는 점을 시사한다(Snijders, van de Bunt, & Steglich, 2010b). 여기에서 설명한 모형들에 대해서 자카드 지표가 0.3보다 작을 경우 모형이 수렴하기 위해 더 복잡한 네트워크

이전 장들에서 이미 설명한 모형들의 데이터 구조처럼, ERGM으로 모형화할 수 있는 같은 종류의 데이터 구조는 연결선 기반의 종단 모형으로 여러 시점에 걸쳐 분석할 수 있다. 방향성이 있거나 방향성이 없는 단일변량 또는 다변량 네트워크(univariate or multivariate networks) 또는 이 둘을 합친 하이브리드 네트워크가 있다고 하자. 이 구조들에 대한 여러 시점에 걸친 분석은 네트워크의 변화를 더 자세히 알 수 있도록 해주고 이 변화를 추동하는 기제들을 보다 구체적으로 밝힐 수 있도록 도와준다. 더 나아가 네트워크 효과들을 직접적으로 해석할 수 있다.

예컨대, 단일변량의 방향성 없는 네트워크에서 이행적 폐쇄가 있는지 여부에 관심이 있다고 하자. 첫 번째 관찰에 조건부 의존적인 상태에서, 관찰 시점들 사이에서 2-경로가 닫혔을 때 두 번째 관찰 시점에서는 삼각관계로 보일 것이다. 당연히 하나 이상의 새로운 연결선으로 구성된 삼각관계조차도 새로 생성된 2-경로와 연결선 수를 감한 채 폐쇄 효과의 강도에 대한 정보를 제공할 것이다. 이행적 폐쇄 효과를 해석할 때, 2-경로를 닫을 수 있는 연결선을 생성하거나 제거함으로써 이 과정을 직접 분석해볼 수 있다.

마찬가지로, 다변량 네트워크(10장 참조)에 대해 횡단 분석할 경우 변화의 방향에 대해 가설화만 가능하지만(예컨대, 친구관계가 조언관계를 수반하는지 여부), 종단 분석할 경우 데이터를 통해 이를 직접적으로 관찰할 수 있다. 다중 폐쇄에 대해서도 마찬가지로, 행위자 i로부터 i의 친구의 친구인 행위자 j로의 조언관계가 있을 때 조언관계가 친구관계 2-경로를 매개하는지 여부 또는 i에 의해 친구로 지명된 k가 i로부터 이미 조언을 받는 j를 친구로 지명할지 여부에 대해 원칙적으로 추론해볼 수 있다. 현재 이러한 경로 의존성을 연결선 기반 모형에서는 충분히 연구하지 못했다. 그 주된 이유로 많은 수의 추가 통계량들이 필요하고 모멘트 추정량(moments estimator)[14] 방법이 상대적

통계량(예컨대, 교호 삼각관계)이 필요하다는 점을 시사한다.

으로 발달하지 않았기 때문을 꼽을 수 있다.

11.4. 다른 모형과의 관계

11.4.1. 전신으로서의 상호호혜성 모형

와써만(Wasserman, 1979, 1980)이 개발하고 리엔더(Leenders, 1995)와 스나이더(Snijders, 1999)가 연구한 상호호혜성 모형이 여기서 논한 종단 모형의 전신이다. 양자관계($X_{ij}(t)$, $X_{ji}(t)$)가 독립적임을 가정하지만, 상호호혜성이 영향을 미쳐 $X_{ij}(t)$의 변화가 $X_{ji}(t)$의 현 상태에 의존적임을 허용한다. 이 상황은 다음의 두 통계량을 정의함으로써 본 종단 모형으로 설명할 수 있다.

$$z_1(x) = \sum_{i,j} X_{ij}$$
$$z_2(x) = \sum_{i,j} X_{ij} X_{ji}$$

비록 와써만의 모형이 네 번째 모수를 허용하기 때문에 조금 더 일반적이지만, 우리의 상호호혜성 모형은 세 개의 모수 ρ, θ_1와 θ_2를 갖는다. 리엔더(Leenders, 1995)는 공변량을 포함하도록 이 모형을 확장했는데 여전히 양자관계 간의 독립성을 상정했다. 이 가정은 네트워크 동역학 모형에서는 매우 달갑지 않은 가정이다. 이 가정으로 인해 사회 연결망을 이해하는 데에 필수

---

14) 옮긴이 주: 모집단 확률분포 변수인 모수의 값으로 가장 가능성이 높은 수치를 찾아내는 일인 모수 추정은 모멘트 방법, 최대 우도 추정법, 베이즈 추정법 등으로 할 수 있다. 이때, 모멘트 방법은 표본 자료에 대한 표본 모멘트가 확률 분포의 이론적 모멘트와 같다고 가정하고 모수를 구하는 방법이다. 즉, 모집단에서 추출한 표본의 m차 모멘트인 m차 평균은 m차 기대값의 추정량이다.

적인 삼자관계와 상위수준의 의존성을 배제해야 한다. 양자관계 간의 독립성을 가정함으로써 더 전통적인 통계 방법을 적용할 수 있다는 분석 기법상의 이점만 있을 뿐이다.

11.4.2. 대안으로서의 확률적 행위자 지향 모형
(Stochastic Actor-Oriented Models)

앞서 정의한 모형은 "연결선 지향(tie-oriented)" 모형에 해당하는데 모형의 주요 요소가 네트워크에 내재된 연결선과 연결선 변화의 확률이기 때문이다. 이 모형의 대안으로 스나이더 및 반 두인(Snijders & van Duijn, 1997)과 스나이더(Snijders, 2001)가 제안한 확률적 행위자 지향 모형(SAOM)이 있다. 행위자 지향 모형에서는 초점이 행위자에게 있다. 이 모형에서 행위자는 단기 목표나 제약에 따라 내보내는 연결선을 스스로 통제하고 이 외향 연결정도를 변화시킨다는 점을 전제로 한다. 네트워크 분석을 할 때 연구자들은 서로 다른 종류의 분석 단위들을 다뤄야만 하는데, 이로 인해 서로 다른 분석 수준(연결선, 양자관계, 행위자, 그리고 네트워크)을 합쳐야만 한다. 이러한 다양한 수준들을 어떻게 다루는지에 대해서는 하고자 하는 연구와 네트워크의 역할에 달려 있다. 행위자 지향 접근은 연결선 기반 접근보다 일부 사회과학 이론과 더 잘 부합하는 경우가 있는데, 행위자들을 네트워크에 다른 행위자들과 함께 내재되어 있는 사회적 개체로서 간주하는 것이 이론적 시발점으로서 당연할 때가 바로 그러한 경우이다(cf. Emirbayer & Goodwin, 1994). 하지만 다른 관점들에 있어서는 SAOM의 행위자들의 행위에 대한 가정이 매우 강하기에, 연결선이 다른 연결선들로부터 진화한다는 연결선 기반 과정에 대한 가정만으로도 충분하다. 예컨대, 방향성 없는 관계의 경우 행위자가 연결선을 통제하는 것이 불가능하기 때문에 연결선 지향 모형이 더 타당할 것 같다. [방향성 없는 연결선에 대한 행위자 지향 모형에 대해서 더 자세히 알고 싶으면 스나이더(2006, 2010b)

를 참고하기 바란다.]

연결선 기반 모형에서 변화 확률을 정의하는 기본 함수는 식(11.1) $(\theta_1 z_1(x) + \theta_2 z_2(x) + \cdots + \theta_p z_p(x))$의 퍼텐셜 함수이다. 이 함수는 전체 네트워크에 대해 정의되는데 연결선의 생성과 소멸의 가능성을 나타낸다. 특정 연결선 변수의 변화로 인해 퍼텐셜 함수의 증가폭이 더 클수록 이 변화가 발생할 가능성은 더 높다. 행위자 지향 모형에서 이와 유사한 함수는 소위 평가 함수 (evaluation function)이다. 평가 함수는 네트워크 내 각각의 행위자에 대해 정의되는데 행위자의 네트워크 배태성뿐만 아니라 행위자의 개인 네트워크에 대해 의존적이다. 평가 함수라고 부르는 이유는 특정 네트워크 구조에 대한 행위자의 평가를 나타내기 때문이다. 여기서 또한 각각의 행위자에 대해 특정 외향 연결선 변수가 변화함에 따라 이 행위자의 평가 함수가 더 많이 증가할수록 이 변화가 일어날 가능성은 더 높아진다. 통상 행위자 지향 모형은 방향성 있는 네트워크를 전제로 해왔다. 하지만 스나이더(Snijders, 2006, 2010b)는 방향성 없는 네트워크에 대한 행위자 지향 모형을 설명했는데 이 네트워크에서는 연결선을 형성하는 노드 쌍 중 하나 또는 둘 다에 의해 평가가 이뤄진다. 이와 더불어, 스나이더는 앞서 언급한 연결선 기반 과정들을 행위자 지향 모형으로 표현할 수 있는 여러 사례들을 제시했다.

연결선 지향 모형과 행위자 지향 모형 간의 선택은 주로 이론적 선호에 달려 있다. 연결선 지향 모형은 행위자 지향 모형을 적용하기에는 네트워크 데이터에 너무 많은 변화가 있을 때 선호되기도 한다. 실제 데이터를 가지고 이두 모형들 간의 적합도를 비교해보는 것도 흥미로울 것이다. 이를 위해서는 우도 비교를 해야 하는데 실제로 실행된 바가 없다. 이 두 모형의 정성 결과들은 대체로 유사할 것으로 예상되지만, 이에 대해 체계적으로 연구된 바도 없다. 하나의 데이터에 대해 이 두 모형을 비교한 사례는 스나이더(Snijders, 2006)의 연구에서 찾아볼 수 있다.

11.5. 결론

어떻게 모든 형태의 ERGM을 종단 모형으로 나타낼 수 있는지 그리고 어떻게 이들이 네트워크 동역학에 대해 더 많은 정보를 줄 수 있는지, 그래서 결과적으로 마르코프 연결관계 유형을 허용하는 지점까지 종단 모형을 더 안정적으로 만드는지에 대해 설명했다. 당연히 종단 분석은 추가적인 데이터 수집과 분석을 요구하고 첫 번째 관찰에 대해 조건부 의존적이다.

다양한 형태의 경로 의존성을 포함함으로써 네트워크 과정이 과거의 기억을 반영하도록 하는 방향으로 발전하고 있다. 예컨대, 일단 두 행위자 간에 연결선이 끊어지면 그 연결선이 재형성될 확률에 영향을 미칠 가능성이 있다는 점을 가정할 수 있다. 이와 관련하여 행위자 지향 모형에서 자주 사용하는 것처럼 변화율을 모형화하는 것이 때로는 유용할 수 있다.

연결선 기반 모형(그리고 모든 ERGM)의 기본 가정은 연결선이 상호작용이라는 "사건(events)"보다 상호작용의 "상태(states)"를 나타낸다는 것이다. 이메일, 전화 연락, 금융 거래와 같은 "사건"은 예컨대 친구관계와 같은 네트워크와는 다른 과정을 따를 것이다. "상태"의 중요한 특징은 지속성(duration)이 있다는 점인데, 이 지속성으로 인해 서로 다른 상태 간에 중복이 발생하기에 앞서 설명한 것처럼 시간적 의존성을 정의하는 것이 의미가 있다. 사건에 대해서 다양한 의존성을 생각해볼 수 있으며 여기서 소개한 연결선 기반 모형은 버츠(Butts, 2008)와 브랜드, 러너, 및 스나이더(Brandes, Lerner, & Snijders, 2009)의 모형처럼 관계적 사건 역사 모형과 같은 방향으로 정교화될 수 있다. 관계 데이터가 여전히 상태를 나타내는 한, 시간이 명시된 관계 데이터로의 확장은 자명하다는(trivial) 점을 주목하기 바란다.

이원모드 네트워크의 연결선 기반 모형, 변화하는 네트워크 자기상관 속성, 그리고 서로 다른 데이터 구조들 간의 조합으로 이뤄진 하이브리드 모형은 아직 정교화되지 않았다. 처음 두 모형들은 확률적 행위자 지향 분석틀에서 코스키넨과 에들링(Koskinen & Edling, 2010) 그리고 스티클리치, 스나이더, 피어슨(Steglich, Snijders, & Pearson, 2010)이 각각 설명한 바 있지만 연결선 기반 모형으로의 확장은 단순하다. 특히, 이론적 관점에서 브라스 외(Brass et al., 2004)와 라제가 외(Lazega et al., 2008)에서와 같이 다수준 네트워크(multilevel network)의 진화를 모형화하는 방향으로 발전하는 것이 바람직하다. 이를 통해 조직 간 관계와 행위자 대 행위자 간 관계를 형성하는 상이한 과정이 어떻게 조직 대 행위자 간 관계와 상호작용하고 이에 영향을 받는가를 구체적으로 분석할 수 있다.

12장

시뮬레이션, 추정, 그리고 적합도

요한 코스키넨(Johan Koskinen)·톰 스나이더(Tom Snijders)

12.1. 모형 탐색 및 모형-데이터 연관 짓기의 실제

이전 장들에서는 서로 다른 유형의 관계 데이터에 대한 ERGM의 형성과 설정에 초점을 맞추었다. 6장에서는 연결관계 유형과 관련 모수들로 표현된 효과들이 그래프 분포를 정의하며 이 분포에서 어느 특정 그래프가 형성될 확률이 그래프에 있는 연결관계 유형에 달려 있다는 점을 살펴봤다. 7장에서는 그래프가 형성될 확률이 관련 연결관계 유형의 수에 해당하는 통계량에 의해 완전히 결정된다는 점에서 연결관계 유형은 충분 정보를 제공한다는 점을 다루었다.

만약 특정 연결관계 유형의 모수치가 증가하면 이 유형을 더 많이 지닌 그래프가 그 결과로 생성된 분포에서 발생할 가능성이 더 높아진다. 이 단순한 사실을 기반으로 이 장에서는 아래 세 가지 방법에 대해 소개한다.

시뮬레이션: 모형 결과에 대한 통찰을 얻기 위해, 모수치를 고정한 모형에 대해 시뮬레이션을 통해 해당 그래프에서의 네트워크 특징을 고찰해볼 수 있다.

추정: 실증적으로, 주어진 모형과 데이터셋에 대해, 관찰된 그래프를 생성할 가능성이 가장 높은 모수치를 추정할 수 있다. 이른바 "최대 우도 추정치(maximum likelihood estimates: MLEs)"를 의미한다. 더 나아가, 관찰된 그래프가 이 추정치들에 의해 결정된 그래프 분포에서 중심적인지를 보여줄 수 있다. 하지만, 차차 설명하겠지만, 데이터 내 의존성 때문에 최대 우도 추정은 시뮬레이션 과정을 필요로 한다.

휴리스틱 적합도(goodness of fit, 이후 GOF): 적합된 모형(즉, 데이터로부터 추정된 모수치가 반영된 모형)에 대해 데이터의 다른 특징들(즉, 적합되지 않은 효과들)이 해당 분포에서 중심적인지 아니면 극단적인지 여부를 살펴보기 위해 그래프 분포에 대한 시뮬레이션을 시행할 수 있다. 만약 그래프 특징이 극단적이지 않으면, 이 모형에 내재되지 않은 과정들로부터 해당 특징들이 발생했다는 점을 시사하는 증거가 없기에 해당 모형이 해당 데이터의 특징을 설명한다(즉, 해당 특징이 모형에 의해 잘 적합되었다)고 판단할 수 있다.

추정의 기본 원칙과 이것이 시뮬레이션과 어떻게 관련 있는지를 설명하기 위해 사례를 하나 들고자 한다. 캡퍼러(Kapferer, 1972)의 양복점 데이터를 대상으로 [식(6.8)과 〈그림 6.9a〉의 $\lambda=2$에서 정의한 것처럼] 연결선과 교호 삼각관계로 이뤄진 모형의 모수를 추정한다고 하자. 관찰된 연결선의 수는 223개이며 교호 삼각관계 통계량은 406.4이다. 〈그림 12.1〉에서 연결선 모수와 교호 삼각관계 모수를 대상으로 여러 개의 값들을 시도해보았다. 상단 왼쪽 그림은 두 개의 모수값이 모두 0일 때의 시뮬레이션 결과로 관련 연결선과 교호 삼각관계 통계량으로 형성된 그래프들의 분포를 나타낸다. 이를 통해 관찰된 연결관계 유형이 이 분포와는 거리가 멀다는 점을 확인할 수 있다. 따라서 만약 두 모수치가 모두 0일 경우 우리가 가진 데이터를 이 분포로부터 관찰할 가능성이 낮음을 알 수 있다. 상단 오른쪽 그림에서 연결선 모수치가 0.84로

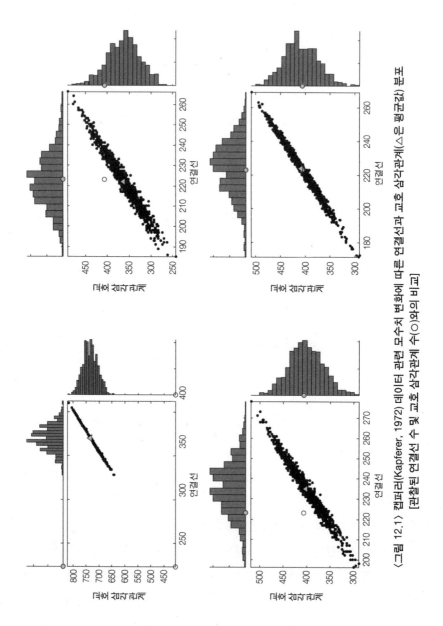

〈그림 12.1〉 캘퍼러(Kapferer, 1972) 데이터 관련 모수치 변화에 따른 연결선과 교호 상각관계(△은 평균값) 분포
[관찰된 연결선 수 및 교호 상각관계 수(○)와의 비교]

감소함으로써 연결선 분포의 중심이 관찰된 연결선의 수에 놓이도록 하지만 교호 삼각관계를 충분히 생성하지는 못한다. 따라서 만약 교호 삼각관계 모수를 0.029로 증가시키면, 관찰된 교호 삼각관계의 수에 가까워지지만 연결선의 수(하단 왼쪽 그림)를 재생성하지는 못한다. 하지만, 연결선 모수치와 교호 삼각관계의 모수치가 각각 -4.413과 1.45의 값을 갖는 하단 오른쪽 그림의 경우, 연결선과 교호 삼각관계 분포가 관찰된 값들의 중심에 놓이게 된다. 이 모수치들을 지닌 모형이 적어도 이 두 통계량(즉, 연결선과 교호 삼각관계)에 있어서만큼은 해당 데이터를 적절하게 구현하는 것으로 간주된다.

12.2. 시뮬레이션: ERGM 그래프 분포 구하기

〈그림 12.1〉의 그림들은 서로 다른 분포로부터 추출된 그래프 표본들을 토대로 교호 삼각관계 대비 연결선 분포를 보여준다. 가능한 그래프들이 워낙 많기 때문에 정확한 분포를 나타내거나 이 분포들의 속성을 해석적으로 계산하기가 어렵다. 이에 일부 그래프 표본에 의존할 수밖에 없다. 그래프들을 표집하는 것은 ERGM 추론에 있어서 매우 중요하다.

12.2.1. 마르코프 체인 몬테 카를로를 활용한 그래프 표집

그래프 x를 표집하기 위해 잘 알려진 MCMC를 사용한다. MCMC는 일련의 M개의 그래프들을 생성하는데, 작은 변화를 통해 이 그래프들은 연속적으로 업데이트된다. M이 클 경우, 일련의 연속적 변화에서 마지막 그래프는 타깃 분포(이 책의 경우 ERGM)로부터 추출된 그래프가 된다. 특히 ERGM으로부터 표집하기 위해 메트로폴리스-헤이스팅스 알고리즘(Metropolis-Hastings algorithm)(Chib & Greenberg, 1995; Hastings, 1970; Metropolis et al., 1953; Tierney,

1994)을 사용한다.

시뮬레이션에서 현재의 (과거의) 그래프에서 새로운 그래프로 이동할 때 규칙이 갱신되는데, 이 규칙에 따라 무작위로 노드 쌍을 선택하고 이들이 이미 연결되어 있는지 여부에 따라 이들 사이에 연결선을 제거하거나 추가한다. 만약 하나의 연결선이 변경된 새로운 그래프가 과거 그래프보다 확률이 더 높다면, 새로운 그래프는 일련의 과정에서 그다음 그래프로 선택된다. 만약 새로운 그래프가 확률이 낮고 과거 그래프보다도 가능성이 낮다면, 새로운 그래프 대비 과거 그래프의 가능성을 고려한 확률을 토대로 제안된 그래프의 변화를 제한적으로 채택한다. 새로운 그래프가 받아들여지지 않을 경우, 일련의 과정에서 과거 그래프가 그다음 그래프로 남는다.

〈그림 12.2〉는 20개 노드에 대해 연결선과 교호 삼각관계를 지닌 모형으로부터의 표집 사례를 나타내고 있는데, 여기서 연결선 모수와 교호 삼각관계 모수는 각각 -2와 0.3이다. 빈 그래프(연결선과 교호 삼각관계가 모두 0)로부터 시작하여 100번의 마르코프 체인 업데이트 후에 대략 10개의 연결선을 지닌 그래프에 도달했다. 약 500번의 반복 후에 연결선 수가 20개와 40개 사이인 그래프가 제안되었다. 1,000번과 10,000번의 반복 사이에 평균 약 30개의 연결선을 지닌 그래프를 생성하며 체인이 패턴으로 자리 잡은 것으로 보인다. 여기서 체인이 "수렴(converged)"하여 정상 분포로부터 그래프를 추출한다고 잠정적으로 결론지을 수 있고, 해당 과정에서 마지막 그래프를 표본 지점으로 선택할 수 있다. 〈그림 12.3〉에서 두 개의 통계량을 통해 체인이 어떻게 자리 잡고 그것이 탐색 중인 영역을 어떻게 채우기 시작하는지를 분명히 알 수 있다.

MCMC 표집기(sampler)는 만약 현재 상태가 타깃 분포로부터 추출된 것이라면, 그다음 상태도 그러할 것이라는 점을 그 논거로 삼는다. 즉, 일단 ERGM으로부터 그래프를 생성하기 시작하면 앞으로도 계속 그러할 것임을 뜻한다. 시뮬레이션이 타깃 분포에 도달하기까지 얼마나 많은 반복이 필요한지를 결

〈그림 12.2〉 빈 그래프로 시작한 일련의 마르코프 체인 그래프에서 연결선의 수

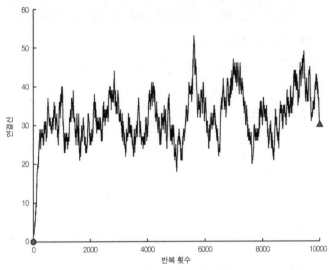

〈그림 12.3〉 마르코프 체인에서 빈 그래프로부터 시작한 일련의 그래프들에 대한 교호 삼각관계
대비 연결선의 수(20개의 노드를 지니고 연결선 모수와 교호 삼각관계 모수가 각각
-2와 0.3인 모형)

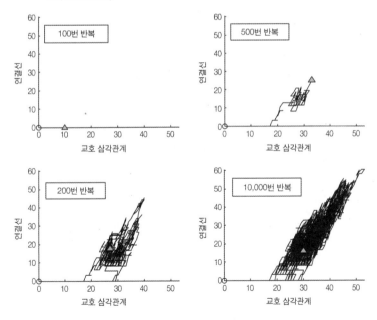

정하는 것은 경우마다 다르다. 이러한 반복 횟수를 통상 "번인(burn-in)"[1]이라고 부른다. 〈그림 12.2〉에서 연결선에 관한 한 시뮬레이션은 몇백 번의 반복 내에서 빠르게 번인한다. 번인은 마르코프 체인에서 그것이 시작한 상태를 "잊기(forget)" 위해 필요하다. 원칙적으로, 번인이 충분히 길기만 하면 어떠한 그래프(빈 그래프, 완전 그래프, 또는 그 어떠한 임의의 그래프)로 시작하든지 문제가 되지 않는다.

12.2.2. 메트로폴리스(metropolis) 알고리즘

시뮬레이션, 추정, 그리고 GOF 관련 문제들이 시뮬레이션이 제대로 되지 않으면서 발생하는 경우가 많다. 즉, 표집기가 그래프 사이를 자유롭게 이동하지 않는 것이다. 이 섹션에서는 메트로폴리스 표집기에 대해 짧지만 보다 자세한 설명을 덧붙이고자 한다. 일련의 그래프들 $x^{(0)}$, $x^{(1)}$, $\cdots$, $x^{(m-1)}$, $x^{(m)}$은 다음과 같이 생성된다. 반복 횟수 m마다 현 상태 $x^{(m-1)}$에서, $x_{ij}^{(m-1)}$이 $1-x_{ij}^{(m-1)}$으로 정해지는 것을 제외하고는 제안된 그래프 x^*이 $x^{(m-1)}$과 같도록 관련 연결선 변수를 업데이트하면서 노드 i와 j 쌍이 무작위로 선택되는데, 이를 "토글(toggle)"이라 부른다. 만약 타깃 분포가 $P_\theta(x)$이면, 제안된 이동을 다음의 확률로 받아들인다.

$$\min\left\{1, \frac{P_\theta(x^*)}{P_\theta(x^{(m-1)})}\right\}$$

여기서 채택 확률(acceptance probability)의 비율을 "헤이스팅스 비율(Hastings ratio)"이라고 부른다. 만약 이동이 받아들여지면, $x^{(M)}=x^*$로 정한다. 그

---

1) 옮긴이 주: 번인은 초기값이 사후 추론에 미치는 영향을 최소화하기 위해, 마르코프 체인 표본의 초기 부분을 폐기하는 것을 의미한다.

렇지 않으면 $x^{(M)}=x^{(M-1)}$로 한다.

헤이스팅스 비율에서의 확률 비율은 나머지 $x_{ij}^{(m-1)}$이 주어진 상황에서 $x_{ij}=1-x_{ij}^{(m-1)}$의 조건부 확률과 $x_{ij}=x_{ij}^{(m-1)}$의 조건부 확률의 비로 표현할 수 있음에 주목하자. 이 비율이 닫힌 형태[2]로 가능하고 이것의 로그 형태가 로짓(또는 로짓의 역수)임을 상기하자.

$$\log\left\{\frac{P_\theta(x^*)}{P_\theta(x^{(m-1)})}\right\} = \log\left\{\Pr\left(X_{ij}=1-X_{ij}^{(m-1)}|X_{-ij}=x_{-ij}^{(m-1)}\right)\right\}$$
$$= \theta_1(z_1(x^*)-z_1(x^{(m-1)})) + \theta_2(z_2(x^*)-z_2(x^{(m-1)})) + \dots + \theta_p(z_p(x^*)-z_p(x^{(m-1)}))$$

더 나아가, 이 헤이스팅스 비율은 정규화 상수를 포함하지 않고 $x_{ij}^{(m-1)}$을 $1-x_{ij}^{(m-1)}$으로 변화시키는 통계량 차이만 계산하면 된다. 이런 차이를 "변화 통계량(change statistics)"이라고 통상 부른다[식(6.1) 참조].

단순 토글을 통해 이동을 제안하는 대안은 스나이더(Snijders, 2002)가 제시했으며, 이는 일반적으로 더 큰 이동을 제안하거나 빈 연결관계나 상이한 가중치를 지닌 연결관계[예컨대, 연결선 유무 표집기(tie-no tie sampler)에서의 연결관계]를 업데이트하는 것을 포함한다(Morris, Handcock, & Hunter, 2008). 이런 대안적인 알고리즘은 그래프 간 요구되는 번인을 줄이기 때문에 일반적으로 더 효율적이다. 〈그림 12.3〉에서 체인이 안정화될 때 대부분의 그래프가 적확한 영역에서 표집된다. 따라서, 같은 분포로부터 여러 네트워크들을 원한다면 체인을 다시 시작할 필요가 없다. 그 대신 표본 지점 간에 더 짧은 시간 동안 체인이 번인하도록 하면 되며, 이들 표본 지점 사이에 버려진 반복 실행 횟수를 "씨닝(thinning)"[3]이라고 부른다. 이 표집된 그래프들이 의존적 표본이

---

2) 옮긴이 주: 삼각함수, 로그함수, 지수함수 등의 기본 함수 또는 합성 함수로 표현할 수 있음을 뜻한다.

3) 옮긴이 주: 몇 스텝 중 한 번만 표본을 솎아내는 것을 의미한다.

된다는 점을 염두에 두어야 하며, 바로 이 이유 때문에 그래프를 시뮬레이션 할 때 중요한 점은 통계량들 간의 자기상관이 너무 크지 않도록 하는 것이다. [이상적으로 0이 가장 바람직하지만 절대값 0.4를 최대 허용 한계로 한다. 증배 계수 (multiplication factor)에 대해서는 섹션 12.4.2를 참조하기 바란다.]

12.3. 추정

앞서 언급한 바와 같이, 통계적 추론의 목적은 통계의 분포를 관찰된 네트 워크의 분포 중심에 위치시켜서, 관찰된 네트워크 데이터를 최대한 구현하는 모형에 적합시키는 데에 있다. 분포로부터 추출한 통계치가 평균적으로 관찰 된 값과 일치할 때 해당 분포가 관찰값들의 중심에 위치한다고 판단한다. 수 학적으로, 통계량의 기대값인 $E_\theta(z(X))$이 관찰된 통계량[즉, $E_\theta(z(X))=z(x_{obs})$, 여기서 x_{obs}은 관찰된 그래프를 의미함]과 같게 되기를 원한다. θ 모멘트 방정식 을 해결하는 것이 관찰된 네트워크 데이터를 최대한 구현하는 모수치를 찾는 것을 의미한다. 대부분의 모형들에 대해 모멘트 방정식을 해석적으로(analyti- cally) 풀어낼 수가 없기에 시뮬레이션에 의존할 수밖에 없다.

12.3.1. 최대 우도 원칙[4]

주어진 모형과 관찰된 데이터에 대한 모수의 최대 우도 추정치는 관찰된 데이터를 구현할 가능성이 가장 높은 θ값이 된다. 확률 $P_\theta(\mathrm{x_{obs}})$을 가능한 한 최대로 만드는 벡터 θ를 찾는 것이 관건이다. θ값은 모멘트 방정식[5]의 해와 같기에 분포를 중심화하는 것이 θ의 최대 우도 추정치를 찾는 것과 같다고 할 수 있다. [이는 모든 지수족 분포에 해당된다(cf. Lehmann, 1983).] 여러 연구들에서 ERGM의 통계적 추론에 대한 더 자세한 설명을 찾아볼 수 있다(예컨대, Corander, Dahmström, & Dahmström, 1998, 2002; Crouch, Wasserman, & Trachtenberg, 1998; Dahmström & Dahmström, 1993; Handcock, 2003; Hunter & Handcock, 2006; Snijders, 2002; Strauss & Ikeda, 1990).

12.3.2. 곡선형 ERGMs

앞서 살펴본 바와 같이 교호 통계량에 대해 대체로 평활 상수 λ를 고정시키지만 이를 자유 모수로 두고 추정해볼 수도 있다. 이 경우, 이와 관련한 모

---

4) 옮긴이 주: 최대 우도 추정이란 어떤 모수 θ의 값을 추정하는 방법으로, θ에 대한 우도함수 L(θ)를 최대로 만드는 θ를 찾으면 되는데, 이때 θ에 대한 추정값은 $\frac{dL(\theta)}{d\theta}$=0을 만족한다. 그런데 예를 들어 주사위를 100번 던졌을 때 1이 20번 나왔다는 관찰 결과로부터 최대 우도 추정을 할 경우, L$(\theta)=_{100}C_{20}\theta^{20}(1-\theta)^{80}$이 되어 θ의 차수가 100차인 방정식을 미분해야 하는 등 실제로 미분 자체가 어려운 상황이 발생한다. 이에, 우도함수에 자연 로그를 붙여서 로그우도함수 $\log_e$L(θ)로 변환한 후에 이 식을 최대로 만드는 θ를 구하면 된다. 이 θ가 결과적으로 우도함수 L(θ)도 최대로 만들게 된다. 우도함수 L(θ)를 최대로 하는 θ는 로그우도함수 $\log_e$L(θ)에 대해 $\frac{dL(\theta)}{d\theta}\log_eL(\theta)$=0을 만족한다. 모수가 여러 개인 경우, 각각의 모수에 대해 편미분을 하면 된다(이시카와 아키히코, 2019).

5) θ에 대해 $P_\theta(\mathrm{x_{obs}})$의 로그를 미분하면 $\frac{\partial}{\partial\theta}log P_\theta(x_{obs}) = z(x_{obs}) - \frac{\partial}{\partial\theta}log\left\{\sum_{x\in X}e^{\theta_1 z_1(x)+\ldots+\theta_p z_p(x)}\right\}$을 $z(\mathrm{x_{obs}}) - \sum_{x\in X}z(\mathrm{x})P_\theta(\mathrm{x})$으로 축소시키는데, 이것이 바로 모멘트 방정식이다.

형은 충분 통계량보다 더 많은 모수를 지니는 곡선형 지수족 분포를 따르게 되며, 최대 우도 방정식에서는 값을 아는 모수보다 값을 모르는 모수(θ)가 더 많게 된다. 여기서는 모멘트 방정식이 더 이상 최대 우도 방정식과 등가가 아니지만, 통계량과 모수의 수를 늘려서 같게 만드는 방식으로 수식을 변환함으로써 유사한 방정식을 만들 수 있다(Hunter & Handcock, 2006).

12.3.3. 베이지안 추론

베이지안 패러다임에서 미지수에 대한 불확실성은 확률과 확률 분포로 모형화해야 한다(예컨대, Bernardo & Smith, 1994; Box & Tiao, 1973; Lindley, 1965). 모수치가 알려져 있지 않기 때문에, 사전분포(prior distribution)를 활용하여 모수들에 대한 불확실성을 모형화한다. 관찰된 데이터가 있을 경우, 데이터를 토대로 한 모형은 모수치들에 대해 관찰 데이터가 발생할 확률을 감안하여, 모수들이 다른 값을 가질 가능성을 가늠하는 데에 사용할 수 있다. 그리하여, 데이터 모형을 통해 모수들에 대한 불확실성을 사후분포(posterior distribution)로 업데이트할 수 있다.

사후분포는 닫힌 형태로는 가능하지 않기에, 사후분포로부터 값을 추출하여 표집 과정을 거치는 것이 필요하다. 이 과정은 MCMC를 사용하면 되는데, 모수들의 새로운 값들을 제안하면서 현 모수 벡터를 업데이트하고 사후분포[대안적 접근이 엣체이드, 라틸롯, 그리고 로버트(Atchade, Lartillot, & Robert, 2008)에 의해 제안된 바 있다]에 따라 현재의 값들과 관련하여 제안된 값들이 얼마나 가능성이 높은지에 대한 확률을 토대로 새로운 값들을 수용한다. 이는 모멘트 방정식에 의존적이지 않으며 곡선형 ERGM에도 동일하게 잘 적용된다. MCMC 업데이트 스텝(step)에서 사후분포 비율을 평가하기 위해서 해당 모수치로 정의된 모형으로부터 표본 그래프들을 추출해야만 한다(Koskinen, 2008; Koskinen, Robins, & Pattison, 2010). 코스키넨(Koskinen, 2008) 그리고 코스키넨과 그의 동료들(Koskinen et al., 2010)이 베이지안 추정 과정에 대해 제안한 바 있으며, 베이지안 과정은 최대 우도 접근보다 이점이 있다고 주장했다. 추정 과정을 통해 가능성 있는 모수들의 분포를 얻을 수 있으며 모수들의 불확실성에 관한 사전 설정[주관적으로 설정6)하거나 공액(conjugacy)7)을 통해 설정(Diaconis & Ylvisaker, 1979)]을 활용할 수 있다. 카이모와 프리엘(Caimo & Friel, 2011)은 이와 관련 있지만 더 나은 접근을 제안한 바 있는데, 이 접근은 머레이, 가라마니, 그리고 맥케이(Murray, Ghahramani, & MacKay, 2006)의 교환 알고리즘을 사용한다. 이 알고리즘은 베이지안 추정을 최대 우도 추정보다 계산적으로 더 효율성 있고 덜 복잡하게 만든다. 이 알고리즘은 $\theta \mid x_{obs}$의 사후분포로부터 $\theta^{(r)}, \theta^{(r+1)}, \theta^{(r+2)}, \cdots \theta^{(T)}$(여기서 r은 번인으로 그 값은 적절하게 선택한다)을 산출한다. 관찰 데이터가 주어진 상황에서 모수 관련 정보는 이 결과에 반영되어 있으며 점 추정치는 평균값 $\hat{\theta} = \dfrac{1}{T-r}(\theta^{(r)} + \theta^{(r+1)} + \cdots \theta^{(T)})$에 해당하고 여기서 불확실성은 표준편차 $SD(\theta_k)$로 측정된다.

카이모와 프리엘(Caimo & Friel, 2011)의 알고리즘은 놀랍게도 단순하다. 각각의 반복마다 이동이 θ^*으로 제안되는데, θ^*은 현재 값 $\theta^{(t)}$을 중심으로 한 정규 분포로부터 추출되었다. 이 제안이 주어진 상태에서, 하나의 그래프가 생성되며 $x^* \sim ERGM(\theta^*)$으로 표현된다. 균등 랜덤 변량(uniform random variate)

---

6) 옮긴이 주: 주관적 사전분포(subjective prior)는 정보 사전분포(informative prior)라고도 하는데, 추종하고자 하는 모수에 대한 사전 정보나 이론적 지식이 있는 경우, 이 정보와 지식을 반영하는 사전분포를 뜻한다(오만숙, 2017).

7) 옮긴이 주: 모수 θ에 대한 우도함수를 $f(x \mid \theta)$라 할 때 어떤 사전분포의 집합 Π가 임의의 밀도함수 $\pi(\theta) \in \Pi$와 임의의 x에 대하여 $\pi(\theta \mid x) \in \Pi$를 만족시키면 Π는 우도함수 $f(x \mid \theta)$에 대한 공액사전분포(conjugate prior) 집합이라고 정의한다. 공액사전분포는 사전분포와 사후분포가 같은 분포 형태로 되어 있고 모수치만 다르기 때문에, 새로운 자료가 추가되었을 때 기존의 사후분포를 사전분포로 사용하여 새로운 사후분포를 유도할 경우 단지 모수치만 바꾸면 된다. 이 분포는 MCMC 기법의 사용을 용이하게 해준다. 반면, 모수에 따라 분포 형태가 고정되어 있으므로 다양한 사전 정보를 반영하기에는 한계가 있다(오만숙, 2012).

u~Unif(0, 1)을 추출하여 θ^*와 산출된 그래프 x^*을 토대로 만약 $\log(u) < (\theta^{(t)}$ $-\theta^*)^{\mathrm{T}}(z(x^*)-z(x_{obs}))$일 경우, θ^*을 채택하고 $\theta^{(t+1)}=\theta^*$을 설정한다. 그렇지 않을 경우 $\theta^{(t+1)}=\theta^{(t)}$을 설정한다. 이는 관찰한 것과 유사한 그래프를 생성하는 모수들을 채택한다는 것을 의미한다.

12.4. 우도 방정식 해법

모멘트 방정식 해법의 원칙은 그래프 $x^{(1)}$, $x^{(2)}$, $\cdots$, $x^{(M)}$을 시뮬레이션하고, 해당 표본에 대해 상응하는 $E_\theta(z(x))$의 표본 등가식인 $\bar{z}_\theta = \frac{1}{M}(z(x^{(1)})+z(x^{(2)})$ $+\cdots z(x^{(M)}))$을 계산하고, 그 후 $\bar{z}_\theta$이 $z(x_{obs})$와 같은지 여부를 검토하여 값 θ를 선택하는 것이다. 만약 $\bar{z}_\theta - z(x_{obs})$이 0이 아니면, 다른 θ값을 선택하여 이 과정을 반복한다. $\bar{z}_\theta - z(x_{obs})$이 0이 되는 θ값을 찾을 때까지, 즉 최대 우도 추정을 위해 이 과정을 반복한다. 다시 말해, 통계량들의 분포를 맞추기 위해 모수치들을 점진적으로 변화시킨다. $\bar{z}_\theta$에 항상 표집 변동량이 존재하는데 그 변동의 크기는 M에 따라 다르다.

상이한 θ값을 시도하고 $\bar{z}_\theta - z(x_{obs})$이 0인지 여부를 결정하는 "무차별 대입 (brute force)"[8] 방법은 그다지 효과적이지 않다. $\bar{z}_\theta - z(x_{obs})=0$을 해결하는 두 가지 주요 접근법이 선행 연구에서 제안된 바 있다. 바로 중요도 표집(impor-tance sampling)과 확률적 근사(stochastic approximation)이다. 전자는 Statnet 의 디폴트 접근이고, 후자는 PNet과 SIENA에서 사용되며 Statnet에서도 가능하다.

---

8)　옮긴이 주: 무차별적으로 값을 대입해 억지로 문제를 푸는 과정을 의미한다.

12.4.1. 중요도 표집: 게이어-톰슨(Geyer-Thompson) 접근

게이어-톰슨 알고리즘(1992)은 하나의 그래프 대표본을 모수 벡터의 임시 값으로 정한 후에 이 표본을 모든 가능한 그래프를 대표하는 것으로 간주한다. 그리하여, 모수 벡터를 바꿀 때조차, $\bar{z}_\theta - z(x_{obs})=0$ 여부를 결정하기 위해 동일한 표본을 사용하여 표본 평균을 계산한다. 이런 방법이 직관적으로는 무차별 대입 접근과 유사해 보이지만, 적은 수의 대표본을 사용하기만 하면 되고 효과적인 최소화 알고리즘이 있다는 점에서 다르다. 게이어-톰슨 알고리즘은 Statnet의 디폴트를 구성하는 주요 알고리즘이다(Handcock, 2003; Handcock, et al., 2003; Hunter, Handcock, Butts, Goodreau, & Morris, 2008; Hunter & Handcock, 2006). 그래프들의 표본이 그래프의 전체 공간이 아니라 단지 표본일 뿐이라는 점을 고려하기 위해 $\bar{z}_\theta$을 계산할 때 통계량의 가중 평균을 취해야 한다. 보다 구체적으로, 만약 표본이 모형 $P_{\tilde{\theta}}(x)$으로부터 생성되었다면, 함수 f(x)의 표본 평균 $\bar{f}_\theta = w^{(1)}f(x^{(1)}) + w^{(2)}f(x^{(2)}) + \cdots + w^{(M)}f(x^{(M)})$은 아래의 가중치를 지니며, M이 커지고 θ가 $\tilde{\theta}$에 상당히 가까워질 때 참인 기대값 $E_\theta(f(x))$에 대한 좋은 근사치가 된다.

$$
w^{(m)} = \frac{e^{(\theta_1 - \tilde{\theta}_1)z_1(x^{(m)}) + \ldots + (\theta_p - \tilde{\theta}p)z_p(x^{(m)})}}{\displaystyle\sum_{k=1}^{M} e^{(\theta_1 - \tilde{\theta}_1)z_1(x^{(k)}) + \ldots + (\theta_p - \tilde{\theta}p)z_p(x^{(k)})}}
$$

θ가 $\tilde{\theta}$에 가까워질수록, 가중치가 1/M에 가까워지며, 만약, 예를 들어, $\tilde{\theta}=\theta$이고 f(x)=z(x)이면, $\bar{f}_\theta(x) = \bar{z}_\theta(x)$이 된다. 만약 θ가 $\tilde{\theta}$에 가깝지 않다면, 가중치 $w^{(m)}$ 간에 높은 분산이 존재할 것이고 추정치가 여전히 중심에 위치한다 하더라도 표준편차가 클 것이다.

통상 $x^{(1)}, x^{(2)}, \cdots, x^{(M)}$을 생성하는 체인은 연속적인 표집 지점 간에 번인이 허용되지 않는다. 그 대신에, 더 적은 수의 스텝, 즉 k(씨닝)가 표본 지점들 간에 버려지게 되어 상관관계가 약한 표본을 제시하게 된다. 이는 체인의 자기상관이 매우 크지 않은 이상 일반적으로 수용할 만한 것으로 받아들여진다. 체인의 자기상관이 매우 클 경우 알고리즘이 제대로 작동하지 않는다. Statnet에서는 스텝 수 k는 "ergm"의 "interval" 인수(argument)에 의해 설정된다. [굿로우와 그의 동료들(2008)이 관련 설명을 제시한 바 있다. 이용자들이 아래 섹션 12.4.2에서 보여준 대로 경험에 따라 k를 설정하는 것을 고려해볼 수 있는데, 중배 계수에 따라 달라질 수 있다.]

우도 방정식을 해결하기 위해, 뉴턴-랩슨(Newton-Raphson)[또는 피셔 스코링(Fisher scoring)] 버전을 사용하여 일련의 모수들 $\theta^{(0)}=\tilde{\theta}$, $\theta^{(1)}$, $\theta^{(2)}$, … $\theta^{(G)}$을 생성할 수 있다. 최소화 알고리즘에서 $\theta^{(g)}$의 업데이트 스텝은 아래와 같이 이뤄진다.

$$\theta^{(g)} = \theta^{(g-1)} - D(\theta^{(g-1)})^{-1} \left\{ \sum_{m=1}^{M} w^{(m)} z(x^{(m)}) - z(x_{obs}) \right\}$$

$\sum_{m=1}^{M} \mathrm{w}^{(m)} \mathrm{z}(\mathrm{x}^{(m)})$이 $E_\theta(z(x))$의 근사치이기 때문에, 만약 참인 최대 우도 추정치가 $\theta^{(g-1)}$이라면 $E_\theta(z(x))-z(x_{obs})=0$이며 업데이트 스텝은 단순히 $\theta^{(g)}$을 $\theta^{(g-1)}$과 동일하게 설정할 것이다.

알고리즘에서 비례 행렬(scaling matrix) $D(\theta)$은 관찰값과 통계량의 기대값 간의 차이를 정규화(scale)한다. 이런 조정은 상응하는 모수의 변화에 대한 민감도가 통계량마다 다를 수 있고 해당 모수는 그들의 통계량뿐만 아니라 다른 통계량에까지 영향을 미칠 수 있기 때문에 필요하다. 행렬 $D(\theta)$은 가중된 표본 공변량 $\sum_m \mathrm{w}^{(m)} \mathrm{z}(\mathrm{x}^{(m)}) \mathrm{z}(\mathrm{x}^{(m)})^\mathrm{T} - [\sum_m \mathrm{w}^{(m)} \mathrm{z}(\mathrm{x}^{(m)})][\sum_m \mathrm{w}^{(m)} \mathrm{z}(\mathrm{x}^{(m)})]^\mathrm{T}$으로 설정된다.

통상 이 알고리즘은 $\theta^{(G)}$을 임시 MLE $\tilde{\theta}$로 하고 난 후 알고리즘을 $\tilde{\theta}=\theta^{(G)}$으로 재시작하면서 여러 번 다시 시작되어야 한다. (재시작 횟수는 "ergm"의

"maxit" 인수에 의해 설정된다.) 중요한 점은 $\tilde{\theta}$이 최대 우도 추정치 참값으로부터 너무 멀지 않고 특히 통계량 표본 $z(x^{(1)})$, $z(x^{(2)})$, $\cdots$, $z(x^{(M)})$이 관찰된 통계량 $z(x_{obs})$을 반드시 "커버(cover)"해야 한다는 것이다.[9] 그렇기 때문에, 이 알고리즘의 적절한 시작점을 찾는 것이 어려울 수 있다.

12.4.2. 확률적 근사: 로빈스-먼로(Robbins-Monro) 알고리즘

스나이더(Snijders, 2002)는 ERGM에 대한 최대 우도 추정치를 산출하기 위해 확률적 근사(로빈스-먼로 알고리즘 버전)를 제안했다. 중요도 표집 체계처럼, 확률적 근사 접근도 뉴턴-랩슨[10]-유형의 방정식에 따라 모수를 점증적으로 업데이트하는 방식에 의존하지만, 그래프들의 대표본들을 추출하여 기대

---

9) 기술적으로, $z(x_{obs})$이 $z(x^{(1)})$, $\cdots$, $z(x^{(M)})$에서 상대적으로 볼록 껍질[convex hull; 옮긴이 주: 다수의 관찰값들이 있을 때 나머지 관찰값들을 모두 포함하는 볼록한 형태의 다각형(박종준, 2017)의 내부에 있다고 말한다(Handcock, 2003).

10) 옮긴이 주: 우도 방정식을 이용한 해가 정확한 형태로 구해질 수 없는 복잡한 경우에서 해당 최대 우도 추정치를 찾기 위해서 반복적인 수치적 방법을 이용하기도 한다. 이러한 방법 중 하나가 뉴턴-랩슨 법이다(정윤식, 2018). 쉬운 예로, 구간 (a, b)에 방정식 f(x)=0의 실수해가 단 하나 존재한다고 할 때, 점 A(a, f(a))에서 y=f(x)의 접선과 x축이 만나는 점의 x 좌표 a_1은 a보다 f(x)=0의 해 α와 가깝다. 다시 점 $(a_1, f(a_1))$에서 y=f(x)의 접선과 x축이 만나는 점의 x 좌표 a_2는 a_1보다 해 α에 더 가깝게 위치한다. 이것을 반복하면 방정식 f(x)=0의 해 α의 근사값을 구할 수 있다(와쿠이 요시유키, 2017). 아래 그림은 와쿠이 요시유키(2017)를 참고했다.

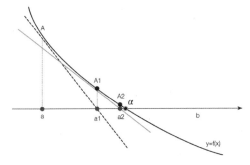

값을 계산할 필요가 없다. 효율적으로 보이진 않을지라도, 확률적 근사는 신뢰도 높은 추정치를 산출하고 특별히 적절한 시작점을 찾을 필요가 없다는 점에서 강건한 기법이라 할 수 있다.

스나이더(Snijders, 2002)의 알고리즘은 세 가지 주요 단계로 구성된다. 디폴트 설정이 적절치 않은 경우 도움을 주기 위해 알고리즘 설정 관련 기능을 설명하고자 여기에서 일부 세부 사항들에 대해 소개한다. 모든 단계에서 메트로폴리스 알고리즘을 사용하여 모형으로부터 표본을 추출한다. 여기서 번인이 충분해야 한다는 점이 중요하다. PNet에서 번인은 γdensity(x_{obs})[1-density(x_{obs})]n²으로 설정되는데, 여기서 γ는 증배 계수(multiplication factor)라고 불린다. 만약 증배 계수가 너무 낮게 설정되어 있으면, 잘못된 종류의 그래프를 생성하게 될 가능성이 높기에, 증배 계수를 증가시킴으로써 추정 과정을 개선할 수 있다. 노드 수가 30개이고 연결선이 75개인 그래프에서 대략 1,300개의 번인이 주어질 때, 디폴트 값은 γ=10(방향성 있는 단일변량 네트워크에 대해서는 γ=30)이다.[11] 디폴트 값이 매우 낮을 수 있으며 이러할 경우 이를 증가시킬 필요가 있다. 만약 연구자들이 모수 추정치를 수렴시키기 어렵다면, 증배 계수를 증가시키는 것이 한 가지 방법이 될 수 있다. 절대값 0.4보다 큰 표본 자기상관은 일반적으로 증배 계수가 매우 낮음을 시사한다.

또 다른 시뮬레이션 튜닝 상수는 이득 계수(gain factor) a이다. "이득 계수"는 θ를 업데이트할 때 업데이트 스텝이 얼마나 큰지를 통제한다. 만약 a가 너무 크다면, 업데이트 스텝이 너무 크다는 것을 의미하며, 반복 횟수가 최대우도 추정치 근처에 빨리 도달할지라도, 계속해서 그 지점을 지나칠 것이다. 만약 a가 너무 작으면, 반복(iteration)이 매우 작고 정확한 스텝으로 행해지지

---

11) 여기서 알고리즘 형태는 PNet에서의 설정을 따른다. 설정에 대한 추가 변경은 스나이더(Snijders, 2002)를 참고하기 바란다. Statnet에서는 씨닝과 번인이 각각 "interval"과 "burn-in"을 사용하여 설정된다. 다른 로빈스-먼로 추정은 ergm의 "control" 인수에 의해 설정된다.

만 최대 우도 추정치에 도달하기까지 매우 오래 걸릴 것이다. a의 디폴트 값은 0.1인데, 만약 초기 모수가 최대 우도 추정치에 가까울 경우 0.1이 매우 높은 값일 수 있다.

1단계: 초기값 설정(initialization). 1단계에서는 작은 수의 반복을 통해 비례 행렬 D_0와 모수들의 초기값을 결정한다. 비례 행렬은 중요도 표집 알고리즘에서와 같은 목적으로 기능하며 모수 벡터의 상이한 요소들의 업데이트를 정규화(scale)한다. $M_1 = 7 + 3p$(여기서 p는 모수의 수를 나타낸다)만큼의 표본 $x^{(1)}$, $x^{(2)}, \cdots, x^{(M1)}$이 초기 모수 $\tilde{\theta}$에 대해 생성된다. 통계량의 기대 벡터의 대략적인 추정치는 다음과 같다.

$$\overline{z}_\theta = \frac{1}{M_1}(z(x^{(1)}) + z(x^{(2)}) + \ldots + z(x^{(M_1)}))$$

공변량 행렬은 다음과 같다.

$$D = \frac{1}{M_1}\sum_m z(x^{(m)})z(x^{(m)})^T - \overline{z}_{\tilde{\theta}}\overline{z}_{\tilde{\theta}}^T{}^{12)}$$

이후 2단계에서 초기 모수 벡터는 $\theta^{(0)} = \tilde{\theta} - aD^{-1}(\overline{z}_\theta - z_{obs})$로 설정된다. (앞으로 z_{obs}은 $Z(x_{obs})$을 의미한다.) 2단계를 통틀어 사용된 비례 행렬은 $D_0 = \mathrm{diag}(D)$으로 설정된다.

2단계: 최적화. 2단계는 $\overline{z}_\theta - z_{obs} = 0$의 해법을 찾기 위해 뉴턴-랩슨 최소화 체계를 이행한다. 이 단계는 여러 개의 하위 단계들로 구성되는데, 이 하위 단계들에서는 알고리즘이 최대 우도 추정치에 가까워진다는 가정하에 업데이

---

12) 옮긴이 주: 참고로 두 확률변수 X와 Y 간의 공변량은 Cov(X, Y)=E(XY)−E(X)E(Y)이다.

트 과정에서 행한 스텝들이 점진적으로 작아진다. 각각의 하위 단계 r과 각각의 반복 m에서 현 모수 벡터 $\theta^{(m)}$은 아래 식을 통해 새로운 값 $\theta^{(m+1)}$으로 업데이트된다.

$$\theta^{(m+1)} = \theta^{(m)} - a_r D_0^{-1} (z(x^{(m)}) - z_{obs})$$

여기서 $x^{(m)}$은 현재 모수 $\theta^{(m)}$에 의해 정의된 모형으로부터 생성된 하나의 그래프이다. $z(x^{(m)})$이 하나의 그래프 $x^{(m)}$만을 토대로 하기 때문에, $z(x^{(m)})$-z_{obs}이 0과 같을 가능성이 작다. 하지만, 만약 $\theta^{(m)}$이 최대 우도 추정치라면, 이 차이는 평균적으로 0이 될 것이다. 하위 단계 r에서 이득 계수는 $a_r=a_{r-1}/2$으로 설정되며, 따라서 연속적 $\theta^{(m)}$로의 변화는 각각의 하위 단계에 대해 점진적으로 작아진다. $z(x^{(m)})$이 z_{obs}에 가까워질수록 그리고 a_r이 0에 가까워질수록 이 변화는 점차적으로 더욱더 작아질 것이다.

산출된 통계량의 궤적이 관찰된 통계량을 가로지르는 데에 걸리는 반복 횟수까지 하위 단계 r은 실행된다. (즉, $z_k(x^{(m-1)}) > z_k(x_{obs})$이고 $z_k(x^{(m)}) < z_k(x_{obs})$일 때까지를 의미하는데 반복 횟수가 최소한 $(7+p)2^{4r/3}$이며 최대한 $(7+p)2^{4r/3}+200$이다.) 하위 단계에서 모수의 초기값은 이전 하위 단계의 평균 모수치로 설정한다. 마지막 하위 단계의 평균 모수치가 최대 우도 추정치로 간주된다.

〈그림 12.4〉는 32개의 연결선과 31.5개의 교호 삼각관계를 지닌 20명의 행위자들로 구성된 네트워크에 대한 로빈스-먼로 알고리즘을 보여준다. 왼쪽 패널에서 (점선으로 표시된) 다섯 개의 하위 단계들이 구분되어 보이는데, 이러한 모수치의 변동은 이전 하위 단계의 평균값을 시작점으로 하는 데에서 기인한다.

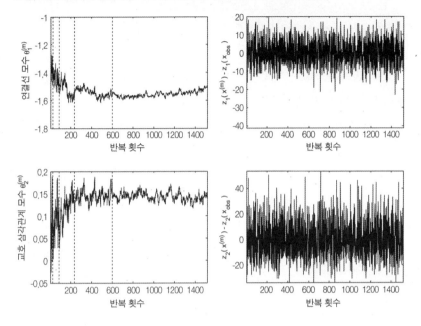

3단계: 수렴 검증과 불확실성 측정값 계산. 만약 2단계에서 산출된 모수치 $\hat{\theta}$가 참인 최대 우도 추정치를 갖는다면, 기대값 $E_{\hat{\theta}}(z(x))$이 관찰된 $z(x_{obs})$과 동일해야 하며 충분히 큰 표본에 대해서는 $\bar{z}_\theta - z_{obs} \approx 0$이어야 함을 알고 있다. 과연 그러한지에 대해서는 3단계에서 평가한다. 만약 기대값이 관찰값과 동일하다면, 추정이 수렴되었다고 말할 수 있다. 추정 과정이 수치적이기 때문에, 여기서 말하는 등식이 정확히 참이라고 기대하지 않으며 최대 우도 추정치 참값에 충분히 가깝다고 여길 만한 해를 찾고자 하는 것이다. 통계량 분포에서 전반적인 변동과 관련하여 $\bar{z}_\theta$ 와 z_{obs} 간의 차이를 비교한다. 만약 이 차이가 변동에 비해 작으면, $\hat{\theta}$이 최대 우도 추정치에 충분히 가까운 것으로 간주한다. 보다 구체적으로, 아래의 수렴 통계량이 충분히 작을 때 추정이 최대 우도 추정치로 수렴했다고 판단한다. 여기서 분모는 표본 표준편차이다.

$$\frac{\overline{z}_\theta - z_{obs}}{SD_\theta\left(\left\{z_k\left(x^{(m)}\right)\right\}_{m=1,\dots,M_3}\right)}$$

수렴 통계값이 -0.1과 0.1 사이일 때 수렴되었다고 할 수 있다.[13] 만약 수렴 통계량이 -0.1보다 작거나 0.1보다 클 경우, $\hat{\theta}$이 최대 우도 추정치로부터 너무 멀리 있어서 이 추정치를 근간으로 그 어떠한 추가 분석을 시행하는 것이 적절치 않음을 시사하며, 추정이 다시 이뤄져야 함을 나타낸다. 추정이 반복되면, 마지막으로 산출된 추정치가 모수의 초기값으로 사용되어야 하며, 번인은 증배 계수를 증가시킴으로써 늘어날 것이다. 〈그림 12.1〉의 예시를 보면, 디폴트 설정(증배 계수가 10이며 이득 계수가 0.1)을 토대로 시행한 첫 번째 시도에서는 수렴을 달성하지 못했다. 증배 계수가 20에서 이후 50으로 변화하면서 마침내 추정이 수렴한다.

만약 수렴을 달성하고자 하는 반복된 시도가 실패할 경우, 조건부 추정이 하나의 선택이 될 수 있다. 예컨대, 그래프 밀도를 관찰된 네트워크의 밀도로 고정시키는 방법이다. 연결선 모수를 추정에 있어서 관심 대상이 아닌 장애 모수로 간주하는 것과 유사한 방식이다.[14] 수렴을 용이하게 하기 위한 다른 조건들로는 (내향과 외향) 연결정도 분포를 고정시키거나 일부 연결선 또는 행위자들을 모형의 외생변수로 간주하는 방법이 있다.

Statnet에서 시행되는 중요도 표집 추정 루틴은 수렴을 검증하기 위한 3단계와 같은 과정이 없다. 그 대신, 이용자가 굿로우와 그의 동료들(Goodreau et

---

13) 이 기준이 유용한 것으로 판명되었지만, 0.1이라는 값이 다소 자의적으로 선택되었다는 점은 명백하다. 보다 일반적으로 중요한 문제는 편차가 시뮬레이션 오차 때문인지 또는 동일성(identity)을 충족시킬 수 없음을 반영하는 것인지 여부를 가늠하는 것이다. 이 두 가능성 사이에서 0.1이라는 값이 적절한 균형을 잡아준 것으로 보인다.

14) 적합된 모형이 관찰된 밀도값과 동일한 밀도를 지닌 그래프에 적용되는 것이므로, 결과를 해석함에 있어서 이러한 조건화를 고려해야 한다는 점을 유념해야 한다.

al., 2008, 섹션 6과 섹션 8)이 설명한 것처럼 "mcmc.diagnostics( )"와 "gof( )"을 사용하여 "수동적으로(manually)" 수렴을 검증하는 방법을 권한다.

3단계의 두 번째 목적은 추정치의 근사 표준오차를 산출하는 데에 있다. (표준오차는 표집 분포에서 추정량의 표준편차를 의미한다.) 일반화된 선형 모형에서 피셔 정보 행렬(Fisher information matrix)이나 헤시안(Hessian)(지수족 모형의 경우 이 둘은 같지만 서로 다른 부호를 지닌다)으로부터 근사 표준오차를 추출하는 방법이 널리 사용된다. 정보 행렬이 통계량의 공변량 행렬(즉, $E_{\hat{\theta}}(z(X)z(X)^{\mathsf{T}}) - E_{\hat{\theta}}(z(X))^{\mathsf{T}})$과 동일함을 보여주는 것은 간단하다. 표본 공변량 행렬은 세 번째 단계에서 생성한 표본으로부터 쉽게 얻을 수 있다.

12.4.3. 종단 모형 관련 변경

11장에서 설명한 종단 모형에 대해 상기 추정 과정을 그대로 적용하기는 어렵다. 이전에 설명한 과정들에 비해 몇 가지 추가적인 문제가 있지만 "추정 방정식 방법(method of estimating equations)"이라고도 불리는 모멘트 방법을 여기에 적용해볼 수 있다. 모멘트 방정식은 다음과 같다.

$$\sum_{m=1}^{M-1} E_{\hat{\theta},\hat{\rho}}\{(z(X(t_{m+1}))|X(t_m) = x(t_m)\} = \sum_{m=1}^{M-1} z(x(t_{m+1})) \quad (12.1a)$$

$$\sum_{m=1}^{M-1} E_{\hat{\theta},\hat{\rho}}\{(H(X(t_{m+1}),X(t_m))|X(t_m) = x(t_m)\} = \sum_{m=1}^{M-1} H(x(t_{m+1}),x(t_m)) \quad (12.1b)$$

여기서 H(x, x')은 인접 행렬 x와 x' 간의 해밍 거리(Hamming distance)를 나타내며, 아래 수식에 의해 정의된다.

$$H(x,\, x') = \sum_{i,j\,=\,1}^{n} |x_{ij} - x'_{ij}|$$

식(12.1a)는 θ를 추정하는 데에 중요한 반면, 식(12.1b)는 ρ를 추정하는 데에 중요하다. 하지만 두 식 모두 동시에 충족되어야 한다. 이 식들의 표준오차뿐만 아니라 이들을 근사적으로 해결하는 모수 추정치들은 스나이더(Snijders, 2001)가 네트워크 동역학의 행위자-지향 모형과 관련하여 제안한 알고리즘에 입각하여 산출할 수 있다. 이 추정량들은 전적으로 시뮬레이션 모형을 기반으로 하는데, 시뮬레이션 모형은 t_1에서 관찰된 네트워크를 시작점으로 하여 네트워크들을 시뮬레이션하기에 스나이더(Snijders, 2001)의 연구에서와 같은 알고리즘을 적용할 수 있다. 다만, 한 가지 다른 점은 스나이더(Snijders, 2001)의 연구에서는 이전에 주어진 업데이트 스텝이 모형의 동역학을 정의하는 데에 쓰인다는 점이다. 적절한 변용이 가능하다면, 스와인버거와 스나이더(Schweinberger & Snijders, 2007)에서 제시한 과정에 입각하여, 계산적 효율성을 증가시킬 수 있다. 마찬가지로, 스나이더, 코스키넨, 그리고 스와인버거(Snijders, Koskinen, & Schweinberger, 2010) 또는 코스키넨과 스나이더(Koskinen & Snijders, 2007)의 베이지안 과정에 따라 최대 우도 추정량을 개발할 수 있다.

모멘트 방정식을 해결하기 위한 추정의 세 단계는 종단 모형에 있어서도 기본적으로 동일하지만, 두 가지 주요 차이점이 있다. 첫째, $z(x^{(m)})$을 시뮬레이션할 때 관찰 시점(알고리즘에서 연속적 관찰들은 독립적 실험에 해당한다) 간의 변화에 대해서 시뮬레이션만 하기 때문에 번인 시기를 사용하지 않는다. 모수 θ와 ρ의 추정은 $x_{obs}(t_0)$에 대해 조건부 의존적일 것이다. (즉, 네트워크의 첫 번째 관찰값은 당연한 것으로 여겨지며, 추후 관찰들에서 관찰된 변화들에 대한 시작점으로서의 역할로만 모수 추정치에 영향을 줄 뿐이다.) 따라서, 이 과정은 $x_{obs}(t_0)$에서 시작되는데, 정의된 과정에 따라 시뮬레이션이 시행되고 정지 기준을 충족시킬 때 멈춘다. 만약 ρ가 추정되지 않는다면, 정지 조건은 $z(x_m)$이

$x_{obs}(t_0)$와 달라야 하기에 $x_{obs}(t_1)$과 $x_{obs}(t_0)$ 차이만큼 혹은 미리 정해진 수만큼 반복해야 한다. 만약 ρ이 식(12.1b)를 통해 추정되려면, 정지 기준이 종단 모형에서 시뮬레이션한 바와 같이 시간을 기반으로 해야 한다. 업데이트는 메트로폴리스 업데이트 스텝보다 깁스 업데이트 스텝을 사용하여 이뤄진다는 점에 주목하자. 즉, 현 상태 $x^{(r-1)}$이 주어진 상태에서 그리고 무작위로 균등하게 선택된 쌍(i_r,j_r)에 대해 그다음 상태는 아래의 확률을 토대로 $\triangle_{i_r j_r} x^{(r-1)}$로 설정된다.

$$\Pr(X^{(r)}=\triangle_{i_r j_r} x^{(r-1)}|(i_r,j_r))=\frac{\exp(\theta^T z(\triangle_{i_r j_r} x^{(r-1)}))}{\exp(\theta^T z(\triangle_{i_r j_r} x^{(r-1)}))+\exp(\theta^T z(x^{(r-1)}))}$$

만약 변화 통계량 $\delta^{(r)}=z(\triangle_{i_r j_r}^{+} x^{(r-1)})-z(\triangle_{i_r j_r}^{-} x^{(r-1)})$이 $x^{(r-1)}$의 모든 다른 요소들을 불변의 상태로 둔 채 $i_r j_r$을 0으로 설정하는 것 대비 1로 설정하는 것 간의 통계량 차이를 나타낸다면, 업데이트 스텝의 확률을 $\Pr(X_{i_r j_r}=x_{i_r j_r}^{(r)} \mid X_{-i_r j_r}=x_{-i_r j_r}^{(r)})=(1+\exp\{(1-2x_{i_r j_r}^{(r)})\theta^T\delta^{(r)}\})^{-1}$으로 적을 수 있다. 종단 모형과 횡단 모형 간 추정에 있어서 두 번째 주요 차이점은 후자에 대해서는 $\mathrm{Cov}_\theta\{\hat{\theta}\}=\mathrm{Cov}_\theta\{z(X)\}^{-1}$인 반면, 전자에 대해서는 $\mathrm{Cov}_\theta\{\hat{\theta}\}\approx D_I(\theta)^{-1}\mathrm{Cov}_\theta\{z(X^{(M)}|x_{obs}(t_0))\}[D_I(\theta)^{-1}]^T$라는 점이다. 여기서 $\mathrm{Cov}_\theta\{z(X^{(M)}|x_{obs}(t_0))\}$은 통계량의 공변량이며 $D_I(\theta)$은 야코비안(또는 자코비안; Jacobian)(옮긴이 주: 도함수 행렬 및 행렬식을 지칭한다)의 $D_I(\theta)=(\partial/\partial\theta)E_\theta\{z(X^{(M)}|x_{obs}(t_0))\}$이다. 스와인버거와 스나이더(Schweinberger & Snijders, 2007)는 $D_I(\theta)$의 효율적인 추정량은 다음과 같음을 보여주었다.

$$D_I=-\frac{1}{G}\sum_{g=1}^{G}(z(x^{(M,g)})-z(x_{obs}))S(\hat{\theta};x^{(1,g)},...,x^{(M,g)})^T$$

$$S(\theta,x^{(1)},...,x^{(M)})=-\sum_{m=1}^{M}\frac{1}{1+\exp\left\{-(1-2x_{ij}^{(m)})\theta^T\delta^{(m)}\right\}}(1-2x_{ij}^{(m)})\delta^{(m)}$$

여기서 $S(\theta, x^{(1)}, \cdots, x^{(m)})$는 $x_{obs}(t_0)$로부터 $x^{(M)}$로의 표본 경로[15])에 대해 계산한 점수이다.

12.5. 검사 효과

지금까지, 모형이 참이라는 가정하에 모형을 적합시키는 것에 대해 다루었다. 모형은 효과들의 집합으로 간주할 수 있는데, 이제부터 모형에서 어떤 효과가 관찰된 데이터를 설명하는 데에 필요한지를 판단하는 과정에 대해 설명하고자 한다. 만약 적합된 모형의 효과가 중요하지 않은 것으로 밝혀진다면, 이 효과를 제거한 보다 단순한 모형만으로도 충분할 것이다.

데이터를 잘 설명할 수 있는 효과들을 결정하기 위해, 적합된 모형의 계수들을 검증한다. 만약 모수(예컨대, 교호 삼각관계 모수)가 0과 다르면, 관찰된 데이터를 생성하는 과정에서 이행적 폐쇄 효과가 존재한다는 것을 의미한다. 즉, 만약 연결선이 (다수) 2-경로를 폐쇄한다면 해당 연결선이 형성되거나 존재할 가능성이 다른 효과들보다 더 높음을 뜻한다. 이전 장들에서 설명한 것처럼, 0이 아닌 모수는 해당 연결관계 유형에 의해 규정된 유형의 연결선들 간에 의존성이 존재함을 의미하며, 모형에 다른 효과들이 주어진 상태에서 예상했던 것보다 해당 연결관계 유형을 관찰된 데이터에서 더 많이 발견할 수 있음을 시사한다. 예컨대, 〈그림 12.1〉의 상위 오른쪽 패널을 보면 연결선 모수만 지닌 모형(교호 삼각관계 모수는 0으로 설정된다)이 관찰된 데이터의 부근에서 교호 삼각관계 통계량이 0이 아닌 그래프들을 여전히 생성한다는 것

---

15) 옮긴이 주: 표본 경로는 시간에 대한 함수로서 $t \in \{0, \Delta t, 2\Delta t, \ldots\}$에 대한 확률 과정 $\{\tau(t)\}_{t=0}^{\infty}$의 확률적 실현을 의미하며, 확률 벡터 $p(t)$를 토대로 가능한 값을 $\Gamma(t)$에 할당한다 (Allen, 2008).

을 알 수 있다. 따라서, 관찰된 것(○)과 예측된 것(△) 간의 거리가 상당한지 여부에 대해 검증하는 절차를 소개하고자 한다.

12.5.1. 근사 왈드 검사(Approximate Wald Test)

주어진 모형에 대해 모수가 0과 유의미하게 다른지 여부를 검증하는 근사 왈드 검사는 모수 추정치를 가지고 이를 추정량의 (근사) 표준오차로 나눈다. 만약 이 비율이 -2보다 작거나 2보다 클 경우, 모수가 0과 유의하게 다르다고 말한다. (그리고 이에 따라 대략적으로 유의한 효과를 지닌다고 말할 수 있다.) 〈그림 12.1〉에서 연결선 모수 $\hat{\theta}_1$=-4.413와 교호 삼각관계 모수 $\hat{\theta}_2$=1.445를 지닌 최종 모형과 관련하여, 교호 삼각관계는 0.243의 표준오차를 갖기에 왈드 검사에 따르면 1.445/.243=5.95가 되며 이 비율은 2보다 크다. 이 검사와 동등한 방법으로는 추정치가 0의 2 표준오차 단위 이내에 있는지 여부를 검증하는 방법이 있다.

$$\left| \frac{\hat{\theta}_k - \theta_{k,0}}{se(\hat{\theta}_k)} \right| = \left| \frac{\hat{\theta}_k}{se(\hat{\theta}_k)} \right| > 2$$

이 검사를 해석해보면, 만약 모수가 0일 경우 추정량은 표준편차가 표준오차와 동일하면서 0을 중심으로 한 분포를 보일 것이다. 만약 많은 데이터들을 관찰하고 최대 우도 추정치를 산출한다면, 평균적으로 최대 우도 추정치가 0의 값을 갖게 된다. 때때로, 우연에 의해 훨씬 크거나 훨씬 작은 추정치를 갖게 되지만, 0으로부터 표준오차가 두 배 이상 떨어진 것보다 더 큰 추정치를 갖게 될 가능성은 약 5%로 낮다. 만약 모수가 0과 같다는 가설이 기각되면, 모수는 "0과 유의하게 다르다(significantly different from zero)"라고 통상 말한다.

시뮬레이션을 통해 최대 우도 추정치의 표집 분포가 정규 분포에 의해 그리 나쁘게 근사되지 않았음을 시사하는 제한적 근거들을 도출했을지라도, 왈드 검사 통계량을 정규 사분위수(normal quartiles)와 비교하여 그에 상응하는 신뢰 수준을 보고하기에는 너무 아는 바가 적어서 거짓 정확도(false precision) 오류를 초래할 수 있다. 헌터와 핸드콕(Hunter & Handcock, 2006)이 언급한 바와 같이, 추정량의 점근적 정규성(asymptotic normality)이 유효하다고 보기 어려우며, ERGM의 극한 성질과 관련하여 구할 수 있는 결과들(Strauss, 1986)은 주의를 요한다. 임계점으로 2는 적절히 보수적으로 선택된 값이라 추정량의 표집 분포에 대한 분포적 가정에 대해 상당히 강건하며, 신뢰 수준을 보고하는 대신, "유의하다(significant)"라는 표현을 사용하는 것만으로도 합리적으로 보인다.

요컨대, 만약 추정이 수렴되면(그리고 수렴될 때만), 그리고 추정치가 0으로부터 2 표준오차 이상 떨어져 있을 때, 해당 모수가 0과 유의하게 다르며 해당 의존성 (또는 연결관계 유형) 효과가 존재한다는 근거가 된다.

12.5.2. 대안 검사

스코어 검사(score test). 다른 모든 것이 동일하다고 가정한 후에 관심 대상인 모수를 0으로 설정한 상태에서 왈드 검사에 대해 해석하는데, 효과들 간의 상호의존성[16]이 이 과정에서 혼동을 초래한다. 모수를 0으로 설정한 의도가 해당 효과가 관찰된 데이터를 잘 드러내는지 여부를 검증하기 위함일지라도, 이 모수가 해당 연결관계 유형을 관찰된 수만큼 재생산하는 데에 필요한지를 검증할 뿐만 아니라 다른 모든 통계량들도 재생산되는지를 검증한다. 관심 대상 모수를 0으로 설정하여 모형을 적합시키지 않고서는 제한된 모형이 타

---

16) 섹션 3.1.5뿐만 아니라 6장과 7장에 통계량이 배속된 정도에 대해 설명했다. 통계량의 배속 정도는 〈그림 12.1〉에서의 변화를 통해서도 알 수 있다.

당한지를 알 수 없다.

예컨대, 만약 교호 삼각관계 효과가 해당 연결관계 유형을 데이터에서 관찰된 수만큼 재생산하는 데에 필요한지 여부에 대해 규명하는 것에 관심이 있다면, 교호 삼각관계 모수 없이 모형을 적합시켜서 교호 삼각관계의 관찰된 수와 예측된 수 간의 차이가 (매우) 큰지 여부를 분석하는 것이 직관적으로 타당해 보인다. 바로 이것을 스코어 검사로 살펴볼 수 있다. 만약 적합시킨 모형이 MLE$\hat{\theta}=(\hat{\theta}_1, \cdots, \hat{\theta}_p)^T$을 지니며 θ_p=0을 검증하는 데에 관심이 있다면, p 번째 효과를 포함시키지 않은 채 새로운 MLEs$\tilde{\theta}=(\tilde{\theta}_1, \cdots, \tilde{\theta}_{p-1}, 0)^T$을 투입하여 모형을 재적합시킨다. θ_p=0을 검증하기 위해 모수 $\tilde{\theta}$에 대해 기대값 $\overline{z}_{\tilde{\theta}}=(\overline{z}_{\tilde{\theta},1}, \cdots, \overline{z}_{\tilde{\theta},p-1}, \overline{z}_{\tilde{\theta},p})^T$와 공변량 $Cov_{\tilde{\theta}}(z(X))$을 계산한다. 만약 검사 통계량이 다음과 같다면 θ_p이 0과 유의하게 다르다고 말할 수 있다.[17]

$$\frac{(\overline{z}_{\tilde{\theta},p} - z_{obs,p})^2}{Var_{\tilde{\theta}}(z_p(X))} > c$$

여기서 임계 수준 c=4를 사용할 수 있는데, 이 임계 수준은 대략적 가이드 라인에 불과하며 자유도 1을 지닌 카이제곱 분포를 지닌 무작위 변수에 대한 0.95 임계값과 부합한다. [실제로 이는 기본 정규 변량(normal variate)에 대한 임계값이 2일 때의 임계값에 해당한다.] 왈드 검사 때와 같은 점을 여기에서도 주의해야 한다.

〈그림 12.1〉의 상위 오른쪽 패널에서 $\tilde{\theta}=(-.84450)^T$, $\overline{z}_{\tilde{\theta}}=(223.04, 365.47)^T$ 그리고 $Cov_{\tilde{\theta}}(z(X))=\begin{pmatrix} 168 & 487 \\ 487 & 1.465 \end{pmatrix}$이므로 산술 계산을 거쳐 스코어 검사는 4보다 훨씬 큰 29.36이라는 검사 통계량 값을 제시한다. 이를 토대로, 교호 삼각관계 모수가 0과 유의하게 다르며 관찰된 교호 삼각관계 수를 구현하기 위해서

---

17) 만약 하나보다 더 많은 모수를 검증한다면, 일반 검사 통계량 $(\overline{z}_{\tilde{\theta}} - z_{obs})^T Cov_{\tilde{\theta}}(z(X))^{-1}(\overline{z}_{\tilde{\theta}} - z_{obs})$을 사용하면 된다.

교호 삼각관계 효과를 모형에 포함시킬 필요가 있다고 결론지을 수 있다.

정보 기준과 우도비 검사. 데이터를 가장 잘 지지하도록 모형을 설정하되 모형이 복잡할수록 패널티를 주는 방법으로 데이터를 가장 잘 구현하는 모수 조합인지를 통상 판단할 수 있다. 정보 이론적 맥락에서 지지(support)는 관찰한 것을 관찰하게 될 확률로 측정하는데 관찰한 것은 $P_{\hat{\theta}}(x_{obs})$ 또는 로그 우도 $\ell(\theta; x) = \log P_{\theta}$로 측정한다. (ERGM의 경우, 우도가 유일하게 충분 통계량에 의해 결정된다는 점을 상기하기 바란다.) 정규화 상수로 인해 통상 이 함수를 평가할 수 없기 때문에(옮긴이 주: 섹션 12.5.3에서 설명), 이를 평가하기 위해 수치적 근사에 의존해야만 한다. 일단 (최대 우도 추정치에 조건부 의존적인) 확률을 나열한 후, 대체로 모수의 수에 따라 패널티가 부여되며 간결한 모형이 선호된다. 패널티를 받을 가능성을 통해 모형들의 적합도 순위를 가늠할 수 있지만, 모형 복잡성에 있어서의 차이를 적절히 설명하는 것은 어려우며 모형 간의 적합도 차이를 판단하는 것도 매우 어렵다. 헌터, 굿로우, 그리고 핸드콕(Hunter, Goodreau, & Handcock, 2008)은 아카이케 정보 기준(Akaike information criterion: AIC; Akaike, 1973)을 사용할 것을 권했는데, AIC는 p×1MLE$\hat{\theta}$을 지닌 모형에 대해 $-2\ell(\hat{\theta}; x) + 2p$로 정의된다. 베이지언 정보 기준(Bayesian information criterion: BIC)도 관찰 수에 대해 패널티를 부여하는데, 2p를 관찰 수의 로그 변환 값을 곱한 p로 대체한다. [ERGM의 AIC와 BIC 값은 summary( ) 명령어를 통해 확인할 수 있다.] 헌터, 굿로우, 그리고 핸드콕(Hunter, Goodreau, & Handcock, 2008)에서 논의한 것처럼 아직 ERGM과 관련하여 적정 표본 크기가 명확하게 정의된 것은 아니며, 베이즈 요인(Bayes factor)을 사용하면 모형을 선택할 때 모형 복잡성에 대한 패널티에 민감하다는 것을 알 수 있다 (Koskinen, 2004).

헌터와 핸드콕(Hunter & Handcock, 2006)은 또한 적합도 차이를 검증할 때 우도비 검사를 사용할 것을 제안했다. 하나의 모형이 다른 하나의 모형에 배속되어(nested) 있는 두 모형에 대해 이 둘 간의 최대 우도 차이의 두 배에 해당하는 검정 통계량 값을 두 모형 간 모수의 수 차이값을 자유도로 하는 카이제곱 분포의 임계값과 비교할 수 있다. 이러한 카이제곱 근사가 적절한가에 대해서는 알려진 바 없으며 해당 검사의 신뢰 수준을 해석함에 있어서 주의가 요구된다.

12.5.3. 로그 우도 평가

정규화 상수 $\psi(\theta) = \log\left\{\sum_{x \in X} e^{\theta_1 z_1(x) + \dots + \theta_p z_p(x)}\right\}$를 다루기가 어려워 로그 우도 $\ell(\theta, x) = \theta^T z(x) - \psi(\theta)$을 직접적으로 평가하는 것이 꺼려진다. 하지만, 계산적으로 효율적인 알고리즘이 있어서 준거 모수 벡터 ϕ와 관련하여 정규화 상수를 수치적으로 근사시킨다. 특히, 헌터와 핸드콕(Hunter & Handcock, 2006)은 $\lambda(\theta, \phi) = \psi(\theta) - \psi(\phi)$에 근사하기 위해 경로 표집(path sampling)을 사용할 것을 제안했다. 경로 표집은 대략적으로 설명하여 등식 $\frac{\partial}{\partial \theta} \psi(\theta) = E_\theta(z(X))$의 양쪽을 θ에서 ϕ으로 합치면 기대값 차원에서의 등식이 되는데, 표준 몬테카를로 방식에서 이 기대값들이 표본 등가값들에 의해 근사되어진다. 보다 구체적으로 그래프 $x^{(0)}$, $x^{(1)}$, $\cdots$, $x^{(M)}$을 생성하는데, 여기서 $x^{(t)}$은 모수 $\theta^{(t)}$ $=(t/M)\theta+[(1-t)/M]\phi$로 정의된 모형으로부터 산출되며 아래 식에 근사한다.

$$\lambda(\theta, \phi) \approx \hat{\lambda}(\theta, \phi) = \frac{1}{M} \sum_{m=0}^{M} (\theta - \phi)^T z(x^{(m)})$$

결과적으로, 만약 $\ell(\phi; x)$을 평가하기 쉬운 단순 모형을 ϕ으로 정의한다면 (예컨대, 베르누이 모형), θ에 대한 로그 우도는 다음과 같이 근사할 수 있다.

$$\widehat{\ell_\phi}(\theta; x) = (\theta - \phi)^T z(x) - \hat{\lambda}(\theta, \phi) + \ell(\phi; x)$$

배속(nested) 모형들을 편차(우도비) 검사[deviance(likelihood-ratio) test] 등을 통해 비교할 때, 로그 우도의 차이만 계산하면 된다. 다시 말해 앞서 제시한 $\ell(\phi; x)$을 필요로 하지 않는다.

12.6. 모형 퇴행(Degeneracy)과 근사 퇴행(Near-Degeneracy)

특정 모형이 특정 데이터에 적합되지 않는 경우가 있다(Handcock, 2003; Snijders, 2002). 이는 아마도 모수 추정치가 통계량에 대해 양봉(bimodal) 분포를 지닐 때 발생하는 계산적(computational) 결과로 보인다. 그 사례로 6장의 〈그림 6.6〉의 마르코프 모형을 들 수 있다. 연결선과 삼각관계의 기대 개수가 두 개의 최빈값(〈그림 6.6〉의 두 봉우리) 사이에 위치해 있기 때문에 최적 모형이 관찰된 그래프를 구현할 확률이 거의 없다. 당연하게도, 이러한 모형은 데이터를 제대로 설명하지 못하며, 모형을 적합시키기 위한 반복된 시도가 이로 인해 실패한다면, 또 다른 모형 설정을 시도해보기를 권한다.

극단적인 경우로, "완벽한 퇴행(perfect degeneracy)"이 발생할 수 있는데, 관찰된 통계량이 이에 상응하는 효과에 대해 그 어떠한 정보도 제공하지 않을 때에 해당한다. 예를 들어, 만약 관찰된 교호 삼각관계 수가 0이면 연결선 및 교호 삼각관계 통계량을 지닌 모형을 적합시킬 수 없다. 이런 현상은 마치 표본이 어떠한 여성 의사도 포함하고 있지 않을 때 남성 의사와 여성 의사 간의 소득 차이에 대해 아무것도 논할 수 없는 것과 마찬가지이다. [핸드콕(Handcock, 2003)은 이와 유사한 경우로 일반화된 선형 모형의 완전 분리(complete separation)[18]를 언급했다.] 만약 모형이 퇴행적 그래프를 매우 높은 확률로 생

---

18) 옮긴이 주: 완전 분리에 대해 로지스틱 회귀분석을 예로 들어 설명하면, 두 개의 범주 a, b를 갖는 변수 x로 y를 예측하고자 하며, 총 40개의 사례 중 20개가 y=0인 사례들이며, 나머지 20

성한다면 해당 모형은 문제가 있다. 여기서 퇴행적 그래프라 함은 최대 우도 추정치가 존재하지 않는 그래프를 의미한다. 만약 적합된 모형이 이러한 퇴행적 그래프(통상 빈 그래프, 완전 그래프, 그리고 이 둘의 조합)에 높은 확률을 할당한다면, 이 모형은 현실적인 모형이 아니다. 더 나아가, 혹여 추정치를 산출할 수 있을지라도 표집 분포에 최대 우도 추정치가 존재하지 않는 경우가 많으므로 이 결과에 대해 그다지 신뢰할 수 없다. 이런 어려움들이 발생할 수 있는 경우는 관찰된 그래프가 통계량에 의해 추출된 공간에서 극단적 또는 퇴행적 그래프에 가까울 경우이다.

빈 그래프나 완전 그래프가 아닌 퇴행적 그래프의 사례로 〈그림 12.5〉를 들 수 있다. 이 그림은 다섯 개의 연결선을 가진 일곱 개의 노드로 구성된 그래프인데, 세 개의 2-스타가 있지만 3-스타나 상위수준-스타는 존재하지 않는다. 이 그래프는 일곱 개 노드에 대해 다섯 개의 연결선이 주어졌을 때 최소한으로 가질 수 있는 만큼의 2-스타를 지닌다. 이에, 2 이상의 스타 모수를 가진 모형은 추정될 수 없다.

〈그림 12.5〉 다섯 개의 연결선을 가진 일곱 개 노드로 구성된 그래프

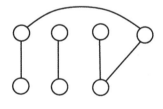

개가 y=1인 사례들이라고 하자. y=0인 사례들에서 x=a인 경우는 20, x=b인 경우는 0이며, y=1인 사례들에서 x=a인 경우는 5, x=b인 경우는 15일 때, 이 로지스틱 회귀분석은 수렴하지 못한다. 얼핏 보기에는 x=a이면 y=0, x=b이면 y=1로 예측되지만, x=b의 완전 분리로 인해 해당 오즈가 무한대의 값을 갖게 되어 수렴할 수 없다(Tufféry, 2011).

모형 퇴행, 근사 퇴행, 그리고 관련 이슈들에 대해 최신 문헌에서 폭넓게 논의한 바 있다(Burda, Jurkiewicz, & Krzywicki, 2004; Häggström & Jonasson, 1999; Handcock, 2002, 2003; Jonasson, 1999; Park & Newman, 2004; Robins, Pattison, & Woolcock, 2005; Robins et al., 2007; Snijders, 2002; Snijders et al., 2006). 이들 중 대부분은 마르코프 무작위 그래프 모형에 대해 초점을 맞추는데, 마르코프 무작위 그래프 모형은 근사 퇴행되기 쉬우며 실제 사회 네트워크 데이터에 적합시킬 때 일반적으로 문제를 발생시킨다. 사회 순환 모형, 특히 교호 모수를 지닌 사회 순환 모형은 훨씬 더 강건하지만 퇴행 문제에 있어서 예외는 아니다. 만약 모형 추정이 수렴하지 않는다면, 특히 예를 들어 중배 계수를 넉넉하게 설정해도 그러하다면, 모형은 퇴행될 가능성이 있다. 명시적으로 수렴된 것처럼 보이는 모형일지라도 근사 퇴행을 보일 수 있다. 비교적 긴 사후추정 시뮬레이션을 통해 모수 추정치가 실제로 타당한 결과를 산출하는지 확인할 수 있다.

12.7. 결측치가 있거나 부분적으로 관찰된 데이터

코스키넨과 그의 동료들(Koskinen et al., 2010)이 논의한 바와 같이 사회 네트워크 분석에서 특히 결측치를 무시해서는 안 된다. 보다 구체적으로, 만약 7장에서 논의한 의존성 유형을 가정한다면, 결측된 연결선 변수들의 상태는 관찰한 것에 대한 해석을 변화시킬 가능성이 있다. 여기서 가장 중요한 문제가 무엇인지 이해하기 위해 사례를 하나 들면, 사람들이 어떤 사람을 통해 서로 알게 되었고 이윽고 그 사람이 방을 떠났다고 가정할 때, 늦게 도착한 연구자는 어떻게 이 낯선 사람들이 서로 친해졌는지 설명할 수 없다.

만약 연결관계가 자기보고(self-reports)를 통해 추출되었다면, 가장 흔한 결측 데이터로는 대체로 무응답을 꼽을 수 있으며 이는 결국 휴즈만(Huisman,

2009)이 언급한 "단위(unit)" 결측을 초래한다. 무응답자가 응답자와 다름을 허용함과 동시에 가능한 한 많은 데이터를 사용하기 위해 로빈스, 패티슨, 그리고 울콕(Robins, Pattison, & Woolcock, 2004)에서처럼 무응답을 관심 대상인 연결관계 유형과 상호작용하는 공변량으로 간주할 수 있다. 보다 최근에는, 핸드콕과 가일(Handcock & Gile, 2007, 2010)이 ERGM에서 결측값을 다루기 위해 우도 기반 접근을 제안하기도 했다. 데이터에서 결측값이 무작위로 나타난다는 가정하에, 결측 데이터가 추정 과정에서 시뮬레이션되면서 관찰된 통계량 벡터가 관찰된 부분에 대해 조건부 의존적인 기대 통계량으로 대체된다. 결측치가 있는 데이터에 ERGM을 적합시키는 절차는 Statnet과 PNet에서 가능하다.

만약 결측 데이터가 있을 때, 변용된 최대 우도 추정량을 사용할 수 있다. 이는 결측의 정도가 무시할 만한 수준일 경우에만 가능하다. 즉, 무엇이 결측인지에 대한 확률 분포가 관찰된 데이터에만 의존적이고 관찰되지 않은 데이터에는 의존적이지 않으며 ERGM의 모수가 결측 메커니즘을 결정하는 모수들로부터 구별되는 경우가 대략 이에 해당한다. 예컨대, 눈덩이 표집 디자인은 무시할 만한 수준의 결측값을 생산한다(Handcock & Gile, 2010; Thompson & Frank, 2000). $x=(x_{obs}, x_{mis})$라고 할 때, x_{obs}는 관찰된 연결선 변수들의 배열을 나타내며 x_{mis}은 관찰되지 않은 연결선 변수들의 배열을 나타낸다. 무시할 만한 수준의 결측을 가질 경우, 오차드와 우드베리(Orchard & Woodbury, 1972)의 결측 정보 원칙에 따르면 최대 우도 방정식은 다음과 같다.

$$E_\theta\{z(X)\} = E_\theta\{z(X_{obs}, X_{mis})|X_{obs} = x_{obs}\}$$

이것과 아래의 완전 데이터에 대한 최대 우도 방정식을 비교하자.

$$E_\theta\{z(X)\} = z(X_{obs})$$

여기서 x_{obs}는 단순히 전체 관찰된 그래프를 나타낸다. 상기 두 개의 방정식에서 좌변은 동일하며 ERGM에 대한 충분 통계량의 기대값을 계산해야 한다. 불완전 데이터에 대해 유효한 방정식의 우변은 $E_\theta\{z(X_{obs}, X_{mis}) | X_{obs}=x_{obs}\}$인데, 이것은 관찰된 데이터에 대해 조건부 의존적으로 결측 데이터로부터 시뮬레이션된 추출을 해야 한다. 여기서 조건은 메트로폴리스 알고리즘 과정에서 결측된 연결선 변수만 변화할 수 있으며 관찰된 연결선 변수는 변화할 수 없다는 것을 의미한다.

코스키넨과 그의 동료들(Koskinen et al., 2010)은 결측 데이터를 다루는 데에 있어서 베이지안 접근을 제시했다. 핸드콕 및 가일(Handcock & Gile, 2007, 2010)과 마찬가지로 결측 데이터는 모수 추정 과정에서 시뮬레이션된다. 베이지언 절차가 연결선 예측을 위해 고안되지 않았다 하더라도 결측된 연결선 변수들을 예측하는 데에 합당한 역할을 하는 것으로 보인다.

부분적으로 결측된 공변량값을 다루는 것은 즉시 사용할 수 있는 공변량 모형이 일반적으로 없고 결측된 공변량 자체도 ERGM 자체의 일부 의존성을 내재하고 있다는 점에서 복잡하다. 베이지안 틀에서 이 문제를 다룰 수 있을지라도, 보다 편리한 해결책은 결측 공변량을 부트스트랩하거나 표본 평균을 사용하거나 적절히 선택된 모형을 사용하는 것으로 대치하는 것이다.

사회 네트워크 분석에서의 결측 데이터에 대한 보다 자세한 개념적 이슈와 배경은 예컨대 코시넷(Kossinets, 2006)을 참고하기 바란다.

12.8. 눈덩이 표본으로부터의 조건부 추정

일반적인 표집 방법을 사용하기 어려운 모집단에 대해서 표집하고자 할 경우 연결선 추적 설계를 제안한다(Frank, 1979; Frank & Snijders, 1994; Thompson & Frank, 2000). 일반적으로 표집 틀(sampling frame)에서 표집 단위를 추출하는데, 연결선 추적 방식은 표집 틀이 없어도 표집 가능하다. 그 대신, 표집 단위가 초기 작은 수의 단위 표본으로부터 추적된다. 예를 들어 친구관계에 대해 표집할 경우 새로운 모집단 단위는 표본에 이미 존재하는 단위의 친구로 얻어진다.

보다 구체적으로, 초기 표본을 "시드 세트(seed set)"라고 부르며, 시드 세트에 있는 단위에서 언급된 사람들이 첫 번째 단계를 구성한다. 첫 번째 단계에 있는 사람들에 의해 언급된 사람들은 두 번째 단계를 구성한다. 시드 세트에 속한 노드 a의 관점에서, 다른 단계에 있는 노드들은 〈그림 12.6〉처럼 a로부터의 거리에 따라 분류할 수 있다. 따라서 3 구역(zone)에 있는 노드 $Z_3(a)$은 a로부터 거리 3만큼 떨어져 있다. 눈덩이 표집과 관련 표집 방법들은 표집하기 어려운 모집단들의 크기를 추정하는 데에 사용되거나 표집하기 어려운 모집단에서 특정 속성의 현저성을 추정하는 데에 사용된다. 일반적으로, 모집단 그래프 관련 일부 단순화 가정을 통해 그래프 크기에 있어서 추정치를 사용하는 것을 허용한다.

〈그림 12.6〉 시드 노드 a 관련 수준 0부터 3까지의 구역

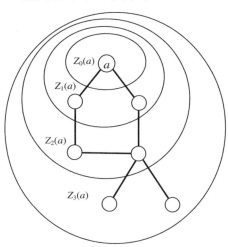

핸드콕과 가일(Handcock & Gile, 2007)이 주목한 바와 같이, 모형 기반 관점에서 눈덩이 표집으로 수집된 그래프에 대한 ERGM 추정은 결측값이 무작위로 존재하는 통상적인 데이터 틀과 개념적으로 동등하다. 눈덩이 표본은 모집단 그래프에 대한 정보 일부를 제공한다. 일반적인 조건하에서 그래프의 표집되지 않은 부분은 결측 데이터로 간주되며 앞서 설명했던 접근들이 결측 데이터를 가지고 있는 그래프에 ERGM을 적합시킬 때에도 적용된다. 이 접근은 모집단 그래프의 크기가 너무 크지 않으며 노드의 수가 알려져 있음을 전제로 한다.

패티슨과 그의 동료들(Pattison et al., 2012)은 근사적 조건부 추론 절차를 제안했는데, 이 절차는 노드 수에 대한 지식이 없고 크기가 큰 그래프인 경우에도 ERGM 추정이 가능하도록 한다. 그 기본 아이디어를 설명하자면, 선택된 구역 내와 구역 간에 관찰된 연결선에 대해 조건부 의존적이 됨으로써 나머지 관찰들이 관찰하지 못한 부분들로부터 (조건부) 독립적일 수 있도록 한다. 〈그림 12.6〉을 보면, 만약 구역 1을 고정된 것으로 간주함과 동시에 여기에 있는 노드들(즉, $Z_1(a)$) 간의 연결관계만 모형화할 경우, 다른 구역들 내에 있는 노드들 간의 연결관계만 모형화할 경우, 그리고 다른 구역들과 $Z_1(a)$에 있는 노드들 간의 연결관계만 모형화할 경우, 마르코프 가정에 따르면 $Z_3(a)$에 있는 노드들 간의 연결관계는 모형화한 연결선 변수들과는 조건부 독립적이다. 구역 1의 노드들로부터 구역 0과 구역 2의 노드들까지 연결관계에 대해 조건부 의존적이 됨으로써, 구역 1의 노드들과 구역 3, 구역 4, 구역 5, 그리고 그 이상의 노드들 간에 연결관계가 없다는 점에 대해서도 조건부 의존적이 된다.

앞서 언급한 조건화는 사회 순환 의존성 가정을 전제로 하는 모형들에 대해서도 적용된다. ERGM의 동질성을 전제한 상태에서 지역 인근의 상호작용 패턴이 모집단 그래프 과정을 반영한다고 가정하는 것이 가능하다. 여기서 주의할 점은 모집단 그래프가 클수록 동질적일 가능성이 낮아진다는 점이다.

PNet은 분석 시 구역을 고정하는 다양한 옵션을 제시한다. 모든 조건화는 표본의 나머지를 "고립(isolate)"시키기 위해 마지막 단계의 노드들까지 반드시 포함해야 한다. 데이터 수집 단계에서 특히 시드 세트를 선택할 때 몇 가지 주의해야 할 점이 있다. 만약 시드 노드들이 서로 심하게 중복되는 이웃들을 가지고 있거나 시드들이 많은 고립자들을 가지고 있을 경우, 추론 절차가 복잡해질 수 있다. [ERGM 추정과 관련하여 눈덩이 표집을 다루는 방법에 대한 상세한 설명은 다라가노바(Daraganova, 2009)를 참고하기 바란다.] 눈덩이 표본의 조건화는 9장에서 설명한 ALAAM의 경우에도 적용 가능하다.

12.9. 적합도

왈드 검사, 스코어 검사, 그리고 우도비 검사를 사용하여 개별 모수나 모수들의 집합을 검증할지라도, 이러한 검사들은 구체적인 대안 모형을 필요로 한다. 결과적으로, 이런 검사들은 다른 모형과의 비교를 통해 해당 모형의 적합도를 평가할 뿐이기에, 어떤 모형을 선택하고 어떤 모형들이 가능한지에 따라 결과가 민감하게 반응할 수밖에 없다. 로빈스, 패티슨, 그리고 울콕 (Robins, Pattison, & Woolcock, 2005)은 여러 그래프 특징들을 조사하기 위해 모형을 가지고 시뮬레이션할 것을 제안했고, 헌터, 굿로우, 그리고 핸드콕 (Hunter, Goodreau, & Handcock, 2008)은 이 절차가 GOF를 평가하는 데에 활용될 수 있다고 제안했다. 이런 제안들의 기본 아이디어는 모형이 명시적으로 모형화되지 않은 데이터의 특징들을 얼마나 잘 반영하는지를 평가하는 것이다. 예컨대, 연결선 모수와 교호 삼각관계 모수가 관찰된 평균 경로 길이 또는 관찰된 연결정도 분포를 충분히 설명하고 있는지를 가늠하고자 한다.

GOF 절차는 다음과 같이 행해진다. 추정 알고리즘이 수렴한 모형이 있다는 가정하에, 그래프 분포를 생성하기 위해 모형을 가지고 시뮬레이션을 한다. 만약 적합된 모형이 데이터의 특징을 충분히 설명한다면, 생성한 그래프 분포에서 데이터상의 관련 특징들이 극단적이지 않음을 예상할 수 있다. 관찰된 그래프의 요약 지표 $s_k(x_{obs})$가 적합된 모형하에서 예측할 수 있는 것으로부터 멀리 떨어져 있는지 여부를 판단하기 위해 표준화된 차이 $[S_k(x_{obs}) - \bar{S_k}]/SD(S_k(x))$를 계산한다. 여기서 $\bar{S_k}$와 $SD(S_k(x))$은 각각 평균과 표준편차이며 그래프의 생성된 표본들에 대해 계산된다. 만약 이 비율의 절대값이 크면, 관찰된 측정치가 모형을 통해 예측할 수 있는 것으로부터 멀리 떨어져 있음을 시사한다. 비율의 절대값이 큰지 여부는 통상 2를 기준으로 판단하지만, 임계값 2라는 수치를 너무 엄격하게 적용하지 않는 것이 바람직하다. PNet의 GOF값은 그래프의 시각화를 통해 보완 가능한데, 특히 연결정도 분포와 최단거리 분포 그래프를 함께 제공하는 것이 좋다. Statnet의 "gof( )" 함수는 자의적으로 선택된 함수에 따라 적합도 값을 제시하며 그래프 시각화도 제공한다. [관련 내용은 굿로우와의 그의 동료들(Goodreau et al., 2008)에서 찾아볼 수 있다.]

GOF 절차는 수렴된 모형에 대해 조건부 의존적이며 왈드 검사 및 스코어 검사와 같이 수렴 통계량을 통해 우도 추정이 해결되었음을 확인한 후에만 시행해야 한다.

12.9.1. 근사 베이지안 GOF

모형 적합도 평가가 최대 우도 추정치에 조건부 의존적일 경우 추정치의 불확실성을 간과하게 된다는 문제점이 있다. 즉, 모수가 일정 부분 불확실성을 지닌 채 추정된다는 것은 주지의 사실이기에, 추정치가 모수치의 참값과 동일하다고 확신할 수 없다. 모수가 추정치 범주 내에 속하리라 믿고 모수치에 약간의 변화가 있을 수 있음을 수용한다. [$\hat{\theta}_{MLE}$이든 $\hat{\theta}_{MLE}+\varepsilon$(여기서 ε은 변화량을 의미)이든 모두 모형을 잘 설명한다.] 베이지안 접근에서는 편차 ε를 원칙적 방법을 통해 선택할 수 있도록 하며, 이후 사후분포에 따라 모수치를 가중함으로써 모수가 모형에 의해서만 결정된 통계량 분포를 얻을 수 있도록 한다. 만약 사후분포로부터의 추출이 가능하다면, 그래프는 사후분포에서 각각의 $\theta^{(m)}$에 대해 $P_{\theta(m)}(X)$으로 시뮬레이션된다. 이 과정에 대해 편리하게 근사하는 방법은 다변량 정규 분포 $N(\hat{\theta}_{MLE} \, I(\hat{\theta}_{MLE})^{-1})$로부터의 추출로 사후분포를 근사하는 것이다. 여기서 $I(\hat{\theta}_{MLE})$은 정보 행렬을 나타낸다(Koskinen, 2008).

13장

사례
시뮬레이션, 추정, 그리고 적합도

개리 로빈스(Garry Robins)·딘 러셔(Dean Lusher)

12장에서는 ERGM의 시뮬레이션을 소개하고 모형이 실제 네트워크의 특징들과 적합하는지를 살펴보기 위해 어떻게 시뮬레이션이 적합도를 평가하는 휴리스틱 수단으로 활용될 수 있는지 설명했다. 이 장에서는 간단한 시뮬레이션 연구들과 5장에서 처음 소개했던 더 코퍼레이션(The Corporation)의 커뮤니케이션 네트워크 모형에 대한 적합도 분석을 포함하여 여러 구체적인 사례들을 제시한다. 이 장의 목표는 다음과 같으며 비교적 간단하다.

- 시뮬레이션을 통해 서로 다른 모수들이 어떤 효과를 지니는지 그리고 어떻게 서로 작용하는지를 보여준다. 이는 모형 해석에 도움을 주기도 한다.
- 저자들이 직접 모형을 적합시킨 경험을 토대로, 모형 설정에 대한 실질적 제언을 한다.
- 단순화된 GOF 사례를 통해 GOF가 모형 선택에 어떻게 도움을 주며, 더 나아가 적합도를 향상시키기 위해 모형에 추가해야 하는 효과들을 알려주는지 설명한다.
- PNet을 사용하여 ERGM을 다루는 데에 있어서 상기 과정들과 경험들을

직접 접하고 싶은 독자들은 이 장에서 소개한 사례들을 실습해볼 수 있다.

13.1. 시뮬레이션

모수와 모수 해석에 대한 설명을 위해 일련의 단순한 시뮬레이션으로 이 섹션을 시작하려 한다. 통상 분포로부터 개별 그래프를 추출하여 시각화함으로써 시뮬레이션을 보여주지만, 일단 시뮬레이션이 번인되면, 그래프들의 표본을 가지고 평균과 *표준편차 등 그래프들의 일반 특징을 분석하는 것이 가능하다. 이 섹션에서는 30개의 노드를 지닌 네트워크를 선택하여 섹션 12.2.2에서 소개한 절차에 따라 시뮬레이션하고자 한다. 이때 반복 횟수 100,000으로 번인한다. 번인 후, 1백만 번의 반복으로 시뮬레이션하며, 표본을 추출할 때, 1,000개의 그래프로 한다. (즉, 1백만 번의 반복에서 매 1,000번째 그래프를 추출하면 결과적으로 1,000개의 그래프가 된다.) 시각화는 시뮬레이션에서 마지막 그래프로 한다. 이 시뮬레이션을 실습해보고 싶은 독자들이 알아둬야 할 사항은 분포로부터 추출한 그래프들의 표본으로만 시뮬레이션하는 것이므로 결과값이 이 책에 나온 것과 약간 다를 수 있다는 점이다. 그럼에도 불구하고, 표준편차상의 자연적 변동량 내에서 대체로 일치해야 한다.

시각화는 같은 밀도를 지닌 그래프들을 대상으로 하는 것이 서로 비교할 때 편리하다. 그래프들 간의 밀도가 다른 경우 중요한 구조적 차이를 시각적으로 구분하는 것은 어렵기 때문이다. 이러한 이유로, 이곳에서 소개한 시뮬레이션은 별도로 설명하지 않는 이상 모두 밀도를 0.10(43개의 연결선)으로 고정했음을 밝힌다. 또한 사례들을 모두 방향성 없는 네트워크로 한정한다.

(밀도가 0.10이라는 것과 별개로) 모형에 포함된 효과가 없을 경우, 단순 무작위 그래프 분포, 보다 구체적으로 그래프 분포 U|L=43(4장 참조)를 생성한다. 이 분포로부터 추출된 그래프 사례는 〈그림 13.1〉과 같다. 이 분포는 앞으로

나오는 사례들을 비교하기 위한 기준 분포로 유용하다.

〈그림 13.1〉 단순 무작위 그래프(노드 30개, 연결선 43개)

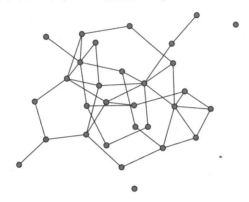

13.1.1. 삼각관계화(triangulation)

첫 번째 사례는 삼각관계화 모수들이 네트워크 폐쇄에 어떤 영향을 미치는
가를 보여준다. 〈그림 13.2〉에서 그래프의 왼쪽 열은 상이한 값을 지닌 마르
코프 삼각관계 모수들로만 시뮬레이션한 것으로부터 추출했다. 오른쪽 열은
감쇠 상수 $\lambda=2$인 교호 삼각관계 모수를 가지고 시뮬레이션한 것으로부터 추
출했다. [식(6.8)과 〈그림 6.9〉에서 정의를 살펴보기 바란다.]

낮은 값 0.5와 1.0에서의 마르코프 삼각관계 모수와 관련하여, 〈그림 13.1〉
의 무작위 그래프와의 명확한 차이를 그다지 발견하지 못했다. 하지만, 모수
치 1.0과 1.5 사이에서는 삼각관계화에서 클리크 같은 구조로의 급격한 변화
가 존재한다. (연결선 수가 고정된 상태에서는 클리크가 삼각관계 수를 극대화하는
데에 가장 효율적인 방법이다.) 이러한 급격한 변화는 이미 6장의 〈그림 6.5〉에
서 마르코프 그래프를 논할 때 접한 바 있다.

이러한 "상 전이(phase transition)"는 마르코프 그래프 모형이 왜 실제 네트
워크 데이터를 구현하는 좋은 모형이 될 수 없는지를 보여주는 하나의 근거

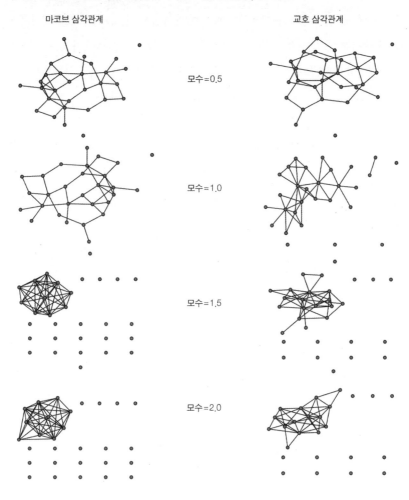

〈그림 13.2〉 상이한 삼각관계 모수치에 따른 시뮬레이션 결과 그래프

마코브 삼각관계

교호 삼각관계

모수=0.5

모수=1.0

모수=1.5

모수=2.0

이다. 단순 무작위 그래프 분포로부터 추출한 그래프 표본과 관련하여, 삼각
관계는 평균 3.6개이며, 표준편차는 1.8이다. 약한 마르코프 삼각관계 모수
치는 삼각관계화를 다소 증가시키지만 그 증가폭이 크지는 않다. 모수치가
1.0일 때 표본에서 삼각관계는 평균 12.1개이며 표준편차는 6.0이다. (단순
t-test를 통해 단순 무작위 그래프 분포보다 이 결과가 통계적으로 유의하게 크다는

점을 확인할 수 있다.) 그러나, 해당 모형이 아주 많은 수는 아닐지라도 이보다 더 많은 수의 삼각관계를 생성하기에는 어려워 보인다. 그런데 모수치가 1.5일 때 급격한 증가가 발생하는데, 삼각관계가 평균 102.5개이며 표준편차가 3.9이다. 삼각관계 수가 상대적으로 작거나(12여 개) 최대 삼각관계화(maximal triangulation)된 하나의 클리크로 형성된 경우가 존재한다.

대조적으로, 교호 삼각관계 모형은 앞서 살펴본 단순 무작위 그래프와 클리크 중간에 있는 삼각관계화를 잘 다룬다. 교호 삼각관계 모수치가 2.0일 때, 삼각관계는 평균 44.8개이며 표준편차는 6.1이다. 사실, $\lambda=2$인 교호 삼각관계 모형은 더 작은, 서로 연결된 클리크 같은 구조를 생성할지라도, 마르코프 효과로 나타난 단일 클리크 모형을 거의 생성하지 않는다. 만약 교호 삼각관계 모수치를 매우 크게(100) 잡을 경우, 삼각관계 수는 불과 평균 57.4개(표준편차=1.8)로 증가할 뿐이다. 〈그림 13.3〉에서 보듯이 네트워크에 보다 촘촘히 연결된 다수 지역들이 보이는데 앞서 살펴본 단일 클리크보다 작다.

람다 값은 네트워크에서 밀도가 상대적으로 높은 지역들의 크기를 조정한다. 〈그림 13.4〉는 교호 삼각관계 모수치가 0.5인 시뮬레이션으로 생성된 그래프 사례를 보여준다(〈그림 13.2〉 참조). λ값을 증가시키면, 밀도가 높은 지역이 더 큰 노드 부분 집합들로 집중화된다. $\lambda=4$이면, 그래프 사례에서 삼각관계보다 더 큰 클리크는 존재하지 않는 반면, $\lambda=6$이면 여섯 개의 노드를 포함한 근사 클리크가 존재한다. $\lambda=10$이면 여섯 일곱 개의 노드로 구성된 클리크 같은 구조들이 서로 중첩된다. 그리고 마지막으로 $\lambda=14$이면, 아홉 개의 노드로 구성된 하나의 클리크가 등장한다. λ 자체를 추정하는 것이 목표가 아니라면, λ 관련 이러한 변화들을 고려하여 모형을 적합시킬 수 있다. 만약 모형 적합도가 (시작 값으로 적절한) $\lambda=2$로 고정된 상태에서 상위수준 클리크 구조를 잘 설명하지 못한다면, λ값을 더 큰 값으로 고정시키는 것이 바람직하다.

<그림 13.3> 매우 큰 교호 삼각관계 모수에 대한 그래프 사례(λ=2)

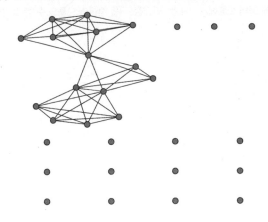

<그림 13.4> λ 변화에 따른 교호 삼각관계 모수 관련 그래프 예시

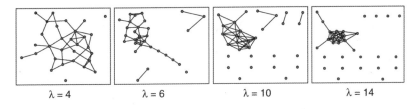

13.1.2. 연결정도

교호 스타 통계량 모형은 네트워크의 연결정도 분포를 모형화한다. 〈그림 13.5〉는 모형 시뮬레이션으로부터 추출된 그래프들의 예시를 나타낸 것인데, 여기서 모형은 [식(6.5)에서 정의한 바와 같이] λ=2로 고정된 교호 스타 통계량만을 모수로 가진다. 상단 왼쪽 그래프는 모수치가 -1이며 상단 오른쪽 그래프는 +1이다.

〈그림 13.5〉의 아래 줄은 각각의 시뮬레이션으로부터 추출된 1,000개의 그래프 표본들에 대한 연결정도 분포이다. 수평 축은 연결정도 j의 노드를, 수직 축은 각 그래프에서 해당 노드들의 수를 나타낸다. 연결정도 j를 지닌

〈그림 13.5〉 교호 스타 모수에 대한 시뮬레이션 결과
(아래 줄의 도표에서 "d-j"는 "연결정도 j를 지닌 노드들의 수"를 표시한다)

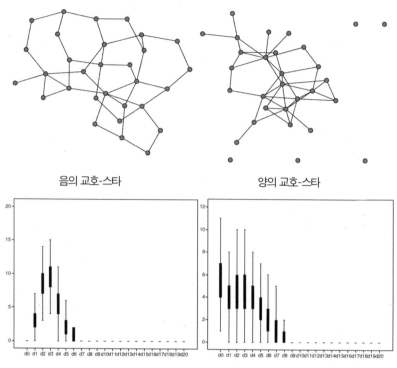

음의 교호-스타   양의 교호-스타

1,000개의 그래프에 대한 연결정도 분포

각 노드들에 대한 상자 도표(box plot)는 1,000개의 그래프에 대한 연결정도 j 를 지닌 노드들의 범주를 나타낸다. 여기서 상자는 첫 번째부터 세 번째 사분 위수까지 그리고 (옮긴이 주: 상자 위아래의) 선은 나머지 데이터를 표시한다. (보다 간명한 시각화를 위해 이상치들은 제거했다.) 이 도표는 양의 스타 모수에 대해 연결정도 분산이 훨씬 더 크다는 점을 보여준다. 어떤 노드들은 연결정 도가 8에 이르른 반면, 음의 모수에 대해서는 이것이 매우 드문 경우로 연결 정도가 1에서 6 사이에 머무른다. 이는 두 개의 그래프 예시로부터 분명히 알 수 있는데, 양의 모수를 지닌 분포로부터 추출된 그래프는 연결정도가 더 많

은 노드들을 지니기에 더 높은 집중화 양상을 보인다.

때때로 교호 스타 모수와 마르코프 스타 모수(통상 2-스타 모수) 모두를 포함하는 것이 유용할 때가 있다. 연결정도가 매우 높은 소수 노드들을 지니며 집중화 정도가 높은 그래프를 모형화할 때 특히 유용하다. 이런 데이터에 모형을 적합시킬 때, 종종 교호 스타 모수가 음수 그리고 2-스타 모수가 양수로 나오는데, 연결정도가 낮은 노드들 간에 비교적 고른 연결정도 분포는 음의 교호 스타 모수로, 연결정도가 높은 노드들은 마르코프 모수로 나타난다.

〈그림 13.6〉은 두 시뮬레이션으로부터 추출한 그래프를 나타내는데, 둘 다 -1의 교호 스타 모수치를 지니며 왼쪽 그래프는 0.3의 마르코프 2-스타 모수치를 그리고 오른쪽 그래프는 0.3의 마르코프 3-스타 모수치를 갖는다. 두 경우 모두 마르코프 스타로 인해 강한 집중화를 보이는데 2-스타 모수가 하나의 허브를, 3-스타 모수가 두 개의 허브를 갖는다. 이는 〈그림 13.5〉의 왼쪽처럼 단 하나의 음의 교호 스타 모수를 갖는 경우와 매우 대조적이다.

〈그림 13.6〉교호 모수와 마르코프 스타 모수 둘 다를 포함한 시뮬레이션 결과 도출된 그래프 예시

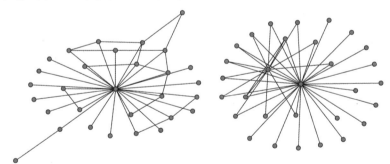

양의 마코브 2-스타를 지닌 음의 교호-스타 모수　　양의 마코브 3-스타를 지닌 음의 교호-스타 모수

13.1.3. 스타와 삼각관계

〈그림 13.5〉의 왼쪽 그래프 둘 다 그리고 〈그림 13.2〉의 하단 오른쪽 그래프와 비교하기 위해, 〈그림 13.7〉의 그래프 예시는 교호 삼각관계 모수치를 2 그리고 교호 스타 모수치를 -1로 설정한 시뮬레이션을 통해 추출했다. 이 그래프에서는 〈그림 13.2〉에서처럼 양의 삼각관계 모수에 따라 강한 삼각관계화가 유지되지만, 이제는 네트워크의 더 작고 더 조밀한 다수 영역들에 걸쳐서 때로는 연결된 채 그리고 때로는 별도의 네트워크 컴포넌트로 분포됨을 알 수 있다. 여기서 음의 스타 모수 효과는 〈그림 13.2〉의 단일 클리크를 더 작고, 클리크 같은(clique-like) 영역으로 와해시킨다. 음의 스타 모수가 연결정도가 높은 노드들의 수를 제한하기 때문이다. 모형을 데이터에 적합시킬 때, 음의 스타와 양의 삼각관계 모수 조합은 이례적인 것이 아니다. 네트워크 폐쇄 과정이 존재하지만 이 과정이 네트워크에서 하나의 중심 영역보다 더 작고 조밀한 다수 영역들에 걸쳐 분포됨을 시사한다. 따라서 이러한 경우 네트워크 집중도가 적고 그래프의 삼각관계화된 영역 바깥에서 연결정도가 높은 노드들이 존재하지 않거나 소수에 불과하다.

〈그림 13.7〉 시뮬레이션을 통해 추출한 양의 삼각관계 모수와 음의 스타 모수를 지닌 그래프 예시

13.2. 추정과 모형 설정

ERGM에 어떤 네트워크 연결관계 유형을 넣을지에 대한 선택은 어떤 모수 조합이 관찰된 네트워크에서의 연결관계 형성을 설명하는 데에 중요한가에 대한 이론적 논의에 따라 결정된다. 모형을 설정할 때 네트워크가 형성된 사회 과정에 대한 이론적 선택을 내포하게 되는데 이것이 항상 간단한 일만은 아니다. 이 섹션에서는 ERGM을 적합시켰던 저자들의 경험을 토대로 모형 설정에 대한 간단한 안내를 제공하고자 한다.

모형을 설정할 때에는 두 가지가 중요하다. 첫째, 사회적 맥락은 그들만의 고유한 특수성을 가지고 있기에, 특정 지역적 맥락에서 복잡한 모수 조합이 어떻게 드러나는지가 (옮긴이 주: 모형 설정에 있어서) 고유한 측면을 지닐 수 있다. 물론, 유사한 사회적 맥락에서 통용되는 일단의 모형들과 일부 공통된 특징들이 있을 것이다. 러버스와 스나이더(Lubbers & Snijders, 2007)가 다수의 서로 다른 학교들에서의 친구관계에 대한 다차원적 접근을 통해 이를 보여준 바 있다. [이들은 102개의 서로 다른 네트워크를 비교했는데, 같은 기법이 코스키넨과 스텐버그(Koskinen & Stenberg, 2012)의 연구에서 587개의 학급 네트워크를 비교하는 데에 사용되었다.] 그럼에도 불구하고, 널리 통용되는 하나의 모형 설정이 어느 경우에나 유효한 것은 아니다.

둘째, 연결관계의 관계적 내용에 따라 모형이 달리 설정될 수 있다. 예컨대, 인지된 타인의 태도가 네트워크 연결관계 형성에 미치는 영향에 대해 두 개의 맥락을 토대로 연구(14장)한다고 할 때, 하나의 맥락에서 다른 하나의 맥락으로의 변화(학교 팀과 미식축구 팀)를 넘어서, 관찰된 네트워크 연결관계도 달리 나타난다. (학교 팀에서는 긍정적 감정 관계가, 미식축구 팀에서는 공격적 관계가 형성될 수 있다.) 이런 관계적 내용을 고려하여 서로 다른 과정들을 이론화해야 한다는 데에는 이견이 없다. 요컨대, 어떤 모수를 모형에 포함시키는가는 관계적 연결의 내용에 달려 있다.

방향성 없는 네트워크에 대해 모형화하고자 할 때 그 시작점으로 연결선, 교호 스타, 교호 삼각관계, 그리고 교호 2-경로 모수를 포함할 것을 제안한다. 방향성 있는 네트워크를 모형화할 때는, 아크, 상호호혜성, 인기도 분산(교호 내향-스타), 활동성 분산(교호 외향-스타), 교호 삼각관계와 순환적 형태를 나타내는 모수, 그리고 아마도 연결성(교호 2-경로 그리고/또는 단순 2-경로) 모수들을 모형에 포함하는 것을 고려할 수 있다. 간단히 말해, 모형은 최소한 연결정도 분포(스타 모수)와 폐쇄성(삼각관계 모수)을 통제하는 모수들뿐만 아니라 밀도 모수(연결선(edge) 또는 아크)도 포함해야 한다. 8장에서 설명한 바와 같이 속성 효과도 포함시킬 수 있다.

방향성 있는, 긍정적인 감정 네트워크(예컨대, 친구관계)에 대해 결과의 패턴이 종종 〈표 13.1〉과 같이 나타나는데, 물론 항상 이러한 것은 아니다.

연구자들이 네 개의 별개 삼자 사회 순환 효과(옮긴이 주: C, T, U, D) 모두를 모형에 포함하기를 원하지 않는다면, 이행적 폐쇄(AT-T 또는 일반적 이행성 AT-TDU) 효과가 적절한 타협점이 될 수 있다. 이와 더불어, 마르코프 모수(예컨대, 2-내향 스타, 2-외향 스타, 2-경로)를 포함함으로써 모형 수렴이나 연결정도 분포 관련 GOF에 도움이 되는 경우가 종종 있다.

부정적 관계(예컨대, 공격)의 네트워크들에 대해, 〈표 13.1〉이 제안한 모수 조합으로 모형화를 시작하는 것이 유용할 수 있지만, 저자들의 경험상 이 모수들은 부정적 관계를 모형화할 때 중요하지 않을 가능성이 있다. 예를 들어, 부정적 연결관계에 있어서 상당 수준의 삼각관계화는 중요한 효과일 수도 아닐 수도 있다. (예컨대, 적의 적은 적이 아닐 수도 있지만, 따돌리는 관계에서는 이행성이 성립될 수도 있다.) 더 나아가, 상호호혜성이 부정적 연결관계 네트워크에서는 존재하지 않을 수도 있다. (예컨대, 따돌리는 관계에서는 힘의 불균형이 존재하기 때문에 대칭성을 기대하기 어렵다.) 기억해둘 것은 통계적으로 유의하지 않은 모수를 모형에 포함시키는 것은 가능하지만 통계량이 0의 값을 가질 때 (예컨대, 상호호혜적 연결관계가 없을 때), 이 모수를 모형에 포함시켜서는 안 된

<표 13.1> 긍정적인 감정 네트워크에 대한 ERGM의 시작 모수 집합 제안

모수	PNet 명칭	Statnet 명칭	해석
아크 (Arc)	Arc	edges	연결관계 형성의 기본 경향을 나타냄
상호호혜성 (Reciprocity)	Reciprocity	mutual	흔히 양의 값을 지님. 양의 상호호혜적 연결관계가 긍정적인 감정 네트워크에서 관찰될 가능성이 매우 높음
단순 연결성 (Simple connectivity)	Mix2star	twopath	연결관계를 내보낸 행위자들이 연결관계를 받는 정도를 측정함. 내향 연결정도와 외향 연결정도 간의 상관관계를 통제함. 흔히 음의 값을 지님
인기도 분산 (Popularity Spread)	A-in-S	gwidegree	음의 인기도 분산 모수는 대부분의 행위자들이 유사한 수준의 인기도를 지님을 시사함(네트워크는 내향 연결정도에 집중화되어 있지 않음)[6장 식(6.7) 참조]
활동성 분산 (Activity Spread)	A-out-S	gwodegree	음의 활동성 분산 모수는 대부분의 행위자들이 유사한 수준의 활동성을 지님을 시사함(네트워크는 외향 연결정도에 집중화되어 있지 않음)[6장 식(6.6) 참조]
삼각관계화 (Triangulation)	하나 또는 그 이상의 T, D, 또는 U 교호 k-삼각관계 효과	gwesp (AT-T만)	양의 효과는 높은 수준의 폐쇄성 또는 다수의 삼각관계 클러스터가 데이터에 존재함을 시사함(6장 〈그림 6.10〉과 〈그림 6.11〉 참조)
순환적 폐쇄 (Cyclic closure)	AT-C	ctriple (Markov만)	음의 효과는 순환적 삼자관계에 반하는 경향이 존재함을 시사함(때로는 일반화된 교환 또는 일반화된 상호호혜성에 반하는 경향으로 해석되기도 함)
다수 연결성 (Multiple connectivity)	하나 또는 그 이상의 교호 2-경로 효과	gwdsp (A2P-T만)	이 모수는 네트워크에서 2-경로와 관련 있음. 양의 삼각관계화 추정치와 더불어 음의 다수 연결성 추정치는 2-경로가 폐쇄될 경향(즉, 삼각관계가 형성될 경향)이 있음을 시사함(6장 〈그림 6.12〉 참조)

다는 점이다. (간단히 말해 남성은 없고 여성만 있는 데이터에서 성별을 회귀 모형의 변인으로 넣을 수 없는 것과 같은 이치이다. 더 자세한 내용은 섹션 12.6의 모형 퇴행과 근사 퇴행에서 살펴보기 바란다.) 이렇듯, 부정적 연결관계 네트워크에 대해 앞서 언급한 모수들의 조합으로 시작할 수는 있지만, 만약 모형이 퇴행한다면, 상호호혜적 연결관계나 실제 삼각관계가 데이터에 있는지 여부를 확

인해야 한다. [이는 GOF의 가산(count) 통계량을 통해 살펴볼 수 있다. 섹션 13.3을 참조하라.]

13.2.1. 모형 설정 사례

5장의 더 코퍼레이션 커뮤니케이션 네트워크 모형을 세 가지로 서로 달리 설정하고, 각 모형마다 선정된 추정치를 〈표 13.2〉에서 보여준다.

1. 모형 A는 아크 모수(연결관계 형성의 기본 경향성), 행위자-관계 효과, 그리고 공변량 조언 네트워크를 포함한다.
2. 모형 B는 모형 A의 모수들과 일부 마르코프 구조 효과를 포함한다.
3. 모형 C는 모형 A의 모수들과 사회 순환 구조 모수들을 포함한다.

〈표 13.2〉에서 모형 C의 결과는 5장에서의 〈표 5.1〉의 결과와 같다. 〈표 13.2〉에서 첫 번째 열은 모수 이름(예컨대, 아크, 상호호혜성)을 나타낸 것이다. 그리고 이어지는 세 개의 열은 모수 추정치, 추정치의 표준오차, 그리고 수렴 통계량을 나타낸다. (섹션 12.4.2에서 설명한 것처럼, 제대로 수렴된 모수 추정치를 가지려면, 수렴 통계량이 절대값 기준 0.1보다 더 작아야 한다.)

모형 A는 속성 효과와 조언 네트워크 공변량뿐만 아니라 연결관계 형성에 관한 기본 경향(즉, 아크 모수)을 포함한 베르누이 모형이다. 수렴 통계량을 보건대, 이 모형은 안정된 모형임(즉, 수렴된 모형이다)을 알 수 있다. 그러나, 이전 장들에서 설명한 바와 같이 베르누이 모형은 문제가 많은데, 이 모형은 상호호혜성이나 이행적 폐쇄성 같은 네트워크 구조를 설명하지 못한다. 따라서, 이 모형이 수렴되었기 때문에 일견 좋은 모형이지만, 다음 섹션에서 살펴본 바와 같이, 이 모형의 GOF를 산출해보면 관심을 끄는 많은 네트워크 특징들을 단순한 베르누이 모형으로는 제대로 구현하지 못한다는 점을 발견할 수

〈표 13.2〉 더 코퍼레이션 커뮤니케이션 네트워크에 대한 세 가지 모형

모수(Pnet 명칭)	추정치	표준오차	수렴 통계량
모형 A			
아크	-1.17*	0.19	-0.02
송신자(연공서열)	-1.21*	0.33	0.01
송신자(프로젝트)	0.03	0.02	0.03
수신자(연공서열)	-0.54	0.28	0.02
수신자(프로젝트)	-0.01	0.02	-0.02
유유상종(연공서열)[상호작용][a]	1.93*	0.42	0.05
이종선호(프로젝트)[차이]	-0.18*	0.03	-0.01
유유상종(소속지사)[매칭]	-0.05	0.19	0.04
유인(조언)[공변량 아크]	1.90*	0.30	-0.09
모형 B			
아크	-	-	0.97
상호호혜성	-	-	0.85
2-경로[2-경로]	-	-	1.70
2-내향-스타[내향-2-스타]	-	-	1.70
2-외향-스타[외향-2-스타]	-	-	1.62
이행적 삼자관계[030T]	-	-	3.78
순환적 삼자관계[030C]	-	-	3.23
송신자(연공서열)	-	-	0.38
송신자(프로젝트)	-	-	0.51
수신자(연공서열)	-	-	0.49
수신자(프로젝트)	-	-	0.46
유유상종(연공서열)[상호작용]	-	-	0.37
이종선호(프로젝트)[차이]	-	-	0.15
유유상종(소속지사)[매칭]	-	-	0.46
동반(조언)[공변량 아크]	-	-	0.02

모수(Pnet 명칭)	추정치	표준오차	수렴 통계량
모형 C			
아크	-1.96*	0.73	-0.02
상호호혜성	2.88*	0.46	0.02
2-경로[2-경로]	-0.06	0.08	-0.02
인기도 분산[AinS]	-0.27	0.32	-0.03
활동성 분산[AoutS]	-0.34	0.34	-0.02
경로 폐쇄[AT-T]	1.22*	0.19	-0.02
순환 폐쇄[AT-C]	-0.37*	0.17	-0.02
다수 2-경로[A2P-T]	-0.06	0.09	-0.01
송신자(연공서열)	-0.56	0.29	-0.01
송신자(프로젝트)	0.01	0.02	-0.05
수신자(연공서열)	0.08	0.23	0.03
수신자(프로젝트)	-0.02	0.02	-0.06
유유상종(연공서열)[상호작용]	0.64*	0.26	0.02
이종선호(프로젝트)[차이]	-0.08*	0.02	0.02
유유상종(소속지사)[매칭][b]	-0.01	0.17	0.02
동반(조언)[공변량 아크]	1.76*	0.30	-0.07

* 유의한 효과(즉, 모수 추정치가 절대값 기준으로 표준오차의 두 배보다 큼. 자세한 내용은 섹션 12.5.1 참조)

a 섹션 8.2.2에서 언급한 바와 같이, 유유상종(이종선호)은 행위자 관계 효과에 대해 이진형, 연속형, 또는 범주형인지에 따라 다르게 측정된다. "연공서열"은 이진 변수이며 이 사례에서의 유유상종은 해당 속성(즉, "0"이 아닌 "1"의 값을 지닌 행위자)을 지닌 행위자가 그 속성을 지닌 다른 행위자를 선택하는 것을 의미한다. PNet에서는 유유상종을 나타내는 이진 변수에 대해 "상호작용" 효과를 사용하며, 양의 효과는 유유상종이 존재함을 시사한다. "프로젝트"는 연속형 변인이며 이종선호는 "차이" 효과를 사용하여 점수들 간의 절대적 차이로 측정했다. 연속형 변수의 경우, 양의 차이 효과는 이종선호가 존재함을 시사하는 반면, 음의 차이 효과는 차이가 상대적으로 없음(즉, 유유상종)을 시사한다. 마지막으로, "소속지사"는 범주형 변인인데, PNet에서는 "매칭" 효과를 사용하여 측정하며 (이진 변수와 마찬가지로) 양의 효과는 유유상종을 시사한다.

b "소속지사"는 범주형 변인이며 PNet에서는 이런 변인들에 대해 유유상종 효과만 존재할 뿐, 송신자와 수신자 효과가 존재하지 않는다. (Statnet을 사용하면 더 많은 옵션이 있는데, 예컨대 "nodemix"를 사용할 수 있다.) 만약 송신자 효과와 수신자 효과 관련하여 분석하고자 하는 범주형 변인이 있다면, 각각의 범주에 대해 이진형 더미 변수를 생성해야 한다. 하지만, 이때 항상 n-1개의 이진 변수를 생성해야 하는데, 다른 모든 속성들을 비교할 수 있는 준거 범주를 두기 위해서이다.

모형 A는 베르누이 모형, 모형 B는 마르코프 모형, 그리고 모형 C는 사회 순환 모형이다.

있다.

마르코프 모수를 사용한 모형 B에서 추정은 수렴하지 못했다. 더 큰 증배계수를 사용하여 모형을 재시도했으며 추정 실행의 최대 수를 증가시키고 다른 이득 계수(a-값)를 사용했다. 그러나, 이러한 일단의 마르코프 모수에 대해 모형은 수렴에 가까워지지 않았기에 이를 퇴행 모형으로 간주한다.[1] 〈표 13.2〉에서 모형 B의 모든 추정치와 추정치들의 표준오차에 대해 "−"를 넣음으로써 이 수치들이 적절치 않음을 표기했다. 이 수치들의 수렴 통계량이 크기 때문에 의미가 없다. 중요한 점은 모든 모형들이 수치 산출물을 생산하지만(즉, 추정으로부터 항상 어떤 수치값들을 얻게 되지만), 추정치의 수치들은 모든 모수들이 수렴하지 않고서는 의미가 없다는 점이다. 예를 들어, 〈표 13.2〉에는 보고되지 않았지만, 이행적 삼각관계 030T 모수에 대한 PNet 산출물은 0.46이며 표준오차는 0.13이었다. 하지만 이 모수의 수렴 통계량은 3.78로 수렴통계량<0.1 기준에 한참 미치지 못했다. 따라서 이 추정치는 수렴하지 못했기 때문에 의미가 없다. 이 점은 아무리 강조해도 지나치지 않다. 모형에서 다른 모수가 수렴되었다 하더라도 (예컨대, 조언 공변량 모수의 수렴 통계량이 0.1보다 작을 때) 이는 여전히 무의미한데, 그 이유는 "반드시 모형 내의 모든 모수들이 수렴해야"하기 때문이다. 따라서, 이 마르코프 모형은 사용할 수 없으며 완전히 부적절한 모형이 된다.

---

[1] 여기서 주목해야 할 점이 두 가지 있다. 첫째, 마르코프 모수를 지닌 다른 모형이 데이터에 적합할 수는 있지만 가능성이 낮기에, 모형에서 일부 모수들을 제거하고/하거나 다른 모수들을 투입함으로써 모형이 수렴될 가능성이 커진다면 (저자들의 경험상 마르코프 모형은 수렴하지 않는 경우가 흔하지만) 해당 모수들을 포함시켜야 한다. 둘째, 저자들의 경험상 수렴 통계량이 여러 차례의 업데이트된 추정 실행에 걸쳐서 가령 0.3보다 일관되게 클 경우 모형이 수렴할 가능성은 낮으며, 특히 크기가 작은 네트워크에 대해서 더욱 그러하다. 아울러 다른 모수들을 모형에 포함시키고/거나 일부 모수들을 모형으로부터 제외시켜도 수렴하지 않을 가능성이 높다.

멜넷 웹사이트(www.sna.unimelb.edu.au)를 통해 PNet 소프트웨어(Wang, Robins, & Pattison, 2009)와 데이터를 다운로드 받아서 상기 네트워크 분석을 직접 수행해볼 수 있다.[2]

13.3. GOF

13.3.1. 좋은 모형인지 여부를 어떻게 판단하는가?

데이터에 대한 모형 적합도가 좋다고 주장하기 위해서는 모형에서 설정한 네트워크 구조의 조합이 이 특정 네트워크가 어떻게 형성되었는가를 잘 나타내야 한다. 따라서 GOF를 통해, 설정된 모형이 관찰된 데이터가 지니는 특정 네트워크 구조나 그래프 특징들을 잘 나타내는지 여부를 판단할 수 있다. 다시 말해, GOF는 해당 모형이 그래프의 중요한 특징들을 구현하는 것이 가능한지 여부를 알려준다.

ERGM에서 GOF가 얼마나 유용한가를 설명하기 위해 더 코퍼레이션의 커뮤니케이션 네트워크와 관련 모형 A와 모형 C 각각의 GOF 결과를 사례로 들고자 한다. GOF값들은 〈표 13.3〉에 있는데, 이 값들을 통해 알 수 있는 점은 모형 A가 네트워크의 구조적 특징들을 많이 구현하지 못한다는 점이다. 이는 해당 모형이 네트워크 자기조직화 모수들(예컨대, 상호호혜성, 이행성)을 포함하고 있지 않기 때문이다. 그러나, 모형 B와 같이 마르코프 모수를 포함할 경

---

2) Statnet에서 ERGM 관련 효과들의 명칭은 edges, mutual, twopath, gwodegree, gwidegree, gwesp, ctriple (AT-C와 동일하지 않음), 그리고 gwdsp이다. 행위자 속성 효과는 nodeicov, nodeocov, edgecov, absdiff, 그리고 nodematch이다. 이 모형과 데이터에 대해 디폴트 방법과 설정으로 모형 수렴을 달성하기는 어렵다. 컨트롤(control) 인수에서 "로빈스-먼로(Robbins-Monro)"를 선택하면 도움이 된다.

우, 모형이 수렴하지 않는다. 〈표 13.2〉에서 살펴본 바와 같이, 모형 B가 수렴하지 못한다는 점은 해당 모형이 데이터를 안정적으로 구현하지 못함을 시사하는 것이기 때문에 GOF를 시행하는 것이 무의미하다. 마지막으로, 행위자-관계와 상위수준 구조 효과를 포함한 모형 C의 경우 성공적으로 수렴하고 GOF값도 상당히 개선된 것을 알 수 있다. 이렇듯, 모형 C가 이 커뮤니케이션 네트워크 관련 세 가지 모형 중 가장 좋은 모형이라고 주장할 수 있다.

〈표 13.3〉을 보다 구체적으로 살펴보면, GOF를 나타내는 네 개의 열이 있다. 이 열들은 개수(또는 통계량)를 보여주는데, 관찰된 데이터로부터 산출한 단순 통계량(흔히 관련 연결관계 유형의 단순 개수)이다. 평균값은 모형에서 산출된 추정 통계량이며 그다음 열은 관련 표준오차이다. 특정 그래프 특징을 모형이 잘 드러내기 위해서는 관찰된 데이터가 구현 가능해야 한다. (즉, 관찰된 값이 평균값으로부터 너무 멀리 떨어져 있지 않아야 한다.) 예컨대, 〈표 13.3〉의 첫 번째 줄에서 아크 효과 관련하여 관찰 데이터의 연결선 수가 146개인 반면, 모형으로부터 추출한 표본 평균은 146.14개이다. 마지막 열은 GOF의 t-ratio를 보여주는데, 모형의 적합도 측정치이다.

GOF가 추정이 수렴했다는 전제하에 시행되는 것임을 상기하기 바란다. (섹션 12.9도 참조 바란다.) 다시 말해, "적합된 효과(fitted effects)"에 대한 시뮬레이션된 통계량과 관찰된 통계량 간의 차이는 수렴 통계량으로 측정하는데 절대값 0.1보다 작아야 한다. (예컨대, PNet의 로빈스-먼로 과정의 3단계이다.) GOF 과정에서, 관찰된 통계량으로 적합된 모형하에서 시뮬레이션된 평균 통계량들도 비교하기 때문에, 적합된 통계량에 대한 GOF t-ratios는 절대값 0.1보다 작아야만 한다. 물론, 추정 절차는 확률적이기 때문에 GOF값과 적합된 통계량에 대한 t-ratio 추정값이 완전히 같을 수는 없다. 따라서, 만약 GOF 통계량이 절대값 0.1을 약간 상회하는 경우라면 크게 걱정할 필요가 없다. 하지만, GOF가 절대값 0.1을 큰 폭으로 상회할 경우가 있는데, 이럴 때에는 우선 훨씬 긴 시간 동안 GOF 시뮬레이션을 시행하여 이 문제가 해결되는지 여

〈표 13.3〉 커뮤니케이션 네트워크(n=38)의 모형 A와 모형 C 관련 GOF 세부 항목 중 일부

모수(Pnet 명칭)	GOF			
	개수	평균	표준편차 (SD)	GOF t-ratio
모형 A				
아크	146	146.14	10.54	-0.01
상호호혜성	44	12.60	3.48	9.01
2-경로	559	541.68	83.38	0.21
2-내향-스타	313	280.92	43.49	0.74
2-외향-스타	283	276.30	42.44	0.16
이행적 삼자관계[030T]	212	77.11	19.11	7.06
인기도 분산[AinS]	167.51	162.61	18.30	0.27
활동성 분산[AoutS]	166.39	162.22	18.20	0.23
경로 폐쇄[AT-T]	153.97	67.72	15.23	5.67
순환 폐쇄[AT-C]	120.97	63.85	17.19	3.32
다수 2-경로[A2P-T]	452.47	485.67	67.43	-0.49
송신자(연공서열)	73	73.30	7.68	-0.04
송신자(프로젝트)	993	994.63	96.12	-0.02
수신자(연공서열)	84	84.21	7.94	-0.03
수신자(프로젝트)	1005	1007.57	96.66	-0.03
유유상종(연공서열)[상호작용]	60	60.30	6.90	-0.04
이종선호(프로젝트)[차이]	584	585.91	62.66	-0.03
유유상종(사무실)[매칭]	51	50.99	6.16	0.00
조언 동반[공변량 아크]	24	24.17	3.57	-0.05
SD 내향 연결정도 분포	2.39	1.95	0.23	1.89
비스듬한 내향 연결정도 분포	0.37	0.40	0.34	-0.08
SD 외향 연결정도 분포	2.02	1.89	0.21	0.61
비스듬한 외향 연결정도 분포	-0.17	0.29	0.34	-1.38

모수(Pnet 명칭)	GOF			
	개수	평균	표준편차 (SD)	GOF t-ratio
모형 C				
아크	146	146.60	14.80	-0.04
상호호혜성	44	44.07	6.79	-0.01
2-경로	559	566.36	116.35	-0.06
2-내향-스타	313	310.17	66.83	0.04
2-외향-스타	283	301.34	62.80	-0.29
이행적 삼자관계[030T]	212	212.42	54.18	-0.01
인기도 분산[AinS]	167.51	168.56	25.91	-0.04
활동성 분산[AoutS]	166.39	167.26	25.61	-0.03
경로 폐쇄[AT-T]	153.97	154.85	31.16	-0.03
순환 폐쇄[AT-C]	120.97	121.92	29.30	-0.03
다수 2-경로[A2P-T]	452.47	457.20	79.75	-0.06
송신자(연공서열)	73	73.83	11.06	-0.08
송신자(프로젝트)	993	994.47	142.35	-0.01
수신자(연공서열)	84	84.59	12.18	-0.05
수신자(프로젝트)	1005	1008.53	141.21	-0.03
유유상종(연공서열)[상호작용]	60	61.11	11.33	-0.10
이종선호(프로젝트)[차이]	584	584.80	88.84	-0.01
유유상종(사무실)[매칭]	51	51.20	7.92	-0.03
조언 동반[공변량 아크]	24	23.86	4.06	0.03
SD 내향 연결정도 분포	2.39	2.28	0.31	0.35
비스듬한 내향 연결정도 분포	0.37	0.40	0.35	-0.08
SD 외향 연결정도 분포	2.02	2.18	0.28	-0.56
비스듬한 외향 연결정도 분포	-0.17	0.35	0.34	-1.56

부를 살펴본다. 만약 해결되지 않을 경우, 해당 모형이 충분히 수렴하지 않았을 가능성이 있으며 이때는 모형을 다시 추정해야 한다.

보다 구체적으로, 적합된 효과에 대한 GOF 통계량이 절대값 0.1을 크게 상회할 경우, 모멘트 방법 추정의 3단계 표본들이나 GOF 표본들이 정확하지 않을 수 있다. 이 둘 중에, 가장 많은 반복 횟수 그리고 가장 낮은 자기상관을 보이는 표본을 신뢰해야만 한다. 만약 반복 횟수가 같다면, 차이는 3단계 관련 (PNet 결과 산출물에서 제시된) "각 스텝에서의 반복 횟수"가 너무 작거나 "선택되는 표본의 수"에 비해 GOF의 반복 횟수 비율이 너무 낮다는 것을 의미한다. (이는 씨닝을 비교하는 것이다. 섹션 12.2.2를 참조하기 바란다.) 전자의 경우, 자기상관 값들 중 일부가 매우 클 가능성이 있다. (이 경우 수렴 통계량의 기본 전제가 위배될 가능성이 있으며 증배 계수 값을 증가시켜 모형을 재적합시킬 필요가 있다. 섹션 12.4.2를 참조하기 바란다.) 만약 후자의 경우라면, GOF 표본으로 선택된 표본들의 수에 비해 반복 횟수를 증가시켜야 한다.

Statnet에서 "gof( )" 루틴(routine)은 (3단계처럼) 독립적인 수렴 검증으로써 그리고 GOF하지만 표준오차가 기본 적합 루틴인 "ergm( )"에서 계산된다는 점을 유의할 겟로써의 기능을 모두 수행한다. GOF 표본의 성질은 번인, 씨닝, 또는 표본 길이를 증가시킴으로써 마찬가지로 개선할 수 있다. 만약 이런 과정이 필요하다면, 표본에 대한 수치적 기준과 그래프 시각화 모두를 감안하여 판단한다. 일반적으로, ergm과 PNet에서 생성된 일련의 통계량들을 그래프로 시각화하는 것이 좋다. (시뮬레이션에 대해서는 섹션 12.2를 참조하기 바란다.)

모형에 포함되지 않은 통계량들에 대해서 이 값들이 극단적인지 여부를 살펴봐야 한다. 통계량의 t-ratio값이 2.0보다 클 경우 극단치로 간주하는데, 이 경우 해당 값을 지닌 통계량이 모형으로부터 발생했다고 보기 어려운 것으로 추론한다. (극단치 2.0은 표준 정규 변량의 근사 임계치를 고려하여 선택된 값이다. 더 자세한 설명은 섹션 12.9를 참조하기 바란다.) 다시 말해, 모형이 해당 그래프 특징을 잘 구현하지 못함을 시사한다. 모형 A에서 t-ratio값이 2-내향-스타 수에 대해 0.74로 2.0보다 명백히 적은 수치이다. 따라서 해당 모형은 2-내향-스타 모수를 모형에 포함시키지 않고서도 관찰된 네트워크에서의 2-내향-스타의 수를 잘 구현해낸다. 하지만, 상호호혜적 연결관계 수와 이행적 삼자관계 수는 해당 모형이 제대로 구현하지 못하는데, 이 모수들이 방향성 있는 사회 네트워크에서의 기본적인 특징들임에도 불구하고 해당 모형으로 구현이 되지 않았기 때문에 모형 A는 관련 데이터에 있어서 좋은 모형이 아니라고 결론지을 수 있다.

⟨표 13.3⟩은 GOF로 분석한 그래프 특징들 중 일부만 사례로 보여준 것이다. 방향성 있는 네트워크에 대해 로빈스, 패티슨, 그리고 왕(Robins, Pattison, & Wang, 2009)은 다음의 그래프 특징들에 관하여 GOF 분석을 제안했다.

- 그래프 개수와 관련 통계량:
  - 양자 통계량: 아크 수, 상호호혜적 아크 수
  - 마르코프 그래프 연결관계 유형 수: 2-내향-스타 수, 2-외향-스타 수, 3-내향-스타 수, 3-외향-스타 수, 혼합 2-스타(2-경로) 수, 순환적 삼자관계 수, 이행적 삼자관계 수
  - 사회 순환 모수에 대한 통계량: A-in-S, A-out-S, AT-T, AT-U, AT-D, AT-C, A2P-T, A2P-D, A2P-U
- 연결정도 분포:
  - 내향 연결정도 분포와 외향 연결정도 분포에 대한 표준편차와 왜도
  - 노드별 내향 연결정도와 외향 연결정도 간의 상관관계
- 폐쇄성:
  - 단일 삼각관계 폐쇄성의 경우, 전역 군집 계수(global clustering coefficient) (즉, 3×삼각관계 수/2-스타 수). 방향성 있는 그래프의 경우, 단일 삼각관계를 완성하는 데에는 네 가지 방법이 있음: 2-경로에서 3-사이클 완성(군집-C); 2-경로에서 이행적 삼자관계 완성(군집-T); 2-내향-스타에서 이행적 삼자관계 완성(군집-U); 그리고 2-외향-스타에서 이행적 삼자관계 완성(군집-D)
  - 사회 순환 모수 기반 군집 계수: 교호 k-삼각관계 통계량 대 (교호 k-삼각관계와 유사한) 교호 k-2-경로 통계량 비율[즉, 이 계수는 교호 k-삼각관

계를 완성하고자 하는 밑변을 지닌 교호 k-2-경로 비율을 측정한다. 이를 토대로, 네 개의 상위수준 군집 계수 AC-T, AC-D, AC-U, 그리고 AC-C가 형성되는데, 여기서 AC는 "alternating k-cluster"의 약어임.

- 최단경로 분포:
  - 최단경로 분포의 사분위수(각각 G25, G50, G75, 그리고 G100으로 명명된다. 여기서 G50은 중위수로서 해당 그래프의 평균 최단경로 길이의 측정치로 간주할 수 있다). 일부 최단경로는 무한하기 때문에 대신 평균값, 표준편차, 더 나아가 t-ratio를 사용하기도 했으나, 로빈스, 패티슨, 그리고 왕(Robins, Pattison, & Wang, 2009)이 제안한 것처럼 시뮬레이션된 분포로부터 추출한 통계량 분포에서 관찰된 그래프의 통계량 백분위수를 사용하는 것이 나음.

- 삼자 센서스:
  - 홀랜드와 라인하트(Holland & Leinhardt, 1970)가 정의한 16개의 삼자관계 유형의 개수

일부 다른 특징들과 더불어 상기 특징들은 PNet의 GOF에 포함되어 있으며, Statnet에도 대부분 포함되어 있다.

〈표 13.3〉에서 모형 A와 모형 C의 GOF에 대해 보다 구체적으로 살펴보자. 모형 A는 데이터의 많은 특징들을 제대로 구현해내지 못한다. 예를 들어, 데이터에 44개의 상호호혜적 연결관계가 있는데, 모형에서 제시한 연결관계 평균은 12.6이다. 이 상호호혜성 개수에 대한 GOF t-ratio값은 9.01로 2보다 훨씬 크다. 모형 A는 관찰된 네트워크의 상호호혜적 연결관계를 상당히 과소추정하고 있으며 이행적 삼자관계에 대해서도 마찬가지이다. 그러나, 마르코프 2-외향-스타 개수는 283개인데 모형을 통해 산출한 개수도 평균 276.30개이다. 관련 GOF t-ratio값도 0.16으로 2보다 많이 작기 때문에, 이 모형이 2-외향-스타 모수를 포함하고 있지 않음에도 불구하고 2-외향-스타를 충분히

잘 구현하고 있음을 알 수 있다.

모형 C의 경우, 상호호혜성이 모형의 모수로 명확히 모형화되어 있으며, 모형 C가 이행적 삼자관계 수를 잘 구현하고 있다는 것도 알 수 있다. (당연하게도 교호 삼각관계 모수가 모형 C에 포함되어 있다.)

네트워크 자기조직화에 대한 효과(즉, 순수 구조적 효과)를 포함하면 행위자-관계 추정치 일부가 바뀐다(〈표 13.2〉). 예컨대, 송신자 효과(연공서열)가 모형 A에 대해서는 음수이며 통계적으로 유의하지만 모형 C에서는 더 이상 유의하지 않다. 하지만, 순수 구조적 효과를 모형에 넣을 경우 행위자-관계 효과를 전부 "소멸시키기는(wash away)" 것은 아니다. 추정치가 약간 다를지라도, 모형 A에서와 같이 모형 C에서도 연공서열과 프로젝트 수에 대한 유유상종 효과는 여전히 존재한다. 행위자 속성과 네트워크 자기조직화 경향 모두 이 커뮤니케이션 네트워크상의 연결관계의 존재를 설명해준다.

GOF는 어떤 네트워크 연결관계 유형을 모형 설정에 포함할지 선택할 수 있도록 도와준다. 만약 네트워크 특징이 모형에 의해 잘 적합되지 않을 경우, 새 모형에 추가할 모수를 선택할 때 GOF가 도움이 된다. 하지만, GOF가 변수 선택에 있어서 이론을 대신해서는 안 된다는 점을 분명히 한다.

13.3.2. 모형이 그래프 특징을 적합하지 못할 경우 어떻게 해야 할까?

만약 그래프 특징이 극단적이어서 모형의 적합도가 낮을 경우, 추가 모수를 모형에 투입하면 모형 적합도가 증가하는지를 살펴볼 수 있다. 물론, 여러 개의 극단적 특징들을 가질 수 있고, 이 경우 하나의 새로운 모수를 투입하는 것만으로도 이들에 대한 적합도를 개선할 수 있다. 예컨대, 2-내향-스타 통계량과 3-내향-스타 통계량이 잘 적합되지 않았을 수 있다. 이 경우, 모형에 사회 순환 교호 내향-스타 효과를 포함시키면 이 두 통계량에 대한 적합도가 개선될 것이다. 다른 예를 들면, 교호 삼각관계 통계량들(T, D, U)의 다수가 잘 적합되지 않을 수 있는데 이때 이 효과들 중 하나의 모수만으로도 나머지 세 개를 적합시키는 데에 충분할 수 있다.

이 장 앞에서 설명한 시뮬레이션을 통해서도 해결책을 모색해볼 수 있다. 연결정도가 높은 노드들이 있는 경우 사회 순환 교호 스타 모수 외에 마르코 프 스타 모수를 모형에 포함하는 것이 유용할 것이다. 때로는 연결정도 분포 를 모형화하는 것이 어렵기도 하다. 교호 스타 효과와 마르코프 스타 효과를 모두 포함하는 것이 필요할 경우가 있는데, 연결정도 분포가 양봉 형태를 보 일 때가 바로 그 경우이다. 이에 더하여, 모형이 2-내향-스타를 구현하는 데에 어려움이 있다면 교호 하향 2-경로(A2p-D)를 모형에 투입하는 것이 유용하 며, 2-외향-스타의 경우 교호 상향 2-경로(A2p-U)를 포함시키면 모형 적합도 가 개선될 것이다. 만약 소수의 매우 높은 연결정도를 지닌 노드들이 있을 경 우, 이들을 외생 요인으로 간주할 필요가 있다. 즉, 이 노드들과 관련한 연결 관계를 다른 네트워크 연결관계의 예측 변인으로 간주하는 것이다. 이런 방 식을 통해 네트워크의 나머지를 연결정도가 높은 허브들에 대해 조건부 의존 적으로 모형화하면 된다. 이 저변의 논리는 허브가 네트워크의 나머지 부분 들과 매우 다르기 때문에 이들을 다른 네트워크 연결관계에 영향을 미치지만 자신은 네트워크 구조의 나머지로부터 영향을 받지 않는 특별한 존재로 간주 한다는 것이다. 어떤 경우에는 연결정도 관련 효과가 주요 관심사가 아니어 서 인기도 또는 활동성 차이가 단순히 노이즈로 간주되기도 한다. 이 경우 네 트워크 밀도 또는 (내향 그리고 외향) 연결정도 분포 하나 또는 둘 다에 대해 조건부 의존적으로 처리하는 것이 타당하다(Snijders & Van Duijn, 2002).

앞에서 시사한 바와 같이, 각각의 네트워크는 고유하기 때문에 어떤 모수 를 모형에 포함시킬지에 대해서는 여러 번의 시행착오를 통해 규명할 필요가 있다.

13.3.3. 모형이 모든 것을 설명해야만 하는가?

관찰된 데이터의 모형은 단지 모형일 뿐이라는 점을 강조하면서 이 장의
설명을 마치고자 한다. ERGM 모형이 네트워크의 모든 특징들과 잘 적합할
것이라는 기대는 하지 않으며 해서도 안 된다. 이는 마치 회귀분석이 변량의
100%를 설명해줄 것이라고 기대하지 않는 것과 같은 이치이다.

3부 활용

14장 개인적 태도, 인지된 태도, 그리고 사회 구조: 사회 선택 모형

15장 공백을 메우는 방법: 조직 간 네트워크에서의 대안적 폐쇄 메커니즘 탐색

16장 업무관계 간의 상호의존성: 조언과 만족에 대한 다변량 ERGM

17장 지력, 체력, 또는 낙관성? 창발적 군사 리더십의 구조와 상관

18장 실직에 대한 자기로지스틱 행위자 속성 모형 분석:
    누구를 알고 어디에 사느냐의 이중 중요성

19장 면대면 및 문자 메시지-매개 친구 네트워크의 종단적 변화

20장 이사의 사회적 및 재정적 자본이 기업 간 이사 겸임 네트워크
    (corporate interlock) 형성에 미치는 차별적 영향력

21장 네트워크 비교하기: 행위 네트워크와 회상 네트워크 간의 구조적 일치

개인적 태도, 인지된 태도, 그리고 사회 구조
사회 선택 모형

딘 러셔(Dean Lusher)·개리 로빈스(Garry Robins)

14.1. 타인에 대한 인식과 사회적 행위

사회 네트워크 분석이 지니는 중요한 통찰은 사회적 행동이 행위자들의 특징 때문에 발생할 수 있다는 점이다(Emirbayer & Goodwin, 1994; Kilduff & Krackhardt, 2008). 사회 선택 과정은 사회적 관계와 행위자-수준 속성 간의 상호작용을 구체화한다. 성별 유유상종 현상(McPherson et al., 2001), 네트워크 폐쇄성과 심리적 선유 경향(Kalish & Robins, 2006), 그리고 청소년 비행 행위(Snijders & Baerveldt, 2003)를 그 예로 들 수 있다. 더 나아가, 사회관계와 정체성 간의 상호의존성에 대해 화이트(White, 1992)가 주장한 바 있으며 사회 정체성 이론가들(Tajfel & Turner, 1979; Turner et al., 1987)도 이에 대해 시사한 바 있다.

네트워크 행위자들의 개인적 특징들과 별개로, 사회 행동은 사회 환경에서 자신을 둘러싼 사람들로부터 받은 단서(cue)들에 의해 동기화되기도 한다. 인식과 사회 네트워크에 대한 선행 연구들은 사회적 관계에 대한 인식[예컨대, "인지적 사회 구조(cognitive social structures)"(Krackhardt, 1987)]에 초점을 두었다. 또한, 네트워크에서의 사회적 지위와 개인적 성격 차이 모두 네트워크를 정확하게 인식하는 데에 중요한 것으로 밝혀졌다(Casciaro, 1998). 그러나, 이 장에서는 연결관계에 대한 인식보다 다른 사람들의 속성에 대한 개인적 인식 효과에 대해 논의하고자 한다. 여기서 고려하는 속성들은 실제 그 사람들의 속성이 아니라 개인이 인지한 타인들의 속성이다. 개인이 지니고 있는 태도[즉, 개인적 태도(personal attitude)]와 다른 사람들의 태도에 대한 개인의 인식[즉, 인지된 태도(perceived attitude)] 간의 근본적 차이에 대해 이 장에서 소개하는 연구는 주목한다. 이 연구에서 인지된 태도는 집단에서 일반적으로 취하는("generally held") 태도들에 대한 개인의 인식을 토대로 한다.

많은 사회심리학 이론에서 개인의 행위에 대한 인지된 태도의 중요성을 설명한 바 있다. 예컨대, "집단사고(groupthink)"(Janis, 1971)는 집단의 신념에 순응하는 것을 일컫는다. 이 집단적 합의는 현실적 상황 판단 그리고/또는 집단 구성원의 개성에 우선하게 되어 집단과 개별 구성원들에 대해 최적이 아닌 의사결정과 결과를 초래하게 된다. "사회 비교 이론(social comparison theory)"(Festinger, 1954)에 따르면, 모호한 상황이거나 객관적 기준이 부재한 경우 사람들은 그들을 둘러싼 다른 사람들의 태도와의 비교를 통해 자신의 생각이 맞는지를 평가한다. 사회 비교 이론은 다른 사람들의 태도에 대한 인지가 부분적으로 불확실성을 해소함으로 인해 어떻게 개인적 태도에 영향을 미치고 더 나아가 행동에 영향을 미치는가에 대해 초점을 맞춘다. "다원적 무지(pluralistic ignorance)"(Katz & Allport, 1931)도 관련이 있는데, 집단 구성원 대부분이 특정 규범을 지지하지 않는데, 대부분이 이 규범을 받아들인다고 잘못 가정하는 데에서 출발한다. 다원적 무지는 (특정 규범이) "지지받는다는 오해가 폭넓은 공중의 순응을 유발하면서 그 오해가 현실화"(Centola, Willer, & Macy, 2005: 1010)될지라도 본질적으로 "규범 추정에 있어서 체계적 오류"(Prentice & Miller, 1993: 244)가 존재한다는 점을 다룬다. 다른 사람들의 태도에 대한 인식은 스스로의 행동을 통제하는 효과를 지니는데, 부분적으로 이는 사람들이 사회적 승인을 두려워하기 때문에 발생한다(Centola et al., 2005).

앞서 설명한 사회심리 이론들에 따르면 사회 행동과 관련하여 개인적 태도와 인지된 태도를 모두 고려하는 것이 중요하다. 그렇다면 개인적 태도와 인지된 태도가 서로 결합하여 사회 연결관계 형성에 영향을 미치는 것이 가능한데, 앞서 설명한 사회심리학 이론들이 사회관계를 이론적으로나 실증적으로 고려하지 않았다는 점에서 그 한계가 존재한다.

사회적 관계, 개인적 태도, 그리고 인지된 태도를 통합하는 이론적 관점은 사회 정체성 이론("social identity theory")(Tajfel & Turner, 1979)과 이 이론과 이론적으로 연관된 자기 범주화 이론("self-categorization theory")(Turner et al., 1987)이 제공한다. 이 두 이론을 묶어서 SIT라고도 부른다. SIT는 집단 과정, 집단 간 관계, 그리고 규범에 대한 사회심리학 이론이다. 사회 집단은 원형(prototype)으로 인지적으로 표현되는데, 사회 범주를 규정짓는 신념, 태도, 그리고 행위를 나타내는 주관적 상징이다(Hogg, Terry, & White, 1995). 원형은 집단 내의 유사성과 집단 간의 차별성을 강조한다. 집단 식별이 발생하는 이유는 "외집단에 비해 내집단이 우월하다고 느끼는 전략을 통해 자기 고양을 가장 잘 달성"(Hornsey & Hogg, 2002: 203)할 수 있기 때문이다. 집단 내에서 원형의 가장 전형적인 예가 되는 사람이 가장 존경받는다. 원형이 집단 내에서 "평균"이 아니라 더 극단에 위치하며, 집단 구성원들이 열망하는 기준이나 규범에 해당한다는 점에 주목하는 것이 중요하다. SIT에 따르면, 힘 있고 더 극단적인 개인들과 그들의 개인별 태도 또는 특징을 규범이 반영한다. 따라서 SIT는 힘이 집단 내에서 동등하게 분산되어 있는 것이 아니기 때문에 집단 태도가 모든 개인들 태도의 평균이라고 개념화하는 것은 합리적이지 않다고 설명한다. 그 대신, SIT는 사회 규범이 집단 내에서 힘 있는 사람들의 개인적 태도를 반영할 가능성이 높다는 점을 시사하는데, 여기서 힘 있는 사람들이란 "그들의 권력적 지위와 사회 정체성에 유리하도록 스테레오 타입과 사회 범주를 형성하는 데에 공동의 이해"(Lindenberg, 1997: 304)를 갖고 있는 사람들이다.

사회 네트워크 관점에서, 사회 네트워크 내 일부 개인들이 다른 사람들보다 더 두드러진다는 점은 널리 알려져 있다[예컨대, "중심성(centrality)" 지표는 네트워크 내에서 두드러진 행위자들의 중요성을 나타내준다. 프리만(Freeman, 1979)을 참고하기 바란다]. 중심성과 SIT에 대한 이론적 통찰을 합쳐서 다른 사람들의 태도에 대한 인식이 어떻게 사회 네트워크에서의 연결관계 형성과 관련이 있는지를 분석하는 것이 이 연구의 목표이다. 이 연구는 집단 규범이 집단 내인기 있는 개인들의 개별적 태도와 관련이 있음을 주장한다. SIT와 같은 맥락에서, 이 연구는 개인들이 일정 부분 극단적 원형의 태도를 유지함으로써 집단 정체성을 체득한다는 점을 제시한다. 다른 행위자들은 이렇게까지 극단적인 태도를 지니고 있지는 않을지언정 원형의 태도가 집단 내에서의 일반적인 태도라고 인식하고 원형으로 간주되는 개인들의 두드러짐을 인정한다. 그 결과, 사회관계는 선두에 있는 이들에게로 향하게 되며, 이들은 그로 인해 네트워크 내에서 더욱더 중심에 위치하게 된다. 이 가정을 실증적으로 분석하기위해 개인적 태도와 인지된 태도 둘 다에 대해 행위자-관계 효과를 분석하고자 한다. 이를 위해 순수 구조적 자기조직화 효과(예컨대, 상호호혜성, 이행성)는 통제한다.

14.2. 데이터와 측정

14.2.1. 사회 네트워크 질문

데이터는 두 개의 서로 다른 네트워크로 구성되어 있다. 전원 남학생으로 구성된 사립이면서 종교적인 세컨더리 칼리지(secondary college)의 10학년 학생 72명으로 구성된 네트워크(평균 연령=15.5, 표준편차=0.5)와 전원 남성으로 구성된 프로페셔널 미식축구 팀의 선수 38명으로 구성된 네트워크(평균 연령=22.7, 표준편차=4.0)가 있다(Lusher, 2008). 이 두 네트워크에 대한 연구를 통해 어떻게 인지된 태도가 서로 다른 맥락과 서로 다른 네트워크에서 중요한가를 설명하고자 한다.

학생 네트워크 관련하여 세 개의 이름 생성 질문들(name generator)[즉, (1) 누가 친구인지, 그리고/또는 (2) 누구를 추종하는지, 그리고/또는 (3) 누구와 보고 싶은지]을 통해 긍정적인 감정(positive affect) 관계를 형성했다. 이 질문들 중 어느 것에 대해서든지 언급된 모든 학생들의 이름으로 네트워크 내에서 연결관계를 생성했으며, 그 결과 이진형의 합성(composite) 연결관계 네트워크가 되었다. 이 세 개 네트워크의 밀도는 친구관계=0.0497, 추종하는 관계=0.0067, 그리고 보고 싶은 관계=0.0262이다. 이차 할당 절차(Quadratic Assignment Procedures, 이하 QAP)[1]를 사용한 네트워크의 피어슨 상관관계는 다음과 같다: 친구관계와 보고 싶은 관계 간=0.594**; 친구관계와 추종하는 관계 간=0.236**; 추종하는 관계와 보고 싶은 관계 간=0.182**

미식축구 팀에 대해서는 공격(aggression) 관계를 연구했는데, 미식축구는 직업적으로 통제된 공격성을 필요로 하기 때문이다. 참가자들은 신체적(예컨대, "훈련 도중 당한 불필요한 공격성"), 언어적(예컨대, "놀리거나 무시하는 발언") 또는 사회적(예컨대, "배제하거나 왕따시키는 것") 공격성으로 구성된 질문들을

---

1) 옮긴이 주: QAP 기법을 통해 행렬 간의 상관관계를 구할 수 있다. 두 행렬에서 각각 행을 열로 바꾸어 두 개의 긴 열로 만든 후, 이들 간에 상관계수를 구하면 된다. 이 (데이터를 기반으로 한) 관찰된 상관계수의 통계적 유의성을 알기 위해, 이 행렬들 중 하나에 대한 퍼뮤테이션(permutation; 즉, 무작위적인 재배열)을 수없이 많이 시행하여 관찰된 행렬과 독립적인 행렬들을 만든 후, 이들과 나머지 한 행렬에 대한 상관계수값을 산출한다. 이 상관계수값들이 예컨대 1,000번의 시행에서 관찰된 상관계수값보다 큰 경우가 5번이라면, 여기서 p값은 0.005가 되며 유의 수준(0.05일 경우)보다 작기에 관찰된 상관계수값이 통계적으로 유의하다고 할 수 있다(Borgatti, Everett, & Johnson, 2013).

통해 이러한 습관적 행위들에 연루된 바가 있는지 구체적으로 답했다. 이러한 공격을 당한 피해자의 자기 지명(self-nomination)에 따라 연결관계를 형성했다. 해석을 용이하게 하기 위해 공격을 가한 사람을 연결관계를 내보내는 사람으로 한 반면 공격을 당한 사람을 연결관계를 받은 사람으로 하여 공격 연결관계 네트워크를 형성했다. 여기서도 이진형의 합성 공격 네트워크가 만들어졌다.

14.2.2. 속성 측정

남성성에 대한 태도는 남자들 간의 사회적 위계 형성에 영향을 미치는 것으로 이론화되어 있다(Connell, 1995). 남성성에 대한 개인적 태도와 인지된 태도는 남성성 태도 지표(Masculine Attitudes Index: MAI; Lusher, 2008)로 측정했다. 이 지표는 청소년 버전과 성인 버전이 있는데, 주요 하위 척도로는 반여성성, 남성 동성애자 혐오증, 그리고 폭력 등이 있다. 청소년 버전에는 반학업적 하위 척도도 포함되어 있으며, 성인 버전에는 플레이보이(playboy) 기질과 관련한 남성성(즉, 여성과의 성관계 관련한 남성스러움)을 측정하는 하위 척도도 포함되어 있다. 네 가지 하위 척도(최소값=1, 최대값=7)의 모든 항목에 걸쳐서 평균값을 계산하여 이를 척도 점수로 한다. 점수가 높을수록 (반학업적 태도와 플레이보이 기질뿐만 아니라) 반여성성, 동성애 혐오, 그리고 폭력적 태도가 강함을 의미하는데, "지배적 남성성(dominative masculinity)"이 더 강하다는 지표라고 할 수 있다. 즉, MAI 점수가 높다는 것은 남성이 반여성성, 동성애 혐오, 그리고 폭력적 태도를 지닌다는 점을 시사하며, 점수가 낮다는 것은 그 반대의 태도를 지닌다는 점을 나타낸다. MAI는 남성성과 관련이 있는 것으로 간주되는 심리적 특징들과 영어를 사용하는 서구권 국가들에서 남성성 핵심 구성 요소들을 실증적 그리고 이론적으로 연구한 콘넬(Connell, 1995)의 연구 결과를 토대로 도출했다. 폭력을 남성성의 하위 척도로 포함한 것은 특히 미식축구 팀 맥락과 관련이 있다(Lusher, 2008).

개인적 태도와 인지적 태도를 모두 측정하기 위해, 참가자들은 MAI 항목에 대해 설문에 두 번 응답해야 했다. 첫 번째는 개인적 태도에 관한 것이고 두 번째는 참가자들을 둘러싼 주변인들(즉, 참가자들의 "준거 집단")의 태도에 대한 참가자들의 인식에 관한 것이었다. 프렌티스와 밀러(Prentice & Miller, 1993)에 따르면, 이런 식으로 측정된 개인적 태도와 인지적 태도 간의 차이가 대응표본 t-검정 결과 유의한 것으로 드러났고 이들 중 인지된 태도가 항상 더 극단적인 것으로 나타났다. 학교 학생들의 경우, 준거 집단은 학생들의 친한 친구들[2]로 구성되어 있었는데 이는 동료 집단이 청소년들에게 중요한 것으로 밝혀진 바(예컨대, Poteat, Espelage, & Green, 2007)를 그대로 보여준다. 미식축구 팀의 경우, 선수들이 자신이 소속된 팀에 대한 강한 동질감을 갖기에 (갖도록 장려하기에) 준거 집단은 팀 그 자체였다. 개인적 태도를 "개인 MAI(personal MAI)" 그리고 준거 집단에 대한 개인의 인지된 태도를 "인지 MAI(perceived MAI)"로 부르기로 하자. 청소년들의 경우, 개인 MAI는 평균 3.77(표준편차 0.92)이며 인지 MAI는 평균 4.15(표준편차 0.89)인 반면, 미식축구 선수들의 경우, 개인 MAI는 평균 2.88(표준편차 0.63)이고 인지 MAI는 평균 3.15(표준편차 0.69)였다.

다른 개인 수준 측정치들은 통제 변인으로 간주했으며 모형에 다른 행위자-관계 효과들로 투입했다. 학교의 경우, 민족문화적 배경과 사회경제적 지위(SES)가 이에 해당한다. 민족문화적 배경은 이진 변수이다. 지배적 문화권에 해당하는 학생들은 호주인이거나 영국계 호주인 또는 영국계이거나 아일랜드계 그리고 가정에서 영어만 사용하는 학생들이다. 다른 모든 학생들은 비지배적 문화권에 속한 것으로 간주되었다. 사회경제적 지위는 가구별 우편번호를 토대로 지역 사회경제 지수(Socio-Economic Index For Areas: SEIFA)에 대

---

2) 이는 "누가 친구들 중에서 가까운 집단에 속해 있는가?"라는 관계를 묻는 질문으로 측정되었다.

한 상대적 사회경제 장단점 지수(Index of Relative Socio-Economic Advantage/ Disadvantage)(ABS, 2001)를 사용하여 계산했으며, 점수가 높을수록 사회경제적 장점이 더 큼을 시사한다.

미식축구 팀의 경우, 통제 변인으로는 경기 능력, 출전 경험, 그리고 혼인/교제 상태가 있다. 경기 능력 측정치는 외생 공변량 네트워크로 포함되었는데, "누가 최고의 선수인가"라는 질문에 대한 이진형 응답으로 구성되었다. 출전 경험은 참가한 경기 수로 측정했으며, 혼인/교제 상태와 관련하여 선수들이 계속 남녀관계를 맺고 있는지 여부를 이진형으로 측정했다.

14.2.3. 분석

8장의 사회 선택 모형들을 사용하여 분석하고자 한다. 이 모형들은 속성이 고정되어 있으며 사회관계들이 변화할 수 있음(즉, 행위자 속성이 주어진 상황에서 연결관계는 어디에 형성될 것으로 예상하는가?)을 가정한다.

ERGM(Wang, Robins, & Pattison, 2009)은 PNet 프로그램을 사용하여 추정했다. 추정은 이 장에서 모든 모형들의 모든 모수들에 대해 성공적으로 수렴(12장 참조)했다. (이 장 이후의 모든 장에서 수렴한 추정에 대해서만 결과를 제시한다.)

14.2.4. 적합도

청소년 네트워크와 미식축구 선수 네트워크 모두 두 번째 (마지막) 모형에 대해 GOF 통계량을 계산했다. 모형에 포함되지 않은 특징들에 대해서 GOF 통계량(12장 참조)이 절대값 기준 2.0 미만이었기에, 모형이 데이터를 잘 구현해내고 데이터와의 적합도가 높다는 점을 알 수 있다. 하지만, (청소년 네트워크의) 외향 연결정도 분포의 왜도에 대한 t-통계량이 2.0보다 큰 2.71로 나타났는데, 이러한 결과는 드물지 않으며 모형에 의해 완전히 구현되지 않는, 활동성이 매우 높은 일부 행위자들이 존재하기에 외향 연결정도 분포를 설명하는 데에 약간의 어려움이 있었음을 시사한다. 모수를 추가하여 외향 연결정도 분포의 왜도를 개선하려는 시도가 성공적이지는 않았지만, 다른 모든 면들을 고려했을 때 모형 적합도가 우수한 것으로 간주할 수 있다.

14.3. 모형 설정

14.3.1. 순수 구조적 효과(Purely structural effects)

순수 구조적 효과는 네트워크 노드의 특성(예컨대, 상호호혜성, 군집)에 의존적이지 않은 네트워크 연결관계 유형을 의미한다. 청소년과 미식축구 선수의 사회적 맥락에서 유사한 모수 집합을 사용했는데, 이 모수들 중 여섯 개가 두 네트워크에 대해 동일했다.[3] 모수들은 〈표 14.1〉과 〈표 14.2〉에 제시했으며 PNet상 모수명은 꺾쇠괄호 안(예컨대, [PNet 모수])에 표기했다. 다수 연결성 측정치를 제외하고는, 미식축구 선수들과 청소년들에 대해 동일한 순수 구조적 모수를 사용했다. 미식축구 팀의 경우, 다수 2-경로[A2P-T]를 사용한 반면, 학교의 경우 다수 2-경로와 공유된 인기도[A2P-TD]의 조합을 다수 연결성 모수로 했다.

14.3.2. 행위자-관계 효과

네트워크에서 행위자의 특성을 포함하는 효과를 "행위자-관계 효과(actor-

---

3) 모형에 투입할 수 있는 모수들에 대한 논의는 13장 섹션 13.2를 참조하기 바란다. 〈표 13.1〉은 긍정적인 네트워크의 경우 투입할 수 있는 모수들의 집합을 제시한다.

relation effects)"라고 부른다. 이와 관련하여, 세 가지 기본 효과 유형들(송신자, 수신자, 유유상종/이종선호)을 사용한다(8장 〈표 8.2〉 참조). 송신자와 수신자 모수는 사회 연결관계와 관련하여 양자관계에서 한 행위자의 속성만을 고려하기 때문에 속성의 주효과로 간주할 수 있다. (이진형 속성과 범주형 속성에 사용되는) 유유상종 효과는 양자관계에서 행위자 둘 다의 속성을 모형화함으로 상호작용식 효과라고 볼 수 있다. 이종선호 효과는 연속형 속성에 대한 것으로 (유사성보다 차이에 초점을 맞추며) 유유상종의 정반대에 해당한다.

14.3.3. 공변량 네트워크 효과

마지막으로, 미식축구 네트워크에 포함된 하나의 추가 모수는 공변량 네트워크[Covariate Arc]로, 팀 내 최고선수 지명을 측정한다. 공변량 네트워크는 모형에서 외생변수로 간주한다(8장 섹션 8.3 참조).

14.4. 결과

우선, 일반적인 통계 접근을 통해 개인적 태도와 인지된 태도를 분석했다. 그 결과, 개인 MAI와 인지 MAI 간 통계적으로 유의한 연관성이 존재했다. (청소년들의 경우, $r=0.80$, $p<.001$; 미식축구 선수들의 경우, $r=0.54$, $p<.001$) 대응표본 t-검정 결과, 인지 MAI가 개인 MAI보다 통계적으로 유의하게 높았다. (청소년들의 경우, $t(71)=5.70$, $p<.001$; 미식축구 선수들의 경우, $t(37)=2.58$, $p<.05$) 따라서, 학생들과 미식축구 선수들은 실제 개인적 태도의 평균 점수보다 남성적 태도가 더 지배적인 것으로 인식했다. 이 같은 발견은 다원적 무지의 증거라 할 수 있다. 이제 각각의 네트워크에 대해 ERGM 결과를 설명하고자 한다.

〈표 14.1〉 청소년들 간 긍정적 감정 관계 모형

모수	추정치(표준오차)	
	모형 A	모형 B
순수 구조적 효과(내생)		
아크	-2.67(1.30)*	-2.91(1.36)*
상호호혜성	2.19(0.29)*	2.30(0.28)*
단순 2-경로	-0.13(0.05)*	-0.11(0.04)*
인기도 분산[AinS]ᵃ	-0.68(0.29)*	-0.78(0.29)*
활동성 분산[AoutS]	-0.71(0.30)*	-0.76(0.29)*
경로 폐쇄[AT-T]	1.57(0.13)*	1.54(0.12)*
다수 2-경로[A2P-T]	0.08(0.08)	0.06(0.07)
행위자-관계 효과(외생)		
이종선호ᵇ-개인적 태도	-0.15(0.06)*	-0.25(0.08)*
이종선호-인지된 태도		0.16(0.09)
송신자-개인적 태도	0.01(0.08)	-0.26(0.12)*
송신자-인지된 태도		0.35(0.12)*
수신자-개인적 태도	0.03(0.08)	0.33(0.15)*
수신자-인지된 태도		-0.37(0.15)*
유유상종-민족문화	0.48(0.14)*	0.46(0.12)*
송신자-민족문화	-0.06(0.15)	-0.04(0.15)
수신자-민족문화	-0.32(0.16)	-0.35(0.17)*
이종선호-사회경제적 지위(SES)	-0.16(0.10)	-0.17(0.10)
송신자-SES	-0.29(0.13)*	-0.27(0.13)*
수신자-SES	0.36(0.14)*	0.37(0.15)*

* 통계적으로 유의한 효과(즉, 모수 추정치가 절대값 기준으로 표준오차의 두 배보다 클 경우. 자세한 내용은 섹션 12.5.1 참조)

a 인기도 분산[A-in-S]과 활동성 분산[A-out-S] 모수가 유의하지 않을 때조차, 이들을 모형에 포함하는 것이 여전히 유용하다. 이 두 모수들이 인기도와 활동성을 통제하기 때문이다. 만약 이 모수들이 모형에 포함되었음에도 여전히 송신자와 수신자 효과가 상당 수준 존재한다면, 연결관계를 내보내고 받는 데에 있어서 개인 수준의 속성이 영향을 미친다는 점을 더 강하게 방증하는 것이다.

b 8장에서 제시되었던 유유상종 모수가 이진형 변수와 연속형 변수에 대해 서로 다른 방향성을 지닌다는 점을 상기하기 바란다. (13장의 사례에서도 언급한 바 있다) 이진형 변수와 관련하여, 노드들이 그들의 속성값으로 둘 다 "1"을 갖는지 여부를 결정하기 위해 노드 쌍들을 분석하며, 유의한 양의 모수는 유유상종 효과가 존재함을 시사하며 여기서 이를 유유상종이라고 부른다. 연속형 변수와 관련하여, 양자관계에 대해 연속형 속성 간의 절대값 차이를 분석하며, 이 차이 효과를 "이종선호"라고 부른다. 즉, 유의한 양의 모

수는 행위자들이 특정 속성에 있어서 차이가 있음을 시사하는 반면, 유의한 음의 모수 추정치는 행위자들이 서로 유사한 사람들이며 해당 속성에 있어서 차이가 작다는 점을 시사한다.

14.4.1. 사례 1: 청소년

청소년들의 긍정적 감정 관계에 대한 두 가지 서로 다른 ERGM의 결과를 〈표 14.1〉에 제시했다. 모형들은 다음과 같은 차이를 드러냈다. 모형 A는 인지 MAI 효과 없이 순수 구조적 요인들과 행위자-관계 효과를 분석한 반면, 모형 B는 모형 A의 모든 모수들 외에 인지 MAI 효과도 포함했다. 모형 B가 주요 관심 모형인데, 이 모형이 개인적 태도, 인지된 태도, 그리고 사회 구조 간의 상호의존적 효과들을 동시에 다루고 있기 때문이다. 같은 사회 네트워크에 대해 서로 다른 모수들을 지닌 두 모형을 제시한 이유는 어떻게 효과들이 상호의존적이며 효과를 추가함에 따라 모수에 대한 해석이 변화하는지를 보여주기 위함이다.

〈표 14.1〉은 모수 추정치와 괄호 안에 표준오차를 제시한다. 12장과 마찬가지로(섹션 12.5.1 참조), 별표로 통계적으로 유의한 효과를 표기했으며, 여기서 통계적으로 유의한 경우는 모수 추정치가 절대값 기준으로 표준오차의 두 배보다 클 때에 해당한다.

결과: 순수 구조적 효과. 유의한 모수 추정치는 다른 효과들이 모형에 주어진 상태에서 관련 연결관계 유형이 기대(모수가 0일 때)보다 더 많이 관찰되었음을 의미한다. 통상 아크 모수는 해석하지 않는데 이는 선형 회귀 모형에서의 상수와 같기 때문이다.

모형 A와 관련한 해석은 다음과 같다: 긍정적인 감정 연결관계는 상호호혜적일 때(상호호혜성 모수 추정치가 통계적으로 유의하며 양수) 발생할 가능성이 높았다. 삼각관계화가 집중된 지역들이 아닌 이상[4] 학생들의 활동성에 있어서 변동은 그리 크지 않았다(이 장의 뒷부분 참조).(활동성 분산 또는 A-out-S 모수가 유의하며 음수). 마찬가지로, 인기도 분산도 이행적 폐쇄가 집중된 지역이 아닌 이상 변동이 적었다. (인기도 분산 또는 A-in-S 모수가 유의하며 음수일때.) 마지막으로, 학생들의 긍정적 감정 관계는 이행적 폐쇄 지역에서 발생하는 경향(AT-T 모수가 유의미하며 양수)이 있기에, 친구의 친구를 친구와 만나지만 다수 2-경로는 기대보다 더 많이 발생하지는 않았다. (A2P-TD 모수가 양수이지만 유의하지 않다). 결론적으로, 대부분의 사람들이 그들이 긍정적인 감정을 갖고 있는 사람들의 수가 많지 않기 때문에 네트워크가 통상 상호호혜적이거나 이행적 폐쇄의 형태로 나타난다고 할 수 있다. 인기도와 활동성의 수준이 동질적인 경향이 있기에, 연결정도 집중도와 관련하여 강한 효과가 존재하지 않았다. 이런 결과들이 놀랄 만한 것은 아니지만, 이와 같은 모수들을 사용하여 해당 연결관계들의 유형들을 통제함으로써 행위자-관계 효과에 대해 타당한 추론을 할 수 있다.

결과: 행위자-관계 효과. 첫째, 통제변수와 관련한 효과들이 존재했다. 모형 B에서 민족문화적 배경 관련 유유상종 효과 그리고 민족문화 관련 음의 수신자 효과가 존재한다는 점이 비지배적 민족문화 배경을 지닌 학생들이 긍정적 감정을 지닌 대상으로 지명받을 가능성이 더 높음을 시사한다. 더 나아가 모형 B에서 사회경제적 지위 관련 송신자 효과가 통계적으로 유의하며 음수라는 점은 사회경제적 지위가 낮은 학생일수록 긍정적인 감정을 지닌 대상을 지명하거나 연결관계를 내보낼 가능성이 더 높음을 뜻한다. 사회경제적 지위 관련 수신자 효과도 양수이며 통계적으로 유의한데, 사회경제적 지위가 높은

---

4) 삼각관계화된 지역에서 연결정도가 높은 노드들이 여전히 존재할 수 있기에 "삼각관계화가 집중된 지역들이 아닌 이상"이라는 표현을 강조하고자 한다. 이 지역에서 연결정도가 높은 노드들은 스타 효과가 아니라 삼각관계화 때문에 발생한다.

학생들일수록 긍정적 감정 대상으로 지명을 받거나 보다 인기 있을 가능성이 더 높음을 의미한다.

여기서 주요 관심사는 인지된 태도가 사회관계 형성에 미치는 파급 효과를 살펴보는 것이다. 인지 MAI도 포함된 경우, 개인 MAI 관련 송신자 효과와 수신자 효과에 대해 모형 A에서 모형 B로 모수치에 있어서 중요한 변화가 있었다. 인지 MAI가 모형에 없을 경우, 개인 MAI는 사회관계 형성에 있어서 인지 MAI가 있을 때만큼 중요하지는 않았다. 모형 A에서 개인 MAI 관련 이종선호 효과가 음수이며 통계적으로 유의하다. 이는 학생들이 남성성에 대해 유사한 개인적 태도를 지닌 타인들에 대해 긍정적인 감정을 가지고 있음을 의미한다. 하지만, 인지 MAI를 모형 B에 투입할 경우 개인 MAI 관련 두 개의 네트워크 효과(즉, 음의 송신자 효과와 양의 수신자 효과)가 새로이 유의한 것으로 드러났다. 이러한 결과는 개인적 태도와 인지된 태도 모수들 간의 상호의존성을 보여주는 주목할 만한 증거이며, 이 두 모수가 해당 네트워크 저변의 사회 과정들을 이해하는 데에 필수적임을 시사한다. 이제, 인지된 태도가 주어진 상태에서 개인 MAI가 높은 청소년들일수록 연결관계를 적게 내보내지만 더 많이 받는다고 추론할 수 있다. 달리 말해, 덜 지배적인 개인적 태도를 지닌 청소년들이 더 활동적인 경향이 있고 더 지배적인 개인적 태도를 지닌 청소년들은 더 인기가 많은 경향을 보였다.

특히 관심을 끄는 것은 개인 MAI 관련 수신자 효과가 양의 값을 지닐 때, 인지 MAI 관련 수신자 효과가 통계적으로 유의하며 음수라는 점이다. 이는 개인적으로 지배적 남성성 태도를 지닌 학생들이 네트워크상에서 지위가 높고(인기 있고), 타인이 비지배적인 남성성 태도를 지닌다고 인지하는 학생들도 인기가 있음을 시사한다. 즉, 인기 있는 학생들이 지배적 태도가 강하고/강하거나 타인이 비지배적 성향을 지닌다고 믿는 학생들인 경향이 있었다. 따라서, 개인 MAI와 인지 MAI가 이 데이터셋에서 상관관계를 보일지라도, 스스로 지배적 남성성 태도를 지니고/지니거나 그들의 동료들이 이러한 극단적 태도를 지니지 않는다고 간주하는 학생들이 통계적으로 유의할 정도로 더 인기가 많았다. 더 나아가, 네트워크 내에서 다른 사람들이 지배적 남성성을 일반적으로 지닌다고 믿는 사람들이 유의미하게 더 활동적이다(즉, 인지 MAI 관련 송신자 효과). 이러한 효과들은 통계적으로 유의한 개인 MAI 관련 유유상 종 효과를 뛰어넘어 발생한다.

두 개의 수신자 효과는 주효과이며 상호작용 효과가 아니기에, 개인 MAI 가 높기 때문이거나 인지된 MAI가 낮기 때문이거나 또는 둘 다에 해당하기 때문에 인기가 있다고 볼 수 있으므로 "그리고/또는"이라는 표현을 사용한다. 물론, 개인 MAI와 인지 MAI 간의 상관관계를 통해 같은 사람들이 두 변수에 있어서 모두 높은 점수를 받는 경향이 있다는 점은 알고 있다. 더 나아가, 송 신자 효과도 모형에서 별개의 주효과이다. 한 가지 해석은 학생들이 지배적 남성성을 토대로 사회 원형을 예시화하고자 하므로 이 두 개의 독립 효과의 공출현을 사회 위계 출현의 증거로 간주하는 것이다. 만약 행위자의 인지된 태도가 자신의 개인적 태도보다 훨씬 점수가 높을 경우, 더 많은 연결관계를 내보낼 가능성이 있다. 다시 말해, 지배적 남성성이 팽배한 곳으로 학교를 인 식하는 학생들은, 특히 그들 스스로 지배적 남성성 태도를 지니고 있지 않을 경우, 더 많은 사회적 연결을 추구할 것이다. 그러나 인기도는 반대 효과와 관련이 되어 있는데, 인기 있는 행위자들은 그들이 타인에 대해 인식하는 것 보다 훨씬 더 지배적인 남성성 태도를 개인적으로 지닌다.

14.4.2. 사례 2: 미식축구 팀

모두 남성으로 구성된 미식축구 팀 내에서의 공격관계에 대해 두 개의 모 형을 분석한다. 이 네트워크에서 연결관계를 내보내는 사람은 공격자이며 받 는 사람은 공격의 피해자이다. 결과는 〈표 14.2〉에 있다.

모수	모형 A 구조적(상위수준) 그리고 개인적 태도	모형 B 구조적(상위수준), 개인적 태도, 그리고 인지된 태도
순수 구조적 효과(내생)		
아크	-5.49(0.81)*	-6.45(0.91)*
상호호혜성	0.25(0.72)	0.17(0.67)
단순 2-경로	-0.09(0.34)	-0.08(0.36)
인기도 분산[AinS]	0.65(0.25)*	0.62(0.29)*
활동성 분산[AoutS]	1.05(0.25)*	1.02(0.26)*
경로 폐쇄[AT-T]	-0.18(0.29)	-0.21(0.29)
다수 2-경로[A2P-T]	0.12(0.39)	0.10(0.41)
행위자-관계 효과(외생)		
이종선호-개인적 태도	0.19(0.19)	0.15(0.21)
이종선호-인지된 태도		-0.10(0.18)
송신자-개인적 태도	0.03(0.14)	-0.17(0.17)
송신자-인지된 태도		0.36(0.18)*
수신자-개인적 태도	-0.02(0.16)	-0.29(0.21)
수신자-인지된 태도		0.44(0.21)*
송신자-혼인/교제 상태	0.02(0.31)	-0.01(0.34)
수신자-혼인/교제 상태[a]	-1.32(0.52)*	-1.68(0.62)*
이종선호-출전 경험	0.003(0.002)	0.005(0.002)*
송신자-출전 경험	0.000(0.002)	-0.002(0.002)
수신자-출전 경험	0.004(0.003)	0.004(0.003)
공변량 네트워크 효과(외생)		
공변량 아크("최고선수" 네트워크)	-0.21(0.40)	-0.45(0.40)

* 통계적으로 유의한 효과

a "혼인/교제 상태"에 대한 유유상종 효과는 존재하지 않았는데, 이는 네트워크에 그러한 연결관계가 없기 때문이다. 관찰값이 0인 모수를 포함한 모형을 적합시키려 할 경우 모형 퇴행이 발생할 수 있다(섹션 13.2 참조).

결과: 순수 구조적 효과. 청소년들과 대조적으로, 상호호혜성과 폐쇄성 모수 추정치는 미식축구 팀의 경우 통계적으로 유의하지 않았다. 부정적 연결관계 (즉, 공격관계)를 기반으로 한 네트워크에서 이는 그리 놀라운 일이 아니다. 그

대신 활동성 분산과 인기도 분산 효과는 통계적으로 유의함과 동시에 양의 값을 지닌다. 이는 일부 선수들이 공격자로서 매우 "활동적"이고 다른 일부는 공격의 피해자로서 매우 "활동적"임을 시사한다.

결과: 행위자-관계 효과. 통제 변인을 통해 미식축구 선수들에 대한 통찰을 얻을 수 있다. 모형 B에서, 관계에 대한 수신자 효과가 음수이며 유의한데, 이는 독신 남성이 공격받는 사람일 가능성이 상당히 높았다는 점을 시사한다. 더 나아가, 공격관계는 경험 수준이 서로 다른 선수들 간에 더 발생 가능성이 높았는데, 이는 출전 경험 관련 이종선호 효과가 양수이며 유의하다는 점을 통해 알 수 있다. 흥미롭게도, 인지된 태도를 모형에 포함하면서 출전 경험에 대한 이종선호 효과가 두드러졌다. (모형 A와 모형 B를 비교해보기 바란다.)

미식축구 팀의 경우, 개인적 태도와 별개로 인지된 태도가 미친 영향을 볼 수 있다. 다시 말해, 인지된 태도를 모형에 투입함으로써 발생한 차이에 대해 초점을 맞추고자 한다. 청소년들의 네트워크와 달리, 미식축구 선수들의 경우 두 모형에 있어서 개인 MAI는 통계적으로 유의하지 않았다. 더 나아가, 인지 MAI 태도를 포함할 때 개인 MAI의 모수치가 변한다 할지라도, 개인적 태도는 사회관계 형성에 유의한 영향을 미치지 않았다. 그러나 인지 MAI 태도는 연결관계를 보내고 받는 것 모두와 유의한 연관성을 보였다. 따라서, 인지 MAI가 높은 미식축구 선수들은 다른 사람들에 대해 공격적일 가능성이 통계적으로 유의하게 높았다. 인지 MAI가 높은 선수들이 공격의 희생양일 가능성도 유의하게 높았다. 흥미롭게도, 인지 MAI 관련하여 유유상종 효과는 없었다. 여기서 집단에 대한 인식이 개인적 동기와 무관하게 행동을 결정하는 극단적 상황을 볼 수 있다.

결과: 공변량 네트워크 효과. 마지막으로 최고선수 공변량 네트워크가 공격 네트워크에 미치는 영향은 존재하지 않는다.

14.5. 논의

사회 네트워크 관계와 관련한 개인적 태도와 인지된 태도에 대한 분석은 이 두 개의 맥락에 대해 흥미로운 결과를 보여준다. 학교의 경우, 개인적으로 지배적 남성성 태도가 높지 않은 학생들은 사회적 연결관계를 많이 내보내며, 타인의 지배적 남성성 태도가 높다고 인식하는 학생들도 연결관계를 많이 내보낸다. 더 나아가, 개인적으로 남성성 태도가 높은 학생들은 대부분의 사회 연결관계를 받는다. (즉, 인기가 있다.) 이러한 결과들을 특정 형태의 사회적 위계로 설명하고자 한다. SIT는 규범(또는 원형)이 평균적 태도보다 더 극단적이고(Hogg et al., 1995) 집단 리더들의 특질을 반영한다고 가정한다(Lindenberg, 1997). 이와 더불어, 이 효과들은 지배적 남성성 태도가 높다고 인식하는 사람들은 네트워크 내의 다른 사람들에게 많은 연결관계를 내보내는데, 이는 인기 있는 사람들(즉, 리더들)의 개인적 태도도 높기 때문일 것이다. (여기서 인지된 태도로 측정된) 사회 규범은 사회 환경에서 저명한 사람들의 태도에 의해 정해지며 사회 연결관계를 형성하는 데에 영향을 미친다.

그러나, 미식축구 팀에서 인지된 태도가 사회관계 형성과 관련하여 독립적 설명력을 보이면서 다른 이야기가 시작된다. 남성성 태도는 폭력적 요소를 포함하기 때문에 공격성을 가장 많이 보이는 사람들의 개인 MAI 태도가 높을 것으로 예상할 수 있다. 하지만, 팀 내에서 타인에 대한 공격은 남성성에 대한 개인 태도와 관련되어 있지 않았다. 오히려, 인지된 태도가 공격적 행동과 유의하게 연관되어 있었다. 보다 구체적으로, 다른 사람들에게 공격적인 사람들은 인지 MAI가 높으며 공격의 피해자인 사람들도 이와 같았다. 따라서 자신들을 둘러싼 사람들의 태도에 대한 개인의 인식이 주로 선수들로 하여금 공격관계에 가담하도록 할 수 있다. "문화는 '행동 전략'을 구성하는 '도구 모음'"(Swidler, 1998: 176)이라는 개념이 개인적으로 폭력을 지지하지 않지만 공격이 높이 평가받는다는 인식을 가진 선수들이 왜 타인에 대해 공격적일 가능성이 높은지를 잘 설명한다. 따라서 부정적 감정 관계를 바탕으로 한 팀의 결과는 긍정적 감정 관계를 기반으로 한 청소년들의 결과와 다르다. 하지만, 미식축구 선수들의 결과를 다원적 무지의 관점에서 보면 사회 규범에 대한 "오해"로도 설명할 수 있다.

　인지된 태도에 대한 이러한 효과들은 연결관계 형성을 포함한 사회적 행동이 개인적 태도, 인지된 태도, 또는 이 둘 간의 상호작용과 관련이 있는지 여부에 대한 기본적인 질문을 제기한다. 프로시와 그의 동료들(Frosh et al., 2001)에 따르면, 학교에 있는 남학생들은 남학생들, 여학생들, 또는 성인들 중 누구와 관계를 맺는지 여부에 따라 다른 행동을 보인다. 이러한 상이한 시나리오에서 모순된 남성 정체성의 표현은 이 맥락에서 다음 맥락으로 바뀔 때마다 남학생들의 개인적 태도가 변화하는 데에서 기인한 것이라고 보기 어렵다. 그 대신, 상이한 남성성 행동의 구현은 해당 맥락에 속한 타인들의 태도에 대한 남학생들의 인식(즉, 사회 규범에 대한 개인의 생각이라고 생각하는 것)이 달라지는 것과 관련 있을 수 있다. 이 인지된 태도는 개인적 태도 그리고 다른 사람들과 맺고 있는 특정 사회관계와 분명히 상호작용한다. 이러한 이슈들을 SIT로부터 이론적 의미를 차용한 사회 선택 모형을 통해 설명할 수 있지만, 두드러진(즉, 중심에 위치한) 사람들의 개인적 태도가 네트워크 주변부에 위치한 구성원들의 인지된 태도에 영향을 미칠 가능성도 있다. ALAAM(9장)과 같은 사회 영향력 모형을 사용하여 대안적 분석을 할 수 있지만, 주지하다시피 효과의 방향성은 종단적 데이터 분석 없이 완전히 해결하기 어렵다.

　마지막으로, 미식축구 선수 관련 결과들은 기대나 규범을 통해 특정 맥락에서 특정 행위와 관계(즉, 공격)가 유발될 수 있으며 개인적 태도는 사회 행동과 직접적으로 연관된 것은 아니라는 점을 보여준다. 인지된 태도가 개인적 태도와 지역적 사회 구조에 어떻게 구체적으로 작용하는지에 대한 이론화를 통해 사람들이 사회생활 내에서 관계를 맺어나가는 과정에 대한 이해를 재고할 수 있다.

15장

공백을 메우는 방법
조직 간 네트워크에서의 대안적 폐쇄 메커니즘 탐색[1]

알레산드로 로미(Alessandro Lomi)·프란체스카 팔로티(Francesca Pallotti)

15.1. 네트워크 폐쇄 메커니즘

사회 네트워크에 대해 생각하는 한 가지 방법은 연결관계의 지역적 유형 또는 "모티브(motifs)"에 따라 보다 단순한 구성 요소들의 조합을 통해 밑에서 부터 위로 사회 구조가 형성되어 간다고 보는 것이다(Milo et al., 2002; Pattison & Robins, 2002). 네트워크 연결관계의 지역 연결관계 유형을 상호호혜성처럼 특정 사회 메커니즘의 관찰 가능한 결과물로 해석할 수 있다. 조직은 파트너 의 파트너들과 연결관계를 형성하려는 경향이 강하기 때문에, 폐쇄 메커니즘 에 기반을 둔 관계 유지 및 형성 과정은 조직 간 네트워크를 연구하는 학자들 에게 있어서 주요 관심사였다(Gulati & Gargiulo, 1999; Hallen, 2008; Laumann & Marsden, 1982; Lomi & Pattison, 2006). 자동차 산업의 제조업 관계(Lomi &

1) Schweizerische National-fonds(스위스 국립과학재단 연구비 번호. 124537)에서 재정적 지원 을 받았음을 밝힌다. 아울러, 그로닝겐 대학에서 2009년 8월 27일부터 29일까지 개최된 사회 과학 양적 연구 방법 세미나 2 "네트워크, 시장, 그리고 조직"에 참여했던 분들께 감사드린다.

Pattison, 2006)부터 다양한 산업 분야의 전략적 제휴(Gulati & Gargiulo, 1999) 그리고 같은 "기업 계열(keiretsu)"에 속한 조직들 간의 자본 관계(Lincoln, Gerlach, & Ahmadjian, 1996)에 이르기까지 다양한 실제 환경을 바탕으로 한 연구들에서 폐쇄성이 조직들 간의 네트워크 연결관계를 형성하고 유지하는 데에 영향을 미친다는 점을 발견했다. 이러한 실증적 연구 결과들이 축적됨에 따라, 조직 간 관계에서 파트너의 파트너가 파트너가 된다는 (또는 파트너가 될 가능성이 크다는) 일반적 기대가 자리 잡고 있다.그렇다면, 이러한 기대에 영향을 미치는 저변의 사회 메커니즘은 무엇일까?

이론적 관점에서 생각해보면, 자질, 능력, 그리고 신뢰성이 불완전하게 관찰될 수밖에 없는 상황에서 파트너들과의 연결관계 형성과 유지에 내재된 비용과 위험을 고려할 때 조직 간 네트워크에서의 이행적 폐쇄 경향은 당연한 귀결이라고 해석할 수 있다(Baum et al., 2005; Sorenson & Stuart, 2008). 불확실성의 다양한 근원들을 관리하고 잠재적 파트너들의 기회주의적 행위에 대한 노출을 줄이기 위해서, 조직은 공유된 정보와 소개를 토대로 그들 파트너의 파트너들과 새로운 연결관계를 형성하는 경향이 있다(Baker, 1990; Uzzi, 1996). 공동의 제3자에게 연결관계를 보내는 것도 신뢰를 구축하고 기회주의적 행동에 대한 사회적 감시와 제재를 용이하게 함으로써 규범을 고수하도록 하기 위함이다(Burt & Knez, 1995; Rousseau et al., 1998). 사실, 평판과 지위와 같은 기본적인 3자 효과는 네트워크 관계 형성에 영향을 미치는데, 이는 잠재적 파트너의 자질에 대한 직접적 정보를 구하기가 그리 쉽지 않기 때문이다(Gulati & Gargiulo, 1999; Podolny, 2001). 콜만(Coleman)이 간단히 언급한 것처럼 "평판은 개방된 구조에서 생길 수 없다"(1988: S107).

분석적으로 설명하자면, 네트워크 폐쇄 경향은 (아마도 다수) 2-경로 형태로 형성된 조직들 간의 간접적 연결성이 직접적 연결로 이어지는 경로 단축 행위의 "결과"로 해석할 수 있다. 이 특정 유형의 경로 폐쇄는 〈그림 15.1a〉에 시각화하여 표현했으며 보다 자세한 설명은 스나이더와 그의 동료들

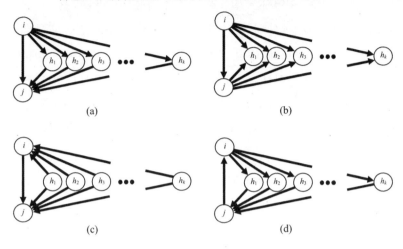

〈그림 15.1〉 상이한 폐쇄 메커니즘을 지닌 네트워크 연결관계의 지역 유형:
(a) 경로 폐쇄, (b) 활동성 폐쇄, (c) 인기도 폐쇄, (d) 순환적 폐쇄

(a)

(b)

(c)

(d)

(Snijders et al., 2006) 그리고 로빈스와 그의 동료들(Robins et al., 2009)의 연구
를 참고하기 바란다. 〈그림 15.1〉의 연결관계 유형은 6장에서 설명한 바 있다.

〈그림 15.1a〉의 지역 네트워크 연결관계 유형은 "파트너의 파트너는 파트
너"라는 예상을 구현한다. 이 특정 폐쇄 메커니즘은 아마도 조직 간 네트워크
연구에서 가장 흔히 보게 될 메커니즘으로, 우찌(Uzzi)에 따르면, 이 메커니즘
은 "두 경제 행위자들 간의 신뢰와 상호호혜성에 대한 기대가 새로운 제3자
에게로 '전이'되어, 교환의 사전 역사가 없는 두 당사자들 간에 신뢰와 상호호
혜의 의무를 형성"(1996: 490)할 수 있다는 점에서 기인한다.

"기대 전이(expectations rollover)" 메커니즘은 간접적으로 연결된 파트너들
간의 직접적 연결을 형성할 가능성이 크지만, 조직 간 네트워크에서의 폐쇄
에 기여하는 다른 메커니즘이 있을 수 있다. 라우만과 마스덴(Laumann &
Marsden, 1982)이 개략적으로 설명한 바 있지만, 저자들이 아는 한 이 메커니
즘은 작금의 조직 간 네트워크 연구에서 체계적으로 연구된 적이 없다.

두 조직은 둘 다 같은 제3자에게 같은 방식으로 연관되어 있기 때문에 연

결관계를 형성하게 될 수 있다. 이는 선택의 유사성이 네트워크 연결관계의 형성 또는 유지로 이어지는 일종의 구조적 유유상종이라고 볼 수 있다 (DiMaggio, 1986). 6장에서 언급한 바와 같이, 이 메커니즘을 "활동성 폐쇄(activity closure)"라고 부르며 〈그림 15.1b〉로 시각화할 수 있다. 활동성 폐쇄를 나가는 연결관계에 있어서의 구조적 등위성 또는 공동의 자원, 정보, 지식, 또는 공유된 생산 능력 억제 요인에의 결합된 의존의 결과물로 해석할 수 있다. 이러한 해석이 적절한 사례로 기술 혁신에 대한 연구를 들 수 있는데, 조직 간 공동체 내에서 "기술적 선행요인에 대해 공동으로 의존하고 있다는 사실은 대체 가능성과 더 나아가 두 조직 간 경쟁적 관계를 시사"한다(Podolny, Stuart, & Hannan, 1996: 667). 물론, 기술적 (또는 다른) 자원에 대한 공동 의존성이 어느 정도로 관계적 조정보다 경쟁을 유발하는지는 여전히 연구해봐야 할 실증적 문제이다(Bothner, 2003). 특정 관계적 맥락에 따라, 양의 활동성 폐쇄 추정치는 잠재적 경쟁자들 간에 협력하고자 하는 일반적 경향이 있음을 시사한다.

조직들이 서로 관계를 형성하는 것은 동일한 제3자를 파트너로 선택하거나, 동일한 제3자에 의해 통제되는 자원에 의존적이기 때문이어서뿐만 아니라, 동일한 제3자에 의해 파트너로 선택되었기 때문이다. 〈그림 15.1c〉가 이러한 상황을 묘사하고 있으며 관련 메커니즘을 "인기도 폐쇄(popularity closure)"라고 부른다. 받은 활동성(또는 관계)의 상호호혜적이지 않은 흐름을 존경의 신호로 해석할 수 있는 경우, 이 특정 폐쇄 메커니즘은 지위 유유상종 연구와 관련이 있다. "지위(직접적 연결)는 자질을 나타내는 강한 신호"(Podolny et al., 1996: 669)이기 때문이다. 이러한 해석은 잠재적 파트너의 자질을 확신하기 어려울 때 (즉, 지위가 질의 신호로 통상 해석되는 상황에서) 특히 적절하다 (Podolny, 1994). 양의 값을 갖는 인기도 폐쇄 모수 추정치는 지위 유유상종이 네트워크 파트너를 선택함에 있어서 불확실성을 줄이는 저변의 중요한 메커니즘이라는 점을 시사하는 증거이다.

네 번째 폐쇄 메커니즘은 일반화된 교환에 기반을 두는데, 일반화된 교환은 상호호혜성에 대한 즉각적인 필요를 수반하지 않은 채 삼자관계의 연결 패턴을 보인다(Bearman, 1997). 일반화된 교환은 "수혜자가 혜택을 준 사람에게 직접적으로 혜택을 돌려주지 않지만 사회 집단 내의 다른 행위자에게 혜택을 주는데, 처음 혜택을 준 사람은 결과적으로 일부 혜택을 돌려받지만 이 혜택을 다른 행위자로부터 받는"(Molm, Collet, & Schaefer, 2007: 207~208) 상황을 시사한다. 달리 말해, 일반화된 교환 시스템 내에서 참여자들은 "수혜자"가 되기 전에 "시혜자"가 되어야만 한다. 일반화된 교환은 〈그림 15.1d〉의 네트워크 연결관계의 순환적 폐쇄 유형과 관련이 있다. 순환적 폐쇄 연결관계 유형은 조직 간 네트워크에서 조정자로서 중요한 역할을 하는데, "자원의 어떤 특정 교환이나 이전은 다른 교환과 이전 맥락에서 발생하며 구성원이 두 명을 넘는 교환 패턴의 규칙성은 특정 교환이 더 넓은 협력적 노력과 통합되도록 하는 한 가지 방법을 제시"(Lazega & Pattison, 1999: 68)하기 때문이다. 순환적 폐쇄 모수 추정치가 양의 값을 갖는다는 것은 확산된 협력 또는 조직 간 공동체 구성원들 사이에서의 "유기적" 연대감이 드러난 것이라고 볼 수 있다(Ekeh, 1974).

요컨대, 삼자 폐쇄성은 대안적 메커니즘의 "결과(outcome)"로서 발생하지만, 각각의 메커니즘을 통해 연결관계가 상이한 이유에서 형성되며 상이한 함의와 해석을 지닌다는 점을 알 수 있다. 6장에서 설명한 바와 같이, 방향성 있는 사회 네트워크에 대한 ERGM을 통해 이러한 대안적 폐쇄 메커니즘에 대해 모형을 설정하고 실증 분석을 시행할 수 있다.

15.2. 데이터와 측정

15.2.1. 설정과 데이터

라찌오(Lazio)에 위치한 91개 병원 조직들의 공동체 구성원들 간 환자 이송 관계 데이터를 통해 네트워크 폐쇄 관련 상이한 메커니즘을 실증적으로 분석해본다. 라찌오는 이탈리아 중심에 위치한 대규모 지역으로 대략 인구 수가 530만 명이다. 이 분석에서는 특히 입원 환자(in-patient)의 이송에 대해 초점을 맞추고자 한다. 입원 환자는 이미 병원에 "입원이 허락된" 자격을 지녔으며 그들의 병세에 대해 의료적으로 그리고 법적으로 책임이 있는 전문 의료진이 제안한 임상적 및 치료적 과정을 따르기로 동의한 사람들이다. 이러한 자격 요건이 중요한데, 입원 환자 이송으로 발생된 개별 네트워크 연결관계가 환자들로부터 넘겨받은 권한에 대한 조직 차원의 결정의 산물이기 때문이다. 물론, 환자들은 치료를 거부할 권리를 지니는 것과 마찬가지로 이송을 거부할 권리도 갖고 있다. 하지만, 환자들이 어디로 이송될지를 선택할 권한은 없다. 이 결정은 해당 환자를 담당하고 있는 의사가 가지고 있는 권한이다. 따라서, 이 연구 표본의 병원 간 입원 환자 (이후부터 환자라고만 칭한다) 이송 네트워크 구조는 상호 연관된 조직들 간의 의사결정이 결합된 복합적 시스템의 산물로서 간주하고 모형화하는 것이 타당하다.

2003년 이송된 환자들에 대한 공공 데이터를 사용하여, [91×91] 매트릭스를 형성했다. 이 매트릭스는 각각의 열과 행에 환자를 주고받는 병원 그리고 교차되는 칸에는 행에 위치한 병원에서 열에 위치한 병원으로 이송되는 환자 수(대각선에는 0의 값으로 표시)가 기입되어 있다. 병원 간 이송된 환자 수는 총 13,178명이다. 양자관계에서 이송된 환자 수는 최소 0명부터 최대 525명이며 평균 1.6명이다. 환자 이송 관계 행렬이 비대칭적인 이유는 표본에 있는 그 어떠한 병원도 이송 보내는 환자 수와 받는 환자 수가 통상 같지 않기 때문이

〈그림 15.2〉 병원 간 환자 이송 네트워크 구조

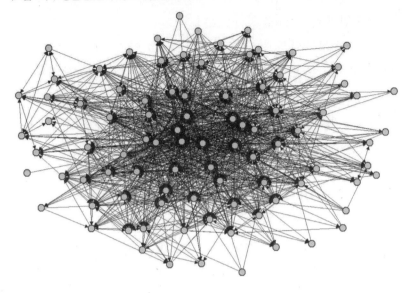

다. 따라서 결과적으로 방향성 있는 네트워크가 된다. 이송된 환자 수의 전체 평균값을 구분점으로 하여 행렬을 이진화했다. 〈그림 15.2〉는 표본에서 병원들 간 환자 이송 관계에서 추출된 네트워크의 이진형 버전이다. 이 연구의 표본과 병원 조직 환경에 대한 보다 상세한 설명은 로미와 팔로티(Lomi & Pallotti, 2012)를 살펴보기 바란다.

15.3. 모형 설정

이 장의 주요 분석 목표는 조직 간 네트워크 관계의 지역 연결관계 유형에 내포된 대안적 폐쇄 메커니즘을 조사하고 해석하는 것이다. 그런데, 일반적 삼자 폐쇄성이 지역 구조를 형성하는 유일한 메커니즘이 아니다. 네트워크 연결관계를 형성하고자 하는 조직들의 성향은 다양한 다른 내생적 관계 메커니즘(또는 순수 구조적 효과)과 (흔히 행위자-관계 효과라고 불리는) 다수의 속성적 공동 요인에 의해 영향을 받기도 한다.

모형에서 설정된 이 효과는 다음과 같으며 괄호 안은 PNet 모수명을 나타낸다. 첫째, 경로 폐쇄 효과[AT-T], 순환적 폐쇄 효과[AT-C], 활동성 폐쇄 효과[AT-U], 그리고 인기도 폐쇄 효과[AT-D]를 모형에 포함함으로써, 조직들이 네트워크 연결관계[arc]를 형성하고 상호호혜적 관계[Reciprocity]를 맺으려는 경향을 통제하고 상관관계가 있는 외향 및 내향 연결정도 경향[Mixed-2-star]을 통제한다. 또한 내향 및 외향 연결정도 분포의 분산(spreading)과 관련하여 상위수준의 스타 모양 연결관계 유형(각각 "인기도 분산" 또는 "교호-내향-스타"[A-in-S], 그리고 "활동성 분산," 또는 "교호-외향-스타"[A-out-S])도 통제한다. 마지막으로, "지역화된 다수 연결성(localized multiple connectivity)" 또는 다수 (개방형) 2-경로[A2p-TDU]에 대해서도 통제한다. 다수 연결성 효과를 통해, 폐쇄성과 매개성에 대한 경향이 네트워크에서 공존하는 것이 가능하도록 한다(Burt, 2001). 지역화된 다수 연결성 유형을 관련 삼각관계의 경로 폐쇄 유형(〈그림 15.1〉 참조)을 토대로 정의할 수 있다. 다수 (개방형) 2-경로 형태를 지닌 서로 다른 유형의 매개성은 단순히 밑변을 제거함으로써 관련 폐쇄 연결관계 유형으로부터 추출한다. (다수 2-경로, 공유된 활동성, 그리고 공유된 인기도는 각각 경로 폐쇄, 활동성 폐쇄, 그리고 인기도 폐쇄에 상응한다.) 보다 간결한 모형을 추정하기 위해 다수 연결성의 일반적 버전만 모형에 투입한다. 다수 연결성의 일반적 버전은 세 개의 다수 2-경로 하위 구조들을 모두 합친 것이다. 양의 폐쇄성 추정치는 (개방형) 다수 2-경로의 존재를 설명하는데, 이는 네트워크에서 다수 삼각관계의 밑변이 닫혔기 때문에 폐쇄성이 발생하는 증거로 해석할 수 있다(Robins et al., 2009).

폐쇄성 메커니즘에 대한 분석에서 단일 조직이 협력적 관계를 시작하는 경향에 있어서의 차이를 설명하기 위해 다수의 조직 고유 공변량들도 통제한다. 그중 하나로 병원 규모를 통제하는데, 병원 규모는 종사자들(임상의, 간호사, 기타 헬스케어 전문가, 행정 직원 등)의 수를 토대로 측정한다. 이 연속형 변인(범위: 11~2,924)을 모형 설정 시 송신자 효과, 수신자 효과, 이종선호 효과로 투입한다. 이는 자원 배분에 있어서 조직 간 차이가 개별 병원들이 환자를 이송하는 경향에 여러 가지 측면에서 영향을 미칠 수 있기 때문이다. 잠재적 자원 상보 효과를 통제하기 위해, 표본에 있는 매 병원마다 환자들에게 제공하는 헬스케어 서비스의 전문화 정도를 케어의 수준("level of care")으로 측정하여 모형에 포함시킨다. 이 변수는 이진형 더미 변수로서 병원이 전문화된 3차 케어 서비스를 제공하면 1의 값을, 그렇지 않으면 0의 값을 부여한다. 대략 표본의 12%에 해당하는 병원들이 3차 케어 서비스를 제공한다. 보완적 서비스를 제공하는 병원들 간에 협력할 가능성이 더 높을 것으로 예상되기 때문에 "케어의 수준"을 유유상종 효과로 모형 설정 시 투입한다.

지금까지 문헌 연구를 살펴보면 조직들 간 협력적 관계를 관찰할 가능성은 잠재적 파트너들의 지리적 근접성에 크게 영향을 받는다(Whittington, Powell, & Owen-Smith, 2009). 근접성과 교통비의 잠재적 영향을 통제하기 위해 지역 내 각각의 병원 쌍 간의 거리("지리적 거리")를 킬로미터로 측정하여 양자 공변량으로 모형에 투입한다.

15.4. 결과

〈표 15.1〉의 첫 번째 열은 아크와 상호호혜성 모수만을 포함한 기본 양자 독립성 모형(M1)의 추정치를 보여준다. 모두 고려해보건대, 이 추정치들을 통해 표본 내 병원들이 네트워크 연결관계를 형성하는 데에 드는 비용이 많다고 인식하며 상호호혜적이지 않은 환자 이송 관계에 엮이는 것을 피하는 경향이 있음을 알 수 있다.

두 번째 열은 모형(M2)의 추정치를 다루는데, 내생 네트워크 효과의 전체

<표 15.1> 병원 간 환자 이송에 대한 구조적 효과와 행위자-관계 효과의 ERGM 추정치

모수	추정치(표준오차)		
순수 구조적 효과	M1	M2	M3
아크	-2.39(0.05)*	-1.62(0.58)*	-0.80(0.57)
상호호혜성	1.97(0.11)*	1.16(0.14)*	1.00(0.14)*
단순 2-경로[2-path]		-0.002(0.004)	-0.04(0.01)*
인기도 분산[AinS]		-0.82(0.19)*	-0.72(0.20)
활동성 분산[AoutS]		-1.28(0.27)*	-1.28(0.27)*
경로 폐쇄[AT-T]		1.32(0.13)*	1.20(0.13)*
순환적 폐쇄[AT-C]		-0.26(0.06)*	-0.21(0.06)*
인기도 폐쇄[AT-D]		0.06(0.07)	0.07(0.08)
활동성 폐쇄[AT-U]		0.72(0.10)*	0.61(0.11)*
다수 연결성[A2P-TDU]		-0.06(0.01)*	-0.07(0.01)*
행위자-관계 효과			
송신자(규모)			0.0012(0.0002)*
수신자(규모)			0.0009(0.0001)*
이종선호(규모)[difference]			-0.0006(0.0001)*
유유상종(케어 수준)[interaction]			-1.55(0.28)*
지리적 거리[covariate arc]			-0.01(0.001)*

* 통계적으로 유의한 효과

설정을 포함한다. 인기도 분산과 활동성 분산의 모수치가 음수인 것은 해당 병원이 환자를 받거나 보내는 대상으로 고려할 수 있는 병원의 수에 명확한 상한선이 존재한다는 점을 시사한다. 이 추정치들을 통해 병원 간 환자 이송 네트워크에서 두 개의 유의미하지만 구별되는 폐쇄성 경향이 존재한다는 점도 알 수 있다. 이 중 하나의 메커니즘은 활동성 폐쇄이다. 밖으로 향하는 관계에 있어서 구조적으로 등위적인 병원들은 직접적으로 연결되는 경향이 있는데, 이는 이 연구의 표본에서 환자 이송을 선택할 때 구조적 등위성이 조직 간 협력을 용이하게 한다는 점을 시사한다. 활동성 폐쇄 효과가 통계적으로 유의하며 양의 값을 갖는다는 점은 구조적 등위성이 경쟁적이기보다 협력적 행위를 유발하는 경향이 있다는 점을 시사한다. 같은 제3자에게로 환자를 보내는 병원들은 그들이 공유하고 있는 파트너 병원의 병원 침상 수나 수술실 등의 희소한 자원들을 놓고 경쟁하기보다 직접적 협력관계를 맺을 가능성이 있다. 이 같은 활동성 폐쇄 효과는 경로 폐쇄 효과를 제한 채 해석되어야만 하는데, 경로 폐쇄 효과도 통계적으로 유의하며 양의 값을 갖는 것으로 밝혀졌다. 우찌(Uzzi, 1996)에 따르면, 경로 폐쇄적 이송 체계는 병원들 간의 신뢰에 대한 기대가 새로운 제3자에게로 전이될 수 있음을 시사한다. 하지만, 인기도 폐쇄에 대한 증거는 찾지 못했다. 순환적 폐쇄 경향이 통계적으로 유의하며 음의 값을 지닌다는 점도 발견했는데, 이 연구의 표본 내에서 병원들 간의 네트워크 관계 형성이 일반화된 교환 논리에 따르지 않는 것으로 보인다. 마지막으로, 일반화된 다수 연결성 모수치가 유의하며 음수라는 점은 개방된 2-경로가 이 연구의 표본에서 발생할 가능성은 낮다는 점을 시사한다. 이 결과는 폐쇄성에 대한 이 연구의 결론을 뒷받침한다.

지금까지 논의한 내용을 살펴보면, 관찰된 네트워크 연결관계의 연결정도 분포와 삼자 폐쇄의 특징들과 관련하여 순수 구조적 메커니즘 효과에 대해 초점을 맞추었다. 하지만, 조직들의 다양한 개별 특징들에 따라 해당 조직이 네트워크 파트너로서 더 매력적일 수도 또는 덜 매력적일 수도 있다. 예컨대, 보완적 자원과 생산 능력을 갖추었거나(Gulati & Gargiulo, 1999), 특정 차원에서 유사하거나(Powell et al., 2005), 지리적으로 더 가까운 조직일수록(Whittington et al., 2009) 조직의 입장에서 파트너로서 우선적으로 선호할 수 있다. 이 연구에서는 자원 보완성이 네트워크 연결관계의 존재 가능성을 높이는 데에 통계적으로 유의한 영향을 미친다는 점을 발견했다. 예상한 바와 같이, 환자 이송은 서로 다른 유형의 도움을 제공하는 병원들 간에 더 발생할 가능성이 높았다. 상이한 케어 수준(2차 케어 vs 3차 케어)을 제공하는 병원들 간에 환자 이송 관계가 형성될 가능성이 통계적으로 더 높았다. [이 변수는 이진형이므로 음의 모수 추정치는 연결관계 형성이 케어의 차이와 관련 있음을 시사한다(8장 참조)]. 규모 면에서, 더 큰 병원이 더 많은 환자들을 보내고 받을 가능성이 높았다.

차이 효과(연속형 변수와 관련하여 8장 참조)가 음수라는 점은 유사한 규모의 병원들이 환자들을 공유할 가능성이 있음을 시사한다. 이러한 효과들의 조합은 더 큰 병원일수록 연결관계가 더 자주 발생한다는 점을 시사한다. 마지막으로, 이 추정치들을 통해 거리가 먼 병원들은 환자들을 주고받을 가능성이 거의 없다는 점을 확인할 수 있었다. 이러한 속성 기반 메커니즘들을 함께 고려한 결과가 앞서 상정한 내생 네트워크 메커니즘 관련 결과들을 사실상 변화시키지는 못했다.

완전 모형 M3에서의 모수 추정치는 합리적인 정확성을 갖고 전체 네트워크의 두드러진 특질들을 포착해낸 것 같다. 예컨대, 관찰된 네트워크 연결관계 수는 999개인 반면, 모형에서 구현한 연결관계 수는 1,000.93개이며 표준편차가 32.29이다. 하지만, 적합도(12장) 측면에서 모형이 내향 연결정도(관찰된 내향 연결정도 분포의 표준편차=11.909, 추정된 값=10.158, 표준편차=0.398)와 외향 연결정도(관찰된 외향 연결정도 분포의 표준편차=7.1529, 추정된 값=6.498, 표준편차=0.3197)의 표준편차 그리고 내향 연결정도 분포의 왜도(관찰된 내향 연결정도 분포의 왜도=1.6183, 예측된 값=0.9671, 표준편차=0.1609)를 과소추정하는 경향이 있다. 이는 모형 적합과 관련하여 드문 일이 아니다. 하지만 추정치로 미루어 보건대 해당 모형은 관찰된 네트워크의 다른 모든 중요한 구조적 특질들을 수용할 만한 정확도를 가지고 구현해냈다.

15.5. 논의

조직 간 네트워크에서 관찰된 폐쇄성 경향은 다수의 관찰 불가능한 차원에서 상이할 법한 보완적 파트너들과의 협업에 내재되어 있는 불확실성을 통제하고 위험을 줄이려는 시도의 결과물로 해석할 수 있다. 따라서 네트워크 폐쇄는 불확실한 상황에 대해 통제하고자 하는 시도의 일환으로 연결관계가 형성되는 메커니즘을 분명하게 보여준다(White, 1992). 여기서 살펴본 병원들의 조직 간 공동체에서 환자 이송 결정은 병원들 간 그리고 서로 다른 병원에서 일하는 의사들 간의 상당 수준의 조정과 협업 없이는 참담한 결과를 초래할 수 있다. 관계적 조정은 상당 수준의 자원 할당을 요구하기 때문에 네트워크 파트너의 선택은 위험과 중대성을 모두 수반한 결정이다. 파트너 선택 결정 은 네트워크 폐쇄 경향에 의해 상당한 영향을 받는다는 점을 이 분석을 통해 밝힌 바 있다. 병원들은 파트너의 파트너를 파트너로 선택하는 경향이 있다. 이렇듯 다수의 조직 간에 동일한 밑변을 공유하는 삼각관계를 형성하는 경향 은 클러스터에 등장하는 삼자관계들로 이뤄진 보다 촘촘하고 폐쇄된 지역을 중심으로 조직화된 전반적인 네트워크 구조를 시사한다. 이러한 지역이 〈그림 15.2〉를 보면 한 군데 있는데, 이 지역으로 인해 네트워크가 중심-주변부 구조 경향을 보인다. 다수의 스타 모양 유형과 관련한 모수들이 음의 값을 갖는 것으로 보아 활동성이나 인기도 면에서의 개별적 차이로 인해 (즉, 연결관계를 내보내거나 받는 면에서) 중심-주변부 구조가 발생하지 않았음을 알 수 있다. 이 분석은 또한 보다 구체적인 결론을 시사한다. 앞서 일반화된 교환에 반하는 경향을 보고한 바 있는데, 이 결과는 병원 간 환자 이송 활동의 위계적 특징을 드러낸다. 이 결과가 실증적 맥락에서 특히 흥미로운데, 라우만과 마스덴(Laumann & Marsden)에 따르면 일반화된 교환이 경쟁적 환경하에 있는 조직 체계에서는 회피되는데, 그 이유는 이 맥락에서는 "단위별 자율권 유지와 다른 단위에의 의존성 최소화를 강조"(1982: 341)하기 때문이다. 이 맥락에서 인기도 폐쇄의 증거는 발견하지 못했다. 즉, 들어오는 관계 면에서 구조적으로 등위적인 병원들 간의 환자 이송 관계는 발생할 가능성이 낮았다. 하지만, 이 표본에서 병원들 간 네트워크 연결관계 형성과 유지는 활동성 폐쇄 메커니즘을 기반으로 한다는 증거는 발견했다. 나가는 연결관계 면에서 구조적으로 등위적인 병원들은 협력할 가능성이 통계적으로 유의하게 높았다. 이 결과들에 따르면, 다른 병원들이 이송하기로 결정한 환자들에 대한 잠재적 경쟁에 의해서라기보다 공유된 수용 능력의 한계로 인한 불확실성에 의해 이 표본 내의 병원들 간의 관계가 영향을 받는 경향이 있음을 알 수 있다. 모두 고려해보건대, 이러한 결과들은 "경쟁관계의 조직들은 자원 의존성 면에서의 구조적 등위성에 의해 통상 정의되지만, 경쟁자들을 규정하는 바로 그 구조는 협력자들도 식별할 수 있도록 한다"(Ingram & Yue, 2008: 275)는 관점과 일맥상통한다. 여기서 보고한 종류의 구조적 등위성의 지역 과정은 직접적인 협력 가능성에 영향을 미칠 뿐만 아니라 개혁의 채택/확산(Bothner, 2003)과 궁극적으로 조직 공동체 및 조직 분야 연구에서 자주 관찰되는 동형이성(isomorphism) 경향도 추동한다(DiMaggio, 1986). 특히 주목해야 할 점은 행위자-관계 효과를 모형에 포함한 후에 폐쇄 효과가 사실상 변화하지 않았다는 점이다. 관계에 영향을 미칠 수 있는 속성적 요소들에 대해 구조적 네트워크 효과가 강건하다는 증거로 이 결과를 해석할 수 있다.

이 장에서는 협력 활동과 관련하여 조직 간의 다양한 지역적 패턴에 대해 논의했다. 하지만, 다양한 경로 단축 전략들에 대한 해석은 관계적 내용으로부터 분명히 독립적일 수 없다. 이 같은 주장은 로빈스와 그의 동료들(Robins et al., 2009)의 연구에서처럼 조직 내 관계 맥락에서도 통용된다. 예컨대, 만약 조직 간 관계가 공격 행위 또는 관찰 가능한 적대감이나 경쟁의 신호를 토대로 재형성된다면, 이반 체이스(Ivan Chase, 1980)가 분석한 지배 위계의 관점에서 다양한 네트워크 "모티브(motifs)"를 해석할 수 있다. 활동성 기반 폐쇄는 이중으로 당하는("double receive") 사건을, 인기도 폐쇄는 이중으로 공격하는("double attack") 사건을, 그리고 순환적 폐쇄는 공격을 전가하는("pass on"), 또는 아마도 공격자를 공격하는("attack the attacker") 사건으로 해석할 수 있다. 이런 추정은 조직 간 네트워크 분석이 협력과 경쟁에 대한 연구를 넘어서 지위 위계의 출현과 조직 공동체 내 개혁, 경쟁 전략, 경영상 관행의 확산 등 동시대 조직 간 연구의 중요 분야로 확대 적용될 수 있음을 시사하며, 이와 관련한 연구들이 많이 필요한 실정이다.

16장

업무관계 간의 상호의존성
조언과 만족에 대한 다변량 ERGM

유 짜오(Yu Zhao)·올라프 랭크(Olaf Rank)

16.1. 조직 내 다중관계 네트워크

두 사람 간에 관계가 형성되는 데에는 같은 프로젝트를 한 적이 있거나 서로 물리적 거리가 가깝거나 공통된 관심사가 있거나 업무에 관해 의견 불일치가 있거나 등 여러 이유가 있을 것이다. 하지만 이렇듯 상이한 과정들이 한 가지 유형의 사회관계를 형성하는 데에 그치는 것은 아니다. 실로 개인들 간의 관계는 동시에 여러 유형의 관계들로 구성된다. 사람들은 많은 유형의 관계들을 일상생활에서 조율해나간다. 서로 다른 관계들은 서로 다른 의미를 수반하는데, 예를 들어 친구관계와 조언관계가 동일한 의미를 가질 가능성은 낮다. 더군다나 두 사람 간의 사회관계는 서로 다른 많은 측면들을 포함하는데, 각각의 측면들을 별개의 연결관계 유형으로 분석해볼 수 있다. 예컨대, 두 사람 간의 관계는 직장에서의 협업관계와 사회적 지지 관계를 모두 포함할 수 있다. 이렇듯 서로 다른 유형의 연결관계는 하나의 관계에서 같은 방향으로 존재할 수도 있고 (예컨대, 조언을 친구로부터 구하는 것) 교환하는 방식으로 존재할 수도 있다. (예컨대, 한 사람은 서비스를 제공하고 다른 사람은 대가를 지불하는 것.)

한 가지 유형의 연결관계에만 초점을 맞추는 것은 사회생활의 복잡성에 관한 중요한 정보를 간과할 수 있으며, 사회 환경에 배속(예컨대, 조직의 구조에 따라 주어진 환경)되어 있는 개인들에 대한 불완전한 이해를 야기할 수도 있다. 노리아(Nohria)가 시사한 것처럼 "네트워크 관점에서 조직 내에서의 여러 관계 네트워크(정해진 관계 구조와 발현되는 관계 구조 모두)를 토대로 어떻게 이 관계 네트워크들이 개별적으로 그리고 여러 다양한 조합들로 패턴화되는지를 통해 조직의 구조를 분석하고 이해해야만 한다"(1992: 5). 이와 같은 견지에서, 케니스와 녹(Kenis and Knoke)에 따르면 "그 어떠한 단일관계 유형도 조직 분야에서 유일한 하나의 네트워크를 형성하지는 않는다. 구조와 행위를 설명하는 데에 있어서 여러 연결관계 유형들이 관련이 있다. 분석할 때 어느 유형의 네트워크를 고려해야 할지 그리고 어느 유형의 네트워크를 분석하지 않아도 될지는 궁극적으로 특정 실증 연구의 실질적인 이슈에 달려 있다"(2002: 276). 행위자가 배속된 상이한 연결관계는 통상 서로 독립적이지 않다. 그 대신, 연결관계들이 여러 가지의 상호의존성들로 특징지워진다고 가정하는 것이 보다 현실적이다(Lazega & Pattison, 1999; Rank, Robins, & Pattison, 2010). 연결관계는 두 개인 간에 공출현하거나 하나의 연결관계 유형이 다른 연결관계 유형의 선행요인으로 간주될 수 있다. 조직적 맥락에서는, 예컨대, 협업한 적이 있는 두 구성원들이 친구관계로 발전할 가능성이 있으며, 이와 반대로 이미 친분관계가 있는 두 사람이 비공식적으로 협업관계를 맺을 가능성이 높다.

여러 관계들을 고려함과 더불어, 행위자 속성을 조직 네트워크 분석에 포함하는 것은 중요하다. 개인의 특징은 다중관계 네트워크에서 어떻게 개인이 배속될지를 결정할 수 있다. 예컨대, 사람들은 조직 내에서 다른 사람들의 전문성이나 경험 때문에 이들과 협업하려는 경향이 있다. 마찬가지로, 사람들은 긍정적인 성격을 지닌 사람들과 친구관계를 맺고자 하는 경향이 있다.

이 장에서는, 조직 내의 여러 네트워크들을 동시에 분석하는 법에 대해 다루고자 한다. 두 개의 은행 지점에서 네트워크 데이터를 분석하여 서로 다른 협업 간의 상호의존성을 모형화하기 위해 두 유형의 연결관계를 연구한다. 아이바라(Ibarra, 1992)는 조직 내에서 발현되는 연결관계를 두 개의 범주로 구분했다. 도구적 범주와 표현적 범주로 나누었는데 전자는 특정 목적이나 목표를 위한 연결관계이고 후자는 감정적 내용이 담긴 연결관계이다. 이 책의 사례에서 첫 번째 네트워크는 "조언 제공(advice-giving)" 네트워크로 "도구적" 네트워크에 해당한다. 조언 네트워크는 업무 관련 문제를 상의하기를 원하는 동료들에게 도움을 주는 것으로 구성되며, "표현적" 네트워크로 간주할 수 있는 "만족(satisfaction)" 네트워크는 이 맥락에서 종사자들에게 만족감을 주는 업무상의 상호작용으로 구성된다.

이 두 네트워크를 동시에 연구하고자 하는 이유는 조직 내에서 조언을 주는 관계가 만족스러운 업무 관련 상호작용과 더불어 나타나는지를 살펴보기 위해서이다. 특히, 조언과 만족이 동반되어 조언을 주는 사람들도 해당 관계에 있어서 만족을 느끼는지를 고찰해보고자 한다. 조언을 주면 만족이 증가할 수도 있고, 반대로 그들이 가장 만족스러움을 느끼는 상대에게 조언을 더 해주려는 경향이 있기도 하다.[1]

또 다른 관심 주제는 조언과 만족이 교환 가능한 것인가, 즉 조언을 받은 사람이 조언을 준 사람에게 만족하는 경향이 있는가이다. 동반(entrainment)과 교환(exchange) 둘 다 (10장에서 설명한 것처럼) 방향성 있는 네트워크에 있어서 두 개의 중요한 이변량 양자 효과이다. 해당 연구의 초점이 무엇이든지 간에 방향성 있는 이변량 네트워크 모형은 적어도 두 가지 효과를 포함해야만 한다. (추가로 포함 가능한 효과들은 10장에서 설명한 바 있으며, 여기서는 일부

---

[1]   횡단 데이터만으로는 효과의 방향성(즉, 조언을 주는 것이 만족을 초래하는지 아니면 그 반대인지)을 가늠하기가 어렵다. 그리고 이 두 과정이 모두 존재할 가능성도 높다. 하지만 다변량 ERGM을 사용하면 조언과 만족이 함께 발생하는 경향이 있는지를 분석해볼 수 있다.

만 포함한다.) 조직 구성원(예컨대, 연공서열)의 개인 수준 특징들이 네트워크 연결관계의 동반과 교환에 미치는 영향이 있는지 여부도 분석하고자 한다.

ERGM 접근을 통해 존재하고 있는 그 어떤 네트워크 내 관련 의존성도 감안할 수 있기 때문에 동반과 교환을 동시에 분석할 수 있다. 즉, 조언을 주고 만족하는 관계는 그 자체의 내적 조직 원리를 지닐 것이다. 조언 제공 관계와 만족관계가 같이 움직이는지 여부는 단순히 다중 연결관계 수를 세어봄으로써 또는 아마도 QAP(Krackhardt, 1987)를 사용하여 두 네트워크의 상관관계를 계산함으로써 판단할 수 있다. QAP 상관관계는 양자 수준에서 두 네트워크 간의 연관성을 추론할 수 있는 검정 방법으로 널리 활용되고 있다. 하지만, 조언관계와 만족관계가 연관성이 있는지 여부뿐만 아니라 네트워크 내 행위자들의 속성과 더불어 각 네트워크의 내적 원리를 고려한 후에도 동반과 교환 둘 다 발생하는지 여부에 대해서도 살펴보고자 한다. 짜오(Zhao, 2007)는 QAP 검정에 따라 두 네트워크 간의 단순 상관관계가 낮고 통계적으로 유의하지 않지만 사실상 네트워크 간 의존성이 존재했던 중요한 실증 사례를 제시했다. 상관관계가 낮은 원인은 다수 의존성이 서로 상충되는 방향으로 작용하기 때문에 발생할 수 있다. 따라서, ERGM과 같이 네트워크 내 효과를 통제한 모형 기반 접근을 통해 네트워크 간 연관성에 대해 보다 확실한 추론을 할 수 있다.

16.2. 데이터, 측정, 그리고 분석

호주 주요 소액거래 은행 두 지점의 종사자들 모두를 대상으로 실증 연구를 시행했다. 데이터는 다수 은행 지점들에 대한 보다 큰 규모의 연구의 일부분에 해당하지만, 이 두 지점들은 은행에서 제공한 소액거래 데이터에 따르면 전반적인 성과에 있어서 서로 유사하기 때문에 이 장의 사례 연구 대상으로 선정했다. 이 두 지점들의 종사자 수가 비슷할지라도, 조언 제공 네트워크와 만족 네트워크의 밀도에 있어서는 서로 상당한 차이를 드러냈다. 이 점을 고려하여 이 지점들 중 하나는 조언과 만족도가 높은(high advice satisfaction, High-AS) 은행으로, 다른 하나는 조언과 만족도가 낮은(low advice satisfaction, Low-AS) 은행으로 명명한다. 이를 통해 서로 다른 두 개의 맥락(즉, 조언을 주고 만족을 느끼는 것이 우세한 곳과 그렇지 않은 곳)에서 교환과 동반에 대한 가정을 비교해볼 수 있다.

조언 제공 네트워크와 만족 네트워크를 측정하기 위해, 각각의 지점에서 근무하는 모든 종사자들의 이름을 포함한 동일한 명단이 각각의 네트워크에 사용되었다. 조언 제공 네트워크의 연결관계들은 다음의 이름 생성 질문을 통해 수집했다: "다른 사람들이 업무를 수행하는 중에 문제가 발생했다고 할 때 누가 당신에게 때때로 와서 해당 문제에 대해 상의할 것이라고 생각하는가?" 이 질문은 "누구에게 조언을 구하러 가는가?"처럼 조언을 구하는 네트워크를 생성하기 위한 일반 질문과는 상이하며, 조언을 주는 사람으로부터 조언을 구하는 사람에게로 연결관계의 방향이 설정된다. 만족 네트워크에서의 연결관계를 수집할 때 "누구와 함께 업무를 할 때 개인적으로 특별히 만족스럽다고 느끼는가?"라고 설문한다. 앞으로 조언 제공 네트워크는 "A" 그리고 만족 네트워크는 "S"로 명명한다.

연공서열은 이진형 변수로 측정했으며 1은 상위 직급을 0은 하위 직급을 나타낸다. 두 은행 지점 모두 두 개의 상위 직급이 있는데 바로 매니저와 부매니저직이며, 더 많은 하위직 범주들이 존재한다. 종사자들의 연공서열을 행위자 속성으로 모형에 포함하는데, 이는 연공서열이 조언 제공 네트워크와 만족 네트워크 내에서의 개인의 배태성에 영향을 미칠 것으로 예상되기 때문이다.

두 가지 단계를 거쳐 분석을 시행한다. 첫째, 두 조직과 그들의 관계적 특징들을 기술적(descriptive) 수준에서 비교한다. 둘째, 10장에서 설명한 바와 같이 이변량 네트워크 모형을 분석하는 PNet(Wang, Robins, & Pattison, 2009) 프로그램의 다중관계(multirelational) 버전인 XPNet 프로그램을 사용하여 다중관계적 네트워크 구조에 대해 동시에 분석하고자 한다.

16.3. 기술적 결과

두 은행 지점의 네트워크를 시각화하여 〈그림 16.1〉로 나타냈다. 〈그림 16.1〉은 AS가 낮은 지점의 15명의 모든 종사자들 간의 조언 제공 네트워크와 만족 네트워크를 보여준다. 〈그림 16.2〉는 AS가 높은 지점의 12명의 모든 종사자들 간의 두 개의 네트워크를 보여준다. 〈그림 16.1〉과 〈그림 16.2〉의 노드들의 좌표값은 지점별로 조언 제공 네트워크와 만족 네트워크에 걸쳐서 고정되어 있기에, 두 유형의 네트워크에 대해 노드들은 공간상 동일한 위치에 있다. 검정색 노드는 상위 직급의 사람들을 나타낸다.

〈표 16.1〉은 두 은행 지점의 기술적 통계를 보여준다. AS가 낮은 은행의 경우, 조언 제공 네트워크와 만족 네트워크의 밀도가 각각 0.22와 0.23으로

〈그림 16.1〉 AS가 낮은 은행 지점에서의 조언 제공 네트워크와 만족 네트워크

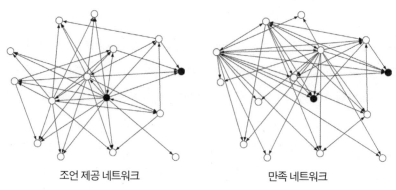

조언 제공 네트워크   만족 네트워크

〈그림 16.2〉 AS가 높은 은행 지점에서의 조언 제공 네트워크와 만족 네트워크

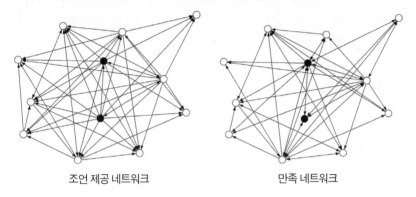

조언 제공 네트워크   만족 네트워크

〈표 16.1〉 두 은행 지점에 대한 기술 통계량

	AS가 낮은 은행		AS가 높은 은행	
종사자 수	15		12	
상위 직급 수	2		2	
하위 직급 수	13		10	
단일변량 네트워크	**조언 제공**	**만족**	**조언 제공**	**만족**
아크 수	46	49	54	53
상호호혜 쌍 수	3	8	6	16
이변량 네트워크	**조언 제공과 만족**		**조언 제공과 만족**	
동반된 아크 수	9		38	
교환된 아크 수	15		22	
QAP 상관관계 자카드 계수	0.106		0.551*	

* 은 2,500번의 퍼뮤테이션(permutation)[2] 중에 조언 제공 네트워크와 만족 네트워크 간에 해당 수치보다 더 강한 연관성이 나타난 경우가 1% 미만임을 시사한다.

상대적으로 듬성한 구조를 보인다. AS가 높은 은행의 경우, 조언 제공 네트워크의 밀도가 0.41 그리고 만족 네트워크의 밀도가 0.40으로 훨씬 더 촘촘한 구조를 보인다.

    AS가 낮은 은행의 경우 네트워크들에 걸쳐서 밀도가 일관되게 낮은 반면

AS가 높은 은행의 경우 일관되게 높다는 점이 두 네트워크의 관계가 상호의존적임을 드러내는 첫 번째 결과이다. (노드의 수가 약간 다를지라도 규모가 더 작은 지점의 네트워크 둘 다 평균 연결정도가 실제로 더 높다는 점에 주목할 필요가 있다. 따라서 밀도 차이가 규모가 더 큰 지점에서 관계에 대한 기회가 더 많다는 점을 시사하는 것만은 아니다.)[3]

상호호혜성 수준을 고려하여 네트워크를 특징지을 수도 있다. 〈표 16.1〉에 따르면 네트워크 내에서 상호호혜적인 연결관계는 모든 연결관계 중 상대적으로 낮은 비율에 불과할지라도, 두 가지 측면에서 더 자세히 살펴볼 필요가 있다. 첫째, 상호호혜성은 두 지점에서 모두 만족 네트워크보다 조언 제공 네트워크에서 낮게 나타났다. 분명히, 조언 제공 네트워크 내의 행위자들은 각기 서로 다른 특징을 지닌 조언자로서 역할을 할 것이다. 한편으로는, 다른 사람들이 조언을 구하러 많이 오지만 자신은 다른 사람들로부터 조언을 그다지 많이 구하지 않는 행위자들도 있을 수 있다. 다른 한편으로는 다른 사람들과 양방향의 조언관계를 유지하는 경향이 있는 행위자들도 있을 수 있다. 이 두 은행 지점에서, 상호호혜적으로 조언을 주는 관계의 수는 상대적으로 적어 보이며, 이는 조언 구조가 상당히 위계적임을 시사한다. 이와 대조적으로, 업무관계에 있어서는 상호 만족하는 경우가 더 많은 것으로 보인다. 둘째, 상호호혜성의 수준이 AS가 높은 은행의 네트워크 유형 둘 다에서 모두 더 높았다. 만약 양방향 관계로부터만 방향성 없는 네트워크를 추출하여 고려할 경우 AS가 높은 은행의 밀도가 낮은 은행의 밀도보다 두 배 더 높다는 점을 알

2) 옮긴이 주: 퍼뮤테이션은 네트워크 데이터의 무작위적인 재배열을 의미한다.
3) 옮긴이 주: 통상 네트워크 크기가 작으면 (즉, 노드 수가 적으면) 밀도[방향성 있는 이진 네트워크의 경우: 실제 연결선의 수/n(n-1)]가 높은 경향이 있다. 이 연구에서도 크기가 작은 네트워크의 밀도가 높은 것으로 드러났다. 그런데 크기가 더 작은 네트워크에서의 평균 연결정도가 더 높은 것으로 보아 이것이 단순히 네트워크 크기와 밀도가 반비례하는 경향을 나타내는 것만은 아니라는 점을 저자들이 강조하고 있다.

수 있다.

두 네트워크의 연결관계 공출현에 대해 분석함으로써 더 많은 의미들을 발견할 수 있다. 보다 구체적으로, 조언 제공 관계와 만족관계 간의 연관성을 두 가지 방법을 통해 측정함으로써 많은 정보를 얻을 수 있다. 첫째, "동반된" 연결관계의 수를 살펴보면, AS가 높은 은행에서 훨씬 많았다. 동반된 연결관계는 행위자 i가 행위자 j에게 조언을 할 때 이와 동시에 그 또는 그녀가 j와 일할 때 만족함으로써 발생한다. 둘째, "교환된" 연결관계의 수 역시 AS가 높은 은행에서 더 많았다. 교환된 연결관계는 조언을 주는 것과 만족이 교환되는 다변량 상호호혜성으로 간주된다. 물론, 이 단계에서 교환된 연결관계의 수에 대한 논의만으로는 교환이 어느 하나의 네트워크에서 나머지 네트워크보다 발생할 가능성이 더 높은지에 대해 추론하기는 어렵다. 밀도의 차이로 인해 단순히 우연에 의해 교환이 더 많이 발생했을 수 있기 때문이다. 위와 같은 추론을 하기 위해서는 통계적 접근을 취해야 한다. 〈표 16.1〉을 보면 조언 제공 네트워크와 만족 네트워크 간의 연관성을 QAP 자카드 계수(Jaccard coefficient)값을 통해 알 수 있다. 조언 제공 네트워크는 AS가 높은 은행 지점의 만족 네트워크와 유의한 상관관계를 보이지만 AS가 낮은 지점의 만족 네트워크와는 이러한 양상을 보이지 않는다.

16.4. 다변량 ERGM 결과

비록 기술 통계량이 해당 네트워크에 대한 통찰을 제시해 줄지라도 이것만으로는 네트워크에 상존하는 다양한 연결관계들의 상호의존성을 완전히 이해하기에는 충분치 않다. 이 두 지점들의 네트워크에 대해 더 철저하게 분석하기 위해서 다변량 ERGM을 AS가 높은 지점과 AS가 낮은 지점의 네트워크 구조 둘 다에 적용한다. 조언 제공 관계와 만족관계 외에도, 종사자들의 연공서열을 행위자 속성으로 하여 모형에 포함했다. 〈표 16.2〉와 〈표 16.3〉은 이 두 지점들에 대한 최종 모형을 나타낸다. 각각의 모형을 별도의 표로 다음과 같이 나타낸다: 두 개의 네트워크 관계를 각각 고려한 구조적 효과(네트워크 내 효과), 두 개의 네트워크 관계를 동시에 고려한 구조적 효과(네트워크 간 효과, 다변량 효과, 또는 결합 네트워크 효과), 그리고 마지막으로 행위자-관계 효과.

네트워크에 걸쳐서 그리고 은행 지점에 걸쳐서 비교하기 위해서는 같은 네트워크 모수를 지닌 모형이 필요하다고 주장할 수 있다. 하지만, 하나의 네트워크를 설명하는 내부 구조적 원리(즉, 연결관계 유형)가 또 다른 네트워크에 대해서 반드시 적절한 것은 아닐 수도 있다. 이 연구의 네트워크들이 바로 이러한 경우이다. 각각의 은행 지점에 대해 동일한 모형을 당초 수립했을지라도 최종 모형이 수렴하고 높은 적합도를 갖기 위해서는 서로 다른 지점에 대해 서로 다른 모수들을 설정할 필요가 있었다. (즉, 상이한 네트워크 연결관계 유형이 모형에 포함되어야만 한다.) 어떤 경우, 특정 효과를 포함하면 모형의 퇴행이 초래되기도 했다. (즉, 추정이 수렴하지 않기도 했다.) 어떤 네트워크 효과 자체가 통계적으로 유의하지 않을지라도 모형이 수렴되도록 하기 위해서 때때로 해당 네트워크 효과를 모형에 포함시켜야만 했다. 또한 다양한 마르코프 스타 모수들을 모형에 포함시켜 실험함으로써 모형의 수렴도 그리고/또는 적합도가 향상되기도 했다. 결과적으로, 두 은행의 모형들은 일부 효과들의 포함 여부에 대해 서로 다르며, 이는 두 맥락의 네트워크 구조가 상이함을 시사한다.

16.4.1. AS가 낮은 은행

AS가 낮은 은행의 최종 모형 분석 결과는 〈표 16.2〉와 같다. 조언 제공 네트워크에서 경로 폐쇄 효과가 통계적으로 유의하며 양의 값을 지닌 것으로 보아, 조언 제공 연결관계가 이행적 폐쇄성을 지님을 알 수 있다. 조언은 제3

<표 16.2> AS가 낮은 은행의 조언 제공 및 만족 네트워크 모형 추정치

모수	그림	추정치(표준오차)
순수 구조적 효과		
조언 제공 네트워크(A)		
아크		0.11(2.52)
상호호혜성		-1.82(1.28)
인기도 분산[AinS]		-1.86(1.40)
활동성 분산[AoutS]		0.87(0.57)
경로 폐쇄[AT-T]		1.34(0.63)*
인기도 폐쇄[AT-D]		-1.88(0.43)*
다수 2-경로[A2P-T]		0.02(0.16)
공유된 인기도[A2P-D]		1.04(0.28)*
만족 네트워크(S)		
아크		-4.98(1.15)*
상호호혜성		3.63(1.31)*
내향-3-스타		-0.09(0.17)
외향-3-스타		0.06(0.01)*
2-경로		-0.20(0.14)
활동성 분산[AoutS]		2.02(0.57)*

모수	그림	추정치(표준오차)
공유된 인기도/다수 2-경로[A2P-TD]		-0.05(0.23)
결합 (다변량) 효과		
동반 AS[아크 AS]		-0.41(0.35)
교환 AS[상호호혜성 AS]		1.47(0.72)*
2-경로-SA		-0.05(0.09)
행위자-관계 효과		
수신자 상위 직급 A		-0.73(1.06)
수신자 하위 직급 S		1.93(1.44)
수신자 동반 AS		2.65(1.24)*

* 통계적으로 유의한 효과(즉, 모수 추정치가 절대값 기준으로 표준오차의 두 배보다 클 때; 자세한 내용은 섹션 12.5.1 참조)

　　표 관련: 모든 교호 모수에 대해 λ=2
　　네트워크: 조언 제공 관계 →; 만족관계 ┈→
　　속성: 상위 직급 ●; 상위/하위 직급 ○

자를 통해 퍼져 나가기도 하지만 직접적으로 전달되는 경향도 있는데, 이와 반대로 상호호혜성에 대해서는 통계적으로 유의한 결과를 도출하지 못했다. 종사자들은 조언을 직접적으로 교환하려는 경향이 없었다. 이는 〈표 16.1〉에서도 명확히 알 수 있는데, 조언과 관련하여 단 세 개의 상호호혜적 연결관계만 존재할 뿐이었다. 이행적 폐쇄의 존재와 상호호혜성의 부재를 통해 보건대, 조언을 주는 종사자들의 클러스터가 네트워크 밀도가 높은 지역을 만들기에, 낮은 AS 은행에서의 조언 제공 관계는 위계적이며 양방향이 아니다. 이에 더하여, 조언 제공 네트워크에서 인기도 폐쇄 효과가 통계적으로 유의하며 음의 값을 갖는데 이는 조언을 받는 것으로 함께 지명된 사람들에 대한 폐쇄성이 적다는 점을 시사한다. (조언 제공 네트워크에서 인기 있는 행위자는 다른 많은 사람들로부터 조언을 받는 사람으로 지명된 누군가임을 상기하기 바란다.)
달리 말해, 많은 같은 사람들로부터 조언을 받는 것으로 지명된 두 명의 행위
자들이 서로를 조언 파트너로서 지명할 가능성은 낮다.

　조언 제공 네트워크와 대조적으로, 만족 네트워크는 통계적으로 유의한 양
의 상호호혜성 효과를 지녔다. 종사자들은 서로에게 양방향으로 만족감을 느
끼는 경향이 있었다. 이와 더불어, 외향-3-스타 모수와 활동성 분산 모수가 모
두 양의 값을 갖는 것으로부터 만족 네트워크는 외향 연결정도 집중화 경향
이 있음을 알 수 있다. 달리 말해, 일부 종사자들이 많은 동료들에 대해 만족
하고 있음을 시사한다. 전반적으로, AS가 낮은 지점의 만족 네트워크는 그다
지 복잡하지는 않는데, 이는 최종 모형이 그 어떠한 상위수준 삼각관계화 효
과도 포함하고 있지 않기 때문이다. 따라서, 여기서의 만족도는 네트워크 폐
쇄성을 갖지 않았다. 그 대신, 일부 행위자들의 너른 만족도 경향을 제외하고
는 만족은 대부분 양자 수준에서 발생했다.

　〈표 16.1〉에서 보듯, QAP 결과에 따르면 조언 제공 네트워크와 만족 네트
워크 간에 강한 연관성이 존재하지 않음을 염두에 두기 바란다. 이 결과와 일
맥상통하게, 다변량 네트워크 효과는 통계적으로 유의하지 않은 모수 추정치
를 통해 조언 제공 관계와 만족관계가 동반되지 않음을 보여준다. 하지만, 교
환 효과가 통계적으로 유의하고 양의 값을 갖는 것으로 보아 이 두 관계는 서
로 교환된다. 이러한 결과로 미루어 보건대, 조언을 받는 사람은 조언 제공자
를 만족스러운 직장 동료로 지명하는 경향이 있음을 알 수 있다.[4]

---

[4]　조언 제공 네트워크를 전치(transpose)(옮긴이 주: 행과 열을 바꾸는 것을 의미하며, 이로 인
　　해 방향성 있는 네트워크의 경우 관계의 방향이 반대로 바뀐다)시켜서 QAP를 사용하여 만족
　　네트워크와의 상관관계를 구하는 것도 물론 가능하다. (〈표 16.1〉에는 제시하지 않았지만)
　　이 상관 분석을 시행한 결과 이 두 네트워크 간 강한 연관성을 드러냈고, 이는 교환 AS가 통
　　계적으로 유의하며 강한 효과를 갖는다는 점과 일맥상통한다. 하지만, 알다시피 QAP로는 불
　　가능하지만 다변량 ERGM으로는 동반과 교환을 동시에 분석하는 것이 가능하다. 더 나아가,

속성 관련 효과들에 관해, 조언 제공과 만족 관련 각각의 수신자 효과 모두 통계적으로 유의하지 않았지만, 모형이 수렴하는 데에는 상당히 기여했다. 이와 반대로, 다른 행위자-관계 효과를 포함하는 것은 모형이 수렴하는 것을 방해한다. 유일한 예외는 연공서열을 함께 반영한 결합 네트워크 효과이다. 수신자 동반 AS 효과가 양수라는 점은 조언 제공 관계와 만족관계가 상위 직급 직원을 향할 경우 이 두 관계가 동반될 가능성이 있다는 것을 시사한다. 다시 말해, 네트워크에서 상위 직급 직원에게 조언을 제공하는 것은 조언 제공자에 대한 만족과 연관이 있었다.

요컨대, AS가 낮은 지점의 경우 조언 제공 네트워크와 만족 네트워크가 상호의존적이며 두 가지 면에서 우연에 의한 수준을 뛰어넘어 함께 발생한다는 점을 이 연구 결과가 보여준다. 조직상에서의 공식적인 역할(예컨대, 하위 또는 상위 직급)이 구조적 연결관계 유형에 영향을 미친다. 예컨대, 순수 구조적 차원에서 조언 제공과 만족은 동반되지 않았지만, 이러한 동반은 연공서열을 함께 감안할 때 발생했다. 달리 말해, 조언관계와 만족관계는 수신자가 상위 직급일 경우 동반될 가능성이 있다는 것이다. 이와 대조적으로, 양자관계에서는 상대의 연공서열과 무관하게 조언 제공과 만족이 양자 수준에서 교환된다. ERGM 결과는 QAP 결과와도 일치하지만, ERGM을 사용함으로써 네트워크에서의 사회관계 발현을 설명하는 데에 필요한 다른 구조적 효과들에 대한 추가 정보를 획득하거나 통제할 수 있다.

16.4.2. AS가 높은 은행

AS가 높은 은행에 대한 결과는 〈표 16.3〉에 제시했다. 이 지점의 조언 제

네트워크가 네트워크 행위자들의 속성과 어떻게 조응하는지도 QAP로는 불가능하지만 다변량 ERGM으로는 분석할 수 있다.

모수	그림	추정치(표준오차)
순수 구조적 효과		
조언 제공 네트워크(A)		
아크		0.12(1.60)
상호호혜성		-0.35(1.07)
외향-2-스타		0.49(0.23)*
인기도 분산		-1.34(0.87)
활동선 분산		0.88(0.89)
경로 폐쇄		-0.65(0.34)
만족 네트워크(S)		
아크		-0.75(2.19)
상호호혜성		1.77(1.09)
외향-2-스타		0.63(0.17)*
인기도 분산		-1.74(1.42)
활동성 분산		-2.94(1.17)*
일반화된 이행성[AT-TDU]		1.89(0.86)*

모수	그림	추정치(표준오차)
결합 (다변량) 효과		
동반 AS[아크 AS]		2.71(0.75)*
교환 AS[상호호혜성 AS]		-0.31(0.91)
T-ASS		-0.21(0.17)
행위자-관계 효과		
송신자 상위 직급 A		0.97(1.26)
수신자 상위 직급 A		-4.16(1.54)*
송신자 상위 직급 S		-0.74(0.46)
수신자 상위 직급 S		0.75(0.82)

* 통계적으로 유의한 효과(즉, 모수 추정치가 절대값 기준으로 표준오차의 두 배보다 클 때; 자세한 내용은 섹션 12.5.1 참조)

    표 관련: 모든 교호 모수에 대해 $\lambda=2$

    네트워크: 조언 제공 관계 ⟶ ; 만족관계 ⋯➤

    속성: 상위 직급 ● ; 상위/하위 직급 ○

공 네트워크에서 유일하게 통계적으로 의미 있는 효과는 양의 값을 지닌 외향-2-스타 모수이다. 이 효과를 통해 일부 행위자들이 여러 다른 동료들에게 조언을 제공하는 소스(source)임을 알 수 있다. AS가 낮은 은행의 조언 네트워크와 달리, 폐쇄성에 관한 유의한 결과는 발견하지 못했는데, 이는 조언 제공 관계에서 경로를 폐쇄하려는 경향이 없음을 시사한다.

조언 제공 네트워크와 마찬가지로, 만족 네트워크도 외향-2-스타가 통계적으로 유의하며 양수이다. 이와 더불어, 활동성 분산 효과의 추정치는 음수이다. 이 두 결과는 네트워크의 연결정도 분포가 매우 기울어져 있음을 시사하는데, 이는 다수가 만족스러운 파트너로 극소수만을 지명(음의 활동성 분산)한 반면, 소수가 만족스러운 파트너로 많은 사람들을 지명(양의 2-스타)한다는 것이다. 이러한 패턴을 보이는 효과들과 이들에 대한 해석은 13장(섹션 13.1 참조)에서 논의한 바 있다. 일반적 이행성 추정치가 양수라는 점은 폐쇄성에 대한 세 가지 서로 다른 과정들(즉, 경로 폐쇄, 인기도 폐쇄, 활동성 폐쇄)이 모두 같은 정도의 크기로 만족 네트워크 내에 존재한다는 것을 뜻한다(6장 참조). AS가 높은 은행에서 만족 네트워크의 중심은 이러한 서로 다른 이행적 (하지만 순환적이지 않은) 폐쇄 과정으로부터 발현되며 이 은행 지점의 만족관계가 지니는 위계적 특징을 드러낸다고 할 수 있다.

조언 제공 관계와 만족관계 간의 연관성에 대해, 동반 효과가 양수라는 것은 조언 제공과 만족이 같이 움직이는 경향이 있음을 시사한다.[5] 사람들은 그들이 만족을 느끼는 사람들에게 조언을 제공하거나, 이와 동등하게 그들이 조언을 제공하는 사람들에게 만족을 느낀다. 속성 관련 효과를 살펴보면, 통계적으로 유의하며 양의 값을 갖는 추정치는 수신자-조언 모수이며, 이는 상위 직급 종사자들이 하위 직급과 비교했을 때 조언을 받을 가능성이 더 적음을 시사한다.

요컨대, ERGM 결과를 통해 AS가 높은 은행 지점의 경우 조언 제공 네트워크와 만족 네트워크가 동반된다는 점을 알 수 있다. ERGM 결과는 조언 네트워크와 만족 네트워크 간 강한 상관관계가 존재한다는 QAP 결과와도 일맥상통하다. 더 나아가, ERGM을 통해 네트워크 내에서의 사회관계 발현을 설명하는 다른 구조적 효과들에 대해서도 알 수 있다.

16.5. 논의

이 장에서 두 은행 지점 내에서의 네트워크 연관성에 대해 분석했다. 이 두 지점에 대한 초기 QAP 결과를 통해 동반 과정에 대해 살펴볼 수 있었지만, 교환 과정이나 행위자 속성까지 고려한 다른 네트워크 효과에 대해서는 알

---

5) 음의 T-ASS 모수 효과가 통계적으로 유의하지 않지만 모형을 수렴시키는 데 상당히 기여한다.

수 없었다. 이와 대조적으로, 다변량 ERGM을 통해 행위자 속성 효과, 동반 효과, 교환 효과, 그리고 다른 다양한 네트워크 과정들에 대한 정보를 각각의 은행 지점에 대해 별도로 획득할 수 있었다. AS가 높은 지점과 낮은 지점에 대한 네트워크는 네트워크 내 효과와 네트워크 간 효과에 대해 여러 측면에서 상이한 양상을 드러냈다. 흥미롭게도, 밀도가 낮은 지점의 경우, 조언 제공 관계에서 일부 폐쇄 과정에 대한 증거를 발견했지만, 만족관계에서는 이를 발견하지 못했다. 하지만, 밀도가 높은 지점에서는 그 반대의 결과를 찾아냈다. 더 나아가, AS가 낮은 지점에서는 만족관계에서 유의한 상호호혜성이 존재했지만 높은 지점에서는 그러하지 않았다. 이 두 지점 모두 외향 연결정도 집중화 경향을 나타냈다. 다변량적으로 AS가 낮은 지점의 종사자들은 조언 제공과 만족을 서로 교환한 반면, AS가 높은 지점에서는 조언 제공과 만족의 동반이 유의미했으며 강하게 나타났다. 다시 말해, AS가 낮은 지점에서는 조언을 받는 것이 만족과 연관되어 있는 반면, AS가 높은 지점에서는 조언을 주는 것이 만족과 연관되어 있었다. AS가 낮은 지점에서는 조언 제공이 상위 직급 직원을 향해 있을 때만 만족을 느끼는 것으로 보인다.

당초 이 연구를 시작한 의도는 밀도가 높은 네트워크와 낮은 네트워크를 대변하는 이 두 가지 사례를 가지고 조언 제공 관계와 만족관계가 연관성이 있는지 여부를 살펴보고자 함이었다. 그 결과, 이 두 개의 은행 지점에서 동반을 발견했지만, 이들 간 약간 상이한 부분이 있다. 밀도가 낮은 지점의 경우, 동반은 다중관계가 상위 직급을 향해 있을 때에 발생했다. 이 지점에서 경영진이 조언을 구하는 것은 만족과 관련이 있었다. 이 지점의 밀도가 낮다는 것은 어떻게 만족을 평가하고 누구에게 조언을 제공하는지에 있어서 개별 행위자들이 더 차별적임을 시사한다. 이러한 경우, 매니저들을 향한 관계는 더욱 중요할 것이다. 그럼에도 불구하고, 선택적 조언이 보다 활성화된 이러한 환경에서는 조언 제공자가 만족스러운 동료로 여겨진다. 밀도가 높은 네트워크에서는, 조언이 보다 자유롭게 제공되며 업무관계가 더 만족스러운 경향이 있다. 여기서 하지만 조언을 주는 것이 조언 제공자에게는 만족스럽지만 조언을 받는 사람도 반드시 그러한 것은 아니었으며, 이를 통해 풍부한 조언이 항상 제값을 하는 것은 아니라는 점을 알 수 있다. 이 은행 지점에서, 매니저는 조언의 수혜자가 아닌 경향이 있기에 대부분의 조언 행위는 더 하위 직급에서 활발한 것으로 보인다.

이 결과를 통해 어떻게 서로 다른 맥락에서 사회관계가 서로 다르게 배열되는지를 알 수 있다. 하나의 맥락을 적절히 설명하는 네트워크 효과가 반드시 다른 맥락의 사회 네트워크를 설명할 수 있는 것은 아니라는 점을 이 연구를 통해서 알 수 있다. 안타깝게도 이 두 은행 지점 간 왜 이러한 차이가 발생했는지를 설명하기에는 이들에 대한 정보가 제한적이며 연구자들이 가지고 있는 정보는 은행에서 측정한 지점 성과를 포함하여 이 두 지점들 간 유사성이 많다는 정보뿐이다. 비록 이러한 한계가 이 특정 사례 연구의 일반화 가능성을 제한하지만, 이 연구를 통해 맥락에 따른 차이에 민감해야 한다는 점과 결과 차이를 설명할 수 있는 관찰과 측정에 대해 보다 관심을 기울여야 함을 연구자들에게 시사한다. 이 연구에서 다룬 두 사례들은 아마 두 개의 서로 다른 하위 조직 문화를 지닌 것으로 보인다. 하나는 조언과 만족을 자유롭게 주고받는 문화이고, 다른 하나는 조언과 만족에 있어서 보다 선택적이고 차별적인 문화라 할 수 있다. 비공식적 조직 구조와 관련하여 이러한 상이한 하위문화가 미묘하게 전개되어 가면서 어떻게 만족과 조언이 서로 뒤얽혀 있는지에 영향을 미칠 수 있다. 이 과정에서 하위문화는 지점 경영진 역할에 있어서 상당한 차이도 유발한다.

17장

지력, 체력, 또는 낙관성? 창발적 군사 리더십의 구조와 상관

유발 칼리시(Yuval Kalish)·길 루리아(Gil Luria)

17.1. 군부 맥락에서의 창발적 리더십

리더십에 대한 전통적 접근을 살펴보면, 공식적으로 임명된 리더들의 특성과 행위에 초점을 맞추는 경향이 있다. [관련 이론적 배경은 유클(Yukl, 2010)을 참조 바란다.] 하지만, 집단 내에서의 잠재적 리더십의 분포나 어떻게 비공식적 리더십이 발현되는지에 대해서는 알려진 바가 거의 없다. 이제서야 수평적이며 자율적인 팀들을 대상으로 비공식적 리더십의 발현에 대해 연구자들이 탐색하기 시작했다(Neubert & Taggar, 2004). 창발적 리더십을 "비공식적 리더들이 팀에서, 특히 일반적으로 리더가 없는 집단에서, 발현되는 과정"으로 정의할 수 있다. 창발적 리더들은 흔히 "내부 챔피언들"인데, 공식적 권위는 주어지지 않았을지라도 집단 내에서 다른 구성원들에게 중요한 영향을 끼치는 사람들이다(Goktepe & Schneier, 1989).

창발적 리더십 연구는 소집단 연구에서 처음 시작되었는데[예컨대, Bales (1953)], 리더가 없는 소집단 토론에서 한 명 또는 두 명의 비공식적 리더가 등장하는 상황을 흔히 볼 수 있기 때문이다. 그때 이후로 창발적 리더십에 대한 대부분의 연구는 두 가지 주요 이슈에 초점을 맞추었다. 하나는 리더십 발현의 선행요인에 대해 살펴보는 것이다. 이는 어떤 사람이 결국 리더로 부상하는지를 예측하고자 함이었다. 다른 하나는 창발적 리더십의 구조에 초점을 맞추는 것이다. 이들 각각에 대해 아래에서 간단히 설명하고자 한다.

17.1.1. 창발적 리더십의 선행요인

창발적 리더십을 암묵적 리더십 이론(implicit leadership theory: ILT)으로 흔히 설명한다. ILT에 따르면, 사람들은 정보 처리 과정을 단순화하기 위해 스키마나 원형에 의존하는데, 스키마나 원형을 "범주 구성원들에 관한 가장 널리 공유된 특징이나 속성들의 추상적 개념"(Lord, 1985: 93)으로 정의한다. ILT는 리더십과 연관된 일련의 속성들과 행위들로 구성된 "리더"라는 개념에 대해 사람들 간 공유된 원형이 존재함을 시사한다. 어떤 사람이 그들이 생각하는 리더십 원형에 부합하는 속성을 지닌다고 인식하면, 공식적 지위를 그 사람이 가지고 있든 아니든 사람들은 그를 리더로 생각한다(Lord & Maher, 1991). 달리 말해, 루빈, 바텔스, 그리고 바머(Rubin, Bartels, and Bommer)가 언급한 바와 같이 "사람들은 리더가 갖춰야 할 속성들에 대해 공동의 이해를 공유하는 듯하며 이 속성들이 창발적 리더십을 결정할 때 기준으로 사용된다"(2002: 106). 사람들이 리더십 원형에 대해 명확히 설명할 수 있다 하더라도(예컨대, Eden & Leviatan, 1975), 리더십 발현 과정은 무의식적으로 일어나며 부지불식간에 영향을 미친다(Lord, 2005). 사회 정체성 이론(social identity theory)은 리더십에 대해 이와 유사한 가정들을 세워 접근하는데(예컨대, Hogg & van Knippenberg, 2003), 특정 상황에서 리더십 원형이 점점 현저해지고 누군가가 이 원형에 부합한다고 많은 사람들이 판단할 때 그 누군가가 리더로 부상한다는 점을 시사한다.

리더들의 원형과 잠재적 리더들을 평가했던 기준은 주어진 문화와 맥락 내에서 개인들 간에 유사하다는 점을 선행 연구를 통해 알 수 있다(Rubin, et al., 2002). 원형은 일반적으로 지적 능력(Lord, Devader, & Alliger, 1986), 맥락적 지식(예컨대, 업계 지식; Kirkpatrick & Locke, 1991), 외향성, 감정적 안정성과 낙관주의(Judge et al., 2002) 측면을 아우른다.

이 장에서는, 이스라엘 방위군(Israeli Defense Force: IDF)의 엘리트 부대에서 창발적 리더십이 발현되는 과정을 분석한다. 이 분석의 맥락이 군부대에 있을지라도, IDF는 단지 하나의 사례일 뿐이며 이 분석의 결과를 다른 조직에도 일반화할 수 있다고 생각한다. 기실 이 데이터는 IDF에 아직 입대하지 않은, 다시 말해 군사적 맥락에서 사회화되지 않은 민간인들에 대한 자료다.

이스라엘에서 IDF의 군사심리학자들이 리더의 원형을 식별하기 위한 목적으로 연구를 수행했다. 그들은 리더, 군인, 그리고 리더십 전문가들과 심층 인터뷰를 수행했으며 직무 분석도 추가했다. 이를 통해 IDF 군부 리더들에게 기대되는 그리고 요구되는 속성들에 대해 합치된 항목들을 만들고자 했다. 이 항목들은 "군 장교들의 속성 연구(the officers' attributes paper)"(IDF, 2004)라는 제목으로 알려진 연구에서 확인할 수 있다. 이 항목들은 IDF가 바라는 리더십 원형의 공식적 정의에 해당하는 속성들을 포함하며 비군사적 조직 환경에서의 리더십 원형 연구와도 일맥상통한다(예컨대, Judge et al., 2002; Kirkpatrick & Locke, 1991; Lord et al., 1986). 이 연구에서는 이런 규정된 속성들을 지닌 사람들이 모일 경우 여기서 리더가 등장할 가능성이 있는지를 검증하고자 한다. IDF(2004)는 다음의 세 가지 속성으로 리더십 원형에 대해 공식적으로 정의한다. 이 세 가지 속성은 인지 능력, 신체 능력, 그리고 낙관주의인데 이들이 효과적인 리더십과 관련이 있는 것으로 지속적으로 밝혀진 바 있다. 여기서 각각에 대한 IDF의 정의를 간단히 살펴보고 이 속성들과 창발적 리더십 간의 연결 고리를 지지하는 연구 결과들을 설명하고자 한다.

"인지적 능력"은 "군 장교들의 속성 연구"에서 정의한 바와 같이 "군 장교들이 귀납적 그리고 연역적 추론을 사용하는 능력"(IDF, 2004)이다. 비군사적 맥락에서, 여러 연구들이 전반적 지능(예컨대, Lord, Foti, & Devader, 1984)과 업계 지식(예컨대, Kirkpatrick & Locke, 1991)을 리더의 중요한 속성으로 발견했다. 따라서, 이 연구에서는 전반적인 지식뿐만 아니라 업계에 특화된 인지적 능력이 발달된 사람들이 리더로서 부상하리라 예상한다.

신체적 강함: 군 장교들의 속성 연구에 따르면, 장교들은 "건강, 민첩성, 그리고 어려운 신체적 정신적 여건하에서 작전을 수행하는 능력을 향상시키기 위해 신체적 건강을 증진"시켜야 한다(IDF, 2004). 육체적으로 강하다는 것은 이스라엘 장교들에게 기대되는 리더십 원형 중 일부분이다. 신체적 강함과 위계질서 간의 관련성은 콘넬(Connell, 1995)의 헤게모니적 남성성 이론(14장 참조)도 주장한 바 있다. 이에 따라, 이 연구에서는 신체적 능력이 좋은 사람일수록 리더로 보통 선택되리라 예상한다.

자기 조절과 낙관성: "군 장교는 스트레스 속에서도 침착함, 자제력, 자기 통제, 그리고 낙관성을 지닌 채 작전을 수행해야 한다"(IDF, 2004). 이처럼 리더들은 낙관적이며 스트레스에 민감하지 않을 것으로 기대되는데, 리더십 속성 연구에서도 이 같은 내용을 발견한 바 있다(Judge et al., 2002). 따라서, 이 연구에서는 창발적 리더들이 스트레스에 덜 민감할 것이며 높은 수준의 낙관성을 보일 것으로 예상한다.

요컨대, ILT에 따르면 사람들이 리더에 대한 그들의 스키마에 더 부합하는 것으로 특정인을 인식하게 되면 해당 특정인의 리더십이 발현된다. 여기서는 이 스키마들 중 전반적 인지 능력, 업계 특화된 인지 능력, 신체적 강함, 그리고 낙관성이 리더십 발현과 관련이 있는지를 연구해보고자 한다. 창발적 리더십은 관계적 현상이기 때문에(Carson, Tesluk, & Marrone, 2007), 사회 선택 모형을 사용하는 것이 적절하다. 이 모형들은 네트워크 내 행위자들의 특징을 기반으로 사회관계의 형성을 예측하기 때문이다. 첫 번째 연구 문제는 개인의 이러한 특징들 중 무엇이 다른 사람들로 하여금 그를 리더로 선택하게 할 가능성을 향상시키는가이다.

17.1.2. 창발적 리더십의 구조

창발적 리더십에 대한 두 번째 연구 흐름은 리더십의 구조에 관한 것이다. 1950년대 리더가 없는 집단 토의에 대한 연구는 리더십 행위가 한 사람보다 더 많은 사람들에게서 행해졌음을 발견했다(Mehra et al., 2006). 최근에는, 미지올렉과 헤크만(Misiolek & Heckman, 2005)이 실제 팀에서의 창발적 리더십 분포를 연구했는데, 대여섯 명으로 구성된 각각의 팀에서 한 명에서 세 명 사이의 리더들이 등장했다. 다른 연구들[예컨대, Guastello(2007)]에 따르면, 온라인 의사결정 게임에서 일곱 명에서 아홉 명으로 이뤄진 팀에서 발현된 리더의 수는 "멱함수(power-law)" 분포[1]를 따랐다. 즉, 소수의 사람들이 리더십을 지닌 것으로 비율과 비례하지 않게 많은 선택을 받은 반면, 다수의 사람들은 리더십을 지닌 것으로 선택받지 못하거나 매우 적은 수의 사람들로부터만 선택받았다. 마지막으로, 카슨과 그의 동료들(Carson et al., 2007)은 팀에서의 공유된 리더십을 연구했는데, 팀의 리더십 네트워크 구조에 약간의 변동이 있

---

1) 옮긴이 주: 멱함수 분포에서는 연결정도 k를 지닌 노드 수가 $k^{-\gamma}$에 비례하는데, γ은 통상 2에서 3의 범위에 해당한다. 예컨대, 연결정도 분포가 멱함수 분포를 따르고 γ이 2이며 연결정도가 1인 노드가 1,000,000개일 때, 연결정도 10인 노드는 약 10,000개, 연결정도 100인 노드는 약 100개, 연결정도 1,000인 노드는 약 1개임을 예상할 수 있다(Borgatti, Everett, & Johnson, 2013). 이와 같이, 멱함수 분포에서는 소수의 개체가 대부분의 연결을 형성하고 대다수의 개체는 극히 소수의 연결만을 형성하는데, 이는 척도 없는(scale-free) 네트워크(Barabási & Albert, 1999)를 만들게 된다. 이런 현상의 이면에는 네트워크 내에서 이미 인기 있는 개체와의 연결을 선호하는 선호적 연결(preferential attachment) 원리가 내재되어 있다.

다는 점을 발견했다. 하지만, 이 연구들은 접촉 빈도가 낮은, 작은 팀들을 대상으로 연구했으며 네트워크 구조에 대해 살펴보지 않고 내향 연결정도 분포나 밀도에만 초점을 맞추었다. 이에, 이 연구는 더 규모가 크고 접촉 빈도가 높은 팀들의 구조에 대해 ERGM을 사용하여 모형화하고자 한다. 이를 통해 실제 집단에서의 창발적 리더십 구조를 연구하고자 한다.

17.1.3. 환경과 참가자

이 연구는 이스라엘 엘리트 군사 조직에서의 후보자 선발 과정에서 수행되었다. 참가자들은 87명의 남성 민간인이었으며 나이는 18세이고 모두 남성으로 구성된 군사 조직에 뽑히기 위해 이틀간의 선발 과정에 자발적으로 참여했다. [선발 과정에 대한 자세한 설명은 루리아와 버슨(Luria & Berson, 2008) 그리고 루리아와 토이만(Luria & Torjman, 2008)을 참조하기 바란다.] 모든 참가자들은 여섯 개 팀(14명으로 구성된 3개의 팀과 15명으로 구성된 3개의 팀) 중 하나에 배정되었으며, 식별 번호를 부여받았다. 모든 참가자들은 신체적 자격을 충족했으며 고등학교 졸업자였다. 선발 과정에서 참가자들은 집중적으로 신체적 그리고 감정적 시험대를 거쳐야 했고 언제든 참가를 포기할 수 있었다.

사회 네트워크 질문. 선발 과정의 두 번째 날, 참가자들은 연구원을 만났는데, 연구원들은 참가자들에게 비밀 보장을 약속했으며 연구에의 참여 여부는 선발 과정에 그 어떠한 영향도 미치지 않음을 약속했다. 또한 이 연구를 통해 수집된 개인 데이터는 군부대에 제공되지 않을 것임을 약속했다. 그 후 연구원들은 참가자들에게 팀 내에서 그들이 리더라고 생각하는 사람들의 식별 번호들을 제시하도록 했다. 참가자들이 설문을 완료할 동안 선발 과정 담당 장교들은 함께하지 않았다. ERGM의 분석틀 내에서는 자기 지명을 다룰 수 없기에 스스로를 리더라고 지명하는 참가자들에 대해서는 측정하지 않았다는 점을 밝힌다.

개별 속성. 다음 문항에 따라 각각의 참가자들을 평가했다.

과업 성과: 선발 과정 전반에 걸쳐서, 응답자들은 아홉 개의 서로 다른 과업을 완수했다. 이 과업들은 매우 육체적인 것(예컨대, 들것 들어 올리기)부터 매우 인지적으로 복잡한 것(예컨대, 운항)까지 아울렀다. 독립적인 평가자들이 각 응답자들의 성공을 리커트 5점 척도로 평가했다.

긍정적/부정적 감정 척도(Positive and Negative Affect Scale: PANAS; Watson, Clark, & Tellegen, 1988): 이 척도로 감정의 독립적인 긍정적 및 부정적 차원을 측정했다. 참가자들은 지난 몇 시간에 걸쳐 20가지 감정들을 경험한 정도를 5점 척도(1점은 "한 번도 없음"을, 5점은 "매우 자주"를 나타낸다)로 스스로 평가했다. 긍정적 감정 하위 척도의 내적 일관성은 0.84이고 부정적 감정 하위 척도는 0.83이며, 이는 이전 연구들과 부합한다(Watson et al., 1988).

인지된 스트레스 척도(Perceived Stress Scale: PSS; Cohen, Kamarck, & Mermelstein, 1983): 이 척도를 사용하여 스트레스를 측정했다. 사건 발생 빈도가 (월 단위가 아니라) 지난 몇 시간 동안임을 반영하기 위해 원래의 설문지 항목의 문구를 바꿨다. 당초 10개 항목들 중 일부 항목들은 군사 경험과 부합하지 않는 것으로 판단되어 제거했다. 설문은 5점 척도로 이뤄졌으며 1점은 "한 번도 없음"을, 5점은 "매우 자주"를 나타낸다. 일곱 개 항목 척도의 내적 일관성은 0.81이며 이는 다른 연구들에서 10개 항목 모두를 사용했을 때와 비슷한 값이다(예컨대, Cohen et al., 1983).

데이터 축소를 통한 종합 점수화: 주성분 분석 결과, 과업과 설문 결과를 세 개의 요인으로 추출할 수 있었으며 변량의 73.2%를 설명했다. 첫 번째 요인은 비신체적·군사 특수적·인지적으로 복잡한 과업(예컨대, 운항과 지필 시험)에 대한 성과를 반영했다. 따라서 업계 특화된(즉, 군사) 지식과 관련이 있다. 두 번째 요인은 들것 들어 올리기나 현장 훈련과 같이 신체적 과업에 대한 성과를 반영했다. 따라서, "군 장교들의 속성 연구"에서 설명한 "신체적 능력" 속성의 수준에 대한 총합적·객관적 점수라 할 수 있다. 세 번째 요인은 응답자들의 (부정적) 감정 상태를 반영했는데, 부정적 감정과 스트레스가 해당 요인에 모두 양의 값으로 적재된 반면 긍정적 감정은 음의 값으로 적재되었다. 따라서 이는 "낙관성과 자기 통제" 속성을 나타내는 자기보고식 계량화된 측정이라 할 수 있다.

요인 점수는 개인별로 각각 저장되었으며 추후 분석에서 사용되었다. 이 점수들을 각각 비신체적(군사 특수적 인지 능력)·신체적, 그리고 낙관성 점수로 명명했다.

"일반적 인지 능력"은 인지 능력에 대한 기본적인 지필 시험을 통해 측정했는데, IDF에 차출되기 전에 모든 신병들이 해당 시험을 치러야 한다. 이 시험은 언어적 유추 시험, 도형 유추 시험, 수학 능력 시험, 레이븐(Raven) 지능 검사, 그리고 교육에 대한 이해와 과업 수행의 정확도를 판별하기 위한 시험으로 구성된다. 인지 능력 시험 점수는 평균 50점 그리고 10점(낮음)부터 90점(높음) 범위에서 신병들에 걸쳐 표준화되었다.

17.2. 모형 설정

17.2.1. 모형화 이슈

이 데이터를 토대로 모형화함에 있어서 두 가지 큰 문제가 존재한다. 첫 번째 문제는 리더십 네트워크 구조에 대한 사전 지식이 없기에 어떤 모수를 모형에 포함시켜야 할지 모른다는 점이다. 따라서 통상 투입하는 사회 순환 모수들(섹션 13.2의 ⟨표 13.1⟩ 참조)을 가지고 모형화를 시작했으며 GOF 통계량을 확인하면서 (섹션 13.3 참조) 새로운 모수들을 추가했다.

두 번째 문제는 데이터상 별개의 서로 중복되지 않는 집단들이 존재한다는 것이다. 신병들은 팀 내에 배태되어 있다. 더군다나, 선발 과정이 팀별로 구조화되어 있기에 팀들 간의 상호작용은 가능하지 않다. 신병들은 그들이 속한 팀의 사람들과만 상호작용하기에 관계의 대상으로 팀원들만 선택할 수 있다. 이러한 복잡성을 고려해야 모형 추정이 가능하다. 이를 감안하여 구조적 0을 사용하여 상호작용이 가능한 (같은 팀에 배정된) 특정 행위자들을 구체적으로 명시했다. 본질적으로, 이 접근을 통해 여섯 개 팀 모두를 대상으로 하나의 ERGM을 사용하여 분석했다. 팀 간 연결관계를 "구조적 0"으로 고정시킴으로써 팀 간 지명은 불가능하게 되었다.[2] 모형 추정치는 여섯 개 팀 모두에게 적용된다. 이는 모든 팀이 동일한 내생적 과정하에 있다는 암묵적 가정을 전제로 함을 시사한다. 팀들을 표준화하기 위해 팀 선정 과정에서 주의를 기울인 만큼, 내생적 요인에 관한 이 가정이 타당하다고 할 수 있다. 이러한

---

[2]   PNet에서 "0"은 연결관계가 변화할 수 없음을 의미하며 "1"은 변화할 수 있음을 뜻하기에, "구조적 0"은 연결관계를 고정시키는 것이다. 이 과정을 통해 여기서는 연결관계를 고정시킴으로써 이 관계들이 결코 존재할 수 없도록 했다. 하지만, 같은 과정을 통해 연결관계를 고정시킴으로써 그 관계가 항상 존재하도록 할 수도 있다.

접근이 실증적으로 타당함을 나중에 알 수 있는데, 팀들 간 차이가 없다는 점이 발견되었기 때문이다. 대안적 접근으로는 서로 다른 팀에 대해 서로 다른 모수를 적용하여 러버스와 스나이더(Lubbers & Snijders, 2007)의 방법을 사용하여 나중에 추정치를 합치는 방법이 있다.

17.2.2. 순수 구조적 효과

처음에 여섯 개의 구조적 효과(아크, 상호호혜성, 인기도 분산, 활동성 분산, 경로 폐쇄, 다수 연결성)를 지닌 모형을 적합시켰다. 모형은 수렴했지만, GOF 통계량에 따르면 이 모형은 내향 연결정도 분포와 외향 연결정도 분포의 왜도를 설명하는 데에 실패했다. 일부 행위자들은 리더십 네트워크에서 매우 중심적(높은 내향 연결정도를 지닌다)일 수 있다는 점을 설명하지 못했다. 또한, 어떤 행위자들은 다른 어떠한 행위자도 리더로 선택하지 않은 반면, 다른 행위자들은 많은 사람들을 리더로 선택한다(외향 연결정도의 분산이 크다)는 점을 설명하지 못했다.

로빈스, 패티슨, 그리고 왕(Robins, Pattison, & Wang, 2009)에 근거하여 앞에서 언급한 여섯 개의 모수들 외에 싱크, 소스, 고립자 효과를 포함한 두 번째 모형을 적합시켰다. 이 모형은 수렴했으며 GOF 통계량에 따르면 이 세 개의 모수를 투입함으로써 한쪽으로 기울어진 연결정도 분포가 성공적으로 통제되었다.

17.2.3. 행위자-관계 효과

세 개의 기본 속성 효과 유형인 송신자 효과, 수신자 효과, 이종선호 효과(8장 참조)를 사용했다. 이 세 가지 효과는 연구자들이 수집한 네 개의 연속형 속성[즉, 전반적 인지 능력, 신체적 과업 수행 성과, 비신체적 과업 수행 성과(군사 관련, 특화된 인지적 능력), 그리고 낙관성] 각각에 대해 적합되었다. 따라서 완전 모형은 21개의 모수들을 포함한다. 이 중 아홉 개의 모수들은 순수 구조적 효과에 해당하며 12개의 모수들은 행위자-관계 효과에 해당한다. 이 연구는 수신자 효과에 특히 관심이 많은데 이 효과가 창발적 리더십을 잘 나타내주기 때문이다.

17.3. 결과

구조적 0 접근을 취하기 위해서 어떠한 팀 수준의 외생 효과도 데이터에 영향을 미쳐서는 안 된다는 확신이 먼저 있어야만 한다. 분산 분석에 따르면 여섯 개 팀의 신병들은 유사한 수준의 심리적 스트레스[F(5,75)=1.17, p=.33], 부정적 감정[F(5,76)=1.26, p=.292], 그리고 긍정적 감정[F(5,75)=1.43, p=.22]을 경험한 것으로 보인다. 모든 팀들이 신체적 과업[F(5,76)=0.085, p=.99]과 비신체적 과업[F(5,76)=2.14, p=.07]에서 유사한 점수를 받았다. 리더십 지명 수와 관련하여 팀 간 차이는 없었다(F(5,76)=1.5, p=.20]. 이러한 점들을 모두 고려해보면, 외생적 속성 변인이 팀 기반 효과에 영향을 받는다고 볼 만한 증거가 없다. 따라서 팀들이 비교적 유사하다는 전제하에 구조적 0 접근을 그대로 유지하고자 한다. 하지만, 이 속성들 중 그 어느 것과도 리더십 지명 간의 연관성을 상기 분석이 고려한 것은 아니며 이 연관성은 팀마다 다를 수 있다는 점을 밝혀두고자 한다.

두 모형의 모수 추정치는 〈표 17.1〉에 제시했다. 모형 A는 GOF 분석이 보여주듯이 연결정도 분포를 제대로 구현해내지 못했기 때문에 부적절한 모형이다. 모형 A를 최종 모형 B와 비교함으로써 특정 구조적 모수들을 배제하는 것이 네트워크 관계 형성과 관련하여 어떻게 서로 다른 결과를 초래하는지를 설명하고자 한다.

모수	추정치(표준오차)	
	AS가 낮은 은행	AS가 높은 은행
순수 구조적 효과		
아크	-5.42(2.68)*	-3.06(3.19)
상호호혜성	1.14(0.39)*	1.27(0.43)*
싱크		5.60(1.44)*
소스		-0.45(1.00)
고립자		4.10(1.71)*
인기도 분산[AinS]	0.38(0.27)	0.77(0.56)
활동성 분산[AoutS]	0.47(0.24)	-1.97(0.69)*
경로 폐쇄[AT-T]	0.30(0.18)	0.33(0.19)
다수 연결성[A2P-T]	-0.11(0.09)	-0.06(0.10)
행위자-관계 효과		
송신자(전반적인 인지 능력)	-0.22(0.13)	-0.20(0.14)
송신자(신체적 과업)	0.17(0.10)	0.18(0.11)
송신자(낙관성)	-0.05(0.12)	-0.05(0.12)
송신자(비신체적 과업)	-0.11(0.11)	-0.11(0.12)
수신자(전반적인 인지 능력)	0.28(0.14)*	0.28(0.14)*
수신자(신체적 과업)	0.20(0.11)	0.17(0.10)
수신자(낙관성)	-0.15(0.12)	-0.13(0.11)
수신자(비신체적 과업)	0.30(0.12)*	0.29(0.11)*
이종선호(전반적인 인지 능력)[difference]	-0.21(0.14)	-0.22(0.15)
이종선호(신체적 과업)[difference]	-0.20(0.11)	-0.21(0.11)
이종선호(낙관성)[difference]	0.09(0.12)	0.08(0.11)
이종선호(비신체적 과업)[difference]	0.02(0.13)	0.00(0.13)

* 통계적으로 유의한 효과

17.3.1. 순수 구조적 효과 관련 결과

모형의 구조적 부분에 대한 해석은 흥미로운데, 특히 리더십 발현 구조에 대한 선행 연구가 아직 일관된 결론을 도출하지 못했기 때문이다. 두 모형에서 모두 리더십 선택은 상호호혜적인 양상을 보였다. 모형 A를 적합도가 더 좋은 모형인 B와 비교해보건대, 세 개의 모수들이 추가됨에 따라 모수 추정 치가 변화했고 이에 따라 해석도 변화한다. 첫째, 선발 과정에 참여한 일부 사람들은 리더들을 지명하지 않았거나 다른 사람들로부터 리더로 지명되지 않았다. (고립자 모수가 통계적으로 유의하며 양의 값을 지니고 계수값이 크다.) 이런 사람들을 감안한 후에(그리고 아마도 소스 모수를 투입하고 난 후에), 활동성 분산 모수의 효과 크기가 커지면서 음의 값을 갖게 되었다. (모형 A에서 활동성 분산 모수는 양수였지만 통계적으로 유의하지 않았다.) 일단 고립자들을 설명한 후에는 리더십 선택에 있어서의 변량은 기대한 것보다 작았다고 해석할 수 있다. 일부 사람들은 완전히 "리더십 고리 바깥에" 존재하며, "리더십 게임을 하는" 사람들은 리더로 선택하는 사람들의 범위를 제한하는 경향이 있었다. 상호호혜성 모수가 양수라는 점은 전반적으로 신병들은 서로를 리더로 선택하는 경향이 있음을 시사한다. 더 나아가, 싱크 모수가 양수라는 점은 이 상호호혜성 효과를 넘어서 일부 사람들은 다른 많은 사람들에 의해 리더로 선택되었지만, 이들은 다른 누군가를 리더로 선택하지 않았음을 의미한다. 자기 지명은 허용하지 않았기 때문에, 이 사람들은 스스로 리더로서의 위치에 있음을 인식하고 있다는 점을 시사한다. 흥미롭게도, 다른 대부분의 사회 네트워크와 대조적으로 경로 폐쇄에 대한 증거는 찾을 수 없었다.

상기 결과들을 모두 고려해보건대, 각각의 팀 내에서 일부 구성원들이 리더십 고립자일지라도 창발적 리더십의 구조는 허브(hub)와 비슷하다는 점을 알 수 있다. 허브는 다른 많은 사람들에 의해 선택되지만 이 소수의 사람들은 어느 누구도 리더로 선택하지 않았다. 마지막으로, 리더십 선택에 있어서의 상호호혜성이 네트워크에 걸쳐 발견되었지만 삼각관계화되지 않은 것으로 보아 이행적 폐쇄는 리더십 지명 과정에서 발생하지 않았음을 알 수 있다.

17.3.2. 행위자-관계 효과 관련 결과

창발적 리더십에 대한 "전통적" 분석(예컨대, Neubert & Taggar, 2004)은 리더십 지명 수와 다른 변인들 간의 유의미한 관계를 발견하기 위해 상관관계를 사용해왔다. 이 데이터에 대한 상관 분석에 따르면, 리더십 지명 수는 신체적 능력(r=0.366, p<.05), 비신체적 능력(r=0.430, p<.01), 그리고 전반적인 인지 능력(r=0.299, p<.05)과 양의 상관관계를 드러냈다. 리더십 지명은 낙관성과는 통계적으로 유의한 상관성을 보이지 않았다(r=0.210, ns).

이제 행위자-관계 효과에 관한 ERGM 결과를 해석해보고자 한다. 이 연구 결과에 따르면, 사람들의 전반적인 인지 능력이 높을수록 리더십 지명을 더 많이 받을 가능성이 존재했다. (수신자 효과가 통계적으로 유의하며 양의 값을 지닌다.) 또한 비신체적 과업(즉, 군사 관련 인지 능력)에 대해 통계적으로 유의하며 양의 값을 갖는 수신자 효과를 발견했다. 다소 놀라운 점은 신체적 성과에 대한 이종선호 효과가 음수이며 거의 통계적으로 유의했지만 실제 신체적 과업(예컨대, 들것 들기) 수행 성과에 대해서는 수신자 효과를 발견하지 못했다는 점이다. 이는 신병들이 그들과 비슷한 수준의 신체적 성과를 보인 사람들을 리더로 선택하는 경향은 있지만 더 높은 수준의 신체적 과업 수행은 창발적 리더십과 관련이 없음을 시사한다. 마지막으로, 낙관성에 대해서는 어떠한 효과도 발견하지 못했다. 낙관적이라는 점(스트레스를 받지 않는다는 점)은 리더십 지명과 통계적으로 유의한 연관성이 없었다.

요컨대, 이 연구의 데이터상으로는 전반적인 인지 능력과 맥락 특수적 인지 능력 모두 리더십 발현과 관련이 있는 것으로 보인다. 예상과 달리, 신체적으로 과업을 잘 수행하거나 낙관적인 것은 창발적 리더십과는 관련이 없었다. 즉, 창발적 리더십은 체력이나 낙관성보다 지력과 더 관련이 있는 것으로 나타났다. 아울러, 이 데이터상으로는 잠재된 리더십이 고립된 개인들을 포함한 허브와 같은 구조에 분포되어 있었는데, 그 중심에는 창발적 리더가, 그 주변에는 해당 리더를 선택한 추종자들이, 그리고 누군가를 리더로 선택하지도 않았고 리더로서 선택되지도 않은 고립자들이 자리해 있었다.

17.4. 논의

이 장은 두 가지 연구 문제를 다룬다. (1) 어떤 개인별 특징들이 다른 사람들로부터 리더로서 선택되도록 하는 것과 관련이 있는가? (2) 창발적 리더십의 구조는 무엇인가? 이 연구 결과는 로드와 그의 동료들(Lord et al., 1984)의 발견과 일맥상통한다. 전반적인 지능과 맥락 특수적 인지 능력이 창발적 리더십과 관련이 있는 것으로 나타났다. 후속 연구에서 설문 응답자들에게 다른 사람들의 지능을 어떻게 인지하고 있는지를 설문한다면 지능과 리더십 간의 더 강한 연관성을 찾을 수 있을 것이다.

선행 연구 결과들과 대조적으로, 신체적 강함과 리더십 간의 연관성은 찾지 못했으며 낙관성 및 줄어든 스트레스와 리더십 간의 연관성도 찾지 못했다. 이 두 결과는 카리스마적 리더십 이론[관련 이론에 대한 검토는 유클(Yukl, 2010)을 참조하기 바란다]이 가정하는 바와 일부 모순된다. 이 이론에 따르면 카리스마 있는 리더는 미래와 위기 극복 능력에 대해 낙관적 전망과 믿음을 심어줘야 한다. 이 연구의 상관 분석에 따르면, 리더십 지명은 신체적 강함과 양의 상관관계를 보였으며 리더십 지명과 낙관성 간에도 통계적으로 유의한 양의 상관관계 경향이 있었다. 그러나 이 연구 결과를 토대로 보건대, 신체적 능력, 낙관성, 그리고 리더십 지명 간의 상관관계는 리더십 지명 구조가 제대로 통제되지 않으면서 나타난 인위적 결과일 가능성이 높다. 창발적 리더십에 대한 이전 실증 연구들에서도 이런 부분이 문제였을 것이다.

리더십 네트워크 구조는 사회 네트워크에서 통상 발견되는 구조들과 다르기 때문에 흥미롭다. 리더십 네트워크는 중심-주변-고립 구조를 보여준다. 선행 연구들에서는 리더십 네트워크가 한 명 또는 그 이상의 리더를 갖는지 여부와 리더십 네트워크가 멱함수 분포나 중심-주변부 구조를 갖는지 여부에 대해 일관된 결과를 도출하지 못했다. 이 연구 결과에 따르면, 이러한 결과 차이는 연구자들이 리더십 네트워크 구조를 모형화하지 않은 채 단순 기술 통계량(내향 연결정도 분포와 평균 밀도)에만 초점을 맞춘 것에서 비롯되었음을 시사한다. 리더십 네트워크 구조를 분석한 유일한 연구가 있는데, 이 연구 결과와 일치하는 부분이 있다. 메라와 그의 동료들(Mehra et al., 2006)은 팀의 구조를 시각적으로 분석했는데, 이 연구에 따르면 대부분의 팀들이 한 명 이상의 리더를 가지고 있으며 이 리더들은 리더들을 선택할 때 서로를 지명했던 것으로 밝혀졌다. 이 데이터에서는 리더들의 위계를 발견했는데, 전반적으로는 리더십 지명에 있어서 상호호혜적이었지만 이 효과를 넘어서 다른 사람들에 의해 리더로서 선택은 받았지만 다른 어느 누구도 리더로 선택하지 않는 경향이 존재했다. 이 결과에 따르면 창발적 리더들이 자신들의 리더십 지위에 대해 인지하고 있기에 결과적으로 (ERGM 분석틀에서는 자기 지명이 불가능하므로) 다른 사람들을 선택하지 않았음을 알 수 있으며, 통계적으로 유의한 싱크 효과를 통해 이를 확인할 수 있다.

이 연구를 통해 리더십 네트워크는 다른 많은 사회 네트워크와 다르다는 점을 발견했는데, 리더십 네트워크는 이행성을 나타내지 않았으며 상당수의 고립자와 싱크를 가지고 있었다. 연구자들이 아는 한, 이와 유사한 특징을 가진 유일한 네트워크는 로빈스, 패티슨, 그리고 왕(Robins, Pattison, & Wang, 2009)이 설명한 부정적 관계 네트워크이다. 관계가 흔하지 않을 때(예컨대, 리더십 관계나 부정적인 관계), 관계가 보다 일상적일 때(친구관계, 조언관계, 신뢰관계)와 상이한 네트워크 구조를 갖는 것일 수도 있다. 앞으로 연구자들이 접촉 빈도가 낮지만 중요한 관계들에 대해 관심을 갖고 연구하기를 권하는 바이다.

이 연구 결과는 리더-구성원 교환(leader-member exchange: LMX) 이론으로

설명할 수 있다. 댄스로우, 그렌, 그리고 캐시맨(Dansereau, Graen, & Cashman, 1973)이 처음 제안한 LMX는 리더와 각 팀의 구성원 간의 관계에 초점을 맞춘다. LMX에 대한 분석 수준은 양자관계이기 때문에 네트워크 분석과도 잘 부합한다(Sparrowe & Liden(2005)을 참조하기 바란다). LMX 연구 결과들은 이 연구 결과와 일치하는데, LMX 연구에서 일부 추종자들("집단 내")이 그들의 리더와의 "양질의 교환"을 보고한 바 있다. 그들의 관계는 높은 수준의 상호 의무 관계로 특징지을 수 있다. 이 연구에서는 높은 품질의 LMX를 지닌 사람들이 리더로 지명한 사람들이 리더십 네트워크에서 허브를 형성한 것으로 나타났다. 다른 극단에서는, 일부 종사자들("집단 외")이 "낮은 품질의 교환"과 낮은 의무를 보고한 바 있다(Zalensky & Graen, 1987). 이들은 이 연구의 네트워크에서 고립자들에 속한다. LMX에서 측정한 바와 같이 집단 내와 집단 외 구조를 창발적 리더십 네트워크에 적용하여 예컨대 창발적 리더들과 그들을 지명한 사람들 간의 신뢰 수준을 분석하는 것도 후속 연구가 나아갈 수 있는 방향 중 하나이다.

이 연구 결과가 선행 연구 결과들과 전반적으로 일맥상통할지라도, 더 다양한 성별, 연령대, 조직들을 포괄하는 모집단을 토대로 한 더 큰 표본을 사용하여 이 연구 결과를 후속 연구가 재현해볼 필요가 있다. 더 나아가, 네트워크와 속성의 공진화와 관련하여 스나이더, 스티글리치, 그리고 스와인버거(Snijders, Steglich, & Schweinberger, 2007) 모형을 사용하여 리더십 네트워크에 대한 종단 연구를 시행함으로써 리더십 출현 과정에 대한 이해를 심화시킬 수 있다.

18장

실직에 대한 자기로지스틱 행위자 속성 모형 분석

누구를 알고 어디에 사느냐의 이중 중요성

갈리나 다라가노바(Galina Daraganova)·핍 패티슨(Pip Pattison)

18.1. 실직: 장소와 연결

지속적인 지역 실직률 격차는 지역 황폐화의 주요 원인으로 꼽히며 공동체에 상당한 비용을 지운다(Bill, 2005; Mitchell & Bill, 2004). 실직의 지속성에 대한 거시 경제학적 설명은 직업의 기술적 요구 사항에 있어서의 공간적 변화, 교외로의 일자리 이동, 지속적인 수요 제약, 임금 차이, 낮은 노동 이동성 및 관련 구조적 장애물, 그리고 공간상 산업 분포의 변화 등 흔히 경제적 요인을 중심으로 이뤄진다. [관련 문헌 검토는 예컨대 일란펠트와 쇼퀴스터(Ihlanfeldt & Sjoquist, 1998) 그리고 라마쿠리산과 세리솔라(Ramakrishnan & Cerisola, 2004)를 참조하기 바란다.] 전통적인 거시 경제학적 설명 이외에, 지역 수준[예컨대, 동네(suburb) 단위[1]]에서의 실직에 대해 거주지 분리 이론으로 설명할 수 있다(Cheshire, Monastiriotis, & Sheppard, 2003; Hunter, 1996). 이 이론에 따르면, 주

---

1) 옮긴이 주: 이 연구는 호주에서 이루어졌는데, 주호주대사관의 안내에 따르면 호주에서 "suburb"는 "동네"를 뜻한다.

택 시장 요인과 더불어 교육적 배경과 사회경제적 지위의 유사성이 사람들이 어떻게 지역적 공간에 걸쳐 분포하는지를 설명하는 데에 중요한 역할을 한다. 이러한 차이는 사람들이 더 나아가 인종과 수입에 따라 분류됨으로써 시간이 갈수록 더욱더 뚜렷해진다(Bill, 2005). 체셔와 그의 동료들(Cheshire et al.)은 사람들이 어디에 사는가가 불평등을 초래한다기보다 불평등의 지역적 위치를 결정한다고 주장한다.

사람들이 사는 곳과 분리 그리고 궁극적으로 배제가 발생하는 상황은 대체로 증가하는 소득 불평등을 반영한다. 따라서 만약 실직률이 증가하고(증가하거나) 수입 분배가 더 불평등해질수록 사회적 분리는 강화된다. 가난한 사람들은 그들을 가난하게 만든 원인 때문에 가난하고 고립되고 배제되는 것이 아니다. 그들이 어디에 살기 때문에 가난한 것이 아니라, 오히려 그들이 가난하기 때문에 그들이 살고 있는 그곳에 사는 것이다(2003: 83~84).

경제적 이유와 인구 거주지 분류가 취업과 관련하여 중요하다는 점을 거부할 수 없지만, 어디에 살고 있으며 누구를 아느냐가 실직 가능성에 미치는 독립적인 영향이나 추가적 영향이 없다고 단언하는 것은 과장일 수 있다. 여러 경제학자들이 이웃들은 정적(static) 단위가 아니라 특정 시간과 장소에서 서로 지속적으로 상호작용하는 사람들로 구성되어 있다고 강조해왔다(Akerlof, 1997; Bill, 2005; Calvó-Armengol, 2006; Durlauf, 2004; Topa, 2001). 이 점은 애보트(Abbott, 1997)도 보다 일반적 차원에서 강조한 바 있다. 동시에 사람들은 다른 사람들의 선택에 영향을 받으며(Durlauf & Young, 2001), 어느 한 사람의 취업 관련 선택과 결과는 다른 사람들의 취업 관련 선택과 결과에 의존적이다. 이러한 의존성은 공간적 근접성이나 네트워크 근접성에 의해 초래될 수 있기에, 가까운 누군가의 행위는 누군가로부터 받은 정보에 영향을 미치고 이 정보는 다른 누군가의 지식 또는 행위로부터 발생한다. 결과적으로, 노동시장 활동에 대한 서로 다른 사람들의 결정은 개인과 이웃에 걸쳐 취업 결과 분포에 영향을 미치고 잠재적으로 균형을 지속시키는 차선의 결과를 초래한다(Durlauf, 2004; Wilson, 1987). 이 네트워크 근접성은 전역적 차원에서 중요한 함의를 지닌다는 점은 그래노베터(Granovetter, 1973)의 구직 연구에서 분명히 드러난 바 있다. 그래노베터의 연구에 따르면, 매사추세츠 주의 뉴턴과 보스턴 교외에서 남성 전문직, 기술직, 그리고 관리직의 20% 미만이 단순히 광고를 통해서거나 직업 소개소를 통하는 등 공식적 방법으로 직업을 구했다.

지속적인 실직에 있어서 (공간적 또는 네트워크 근접성 측정치에 의해 정의된) 이웃들의 역할이 여러 실증 연구에서 보고된 바 있지만(예컨대, Beaman, 2008; Conley & Topa, 2006; Hedström, Kolm, & Aberg, 2003; Topa, 2001; Wahba & Zenou, 2005), 이 연구들 중 어느 하나도 개인 수준과 네트워크 수준의 데이터에 대해 분석을 수행한 바 없으며 네트워크 구조와 공간적 위치 간의 상호의존성에 대해서도 연구한 바 없다.

따라서, 이 실증 연구의 주요 목표는 취업 상태, 사회 네트워크 관계, 그리고 개인 간 공간적 근접성 간의 연관성을 분석하는 것이다. 주요 가설들은 (1) 사회적으로 활동적이지 않다면(즉, 다른 많은 사람들과 연결되어 있지 않다면) 채용되지 않을 가능성이 더 높다는 것, (2) 개인의 취업 상태는 파트너의 취업 상태와 파트너의 파트너의 취업 상태와 정적인 관련성을 가진다는 것, (3) 실직자들이 있는 지역에 거주하는 경우 실직자가 될 가능성이 더 높다는 것이다. 이 세 개의 가설들을 실증적으로 검증하기 위해, 개인들과 그들의 네트워크 구성원들에 대한 자세한 설문 조사를 통해 개별 사회 네트워크 과정과 지리적 근접성이 취업 결과 분포에 미치는 영향을 동시에 분석하고자 한다.

18.2. 데이터, 분석, 그리고 추정

18.2.1. 데이터

호주 멜버른의 선정 지역에서 종합적인 사회 조사를 수행했다. 선정된 지역은 지속적으로 높은 실직률(11.5%: 호주 빅토리아 주 도심 지역에서 두 번째로 높은 실직률)이 공간적으로 모여 있는 곳에 해당한다. [2006년 7월 21일 빌(Bill)과 미첼(Mitchell)과의 개인적인 커뮤니케이션을 근거로] 공간 연관성 지역 지표(Local Indicators of Spatial Association: LISA)라는 공간 통계량을 사용하여 2001년 호주 센서스 데이터에 대해 센서스 수집 지구(Collection District: CD)[2]별 실직률을 분석했고, 이 분석 결과에 따라 연구 대상 지역을 선정했다. 연구 지역에는 177개의 CD가 있으며 인구 규모는 대략 113,561명이었다.

두 단계에 걸친 눈덩이 표집 과정을 통해 응답자들을 모았다(예컨대, Frank, 2005; Frank & Snijders, 1994; Goodman, 1961). 해당 지역에서 무작위 표집을 통해 응답자들을 추출했으며 이들로 "초기 표본"(0단계로 불리기도 함)을 구성했다. 초기 표본에 포함된 사람들은 네트워크 파트너의 이름을 답해야 했고 해당 파트너들을 연구에 참여시켜야 했다. 모집된 네트워크 파트너는 이미 초기 표본에 포함되어 있지 않는 한 표집의 "첫 번째 단계"를 구성했다. 그 후 첫 번째 단계 응답자들은 그들의 네트워크 파트너의 이름을 답해야 했고 마찬가지로 이들을 연구에 참여시켜야 했다. 모집된 첫 번째 단계 응답자의 네트워크 파트너는 초기 표본이나 첫 번째 단계에 포함되어 있지 않는 한 "두

---

2) 호주 통계국(Australian Bureau of Statistics: ABS)은 센서스 수집 지구를 가장 작은 지역적 수집 단위로 정의한다. 한 명의 센서스 수집원이 특정 기간에 걸쳐 센서스 조사 양식을 전달하고 수집하는 동안 관할할 수 있는 지역으로 센서스 수집 지구를 정의한다. 평균적으로 센서스 수집 지구당 대략 150~250개의 주거 단위가 있지만 도심 지역과 지방에 따라 차이가 있을 수 있다(ABS, 2001).

번째 단계"를 구성했다. 두 번째 단계에 속한 사람들은 그들의 네트워크 파트너가 누구인지 답했으나, 이들을 연구에 참여시킬 필요는 없었다. 이상적으로 눈덩이 표집 설계는 응답자들이 그 또는 그녀의 네트워크 파트너를 지명하며 연구자들이 지명된 사람들을 추적하기에 서로 두 단계 떨어진 사람들 간에는 네트워크 관계가 없다(즉, 0단계 응답자와 2단계 응답자 간에는 연결관계가 없으며 2단계 응답자로부터 지명된 사람과 1단계 응답자 간에도 연결관계가 없다)는 점을 전제로 한다. 하지만, 실제로는 응답자가 모든 네트워크 파트너들을 기억하여 지명하거나 연구자가 모든 네트워크 파트너들을 추적할 수 있는 것은 아니다. 따라서, 응답자가 특정 수로 제한되지 않았지만, 눈덩이 표집 설계를 유지하기 위해 설문에 참여키로 한 사람들만 눈덩이 표본에 포함시켰다.

즉, 만약 응답자들이 열 명의 네트워크 파트너를 지명했지만 단지 세 명의 네트워크 파트너만 모집했다면 이 모집된 세 명만 표본에 포함시켰으며 나머지 일곱 명은 제외했다. 평균적으로 지명된 사람 네 명을 추적할 수 있었다. (눈덩이 표집 설계에 대한 보다 자세한 설명은 섹션 12.8을 참조하기 바란다.)

연구 대상인 지역이 대략 길이가 14km이고 폭이 6km이므로, 서로 다른 응답자들이 같은 사람을 지명하는 것이 가능했다. 응답자들의 에고 네트워크에서 등장하는 사람들이 같은 사람인지를 알아내기 위해, 이름, 성의 첫 글자, 거주지 도로명, 동네명, 성별, 그리고 연령을 기반으로 한 규칙 기반 기록 연계 기술을 사용했다. 중복되지 않은 고유의 사람들이 식별되면, 모든 에고 네트워크를 합쳐서 모든 응답자들에 대해 하나의 사회 네트워크를 형성했다. [자세한 내용은 다라가노바(Daraganova, 2008: 167)를 참고하기 바란다.] 응답자들의 네트워크를 합치는 과정은 〈그림 18.1〉에 도식적으로 나타냈다.

결과적으로, 총 551명의 사람들로 구성된 네트워크가 만들어졌으며 이 중 306명은 응답자들이고 245명은 인터뷰하지 않은 참가자들이다. (이 네트워크를 "확장 네트워크"라고 부르고자 한다.) 인터뷰하지 않은 245명은 두 번째 단계 응답자들의 네트워크 파트너로서 연구자들에 의해 추적되지 않은 사람들이다.

〈그림 18.1〉확장 네트워크(augmented network)를 형성하는 과정:
    (a)는 응답자들의 네트워크를 나타내며 흰색 노드는 응답자를, 검정색 노드는 지명
    된 사람을 각각 나타낸다. (b) 네트워크는 두 응답자들의 네트워크를 기반으로 한다.
    (c)는 인접 행렬로서 두 에고 네트워크로부터 형성되었다.

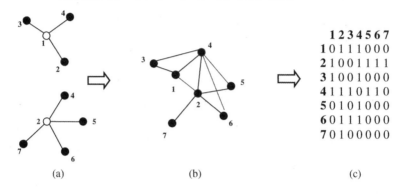

(a)   (b)   (c)

이 연구의 주요 변인인 취업 상태와 거주지는 표본에 있는 모든 사람들을 대상으로 측정되었다. 취업 상태는 다음의 범주에 따라 이진형으로 측정되었다: (1) "재직자"는 풀타임이나 파트타임으로 일하는 사람들이며 파트타임으로 일하는 학생들도 포함한다. (2) "실직자"는 인터뷰 당시 일하지 않은 사람들이다.

거주 지역은 거리명, 거리 유형, 그리고 동네명으로 표시했다. 이 연구에서는 개인 프라이버시 문제 때문에 거리 번호 정보를 수집할 수 없었다. 이 문제를 극복하기 위해, 가능한 주소 지점들을 만들었고 이 중 하나를 무작위로 표집하여 표본 주소에 할당했다. 이 방법은 거리 번호가 반드시 연속적이지는 않으며 같은 번호가 서로 다른 주거 형태(아파트/가구/타운하우스)를 가리킬 수 있다는 점을 고려했다. 예컨대, 주소 지점 "사우스사이드의 알바트로스 코트(Albatross Court, Southside)"에 대해 가능한 모든 거리 번호는 1, 2, 3, 4, 5, 6, 7, 8, 9, 10, 12, 14, 14이며 이 목록으로부터 하나의 번호가 무작위로 표집되었다. 이런 접근에 따르면 11이 없으며 14가 두 번 존재하며, 각각의 주소 지점에 고유 식별값을 할당하여 사람들의 거주지 간 지리적 거리를 대략

		연속형 변인	
	최소	최대	평균
연령(년)	19	67	36.87(12.97)
지역 거주 연수	0.01	40	12.27(9.36)
		범주형 변인	
	범주	개수	%
출생지	호주=0	240	78.4
	비호주=1	66	21.6
	남성=0	160	52.3
	여성=1	146	47.7
실직 경험	실직한 적이 없음=0	245	80.07
	적어도 한 번은 실직한 적이 있음=0	61	19.93
최고 학력	학사학위	70	22.9
	수료증/준학사학위	61	19.9
	기본 학력	175	57.2

옮긴이 주: 호주의 기술전문교육기관(한국의 전문대와 유사함)을 마치면 수료증(certificate)이나 준학사학위 (diploma)를 받는다.

적으로 계산할 수 있다. 이때 같은 주거 형태에 사는 사람들 간의 거리는 0이 라는 점을 고려한다.

거주 지역은 지역 코드화되었으며 경도와 위도 좌표를 사용하여 한 주소 지점으로부터 다른 주소 지점까지의 유클리디언 거리가 계산되었다. 이 과정 에서 표본 데이터의 모든 주소 지점에 대해 도로나 자연적 장애물은 무시했 다. 매우 긴 거리에 대해서는 거리의 로그 변환 값을 적용했다.

네트워크 관계, 연령, 성별, 학력, 출생지, 실직 경험, 그리고 지역 거주 연 수와 같은 여러 통제 변인들에 대해서도 측정했다. 〈표 18.1〉은 통제 변인에 대한 기술 통계량이다.

네트워크 연결관계는 두 개의 이름 생성 질문을 통해 이진 네트워크로 형 성했다. [(1) 누구와 가장 가까습니까? 정기적으로 만나거나 대화 나누는 사람들의

〈그림 18.2〉 취업 상태와 사회 네트워크(n=551, 흰색 노드-재직, 검정색 노드-실직)

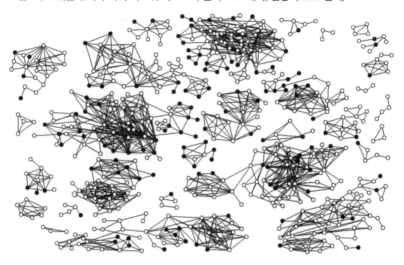

〈그림 18.3〉 재직자와 실직자의 지리적 분포(n=527, 흰색-재직, 검정색-실직).
공간적 배치는 지역 코드화 과정을 통해 수집된 위도 및 경도 좌표,
즉 공간상 좌표의 표준화값을 사용하여 NetDraw로 시각화했다.

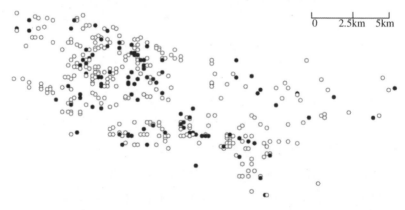

이름과 사적인 생각과 감정을 공유하는 사람들의 이름을 말하시오. 그리고/또는 (2) 구직 문제를 누구와 상의합니까? 직업을 찾거나 구하는 데에 도움을 줄 수 있는 사람들의 이름이나 구직 기회에 대해 상의하거나 직업을 구하기 위해 어디를 찾아가야 하

고 어떻게 구직하는지를 상의한 사람들의 이름을 말하시오.] 이 두 관계 모두 또는 이들 중 어느 하나에 대해 언급한 사람이 있다면 네트워크에서 연결관계가 형성되며, 이 과정을 통해 방향성 없는 이진형, 합성 연결 네트워크가 만들어진다. 〈그림 18.2〉는 551명으로 구성된 네트워크이며 여기서 노드들은 공간 지리적 위치와 무관하게 취업 상태에 따라 색으로 구분했다. 132명의 실직자(검정색 노드)와 419명의 재직자(흰색 노드)가 해당 네트워크에 존재했다.

〈그림 18.3〉은 서로 간의 최대 거리가 25km 이내인 527명으로 구성된 네트워크 데이터의 일부분을 공간상 배열한 것이다. 24명의 무응답자들은 매우 먼 거리에 거주해서 〈그림 18.3〉에 시각적으로 표현하기가 어려워 제거했지만, 모형화 과정에서는 이들도 포함했다.

18.2.2. 분석

9장에서 설명한 ALAAM을 사용해 분석했다. 기억을 되살려보면, ALAAM은 네트워크 연결관계가 고정되어 있고, 상이한 양자 공변량과 개별 공변량을 통제한 후에 관심 대상인 개인의 속성이 개인이 지닌 연결관계 수에 따라 변화하거나 그 개인이 연결되어 있는 다른 사람들의 해당 속성에 따라 변화한다고 가정한다. 특히, 이러한 모형들을 통해 성별 및 연령과 같은 기본 인구통계학적 특징들을 모든 사람들에 대해 통제함과 동시에 네트워크 파트너 수, 네트워크 파트너의 취업 상태, 그리고 다른 사람들과의 지리적 거리의 함수로서 실직하게 될 조건부 확률을 추정할 수 있다.

18.2.3. 추정

눈덩이 표집을 통해 데이터를 수집했고 2단계 응답자들이 지명한 사람들은 추적되지 않은 상황에서, 섹션 12.8에서 설명한 조건부 최대 우도 추정 절

차를 사용했다. 완전한 관찰을 통해 데이터를 수집하는 것이 가능하지 않을 때 조건부 추정 절차를 사용했음을 상기하기 바란다. 특히, k 단계 눈덩이 표집 설계에서 모수들은 관찰된 데이터가 k 구역과 k+1 구역에서의 속성들과 사람들 간의 연결관계에 조건부 의존적인 상태[즉, (Z0, Z1 | Z2, Z3)]에서 추정할 수 있다. 기술적으로, 완전 네트워크 모형에 대해 최대 우도 추정치로 추정이 가능하지만, MCMC에서는 두 개의 외부 구역(k, k+1)에서의 최대 우도 추정치를 고정된 것으로 간주하며 구역 0, 1, …, (k-1)에서의 속성변수만 MCMC에서 변화할 수 있다. 이론적으로 두 개의 외부 구역에 조건부 의존적이 되면서 연구자들이 간접적 사회 영향력 과정(즉, 파트너들의 사회적 지위와 사회적 환경이 속성의 존재 또는 부재와 관련이 있는지 여부)을 분석할 수 있다. 이 접근은 구역 0, 1, …, k의 속성 데이터를 사용한 조건부 추정으로 단순화할 수 있는데, 이 속성 데이터는 구역 k+1의 속성 데이터와 모든 연결관계에 조

〈그림 18.4〉 단계별 참가자 수

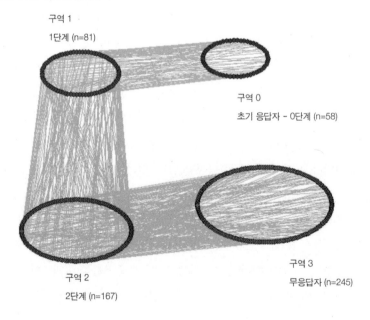

건부 의존적이 된다[즉, (Z0, Z1, Z2|Z3)]. 기술적으로, 후자의 조건이 통계 검정력을 향상시킨다. 이론적으로, 단순화된 조건은 연구자들로 하여금 구역 k까지에 속한 사람들의 직접적 네트워크 파트너만 포함한 효과들을 추정하도록 제한한다. 〈그림 18.4〉를 보면 설문 조사에서의 단계와 분석에서의 구역이 일치함을 알 수 있다.

아래에 나올 모형들은 단순화된 조건[즉, (Z0, Z1, Z2|Z3)]을 사용하여 추정한 것이다. 두 외부 구역에 대해 조건부 의존적인 것으로 할 경우 데이터 수가 줄어들며, 이는 통계 검정력을 낮추기에 여기서는 다루지 않는다.

18.3. 결과

가설들을 검증하기 위해, 실직과 관련한 여러 기본적인 선행요인들을 통제한 상태에서 두 개의 네트워크-속성 효과들과 공간지리적 공변량 효과를 포함한 모형을 적합시켰다. 속성-밀도 모수가 속성이 존재할 기준 확률, 즉 상수 또는 속성 빈도와 관련이 있다는 점을 상기하기 바란다. 행위자 활동성 효과는 실직할 확률에 대해 네트워크 내 개인의 사회적 지위와 관련이 있으며, 파트너 속성 효과는 네트워크 관계를 통한 전염 과정을 다루며, (거리의 로그인 양자 공변량으로 표현된) 속성 근접성 효과는 실직한 사람들에게 지리적으로 가깝다는 점이 실직할 확률에 영향을 미치는지 여부를 다룬다. 모수 추정치는 수렴했으며 적합도 t-ratio는 적합하지 않은 모든 효과들에 대해 1보다 작았으며 적합한 효과들에 대해서는 0.1보다 작았다. 모형은 PNet 프로그램(Wang, Robins, & Pattison, 2009)의 사회 영향력 버전인 IPnet 소프트웨어를 사용하여 적합시켰다. 이 프로그램은 http://www.sna.unimelb.edu.au/에서 얻을 수 있다. 〈표 18.2〉에 모수 추정치와 근사 표준오차를 제시했으며 통계적으로 유의한 모수는 별표로 표시했다.

〈표 18.2〉 네트워크 효과, 공간지리적 효과, 행위자 속성 효과를 통한 실직 예측 관련
　　　　　ALAAM 추정치(그리고 표준오차)

모수		추정치(표준오차)
네트워크-속성 효과		
속성-밀도	●	-2.47(0.24)*
행위자 활동성	●——○	-0.10(0.09)
파트너 속성[전염]	●——●	0.51(0.20)*
공간지리적 공변량 효과(거리의 로그)		
속성 근접성[지리적 유유상종]	●--------●	-0.01(0.002)*
속성효과		
성별		0.48(0.35)
출생지		-0.26(0.45)
실직 경험		1.13(0.39)*
학사학위[a]		-1.43(0.67)*
수료증/준학사학위[b]		-0.45(0.48)
연령		-0.03(0.07)
지역 거주 연수		0.04(0.07)

* 통계적으로 유의한 효과

a 기본 학력 대비 학사학위 소지자

b 기본 학력 대비 수료증/준학사학위 소지자

　해석은 비교적 단순하다. 파트너 속성(즉, 전염) 효과 추정치가 양수라는 점은 만약 네트워크 파트너가 실직 상태이면 다른 모든 것이 동일하다는 전제하에 실직할 확률이 증가한다는 것을 시사한다. 공간지리적 공변량이 거리의 로그로 표현되었다는 점을 감안했을 때, 속성 근접성 모수 추정치가 음수라는 것은 서로 친구인지 여부와 무관하게 실직한 사람들과 지리적으로 가까운 곳에 사는 사람들일수록 실직할 확률이 더 높다는 증거에 해당한다.

　행위자 활동성 효과는 통계적으로 유의하지 않았는데, 이는 네트워크 연결 관계 수가 실직할 확률에 영향을 미친다는 실증적인 증거가 없음을 시사한다. 성별, 비호주인 태생, 연령, 그리고 지역 거주 연수는 실직할 확률을 예측하는 데에 중요한 요인이 아니었다. 수료증/준학사학위가 있는 사람들과 비

교하여 기본 학력만 있는 사람들의 경우 실직할 확률에 있어서 차이가 없다 할지라도 수료증/준학사학위를 가진 사람들이 학사학위를 지닌 사람들과 비교했을 때 실직할 가능성이 더 높았다. 실직에 대한 경험도 실직할 확률이 높은 것과 관련이 있었다.

18.4. 논의

이 장에서는 ALAAM을 사용하여 미시 수준에서의 공간적 그리고 네트워크 기반 요인이 호주 멜버른 특정 지역의 취업 결과에 영향을 미치는 과정에서의 잠재적 역할을 연구하고자 했다. 이 통계적 접근을 적용함으로써 얻을 수 있는 주요 장점은 (1) 본질적으로 자기로지스틱임이 가정된 속성 변인(예컨대, 개인별 취업 상태), (2) 대인 간 관계 네트워크, (3) 개인별 지리적 배치, 그리고 (4) 설명적 속성 변인과 같은 네 가지 유형의 정보를 동시에 사용할 수 있다는 점이다. 이 분석들은 취업 결과가 순수하게 사회 영향력 과정의 함수라는 점을 전제하며 기본적인 사회인구통계학적 속성들(즉, 연령, 성별, 인종, 학력, 실직 경험)을 포함한다. 물론, 취업 결과에 대한 개별 결정 요인들은 이 측정치들보다 훨씬 더 많을 것이다. 그럼에도 불구하고, 노동시장의 경제학적 분석이 개인의 사회적 그리고 지리적 배태성을 무시할 경우 설명력이 감소할 수밖에 없다는 점이 이 분석을 통해 자명해졌다.

ALAAM 분석 결과를 통해, 사회 네트워크가 동네 인구의 실직 결과 분포를 이해하는 데에 중요하다는 점을 알 수 있다. 개인들 간의 네트워크 과정과 공간적 의존성 모두 취업 결과를 설명하는 데에 상당히 기여했으며 지리적으로 배태된 네트워크의 특징은 실직의 공간적 군집화를 강화했다. 특히, 실직한 친구들이 있고 실직한 사람들과 가까운 거리에 거주할 때 실직할 가능성이 더 높아졌다. 이 가설들은 연령, 성별, 인종, 학력 등의 외생 변인들을 감안한 이 분석을 통해 지지되었는데, 이는 누구를 아는 것 그리고 어디에 사는 것이 취업 상태에 추가적이며 독립적인 영향을 미친다는 점을 시사한다. 따라서, 이 모형들을 통해 사회 네트워크와 지리적 근접성이 근처에 있는 개인들 간에 파급 효과를 미치며 단순하게 측정된 다른 특징들과 독립적으로 취업 결과에 영향을 미친다는 점을 알 수 있다. 이와 같은 발견은 중요한 의미를 갖는데, 대부분의 연구가 네트워크 효과와 지리적 효과를 따로 연구하거나 공간지리적 그리고 네트워크적 의존성을 간과해왔기 때문이다. 이 분석이 횡단 분석을 토대로 했다는 점에서 잠정적인 결과이지만, 그럼에도 불구하고 이 결과들을 통해 특히 노동시장 성과의 차이를 이해하는 데에 있어서 개인들의 사회적 그리고 공간적 배태성이 잠재적으로 중요하다는 점을 알 수 있다. 이 연구 결과를 일반화하여 범죄, 교육 기회, 흡연, 음주 행위 등 다양한 사회 현상의 분포를 이해하는 데에 기여 할 수 있다.

이 연구 결과가 정책 개발과 관련하여 시사점을 제공하기도 한다. 특정 개인의 취업 상태가 해당 개인의 네트워크 파트너들의 취업에 대한 시각도 형성한다는 점(전염 효과)은 매우 지역화된 정책적 개입이 중요하다는 점을 강조한다. 다시 말해서 교육 보조금이나 노동시장 규제와 같은 정책적 개입을 공동체 전반에 걸쳐서 시행하기보다 특정 개인들을 대상으로 타깃화하여 시행할 필요가 있다는 것이다. 사람들이 고립된 개체가 아니라는 점을 감안하면, 개인적으로 타깃화된 정책적 개입은 네트워크 연결관계를 통해 더 많은 개인들이 보조금과 프로그램의 영향을 받을 것이기 때문에 정책의 초기 효과를 확대시킬 수 있다. 바로 이런 이유 때문에 더 넓게 자원을 분산시키는 것보다 개인화된 타깃팅을 하는 것이 훨씬 효율적이며, 정책적 개입이 보다 지역화될수록 공동체 수준에서 해당 정책은 더 나은 성과를 거둘 것이다.

19장

면대면 및 문자 메시지-매개 친구 네트워크의 종단적 변화

다스쿠 이가라시(Tasuku Igarashi)[1]

19.1. 친구 네트워크, 커뮤니케이션 미디어, 그리고 심리적 성향의 진화

사회관계는 시간이 흐름에 따라 변화한다. 사회 모임 내에서 사람들은 다양한 방법으로 인간관계를 형성하고 유지하는 반면, 어떤 관계들은 일정 시간이 지난 후에 줄어들거나 소멸한다. 이러한 관계 형성, 유지, 그리고 소멸의 저변에 흐르는 과정들은 순수 구조적 네트워크 효과(3장 참조)와 행위자-관계 효과[즉, "사회적 선택", 8장 참조; 드 클리퍼와 그와 동료들(de Klepper et al., 2010); 로빈스, 엘리엇, 그리고 패티슨(Robins, Elliott, & Pattison, 2001)도 참조] 차원에서 구분할 수 있다. 순수 구조적 과정과 사회 선택 과정이 각각 네트워크 형성을 얼마만큼 증진시키는지 검증하기 위해, 이 장에서는 학년도에 걸쳐 1학년 학부생들 간에 면대면 커뮤니케이션과 이동전화 문자 메시지를 통해 드러난 친

---

1) 종단적 설문 조사를 하는 데에 도움을 준 도시카즈 요시다(Toshikazu Yoshida)에게 큰 감사를 전한다.

구 네트워크의 형성 과정을 연구하고자 한다.

대학에서 친구를 사귄다는 것은 1학년 학부생들에게는 중요한 관심사 중 하나이다. 친구관계가 새로운 사회적 환경에 적응하는 데에 중요한 역할을 하며, 대학 입학과 같이 중요한 삶의 전환점을 맞는 동안에는 특히 더 그러하다. 선행 연구들은 1학년 학부생들 간의 친구 네트워크 형성 관계와 이것이 대학 생활 적응에 미치는 영향에 대해 연구했다(Hays & Oxley, 1986; Newcomb, 1961; van Duijn et al., 2003). 하지만, 서로 다른 유형의 커뮤니케이션 미디어가 네트워크 형성과 유지에 미치는 영향은 충분히 연구된 바가 없다. 이 장에서는 대인관계의 종단적 변화 패턴과 친구관계의 강함과 관련한 커뮤니케이션 미디어(특히, 문자 메시지)의 특성을 다루고자 한다. 성별과 사회적 동질감 같은 개인별 요인이 친구 네트워크 구조의 진화에 미치는 영향에 대해서도 살펴보고자 한다.

대인관계는 여러 방법을 통해 자연스럽게 관리된다(White, 2008). 이 장에서는 친구 네트워크를 관계의 친밀도가 높고 낮음을 토대로 크게 두 가지 유형으로 분류하여 살펴본다(Altman & Taylor, 1973). "피상적 네트워크(superficial network)"는 친밀도가 낮고 약한 연결관계로 형성되어 있으며 이 관계들은 안정적이지만 변화 가능하다. 인사를 나누는 것이 친밀도를 나타내기도 하지만, 일부분 표면적 정중함을 토대로 형성되어 친밀도 낮은 다수의 관계들을 유지하는 데에 안부 메시지를 보내는 것이 유용한 수단으로 여겨지기도 한다(Dindia et al., 2004). 따라서 일반적으로 안부 메시지는 피상적 관계를 유지하는 데에 중요한 역할을 하는 것으로 가정하는 것이 합리적이다. 이와 대조적으로, "자기공개 네트워크(self-disclosing)"는 친밀도가 높고 강한 연결관계로 형성되어 있으며, 이 관계들은 배제적이며 양방향일 가능성이 있다. 사람들은 통상 소수의 친밀도 높은 사람들에게 사적인 정보를 구두로 드러내고 대화에 비언어적으로 참여하면서 자기 자신을 드러낸다(Cozby, 1973). 양자적 환경은 흔히 상호호혜적 자기공개를 촉진한다(Jourard, 1964). 사회 자본의 맥락에서 피상적 네트워크와 자기공개적 네트워크는 각각 퍼트남(Putnam, 2000)의 "교량적(bridging)" 및 "결속적(bonding)" 사회 네트워크 유형과 관련이 있을 것으로 보인다. 또한, 강한 연결관계(즉, 자기공개 네트워크)는 약한 연결관계(즉, 피상적 네트워크)보다 이행적일 가능성이 더 높다. 이런 개념들과 일맥상통하게 사람들은 서로 다른 사회 클러스터를 연결하는, 드물게 짜여진 피상적 관계들을 통해 새로운 정보를 얻고 공유하는 반면(Burt, 1992), 조밀하게 짜여진 자기공개적 친구관계에서 소수의 사람들과 함께 안온함과 결속력을 느끼기도 한다. 결과적으로 서로 다른 유형의 기능들은 서로 다른 구조적 특징을 탄생시키는데, 피상적 친구 네트워크는 시간이 흐를수록 자기공개적 친구관계보다 상호호혜적이며 이행적일 가능성이 적으며 대신 확장적일 가능성은 더 높다.

  감정적 결속과 정보 교환은 특정 유형의 커뮤니케이션 미디어와 부분적으로 부합한다. 사람들은 여러 커뮤니케이션 채널들을 통해 가깝게 느끼는 다른 사람들과 연결되어 있다. [즉, 소위 미디어 다중성(media multiplexity)이라고 부른다. 관련하여 헤이손스웨이트(Haythornthwaite, 2005)를 참조하기 바란다.] 최근에 젊은 사람들 사이에서 친구들과 대화할 때 문자 메시지(이동전화를 통한 SMS와 이메일)를 사용하는 경우가 급증했다(Ito, Okabe, & Matsuda, 2005; Ling, 2004). 면대면 대화와 대조적으로, 문자 메시지 커뮤니케이션은 압도적으로 언어(텍스트) 기반(즉, 비언어적 단서가 있다 하더라도 매우 적음)으로 이뤄지며 간접적이고 비동시적(하지만 상호호혜적)이며 사적이고 휴대 가능하다. 그리고 이메일이나 다른 전자 커뮤니케이션 도구들보다 친한 친구들 사이에서 더 자주 사용된다(Boase et al., 2006; Igarashi, Takai, & Yoshida, 2005; Johnsen, 2006). 달리 말해, 문자 메시지는 언제 어디서든지 원할 때 경험을 공유함으로써 면대면 커뮤니케이션을 추가적으로 보완하는 용도로 사용되었다. 이러한 미디어를 통해 커뮤니케이션이 일어나는 사회 네트워크에서는 정보 자원을 얻기 위해 약한 연결관계를 유지하는 데에 이러한 미디어가 도움이 될 뿐만 아니라(Wellman et al., 1996) 자기공개를 촉진하는 데에도 도움이 된다(Joinson, 2001).

사회적 선택의 과정에서 눈에 보이는 그리고 보이지 않는 개인적 요인들이 네트워크 형성에 중요한 영향을 미치는 결정 요인들이다(de Klepper et al., 2010). 성별은 친구 네트워크 구조에 영향을 미치는, 눈에 보이는 중요한 속성들 중 하나이다. 남성과 비교하여, 여성은 친밀한 사회 네트워크를 형성하고 친한 누군가에게 자신을 드러내며 고립을 피하려는 경향이 더 강하다(Boneva, Kraut, & Frohlich, 2001). 선행 연구에 따르면 친구 네트워크에서 성별 유유상종 경향이 강하게 나타난다(Ibarra, 1992; McPherson, Smith-Lovin, & Cook, 2001). 반 두인과 그의 동료들(van Duijn et al., 2003)은 1학년 학부생들 간에 면대면 네트워크에서 성별 유사성을 토대로 한 친구 선택이 관계의 초기 단계에서만 나타난다는 점을 발견했다. 문자 메시지 사용과 관련하여, 이가라시와 그의 동료들(Igarashi et al., 2005)에 따르면, 학부생들이 같은 성별로 구성된 친구관계를 형성하려는 경향이 있으며 특히 여성들은 남성들보다 문자 메시지를 통해 사회 네트워크를 넓히려는 경향이 있었다. 이 연구는 면대면 그리고 문자 메시지 매개 친구 네트워크에서 시간이 흐름에 따라 사회 네트워크의 구조적 효과를 통제한 상태에서 성별 유사성을 토대로 이뤄지는 사회 선택 과정을 연구하고자 한다.

눈에 보이지 않는 대인간 태도와 관련하여, 친구관계를 형성하고 유지하는 데에 중요한 요인으로 사회적 동질감을 꼽을 수 있다(Turner et al., 1987). 선행 연구에 따르면, 여학생 클럽에서 중심적 위치에 배태된 구성원들이 주변부에 위치한 구성원들보다 더 큰 소속감을 보였다(Paxton & Moody, 2003). 자존감을 유지하고 새로운 환경에 적응하기 위해 1학년 학부생들은 소속감을 향상시키고자 대학에 시간을 투자하고 그리하여 스스로를 대학의 전형적인 구성원으로 여기게 된다. 이러한 동일시는 대학에서의 사회생활에 보다 적극적으로 참여하도록 하기에, 초기에 대학과 그 구성원들과의 강한 동질감은 시간이 흐를수록 1학년 학부생들이 다른 학우들을 네트워크 상대로서 더 적극적으로 지명하게 한다.

　요컨대, 이 장에서는 1학년 학부생들 사이에서 면대면 그리고 문자 메시지를 통해 형성되고 유지된 피상적 친구 네트워크와 자기공개적 친구 네트워크의 학년도에 걸친 진화와 성별 및 사회적 동질감과의 관계를 다룬다. 이를 위해, 서로 다른 유형의 친구 네트워크 간에 발생한 순수 구조적 과정과 사회적 선택 과정을 시간의 흐름에 따라 연구하며 비교한다. 순수 구조적 효과와 행위자-관계 효과는 각각의 효과가 친구 네트워크 진화에 미치는 영향을 연구하기 위해 동시에 분석된다.

19.2. 데이터와 측정

　데이터는 일본 중부에 위치한 한 대학의 교육학과 1학년 학부생들 70명(남성 12명 여성 58명, 평균 연령=18.4세)으로 구성되었다. 모든 참가자들은 이동전화를 가지고 있다.

19.2.1. 사회 네트워크 질문

　이 연구에서는, 친구 네트워크를 친밀도(피상적, 자기공개적)와 커뮤니케이션 미디어(면대면, 문자 메시지)에 따라 네 가지 유형으로 분류했다. 참가자들에게 지난 두 주 동안의 커뮤니케이션 패턴에 대해 설문했다. 참가자들이 (1) 면대면으로 안부를 나눈 학우들("피상적 면대면 네트워크"), (2) 면대면으로 사적인 문제를 나눈 학우들("면대면 자기공개적 네트워크"), (3) 이동전화 문자 메시지로 일상적인 안부를 나눈 학우들("문자 메시지 매개 피상적 네트워크"), 그리고 (4) 이동전화 문자 메시지로 사적인 문제를 나눈 학우들("문자 메시지 매개 자기공개적 네트워크")이 누구인지를 최대 다섯 명까지 선택하도록 했다. 학년도에 걸친 사회 네트워크 구조 변화를 살펴보기 위해 이 장에서 사용한 설문 자료는 대학 입학 후 해당 학년도의 세 번째 주(1학기 초)와 41번째 주(2학기 말)에 해당한다. 종단 설문 조사의 응답률은 두 기간 모두 100%였다.

19.2.2. 행위자-관계 측정

참가자들에게 1학기 초에 그들의 성별(즉, 눈에 보이는 속성)과 사회적 동질감(즉, 눈에 보이지 않는 성향)에 대해 설문했다. 성별과 관련하여, 남성은 0으로 여성은 1로 코딩했다. 집단 동일시 척도(Karasawa, 1991)를 통해 참가자들이 교육학과와 동일시하는 정도를 측정했다. 이 척도는 두 개의 하위 척도를 포함하는데, 학우들에게 느끼는 친밀감을 포함한 구성원과의 동일시 정도(ID_{MEMBER})(5개 항목)와 학과에 대한 애착을 포함한 집단 동일시 정도(ID_{GROUP})(7개 항목)가 이에 해당한다. 모두 7점 척도로 측정했다. 모든 항목들에 걸친 평균 점수는 각각의 하위 척도에 대해 개별적으로 계산했다. ID_{MEMBER}나 ID_{GROUP}의 점수가 높다는 것은 다른 학우들이나 학과와의 동일시가 강하다는 것을 나타낸다. 종단 모형의 속성 변인들은 연구의 첫 번째 시기에 측정했다.[2]

19.2.3. 분석

데이터를 분석하는 데에 종단적 ERGM(11장) 모형을 사용했다. 이 모형에

---

2) 성별은 대체로 변화하지 않는다. 따라서 속성이 초기 시점에서 또는 마지막 시점에서 측정되었는지는 중요하지 않다. 하지만, 사회적 동질감은 시간이 흐름에 따라 변화할 가능성이 있다. 그러나 이러한 변화가 외생적이며 사회적 선택이 지배적인 과정이라는 가정하에서, 연구자는 사회적 동질감에 대해 단 하나의 측정값을 사용하기로 결정할 수 있다.

순수 구조적 효과와 행위자-관계 효과를 동시에 투입했다. 마지막 시기(학년
도 말)에 대한 초기 상태로서 첫 번째 시기(대학 입학)의 네트워크를 사용하여
친구 네트워크에 대한 네 가지 유형을 개별적으로 그리고 종단적으로 모형화
했다. PNet 소프트웨어(Wang, Robins & Pattison, 2009)의 종단적 데이터 분석
버전인 LPNet을 사용하여 모수를 추정했다.

19.3. 모형 설정

각각의 친구 네트워크 유형에서 방향성 있는 네트워크에 대한 여덟 개의
마르코프 모수를 순수 구조적 효과로 포함시켰다. 이들 모수들은 아크, 상호
호혜성, 내향-2-스타, 외향-2-스타, 2-경로, 이행적 삼자관계(030T), 순환적 삼
자관계(030C) 그리고 이행적-순환 삼자관계(120C)이다(〈그림 19.1〉 참조). 친
구 네트워크에서 이행적 삼자관계 모수는 이행적 군집화(경로 폐쇄)의 정도를
반영하며 순환적 삼자관계 모수는 일반화된 교환(순환적 폐쇄) 사이클의 측정
치로 해석된다(Lazega & Pattison, 1999). 이행적-순환 모수(120C)는 ERGM에서
자주 사용되지는 않지만 경로와 순환적 폐쇄가 상호호혜성과 어느 정도로 연
관되어 있는지를 측정한다.

〈그림 19.1〉 모형에 사용된 삼자관계 유형. 연결관계 유형의 명칭은 방향성 있는 그래프의 일반
삼자 센서스 명칭을 따른다.

이행적 삼자관계
030T

순환적 삼자관계
030C

이행적-순환 삼자관계
120C

총 일곱 개의 행위자-관계 효과를 모형에 투입했다. 관련 모수들로는 유유상종, 성별에 대한 송신자 및 수신자 효과, ID_{MEMBER}의 송신자 및 수신자 효과, 그리고 ID_{GROUP}의 송신자 및 수신자 효과가 있다.

19.4. 결과

여덟 개의 구조적 효과와 일곱 개의 행위자-관계 효과를 지닌 종단 ERGM을 네 가지 유형의 네트워크에 대해 각각 적합시켰다. 전반적으로, 모든 모형들은 성공적으로 수렴했으며 데이터에 잘 적합했다. 면대면 친구 네트워크와 문자 메시지 매개 친구 네트워크의 모수 추정 결과는 각각 〈표 19.1〉 그리고 〈표 19.2〉와 같다.

모든 유형의 네트워크에서, 상호호혜성이 통계적으로 유의하고 양수라는 점은 양방향이면서 직접적인 교환의 경향이 강하다는 점을 시사한다. 커뮤니케이션 미디어 및 친밀도와 무관하게, 이행적 삼자관계는 통계적으로 유의하며 양수이고 2-경로 효과는 통계적으로 유의하며 음수라는 점이 일관되게 발견되었다. 이는 두 사람 간의 간접적 관계가 다른 구조적 효과들, 특히 이행적 경로 폐쇄를 통제한 상태에서 드물게 발생한다는 점을 시사한다. 이 결과들은 성별 유유상종 효과를 통제한 상태에서 네트워크 진화에 있어서 순수 구조적 과정의 힘을 보여준다.

문자 메시지 매개 자기공개적 네트워크를 제외하고는, 양의 순환적 삼자관계 효과와 음의 이행적 순환 삼자관계 효과가 모두 통계적으로 유의했다. 이 결과들을 통해 면대면 피상적/자기공개적 네트워크와 문자 메시지 매개 피상적 네트워크에서 네트워크 진화를 통해 순환적 폐쇄가 발현된다는 점을 알 수 있다.

모수	추정치(표준오차)			
	면대면 피상적 네트워크		면대면 자기공개적 네트워크	
순수 구조적 효과				
아크	-4.99	(1.04)*	-6.72	(1.53)*
상호호혜성	4.05	(0.45)*	5.42	(0.52)*
2-내향-스타	-0.25	(0.11)*	-0.20	(0.20)
2-외향-스타	0.08	(0.08)	0.18	(0.11)
2-경로	-0.57	(0.10)*	-0.37	(0.12)*
이행적 삼자관계	1.12	(0.13)*	1.33	(0.29)*
순환적 삼자관계	1.77	(0.45)*	2.82	(1.02)*
이행적-순환 삼자관계	-1.11	(0.18)*	-1.88	(0.50)*
행위자-관계 효과				
유유상종-성별	-0.30	(0.75)	-0.51	(1.14)
송신자-성별	0.58	(0.59)	0.59	(1.20)
수신자-성별	-0.10	(0.63)	0.78	(1.04)
송신자-ID$_{MEMBER}$	0.04	(0.04)	-0.07	(0.05)
송신자-ID$_{GROUP}$	0.02	(0.03)	0.11	(0.04)*
수신자-ID$_{MEMBER}$	0.03	(0.04)	0.01	(0.05)
수신자-ID$_{GROUP}$	0.03	(0.03)	0.003	(0.04)

* 통계적으로 유의한 효과

모수	추정치(표준오차)			
	문자 메시지 매개 피상적 네트워크		문자 메시지 매개 자기공개적 네트워크	
순수 구조적 효과				
아크	-3.79	(1.20)*	-2.11	(1.29)
상호호혜성	4.19	(0.39)*	4.66	(0.56)*
2-내향-스타	-0.12	(0.10)	-0.04	(0.18)
2-외향-스타	0.10	(0.09)	0.23	(0.09)*
2-경로	-0.39	(0.09)*	-0.34	(0.15)*

모수	추정치(표준오차)			
	문자 메시지 매개 피상적 네트워크		문자 메시지 매개 자기공개적 네트워크	
이행적 삼자관계	1.01	(0.19)*	1.28	(0.25)*
순환적 삼자관계	1.38	(0.53)*	0.58	(1.83)
이행적-순환 삼자관계	-0.87	(0.22)*	-0.87	(0.77)
행위자 - 관계 효과				
유유상종_성별	0.74	(0.65)	1.79	(0.78)*
송신자_성별	-0.86	(0.57)	-2.12	(0.63)*
수신자_성별	-1.16	(0.56)*	-2.04	(0.615)*
송신자-ID$_{MEMBER}$	-0.04	(0.04)	-0.07	(0.05)
송신자-ID$_{GROUP}$	0.06	(0.03)*	0.07	(0.04)
수신자-ID$_{MEMBER}$	-0.02	(0.04)	-0.01	(0.05)
수신자-ID$_{GROUP}$	0.05	(0.03)	-0.02	(0.04)

* 통계적으로 유의한 효과

19.4.1. 면대면 피상적 네트워크 결과

면대면 피상적 네트워크에서 2-외향-스타 구조적 모수를 제외한 모든 모수들이 통계적으로 유의했다. 2-내향-스타 모수가 통계적으로 유의하며 음수라는 점을 통해 내향 연결정도 분포가 상대적으로 균등함(즉, 학급에 특별히 인기있는 사람들이 없다)을 알 수 있다. 다른 모수들과 결합하여 볼 때, 1학년 학부생들 간에 지역 군집화 경향과 안부를 직접적이고 일반적으로 교환하려는 경향이 있음을 알 수 있다. 행위자-관계 효과 차원에서 성별과 사회적 동질감에 대해 통계적으로 유의한 효과는 발견하지 못했다.

19.4.2. 면대면 자기공개적 네트워크 결과

면대면 자기공개적 네트워크에서의 상호호혜성 모수치는 양수이며 통계적으로 유의했다. 이러하듯, 자기공개적 친구 네트워크 구조는 상호호혜성 규범을 토대로 부분적으로 상호 지명으로 형성되었다. 한편, 2-내향-스타 모수와 2-외향-스타 모수 효과가 통계적으로 유의하지 않은 것으로 보아 학급의 면대면 자기공개 관계에서 특정 허브가 존재하지 않음을 알 수 있다. 이행적 삼자관계와 순환적 삼자관계가 양수이며 통계적으로 유의하다는 것은 면대면 자기공개적 네트워크에서 이행적 군집화와 간접적 상호호혜성이 존재함을 시사한다.

흥미로운 점은 유유상종, 송신자 효과, 또는 수신자 효과에 대해 통계적으로 유의한 성별 차이가 발견되지 않았다는 점이다. 남성과 여성 모두 자기공개 네트워크 측면에서 다른 학우들로부터 같은 정도로 지명하거나 지명될 가능성이 있었다. ID_{GROUP} 송신자 효과가 통계적으로 유의하며 양수라는 점은 초기에 학과와 높은 동일시를 이루면 다른 학우들과 자기공개적 연결관계를 형성하는 데에 도움이 된다는 점을 시사한다. 사회적 동질감과 관련하여 통계적으로 유의한 수신자 효과를 발견하지는 못했다.

19.4.3. 문자 메시지 매개 피상적 네트워크 결과

문자 메시지 매개 피상적 네트워크의 구조적 효과는 면대면 자기공개적 네트워크의 구조적 효과와 유사했다. 양의 상호호혜성 모수가 통계적으로 유의한 것으로 보아, 일상적으로 문자 메시지를 주고받는 와중에 상호호혜성 규범이 반영됨을 알 수 있다. 이행적 삼자관계와 순환적 삼자관계가 통계적으로 유의하며 양수라는 것은 이행적 군집화와 간접적 상호호혜성이 문자 메시지 네트워크에서 진화했음을 시사한다. 2-내향-스타 모수와 2-외향-스타 모수는 통계적으로 유의하지 않았는데, 이는 각각 내향 연결정도 분포와 외향 연결정도 분포가 상대적으로 균등했음을 보여준다.

면대면 친구 네트워크와 달리, 성별에 대한 수신자 효과는 통계적으로 유의하며 음수였다. 이는 남성이 여성보다 일상적인 문자 메시지를 받을 가능성이 더 높다는 것을 의미한다. 달리 말해, 친구관계에서의 지명은 사회적 선택에 부분적으로 근거하기에, 문자 메시지 매개 피상적 네트워크에서 결과적으로 여성보다 남성이 인기가 많음을 알 수 있다. ID_{GROUP} 송신자 효과는 통계적으로 유의하며 양수였는데, 이는 학년도 초반에 학과와 동일시가 잘 되면 학년도 전반에 걸쳐서 일상적 문자 메시지를 통해 친구관계를 형성할 가능성이 있음을 시사한다.

19.4.4. 문자 메시지 매개 자기공개적 네트워크 결과

문자 메시지 매개 자기공개적 네트워크의 구조적 효과들은 다른 세 개의 친구관계 네트워크의 구조적 효과들과 일부는 일치했지만 일부는 달랐다. 상호호혜성 효과가 양수이며 통계적으로 유의하다는 것은 문자 메시지를 통해 사적인 문제를 드러내는 것에 있어서 직접적인 상호호혜성 규범이 강하다는 점을 시사한다. 설문지에서 허용한 친구 지명의 최대치가 다섯 명[3]이라는 점을 감안하면 2-외향-스타 효과가 통계적으로 유의하다는 점도 주목할 만하다. 이에 더하여, 순환적 삼자관계와 이행적-순환 삼자관계 효과가 통계적으로 유의하지 않은 반면, 이행적 삼자관계 효과는 통계적으로 유의하며 양수였다. 이러한 모수치 패턴은 친구 네트워크에서 강한 순환 기반의 일반화된 교환 경향 없이 이행적 군집화로 진화함을 시사한다. 한편, 2-외향-스타 모수가 통계적으로 유의하며 양수라는 점을 통해 일부 활동적인 사람들(즉, 허브)이 다른 학우들에게 문자 메시지를 통해 자신을 공개했음을 알 수 있다. 문자

---

3) 외향 연결정도의 제약으로 인해 추정 및 시뮬레이션 과정에서 어떠한 노드도 다섯 명을 넘는 네트워크 파트너를 가질 수 없다. 따라서, 최대 외향 연결정도가 5라는 점에 대해 조건부 의존적인 상태에서 모수가 추정되었다.

메시지를 통한 자기공개적 연결관계 일부가 촘촘한 지역적 클러스터들 간에 다리 역할을 한 것으로 보인다.

행위자-관계 효과와 관련하여, 문자 메시지를 통한 자기공개적 네트워크는 사회적 선택 과정에 강하게 근거하여 진화한다. 성별에 대한 유유상종 효과는 통계적으로 유의하며 양수인 반면, 성별에 대한 송신자 및 수신자 효과는 통계적으로 유의하며 음수였다. 이 결과를 통해 같은 성별을 지닌 관계들(남성-남성, 여성-여성)이 지배적임을 알 수 있다. 요컨대, 사람들은 성별이 같은 관계 내에서 문자 메시지를 통해 사적 문제들을 드러내는 경향이 있었으며 남성들은 여성들보다 훨씬 활동적이고 인기가 많았다.

모든 이행적 순환 삼자관계 모수 추정치는 음수였으며, 문자 메시지 매개 자기공개적 네트워크의 경우를 제외하고는 모두 통계적으로 유의했다. 모형에서 이 모수를 사용하는 것은 흔한 것은 아니지만, 상호호혜적 연결관계를 감안한 채 이행적 폐쇄 과정을 해석할 수 있게 해준다. 해당 효과가 음수라는 점은 다른 효과들이 모형에 투입된 상태에서 상호호혜적 연결관계가 삼자 연결관계 유형에 기대했던 것보다 더 적게 포함되어 있음을 시사한다. 상호호혜적 연결관계가 더 강하기에, 상호호혜적이지 않은, 더 약한 연결관계와 비교할 때 삼자관계 효과를 통해 집단형 발판을 그다지 마련할 필요가 없었을 가능성이 있다.

19.5. 논의

종단 ERGM에서 여러 순수 구조적 효과들이 친구 네트워크의 네 가지 모든 유형에서 공통적으로 발견되었다. 전반적으로, 구조적 효과에 대해 모든 모수의 부호는 네 가지 유형의 네트워크에 걸쳐서 동일했다. 상호호혜성 효과는 일관되게 관찰되었다. 선행 연구 결과(Hachen et al., 2009)와 같은 맥락에서, 친구 네트워크 구조는 면대면 커뮤니케이션과 문자 메시지 매개 커뮤니케이션 둘 다 기본 사회적 기능으로서 양자관계의 그리고 양방향의 활동성에 근거할 가능성이 있다. 또한, 양의 이행적 삼자관계 모수와 음의 2-경로 모수의 결합은 네트워크 유형과 무관하게 발견되었다.

또한, 여러 네트워크에 걸쳐서 모수의 통계적 유의성이 다르게 나타난 것은 각각의 친구 네트워크 유형에서 서로 다른 방법으로 순수 구조적 과정이 전개되었음을 시사한다. 삼자관계 모수와 관련하여 면대면 피상적 네트워크, 면대면 자기공개적 네트워크, 그리고 문자 메시지 매개 피상적 네트워크에서 유사한 패턴이 발견되었으며, 이는 친구 네트워크가 이행적 군집화와 순환 기반 일반화된 교환을 통해 진화함을 시사한다. 이러한 결과는 약한 연결관계가 강한 연결관계보다 이행성이 적다는 그래노베터(Granovetter, 1973)의 개념과 상반된다. 이 연구에서 사용한 사회 네트워크 측정과 관련하여, 연구자에 의해 사전에 결정된 피상적(즉, 안부를 나누는) 네트워크와 자기공개적 네트워크의 특징들이 친밀한 관계와 소원한 관계의 본질을 완벽히 반영하지 못했을 가능성이 있다. 따라서, 1학년 학부생들이 설문에서 피상적 네트워크에 대해 응답할 때 친밀한 관계와 소원한 관계 모두를 포함시켰을 가능성이 있다. 후속 연구에서는 친밀한 관계와 소원한 관계를 명확히 구분할 수 있도록 사회 네트워크 설문 문항의 대안을 검토해볼 필요가 있다.

하지만, 문자 메시지 매개 자기공개적 네트워크는 고유한 네트워크 진화 과정을 보여준다. 1학년 학부생들은 순환적 클러스터가 아니라 이행적 클러스터를 형성함으로써 문자 메시지를 통한 자기공개적 네트워크를 형성했다. 상호호혜성 효과에서 살펴본 바와 같이, 사람들은 양자관계 수준에서 그리고 삼자관계에서의 위계적 방식으로 친한 친구들에게 스스로를 드러내는 경향이 있다.

보이는 속성에 대한 행위자-관계 효과에 관해, 성별이 사회적 선택 과정에 미치는 체계적 효과는 면대면 친구 네트워크에서 관찰되지 않았다. 달리 말해, 면대면으로 친구를 선택하는 것은 특별히 성별 특화적으로 진화하지 않았다. 선행 연구에 따르면, 성별을 토대로 한 친구 선택은 관계를 맺는 과정의 초기 단계에서만 발생했다(van Duijn et al., 2003). 친구 선택 과정에 대해 뉴콤(Newcomb, 1961)이 중요한 연구를 수행했는데, 이 연구에서 시사한 것처럼 사람들은 주변 환경에서 접근 가능한 누군가와 연결관계를 형성하는 경향이 있다. 면대면 환경에서는 남성이나 여성의 활동성이 보다 가까운 관계를 맺는 데에 중요한 역할을 하지만, 일 년에 걸친 장기적 관점에서는 순수 구조적 과정과 눈에 보이지 않는 개인적 성향들이 친구관계 형성에 더 중요한 역할을 했다.

이와 대조적으로, 문자 메시지 매개 친구 네트워크에서는 성별 효과가 통계적으로 유의했다. 문자 메시지 매개 피상적 네트워크에서, 남성이 여성보다 더 인기 있는 경향이 있었는데, 이는 문자 메시지가 여성에서 남성으로의 일상적이며 일방향적인 관계 형성 차원에서 성별 혼합을 증진시킨다고 볼 수 있다. 자기공개적 친구 네트워크에서 성별의 유유상종 효과가 네트워크 진화 과정에서 드러났다. 또한, 여성과 비교하여 남성은 다른 사람들에게 그리고 다른 사람들로부터 자기공개적 문자 메시지를 주고받을 가능성이 더 높았다. 요컨대, 남성과 여성 둘 다 문자 메시지를 통해 같은 성별을 지닌 사람들과의 공감적 결속을 선호하지만, 동시에 남성은 문자를 토대로 한 친밀한 커뮤니케이션에서 상대를 지명하는 데에 있어서 적극적이었고 여성에 의해 지명도 받았다. 이런 결과는 남성이 낯선 사람이나 지인들에게 스스로를 드러낼 가능성이 더 높은 반면, 여성은 가까운 친구들에게 스스로를 드러낼 가능성이 더 높다는 점(Stokes, Fuehrer, & Childs, 1980)을 방증한다고 할 수 있다. 이 연구 결과가 이가라시와 그의 동료들(Igarashi et al., 2005)이 발견한 것과 상반되지만, 이 연구와 이가라시와 그의 동료들(Igarashi et al., 2005)의 연구가 표본(1학년 학부생들만 vs 여러 학년의 학부생들)과 연구 기간(일 년 vs 한 학기)에 있어서 상당한 차이를 보인다는 점에서 이러한 불일치를 설명할 수 있다. 이와 더불어, 이가라시와 그의 동료들(Igarashi et al., 2005)은 다른 구조적 모수를 포함하지 않은 양자 독립 모형을 사용함에 따라 친구 네트워크가 지니는 자기조직적 특징의 규칙성을 과소추정하거나 간과했을 가능성이 있다. 종단 ERGM을 통해서, 이 연구는 순수 구조적 효과들을 통제한 상태에서 시간의 흐름에 따른 연결관계의 형성과 소멸에 있어서 성별 유유상종(남성-남성, 여성-여성)과 성별 이종선호(남성-여성)의 사회 선택 과정을 검증할 수 있었다. 요컨대, 이 연구 결과는 문자 메시지를 통해 친밀한 관계를 형성하고 유지하는 데에 성별을 기반으로 한 사회적 선택 과정이 영향을 미친다는 점을 시사한다.

눈에 보이지 않는 개인별 성향에 대한 행위자-관계 효과와 관련하여, ID_{GROUP}은 네트워크 진화 과정에서 관계 형성에 유의미한 영향을 미쳤다. 선행 연구 결과가 시사하는 바와 같이(Lawler & Yoon, 1996; Paxton & Moody, 2003), 사회적 동질감은 자존감 및 다른 사람들과의 감정적 결속에 근거하며 새로운 환경에서 친구 네트워크를 형성하기 위한 적응적 동기로 기능한다. 대학 입학 이후 바로 대학과 스스로를 동일시하는 1학년 학부생들은 다른 사람들을 대할 때 활동적으로 행동하기에, 친구 네트워크가 진화하면서 훨씬 많은 수의 연결관계를 지명하게 된다. 하지만, 통계적으로 유의한 ID_{GROUP}의 송신자 효과가 왜 (친구관계 친밀성의 양극단에 있는) 면대면 자기공개적 네트워크와 문자 메시지 매개 피상적 네트워크에서만 관찰되었는지 그 이유는 명확하지 않다. 이러한 비체계적인 패턴은 아마도 부분적으로는 다른 사람들의 사회적 동질감에 대한 뚜렷한 단서가 부족했기 때문일 수 있다. 눈에 보이지 않는 속성이 친구 네트워크 개발에 중요한 영향을 미친다는 연구 결과가 있지만(van Duijn et al., 2003), 1학년 학부생들 각각의 사회적 동질감에 대한 뚜렷한 단서[예컨대, 대학 기념품(티셔츠, 머그컵) 소유]를 연구에 반영한다면 사회적 동질감이 친구 선택에 미치는 효과가 네 가지 유형의 네트워크에 걸쳐서 보다 일관되게 나타날 것이다.

마지막으로, 새로운 사회 환경에서 친구를 선택할 때 구조적 및 개인적 요인이 큰 영향을 미친다는 점에서 이 종단 연구는 친구 네트워크의 진화를 통해 사회적 선택과 순수 구조적 과정에 대한 의미 있는 결과를 제시했다. 후속 연구들은 시간의 흐름에 따른 친구관계 형성과 유지에 사건 관련 요인들이 미치는 영향에 대해 더 초점을 맞출 필요가 있다. 또한, 집단 규범과 개인의 집단에 대한 지식처럼 다른 유형의 미시-거시 동역학을 연구함으로써 여기서 발견한 결과들의 타당성을 확장할 수도 있다. 개인적 요인과 관련한 네트워크 진화의 동역학에 대한 이해를 향상하기 위해서는, 실제 문자 메시지 기록을 분석하고 서로 다른 유형의 친구 네트워크 간의 다중적 공진화를 모형화하는 것도 검토해볼 만하다. 이를 위해 SIENA 소프트웨어로 분석 가능한 확률적 행위자 지향 모형(Snijders, van de Bunt, & Steglich, 2010; Steglich, Snijders, & West, 2006; van Duijn et al., 2003)을 사용하면 의미 있는 발견을 할 수 있으리라 생각한다.

20장

이사의 사회적 및 재정적 자본이 기업 간 이사 겸임 네트워크(corporate interlock) 형성에 미치는 차별적 영향력

니콜라스 헤리건(Nicholas Harrigan) · 매튜 본드(Matthew Bond)[1]

20.1 이원모드 사회: 개인과 집단

개인과 조직 간의 상호의존성은 사회학적 견지에서 지속적으로 거론되는 주제이다. 쿨리(Cooley)에 따르면 "사람은 사회 집단의 무수한 모임들의 교차점이며 집단들이 있기에 수많은 아크가 그를 거쳐서 지나간다"(1902/1964: 148). 짐멜(Simmel, 1955)은 소속 집단을 정의할 때 개인과 조직 간의 긴장을 포착했는데, 조직이 개인에 의해 선택된 것이 아니기에 개인의 특성이 반영되지 않은 경우(예컨대, 가족과 같은 경우) "유기적인 멤버십(organic member-ship)"으로, 조직이 개인에 의해 의식적으로 선택되어 개인의 특성이 반영되는 경우 "합리적인 멤버십(rational membership)"으로 소속 집단을 유형화했다. 짐멜에 따르면, 개인이 조직에 소속됨으로써 얻게 되는 가장 중요한 결과

---

[1] 이 장을 작성하는 데에 인내를 가지고 열심히 연구를 도와준 엘레나 얼름찬다니, 크리스틴 첸, 그리고 아이작 친(Eleina Ailmchandani, Christine Chen, & Isaac Chin)에게 깊은 감사를 전한다.

는 개인의 억제와 사회화이다. 이어서 짐멜은 "개인은 집단에 소속되어 있기 때문에 집단이 개인에게 '교차'한다는 점에서 인간은 사회학적으로 결정된다" 고 개탄했다(150).

사회 네트워크 분석은 이러한 상호의존성의 시각화, 측정, 그리고 (더 최근 에는) 모형화에 대해 차별적이고 매우 체계적인 방법들을 개발해왔다. 여기 서 개인과 집단 간 상호의존성은 "멤버십 네트워크(membership network)", "소속 네트워크(affiliation network)", "이분할 네트워크(bipartite network)", "이 원모드 네트워크(two-mode networks)" 등 다양한 이름으로 불렸다(Breiger, 1974; Robins & Alexander, 2004; Wang, Sharpe, Robins, & Pattison, 2009). 이원 모드 네트워크의 장점은 조직-개인 관계의 이중적 구조를 유지하면서 일단의 개인들과 일단의 조직들 간의 연결관계로 네트워크를 표현한다는 데에 있다. 이원모드 네트워크는 일원모드 네트워크로 변형하여 개인들 간의 네트워크 나 조직들 간의 네트워크로 관계를 단순화하는 것을 피하고자 한다. (이원모 드 네트워크에 대한 자세한 설명은 10장의 섹션 10.2를 참조하기 바란다.)

기업 간 이사 겸임 네트워크는 사회학에서 가장 많이 연구된 이원모드 네 트워크 중 하나이다(Domhoff, 1967, 1970, 1978, 1998, 2009; Domhoff & Dye, 1987; Dooley, 1969; Emerson, 1962; Fitch & Oppenheimer, 1970; Koenig, Gogel, & Sonquist, 1979; Levine, 1972; Mace, 1971; Mills, 1956; Mintz & Schwartz, 1985; Mizruchi, 1982; Ornstein, 1984; Pfeffer & Salancik, 1978; Scott, 1997; Scott & Griff, 1984; Stearns & Mizruchi, 1986; Sweezy, 1953; Useem, 1984; Zeitlin, 1974; Zweigenhaft & Domhoff, 2006). 기업 간 이사 겸임 네트워크는 이사들이 기업 이사회에 소속되면서 형성된다. 기업 간 이사 겸임 네트워크 연구가 인기를 끄는 것은 데이터가 공개되어 있어 상대적으로 데이터에 쉽게 접근 가능하다 는 점과 민간 경제에서 가장 큰 경제 행위자들의 이사회 네트워크가 지니는 중요성 때문이다.

20.1.1. 이사 자본과 기업 간 이사 겸임 네트워크 형성

이 장에서는 PNet 소프트웨어(Wang, Robins, & Pattison, 2009)의 이원모드 데이터 버전인 BPNet을 사용하여 이원모드 ERGM(10장 참조)을 통해 호주의 기업 간 이사 겸임 데이터셋을 모형화한다. 이원모드 모형화를 통해 사회학적 맥락에서 오래 논의되었던 상호의존성을 직접적으로 분석해볼 수 있다. 즉, (1) 개인(이사)의 속성, (2) 집단(회사)의 속성, (3) 개인 속성과 집단 속성의 상호작용, 그리고 (4) 순수 구조적 네트워크 효과(행위자 속성에 대한 정보 없이 형성된 사회관계)의 함수로서 사회관계 형성(기업 간 이사 겸임 네트워크)에 대해 연구할 수 있다.

이 연구의 주요 목적은 이사들의 특징이 기업 간 이사 겸임 형성 패턴에 미치는 영향을 연구하는 것이다. 특히, (1) 물적 또는 재정적 자본(즉, 재산), (2) 특권적 기업인 클럽 멤버십, 그리고 (3) 엘리트 사립학교 출신이라는 세 가지 유형의 기업 이사의 권력이 기업 간 이사 겸임 네트워크 형성에 미치는 영향에 대해 관심을 갖고 있다.

전통적으로 엘리트와 기업 간 이사 겸임에 대한 연구는 이사의 사회적 자본이 사람들을 하나로 단결시키는 역할에 초점을 맞추거나, 기업 공동체의 정상에서 이사 및 기업의 권한과 사회경제적 힘을 구성하는 많은 차원들 간의 융합에 대해 강조하는 경향이 있다. 이 연구에서는 기업 공동체 내의 사회경제적 힘이 여러 다양한 형태를 띠며, 목적과 효과에 있어서 이들 간에 상당한 차이가 존재한다는 점을 강조한다. 특히, 이 연구는 기업 소유주들이 양도 가능한 물적 자본의 혜택(Coleman, 1990/1994)에 집중하고, 그들 자신의 사회 자본(예컨대, 기업 간 이사 겸직)을 상대적으로 중요하지 않게 여긴다는 점을 주장한다.[2] 또한, 이 연구는 상위층의 상징이자 기업 통합의 촉진제로 전통

---

2) 옮긴이 주: 섹션 20.5 논의 부분에서 보다 자세한 설명이 나오겠지만, 기업 소유주들의 경우

적으로 여겨진 기업인 클럽과 엘리트 사립학교가 호주 기업 공동체 내에서는 상이한 역할을 한다는 점을 주장한다. 이에, 이 연구에서는 기업인 클럽은 공동의 이익과 정체성을 지닌 기업들을 결속하여 내집단 사회 자본을 형성하는 결속적 사회 자본(Putnam, 2000: 22~24)에 해당하는 반면, 사립학교는 이익과 정체성을 토대로 기업 공동체를 구별하지 않은 채, 이들의 이질적인 부분들을 함께 묶어서 집단 간 사회 자본을 형성하기에 교량적 사회 자본에 해당한다고 가설을 세운다.

이와 더불어, 이 연구는 방법론과 관련하여 세 가지 측면에서 관련 연구에 기여하는 바가 있다. 첫째, 이사와 기업의 경제적·정치적, 그리고 사회학적 속성과 무관하게, 기업 간 이사 겸임 네트워크의 순수 구조적 네트워크 효과를 설명한다. 이와 관련하여 일원모드 효과와 유사한 효과들을 살펴보고자 한다. 여기에는 "경로 폐쇄"(Robins, Pattison, & Wang, 2009)나 "이행성"(Granovetter, 1973; Holland & Leinhardt, 1976; Watts & Strogatz, 1998), 그리고 "인기도"와 같은 효과들(Barabási & Albert, 1999; Frank & Strauss, 1986; Wasserman & Pattison, 1996)도 포함되는데 지역 이웃을 구성하는 연결관계 패턴과 더불어서 순수하게 형성되는 연결관계들이다. 이원모드 네트워크의 경우, 3-경로(L3)가 닫혀서 4-사이클(C4)이 되는 경향과 인기 있는 이사가 더 인기 있게 되는 경향(다양한 크기의 스타 연결관계 유형으로 모형화) 등이 나타날 것으로 예상한다. 둘째, 이원모드 모형화 과정에서 이사와 기업의 속성을 포함함으로써 사회학적 설명력도 향상시키고 모형 적합도도 높이고자 한다. 이 연구는 정치 기부, 상장, 외국인 투자, 규제 산업, 그리고 매출액과 같이 기업의 속성과 관련한 효과를 모형화한다. 개인적 재산, 기업인 클럽 멤버십, 엘리트 사립학교 출신

기업 경영에 집중하여 수익을 창출함으로써 양도 가능한 물적 자본으로부터 얻는 혜택이 다른 기업의 이사를 겸직하면서 얻는 혜택보다 더 크다고 판단하는 경향이 있음을 이 연구 결과를 통해 알 수 있다.

등 이사의 속성과 관련한 효과도 모형화한다. 마지막으로, 기업 간의 이사 겸임 네트워크가 특정 유형의 이사와 기업 간에 형성될 가능성을 증가시키거나 감소시킬 수 있는 상호작용 효과도 함께 분석해본다.

20.2. 데이터와 측정

20.2.1. 사회 네트워크 데이터

이 연구의 데이터는 헤리건(Harrigan, 2008)이 수집한 이사와 기업의 네트워크로 이뤄져 있다. 이 데이터에는 2006년 2월 호주에서 (수입 기준으로) 가장 규모가 큰 248개 기업들의 네트워크가 있으며 상장 기업과 민간 기업 그리고 호주인 소유의 기업과 외국인 소유의 기업들이 있다. 아울러, 이 데이터에는 총 1,464개의 이사직을 겸하는 1,251명의 이사들이 포함되어 있다. 기업들과 이사들에 대한 데이터는 IBIS월드(IBISWorld, 2006)로부터 구했는데, IBIS월드는 "상위 2000대 기업"을 수집하여 매년 비즈니스 리뷰 위클리(*Business Review Weekly*)에 발표한다.[3)]

20.2.2. 행위자-관계 측정

여섯 개의 이진형 변수로 기업의 속성을 정의했다. 이 중 기업 규모와 관련하여 수입을 기준으로 두 개의 동수로 이뤄진 집단으로 구분했다. 즉, 수입이 많은 124개 기업과 수입이 적은 124개 기업으로 나누어 이진형 변수화했다.

---

3) "상위 2000대 기업" 자료를 제공해준 IBIS월드(IBISWorld)와 "인명사전(Who's Who)" 데이터 베이스를 제공해준 크라운 콘텐트(Crown Content)에 감사의 마음을 전한다.

수입 데이터도 IBIS월드로부터 제공받았다. 기부와 관련해서도 (상호 배타적인) 두 개의 이진형 변수로 만들었는데, "양쪽 다수당에 기부한 경우"(중도적 정치 활동을 한 경우)와 "보수당에만 기부한 경우"[국민당(National Party) 또는 자유당 (Liberal Party)에 기부한 경우— 이 두 당 모두 보수적 정치 성향을 지닌 다수당으로 통상 연합하여 정치 활동을 한다]로 나누었다. 정치적 기부 데이터는 호주 선거 위원회(Australian Electoral Commission: AEC, 2006) 웹사이트에서 내려 받았다. "공공(public)"이라는 변수는 상장 기업을 나타내며, "1"은 기업이 상장되었음을 의미한다. "호주인"이라는 변수는 호주인 소유의 기업임을 나타내며 1로 코딩했고, 외국인 소유일 경우는 0으로 코딩했다. 정부의 정치적 과정과의 상호작용이자 이에 대한 관심을 나타내는 지표로서, 기업을 "강한 규제 산업"에 속하는지 여부에 따라 분류했다. 규제 산업은 부리스(Burris, 1987)의 분류에 따라 IBIS월드 데이터셋의 두 자리 수 표준 사업 코드와 부합하도록 코딩했다. "규제 산업"은 네 가지 범주로 구성되는데, 교통(도로, 철도, 항공), 커뮤니케이션, 공공사업(수도, 가스, 전기), 그리고 금융 및 보험이 이에 해당한다.[4]

개별 이사들의 경우 세 개의 이진형 변수로 속성을 정의했는데, 재산 규모 [더 정확하게는 "거부(superwealth)"일 경우 1], 엘리트 사립학교 출신(=1), 특권적 기업인 클럽 멤버십(=1)이 이에 해당한다. 선행 연구에 따르면, 부 특히 오래 축적된 부는 정치적 보수주의를 초래한다(Bond, 2003, 2004; Bond, Glouharova, & Harrigan, 2010; Burris, 2000). 만약 이사가 비즈니스 리뷰 위클리(*Business Review Weekly*)의 "200대 부자"에 등재되었을 경우 "거부"(=1)로 분류한다. 호주 인명사전("Who's Who in Australia")과 호주 기업인 인명사전("Who's Who in Australian Business")(Crown Content, 2005a, 2005b)을 통해 데이터를 획득했다.

---

4) 강한 규제 산업으로 분류된 것은 항공과 우주, 커뮤니케이션 서비스, 전기 및 가스 공급, 금융, 보험, 기타 교통, 철도 교통, 도로 교통, 금융 및 보험 서비스, 교통 서비스, 수도 공급, 하수 및 배수 서비스, 그리고 수운 산업이었다.

호주인 이사의 다수(59.1%)는 인명사전("Who's Who")에 등재되었다. 이 표본은 선행 연구에 비해 더 나은 상황인데, 예컨대 영국의 경우 유심(Useem, 1984) 연구에서는 인명사전에 등재된 비율이 33.7%, 본드(Bond, 2007) 연구에서는 30.3%에 불과했다.

"학교" 변인은 17개의 엘리트 사립학교 출신인지 여부를 나타낸다.[5] 호주의 3,000개 중등학교에 대해 부모의 사회경제적 지위, 학교 등록비, 인명사전("Who's Who") 등재, 특권적 기업인 클럽 회원이었던 졸업생 비율 등을 포함한 사회경제적 지위를 측정 및 비교하여 사립학교 목록을 만들었다. 이 연구에서 "클럽"은 11개의 유명한 기업인 클럽을 의미하는데,[6] 이 클럽 목록은 상위계층 클럽, 상호 간 멤버십 가입, 그리고 멤버십 과정에 대한 연구들을 비롯하여 2차 자료를 통해 확보했다.

속성과 추출된 속성 상호작용 효과에 대한 요약 통계는 〈표 20.1〉에 제시했다. 모든 변인들은 이진형이며, 각각의 속성에 대한 기업/이사/이사직 개수는 〈표 20.1〉의 첫 번째 열에 나타냈다. 상호작용 효과에 대한 기준값(기대

---

5) 이 연구에서의 엘리트 사립학교로는 성공회 교회 중등학교(Anglican Church Grammar School, QLD), 브리즈번 보이스 칼리지(Brisbane Boys College, QLD), 브리즈번 중등학교(Brisbane Grammar School, QLD), 질롱 중등학교(Geelong Grammar School, VIC), 멜버른 중등학교(Melbourne Grammar School, VIC), 스코치 대학(Scotch College, VIC), 웨슬리 대학(Wesley College, VIC), 자비에 대학(Xavier College, VIC), 녹스 중등학교(Knox Grammar School, NSW), 성 이그나티우스 대학, 고등학교(St. Ignatius' College, Senior School, NSW), 영국 중등학교의 시드니 교회(Sydney Church of England Grammar School, NSW), 시드니 중등학교(Sydney Grammar School, NSW), 킹스 스쿨(The King's School, NSW), 아퀴나스 대학(Aquinas College, WA), 스코치 대학(Scotch College, WA), 헤일 스쿨(Hale School, WA), 그리고 성 베드로 대학(Collegiate School of St Peter, SA)이 해당된다.

6) 이 연구에 포함된 유명 기업인 클럽으로는 아테니움(Athenaeum, VIC), 오스트레일리언(Australian, VIC), 멜버른(Melbourne, VIC), 오스트레일리언(Australian, NSW), 유니온(Union, NSW), 브리즈번(Brisbane, QLD), 웰드(Weld, WA), 애들레이드(Adelaide, SA), 태즈매니안(Tasmanian, TAS), 론서스턴(Launceston, TAS) 및 엘라노라(Elanora, NSW)가 있다.

<표 20.1> 속성과 속성 간 상호작용에 대한 요약 통계

기업 속성	(1) 기업 수	(2) 기업 %	(3) 이사직 수	(4) 이사직 %	(5) 과잉 대표성	(6) 유의성(카이 제곱 검정)
보수당	10	4.0	47	3.2	0.80	
양당	45	18.1	346	23.6	1.30	***
호주인	144	58.1	1070	73.1	1.26	***
상장	115	46.4	958	65.4	1.41	***
규제 산업	67	27.0	419	28.6	1.06	
수입	124	50.0	837	57.2	1.14	***
이사 속성	이사 수	이사 %	이사직 수	이사직 %	과잉 대표성	유의성(카이 제곱 검정)
재산	34	2.7	36	2.5	0.90	
클럽	155	12.4	229	15.6	1.26	***
학교	83	6.6	135	9.2	1.39	***
상호작용	기대된 이사직	기대된 이사직 %	이사직 수	이사직 %	과잉 대표성	유의성(카이 제곱 검정)
보수당&재산	2	0.1	3	0.2	1.87	
양당&재산	7	0.5	12	0.8	1.66	
호주인&재산	23	1.6	35	2.4	1.51	*
상장&재산	18	1.3	27	1.8	1.46	
규제 산업&재산	11	0.7	6	0.4	0.56	
수입&재산	20	1.4	16	1.1	0.80	
보수당&클럽	7	0.5	5	0.3	0.68	
양당&클럽	33	2.2	76	5.2	2.31	***
호주인&클럽	105	7.2	199	13.6	1.89	***
상장&클럽	84	5.7	191	13.0	2.27	***
규제 산업&클럽	49	3.3	89	6.1	1.82	***
수입&클럽	91	6.2	159	10.9	1.75	***
보수당&학교	4	0.3	1	0.1	0.26	
양당&학교	18	1.2	50	3.4	2.84	***
호주인&학교	56	3.9	114	7.8	2.02	***
상장&학교	45	3.1	114	7.8	2.53	***
규제 산업&학교	26	1.8	50	3.4	1.91	***
수입&학교	49	3.3	94	6.4	1.94	***

* p<.05.

*** p<.001.

값)을 정하기 위해, 기업과 이사 간 연결관계가 무작위로 이뤄짐으로써 이사직이 정해진다는 가정하에 이때 발생할 수 있는 이사직의 수를 계산했다. 두 번째 열은 총 기업/이사/예상되는 이사직 비율을 나타내며, 첫 번째 열을 기업(248개), 이사(1,251명), 또는 이사직(1,464개) 수로 각각 나눔으로써 해당 비율을 산출했다. 세 번째 열은 이 속성-속성 상호작용에 대해 관찰된 총 이사직 수이다. 네 번째 열은 이사직 수(1,464개)로 세 번째 열을 나눈 값이다. 다섯 번째 열의 "과잉 대표성"은 이사직 비율(즉, 네 번째 열)을 두 번째 열로 나눈 값이다. 이 값이 1보다 클 경우 이사/기업/이사-기업 간 상호작용이 이사직의 무작위 배열로 기대할 수 있는 것보다 더 많은 이사직을 가지고 있음을 시사한다. 여섯 번째 열은 기대된 이사직 수와 실제 이사직 수로 구성된 2×2 행렬에 대해 카이제곱 검정을 통해 과잉 대표성 또는 과소 대표성이 통계적으로 유의한지 여부를 다룬다.

20.2.3. 분석

〈표 20.1〉의 이변량 분석에 대한 간단한 설명으로 이 장에서의 분석에 대한 설명을 시작하고자 한다. 이 표는 교차 분석을 통해 무엇을 구할 수 있는지를 보여주며 이 표에서의 정보를 기준치로 삼아서 보다 복잡한 모형, 특히 이원모드 ERGM을 통해 추가적으로 얻을 수 있는 유용성이 무엇인가를 판단하는 데에 도움을 준다. 이 장의 나머지 부분은 10장에서 설명한 사회 선택 모형의 이원모드 버전을 다룬다.

20.3. 모형 설정

20.3.1. 독립적인 이변량 속성 분석

기업 간 이사 겸직에 관한 연구의 상당 부분이 〈표 20.1〉과 같이 기술 통계를 제공하는 수준을 넘어서지 못한다. 이러한 연구들의 목적은 이사직을 여러 집단에 걸쳐 비교함으로써 그리고 무작위 분포와 비교함으로써 과잉 대표된 집단 또는 과소 대표된 집단을 발견하는 데에 있다.

20.3.2. 순수 구조적 효과

이 연구의 이원모드 ERGM에서는 최대 다섯 개의 구조적 효과들이 다양한 조합으로 모형에 투입된다. 해당 구조적 효과들은 연결선 모수[L], 이사 관련 교호 k-스타[KSp], 기업 관련 교호 k-스타[K-Sa], 이사 관련 교호 k-사이클[K-Cp], 그리고 기업 관련 교호 k-사이클[K-Ca]이다. 연결선 모수[L]는 연결관계를 형성하는 기준 확률을 나타내며 전통적인 회귀 모형에서의 상수와 유사한 역할을 한다. 스타 효과를 통해서는 인기도 효과나 [매튜 효과(Matthew effect)라고 불리는] 빈익빈 부익부 효과를 살펴볼 수 있는데, 이 효과에 따르면 연결관계를 가지고 있는 행위자들이 더 많은 연결관계를 가지게 될 가능성이 높다. 이 장에서는 10장에서 설명한 교호 k-스타 모수를 사용한다. (〈그림 10.8〉을 참조하기 바란다. 여기서 제시된 통계량의 교호 버전과 관련한 설명은 6장에서 찾아볼 수 있다). 교호 k-사이클([KCp]과 [K-Cal]) 모수는 이사(p)와 기업(a)이 4-사이클의 일부분이 될 가능성(즉, 폐쇄된 이원모드 네트워크 구조가 될 가능성)에 대해 다룬다(10장과 〈그림 10.11〉 참조).

20.3.3. 속성을 포함한 모형: 행위자-관계 효과

세 가지 유형의 속성 모수를 연구 모형에 투입했다. 이사 속성 활동성[rP], 기업 속성 활동성[rA](〈그림 10.12〉참조), 그리고 기업-이사 속성 상호작용 [rAP](〈그림 10.15〉참조)이 해당 속성 모수이다. rP와 rA는 각각 이사 속성과 기업 속성에 대한 주효과이다. 이 모형은 이러한 주효과를 아홉 개 포함하는데, 여섯 개의 기업 효과([rA_보수당], [rA_양당], [rA_호주인], [rA_상장], [rA_규제], 그리고 [rA_수입])와 세 개의 이사 효과([rP_재산], [rP_클럽], 그리고 [rP_학교])로 구성된다. 이들 속성 효과 중 하나가 통계적으로 유의하며 양의 값을 지닐 경우 해당 속성을 지닌 기업(이사)이 해당 속성을 지니지 않은 기업(이사)보다 이사직을 가질 확률이 더 높다는 점을 시사한다.

rAP 모수는 특정 속성을 지닌 기업(예컨대, 호주인 소유의 기업)과 특정 속성을 지닌 이사(예컨대, 사립학교 출신 이사) 간에 연결관계가 형성될 가능성이 증가하는지(또는 감소하는지)를 다룬다. 이는 10장에서 "노드 집합 간" 모수로 설명한 바 있다. 이 데이터셋에서는 18개의 상호작용 효과(6개의 기업 속성×3개의 이사 속성)가 가능하다. BPNet을 통해 다양한 상위수준 속성 모수를 모형에 투입할 수 있지만(10장 참조), 모형의 간결성을 위해 이 연구에서는 앞서 언급한 32개의 모수만을 대상으로 분석한다.

20.4. 결과

20.4.1. 독립적 이변량 분석 결과

〈표 20.1〉은 기업 간 이사 겸직 관련 선행 연구에서 흔히 볼 수 있는 과잉 대표성에 대한 전통적인 이변량 분석이다. 주목할 만한 세 가지 효과를 이 표

에서 발견할 수 있다. 첫째, 양당에 기부한 기업, 호주인 소유의 상장 기업, 엘리트 사립학교 출신이거나 기업인 클럽 멤버십을 지닌 이사들이 평균적으로 훨씬 더 많은 이사직을 가지고 있었다. 둘째, 재산이 많은 이사들이 호주인 소유의 기업에서 과잉 대표되고 있었으며 이는 통계적으로 유의했다. 셋째, 양당에 기부하며 호주인이 소유하고 규제 산업에 속하며 매출 규모가 큰 상장 기업에서 기업인 클럽 회원이며 사립학교 출신 이사들이 통계적으로 유의하게 과잉 대표되고 있었다.

이와 더불어, 과소 대표된 이사들 그리고/또는 기업들을 살펴보면 여러 특징을 찾을 수 있는데, 예컨대 정치적으로 보수인 이사들과 규제 산업에 속한 기업의 재산이 많은 이사들의 경우 과소 대표되었다. 하지만, 통계학에서의 "작은 수의 법칙"에 따르면 "드물게 발생하는 사건"이 기대했던 것(또는 기대하지 않았던 것)보다 더 드물게 발생하리라는 점을 통계적으로 확신하기 어렵다. 따라서 〈표 20.1〉에서 발견한 과소 대표성 중 그 어느 것도 통계적으로 유의하게 나타나지 못했다.

하지만, 위와 같은 발견에도 불구하고 이 표의 이변량 분석에서는 구조적 네트워크 효과나 다른 속성 효과에 대해 전혀 통제하고 있지 않다. 따라서 (옮긴이 주: 이후 섹션들에서) 보는 바와 같이, 이러한 요인들을 모형에 추가함으로써 데이터 해석에 상당한 변화가 있을 수 있다.

20.4.2. 순수 구조적 효과 관련 결과

〈표 20.2〉는 순수 구조적 효과와 관련하여 적합된 두 모형을 보여준다. 이 특정 네트워크에 대해 모형 수렴 문제로 인해 K-Cp와 K-Ca를 같은 모형에 포함할 수 없다는 점을 발견했다. 왕, 샤프, 로빈스, 그리고 패티슨(Wang, Sharpe, Robins, & Pattison, 2009)을 따라, 이 연구에서는 기업 k-사이클 모수와 이사 k-사이클 모수를 각각 포함한 두 개의 대안 모형을 제시한다.

〈표 20.2〉 순수 구조적 효과만을 포함한 두 개의 이사직 이원모드 ERGM 결과

모수	추정치(표준오차)	
	모형 A	모형 B
순수 구조적 효과	**이사 4-사이클 효과 포함**	**기업 4-사이클 효과 포함**
엣지[L]	-3.47(0.26)*	-2.38(0.37)*
이사 인기도[K-Sp]		-4.54(0.21)*
기업 인기도[K-Sa]	0.65(0.10)*	0.15(0.18)
이사 4-사이클[K-Cp]	-4.00(0.19)*	
기업 4-사이클[K-Ca]		0.06(0.01)*

* 통계적으로 유의한 효과

이 두 모형 모두 구조적 그래프 통계를 구현하는 데에 있어서 무작위 그래 프보다 통계적으로 유의하게 나왔다. (이 결과는 제시하지 않았지만 무작위 그래 프는 연결선 모수[L]=-5.34로 추정되었다.) 이사 인기도[K-Sp] 값이 음수인 것으로 보아 연결정도 분포에 있어서 변동량이 적으며 연결정도가 높은 노드들이 그리 많지 않다는 점을 알 수 있다. 하지만, 왕, 샤프, 로빈스, 그리고 패티슨 (Wang, Sharpe, Robins, & Pattison, 2009)과 유사하게, 이 연구에서도 전통적인 4-사이클 모수[C4]에 대한 적합도가 낮았으며, 이러한 구조적 효과를 개선하는 것이 향후 연구에 있어서 중요한 영역이 될 것임을 시사한다.

20.4.3. 순수 구조적 효과와 행위자-관계 효과를 포함한 모형 분석 결과

〈표 20.3〉은 적합된 두 개의 모형을 보여준다. 첫 번째 모형 C는 구조적 효과와 행위자-관계 효과를 지니며, 두 번째 모형 D는 구조적 효과, 행위자-관계 효과, 그리고 행위자-관계에 대한 상호작용 효과를 포함한다.

모형 D의 경우, 실제 데이터에서 상호작용 효과와 관련한 연결관계가 거의 없거나 (예컨대, [rAP_보수당&사립학교 출신]은 관찰 개수가 1개였다) 상호작용 효과가 주효과의 거의 모든 연결관계를 그대로 반영하기 (예컨대, [rAP_재산&

〈표 20.3〉 구조적 효과, 행위자-관계 효과, 그리고 행위자-관계 상호작용 효과로 설명하는
         이사직 이원모드 ERGM의 두 모형

모수	추정치(표준오차)	
	모형 C	모형 D
	구조적 효과와 이사/기업 속성 효과	구조적 효과, 속성 효과 그리고 기업-이사 속성 상호작용
순수 구조적 효과		
엣지[L]	-2.14(0.22)*	-1.98(0.24)*
이사 인기도[K-Sp]	-4.90(0.23)*	-4.91(0.23)*
기업 인기도[K-Sa]		
이사 4-사이클[K-Cp]		
기업 4-사이클[K-Ca]	-0.05(0.02)*	-0.05(0.02)*
행위자-관계 효과		
기업(a) 속성 주효과		
rA_보수당		-0.17(0.18)
rA_양당		0.01(0.08)
rA_호주인	0.28(0.09)*	0.25(0.10)*
rA_상장	0.78(0.11)*	0.67(0.12)*
rA_규제 산업		0.01(0.07)
rA_수입	0.17(0.06)*	0.13(0.07)
이사(p) 속성 주효과		
rP_재산	-0.87(0.48)	-0.59(0.52)
계_클럽	1.08(0.19)*	-0.06(0.29)
계_학교	1.37(0.24)*	0.82(0.34)*
상호작용 효과		
rAP_수입&재산		-0.55(0.37)
rAP_호주인&클럽		0.34(0.27)
rAP_상장&클럽		0.65(0.27)*
rAP_규제 산업&클럽		0.54(0.15)*
rAP_수입&클럽		0.36(0.17)*
rAP_양당&학교		0.44(0.20)*
rAP_상장&학교		0.53(0.29)

* 통계적으로 유의한 효과

호주인 소유는 [rA_재산 통계량의 36개 이사직 중 35개와 중복되었다) 때문에 추정치가 안정적이지 못한 관계로, 여러 상호작용 효과를 모형에서 제거해야 했다. 속성에 대한 모든 주효과는 모형 D에 상호작용 효과에 대한 통제 변인으로 남겨두었다.

모형 B의 순수 구조적 효과는 강건하며 모형 C와 모형 D 둘 다에서 16개에 이르는 속성 효과가 추가되었음에도 불구하고 모두 통계적으로 유의했다. 〈표 20.1〉의 기술 통계는 모형 C의 행위자-관계 효과의 주효과를 감안하면 해석이 조금 달라진다. 특히, 양당에 기부한 기업이 〈표 20.1〉에서는 두 번째로 가장 과잉 대표된 기업 유형에 해당하는데, 모형 C나 모형 D에서는 이들 기업의 이사직 수가 통계적으로 유의할 정도로 많지 않았다.

이원모드 ERGM에 상호작용 효과를 추가함으로써 추가적으로 두 가지 발견을 할 수 있다. 〈표 20.1〉에서 클럽과 학교의 상호작용 효과가 거의 동일한 패턴을 보이지만, 모형 D에 따르면 이 두 효과는 서로 매우 상이한 원칙에 따라 작동한다. 모형 D에서 클럽 변인의 효과는 클럽 상호작용 효과에 전적으로 적재됨에 따라 클럽의 주효과는 통계적으로 유의하지 않게 된다. 클럽 회원이 이사직을 많이 차지하는 것은 상장되었고 규제 산업에 속하며 수입 규모가 큰 기업에서 이사직을 보유할 가능성이 높다는 점을 통해 설명할 수 있다. 이와 대조적으로, 출신 학교에 대한 주효과는 여전히 통계적으로 매우 유의한데 이는 양당에 기부한 기업과의 상호작용 효과에서만 정의 방향으로 연관된 것으로 보인다. 다음 섹션에서 논의하겠지만, 이러한 상호작용 패턴은 기업인 클럽과 사립학교라는 두 개의 상위계층 제도가 매우 상이한 사회적 및 사회화 역할을 함을 시사한다.

이변량 분석과 유사하게, 특권적 클럽이나 엘리트 학교에 속한 이사들과 재산이 많은 이사들 간에 뚜렷한 차이가 드러나는데, 전자는 보유한 이사직 수가 많고 후자는 적다. 모형 C에서 부유한 이사들과 적은 수의 이사직 간에 통계적으로 유의하지 않지만 음의 관계가 존재했다. 모형 D에서는 이사들의 재산과 기업의 수입 간 상호작용이 통계적으로 유의하지 않지만 음의 값을 지녔다. 두 효과 모두 통계적으로 유의하지 않았지만, 둘 다 음수이며 중요한 점은 재산이 이사직과 정적인 관계를 갖는다고 예상했으나 그렇지 않았다는 것이다.

20.5. 논의

이 연구는 이사들이 이사회와 더 넓은 기업 공동체에서 행사하는 "자본(capital)"의 본질에 대해 실질적으로 세 가지 주요 시사점을 제시한다. 이 연구의 호주 표본에서는 서로 다른 형태의 자본이 서로 완전히 반대되는 이사 행위를 초래한다. 재정적 또는 물적 자본을 갖춘 이사들(즉, 소유주와 거부)은 그들의 지위에 대해 기대하는 것보다 더 적은 수의 이사직을 보유했다. 그들은 상위 248대 기업의 이사들 평균보다 같거나 아마도 더 적은 수의 이사직을 갖고 있는 것으로 나타났다. 그 원인을 분명히 알 수는 없지만, 콜맨(Coleman, 1990/1994: 315~316)이 관찰한 바에 따르면 물적 자본은 양도할 수 있으므로 투자 혜택은 소유주에게 돌아가기에 위와 같은 결과가 도출된 것으로 설명해볼 수 있다. 이와 대조적으로, 기업 간 이사 겸직을 통해 얻는 사회 자본은 본질적으로 양도할 수 없다. 즉, 사람들 간의 관계 안에 내재되어 있기 때문에 양도하는 것이 가능하지 않다. 따라서 관찰된 효과는 다음과 같은 간단한 메커니즘에 의해 발생된 것일 수 있다. 기업을 소유한 이사의 경우, 한 개의 기업에 집중하는 것이 그 어떤 다른 유형의 이사직을 겸하는 것보다 수익이 훨씬 더 많을 수 있다. 소유주는 자신의 재산상 이득이 증가할 뿐만 아니라 잠재적으로 최대 손실을 초래할 수 있는 것에 집중하는 것이 물적 자본 증대에 더 유리하기 때문이다. 이와 대조적으로, 기업을 소유하고 있지 않은 이사는 특정 기업에서 일을 적게 하고자 하며 특히 이사직을 맡고 있는 기업 중 하나가 망해도 잃을 것이 적도록 여러 기업의 이사회를 겸직한다.

상위계층 사회 자본을 지닌 이사들은 그들의 사회 자본이 구체적으로 무엇인지에 따라 매우 다른 기능을 수행하는 것으로 보인다. 특권적 기업인 클럽 회원인 이사는 퍼트남(Putnam, 2000)의 "결속적 사회 자본"과 매우 유사한 형태의 사회 자본을 지닌다. 이 자본은 호주인 소유이고 규제 산업이며 수입 규모가 크고 상장된 기업으로 구성된 특정 집단에서 생성된다. 이 집단 밖에서는 해당 자본이 주는 장점이 거의 없다. (주효과가 없다.) 하지만, 이 집단 내에서는 상당한 사회적 결속력을 주며 호주인 소유의 기업 엘리트라는 중요한 집단을 통합한다. 두말할 필요 없이 이런 형태의 사회 자본이 지니는 특수성은 부분적으로 해당 자본이 지속적으로 갱신되기 때문에 생성된다. 클럽은 18세에 졸업하는 곳이 아니다. 이러한 기업인 클럽들은 40세나 50세에 가입하게 되며 이 클럽을 통해 물리적 장소, 이벤트, 멤버십 명단, 그리고 문화를 가지고 있는 특정 사교계에 자신을 들여놓게 된다.

이와 대조적으로, 엘리트 사립학교 출신이라는 점은 더 넓게 퍼지고 일반화된 형태의 사회 자본을 제공한다. 이는 퍼트남(Putnam, 2000)의 "교량적 사회 자본"과 여러 면에서 가깝다. 사립학교 출신이라는 점은 특정 기업 공동체와 관련성이 훨씬 더 낮다. 사립학교 출신이라는 점이 이사직에 미치는 주효과는 모형에 상호작용 효과가 투입된 이후에도 여전히 통계적으로 유의했다. 사립학교 출신 변수와 상호작용을 보인 특정 기업은 매우 일반적 범주에 속하는 기업이다. 양당적 기업은 공동체는 아니지만 사회 자본을 지닌 이사를 잠재적으로 필요로 하는, 정치적으로 더 활동적인 기업들의 집합이다. 따라서, 양당적 기업과 사립학교 졸업생 간의 관계는 더 정치적인 기업과 더 명성 있는 이사들 간에 서로 도움이 되는 교환의 한 형태를 단순히 반영한다. 출신 학교가 다른 기업 속성과 통계적으로 유의한 관계를 보이지 않는다는 점에서 사립학교 출신이라는 점이 교량적 사회 자본으로서의 역할을 한다는 점을 추가적으로 뒷받침한다. 외국인 소유 이사회이든 호주인 소유 이사회이든, 수입 규모가 작은 기업이든 큰 기업이든, 그리고 정부 규제 산업에 속한 기업이든 아니든 사립학교 출신 이사들이 이사직을 겸할 가능성은 비슷하다.

방법론적으로, 이 연구를 통해 여러 중요한 점을 발견했다. 이 데이터셋으로 이원모드 네트워크의 순수 구조적 특징을 완전히 모형화하는 것에 대해 어려움이 있었다. 보다 구체적으로, 4-사이클이 문제였다. 그럼에도 불구하고, ERGM에 이사 속성 효과와 기업 속성 효과를 포함함으로써 효과적으로 설명할 수 없었던 순수 구조적 네트워크 효과를 상당 수준 발견했다. 연결정도 분산과 4-사이클 생성에 대한 경향을 발견했는데, 이를 통해 이사 네트워크를 제대로 모형화하기 위해서는 순수 구조적 네트워크 효과가 필요함을 알수 있다. 이 발견이 중요한 것은 이사직을 기업과 이사의 속성으로만 단순히 설명할 수 없다는 점을 보여주기 때문이다. 이사 속성과 기업 속성만을 다루는 방법론들은 이런 속성들의 영향력을 과대평가할 가능성이 있기에 이사직이 발현되는 순수 구조적 사회 과정들에 대해 간과할 수 있다.

21장

네트워크 비교하기
행위 네트워크와 회상 네트워크 간의 구조적 일치

에릭 퀸탄(Eric Quintane)

21.1. 행위와 회상 간의 관계

자신의 행위에 대한 정보를 제공함에 있어서 개인이 신뢰할 만한 정보원인가의 문제는 사회 네트워크 연구에서 수십 년간 논쟁의 대상이었다. 이 분야에서 대부분의 연구는 개인이 스스로의 행위에 대한 기억을 데이터로 사용하기 때문에(Marsden, 2005), 정보원의 신뢰도에 대해 평가한다는 것은 사소한 문제가 아니다. 이 연구는 개인들의 실제 행위를 그들의 행위에 대한 회상과 비교하고자 한다. 따라서 특정 행위의 발생이나 빈도와 무관한 인지 기반 네트워크(예컨대, 친구 네트워크나 신뢰네트워크)는 이 연구의 관심 대상이 아니다. 하지만, 개인 간 상호작용에 대한 정확한 정보가 필요한 연구에 있어서는 개인의 기억에 대한 신뢰도가 중요하다. 예컨대, 정보 확산 연구는 단지 정보원들이 기억할 수 있는 상호작용에 대한 정보가 아니라 정보원들의 실제 커뮤니케이션 행위(즉, 메시지가 전달되었는가?)에 대한 정보를 필요로 한다.

행위와 회상을 비교하는 현재 연구들은 어떻게 그리고 왜 회상과 행위가 개인 수준이나 양자 수준에서 서로 상이한지에 대해서 주로 초점을 맞추었다. 이러한 맥락의 연구에서 BKS 연구들[즉, 버나드, 킬워즈, 그리고 세일러 (Bernard, Killworth, & Sailer, 1979, 1981, 1982)의 일련의 연구들]이 중심을 차지한다. 이들은 여러 집단의 행위자들이 서로 다른 맥락에서 커뮤니케이션하는 행위들을 관찰하고 같은 시기 동안 행위자들이 보고한 상호작용과 이 행위들을 비교함으로써 정보원들의 신뢰도를 평가하고자 시도했다. 이들은 또한 응답자들의 회상을 토대로 수집한 사회 네트워크 데이터의 신뢰성에 대해 의구심을 제기(Bernard & Killworth, 1977; Killworth & Bernard, 1976)했을 뿐만 아니라, 응답자들이 대화를 나눈 대상과 해당 대화 빈도에 대해 제대로 기억하지 못한다는 점을 발견했다(Bernard et al., 1979).

이와 관련한 후속 연구들은 개인의 상호작용 회상에 영향을 미치는 구체적인 요인들을 규명하고자 했다. 프리만, 롬니, 그리고 프리만(Freeman, Romney, & Freeman, 1987)에 따르면, BKS 연구에서의 개인 행위와 그들의 회상 간의 차이는 개인의 회상 패턴에의 편향으로 설명할 수 있다. 그들은 응답자들이 안정적이고 반복적인 패턴을 지닌 상호작용에 대해서 주로 기억하는 경향이 있음을 발견했다. 따라서, 특정 관찰 시기 동안 상호작용하지 않았을지라도 사람들이 정기적으로 상호작용하는 사람들에 대해서 기억할 가능성이 훨씬 높다. 이에 대한 필연적 결과로 사람들은 빈번하게 발생하지 않는 커뮤니케이션에 대해서는 잊어버리는 경향이 있다(Tversky & Kahneman, 1974). 응답자들이 빈번하고 규칙적인 상호작용에 대해 보고할 가능성이 더 높지만, 이외의 다른 요인들도 특정 상호작용이 사람들의 기억 속에서 두드러지도록 하는 데에 영향을 미칠 수 있다. 조직 맥락에서, 위계적 지위는 다른 사람과의 상호작용에 대한 사람들의 기억에 영향을 미치는 것으로 나타났다. 웹스터 (Webster, 1995)는 유사한 지위를 지닌 경우 상호호혜적 상호작용을 기억할 가능성이 상이한 위계적 지위를 지닌 경우보다 더 높았다. 이는 관계의 특정 속성(예컨대, 행위의 빈도와 규칙성)과 개인의 속성(예컨대, 연공서열)이 응답자들의 회상 패턴을 변화시킬 수 있음을 시사한다.

이 장에서는 행위에 대한 관찰을 토대로 형성된 네트워크와 이 행위에 대한 회상을 토대로 형성된 네트워크가 구조적으로 상이한지 여부를 연구하고자 한다. 보다 구체적으로, 행위자들의 회상이 행위 네트워크와 관련이 있는지, 그리고 만약 그러하다면 회상과 행위 간의 어떠한 차이가 체계적으로 발생하는지 살펴보고자 한다.

21.2. 데이터와 측정

버나드와 킬워스(Bernard & Killworth, 1977) 그리고 버나드와 그의 동료들(Bernard et al., 1979)이 수집한 데이터는 서로 다른 네 개 집단에 속한 개인들의 커뮤니케이션 빈도에 대한 두 개의 네트워크(행위 그리고 회상)를 포함한다. 〈표 21.1〉은 이 네트워크들에 대한 기본 정보를 제공한다. 햄(Ham), 오프(Off), 그리고 테크(Tech) 데이터셋은 버나드와 킬워스(Bernard & Killworth, 1977)가 그리고 프랫(Frat) 데이터셋은 버나드와 그의 동료들(Bernard et al., 1979)이 수집했다. 이들 네트워크에 대한 (변환 전의) 원래 데이터 파일은 UCINET (Borgatti, Everett, & Freeman, 2006)의 공공 데이터셋에서 찾아볼 수 있다.

21.2.1. 네트워크 설명

〈표 21.1〉은 네 개의 데이터셋에 대한 개요를 제공한다. 각각의 데이터셋에 대해 행위 네트워크는 양자 간 상호작용 빈도를 나타내며 회상 네트워크는 이러한 상호작용에 대한 행위자들의 회상을 나타낸다. 오프와 테크 네트워크에 대한 회상 정보는 서열화 과정을 통해 수집했다. 각각의 행위자들에게 다른 직원들의 이름이 적힌 카드 묶음을 주면서 "일상적인 근무일에 얼마나 자주 사무실에 있는 사람들과 대화를 나누는지"에 따라 카드를 서열화하

	프랫	햄	오프	테크
행위자 수	58	44	40	34
맥락	대학 남학생 사교 클럽	아마추어 라디오 운영자	사회과학 조사 회사	테크놀로지 분야 대학원
커뮤니케이션 방법	면대면	라디오	면대면	면대면
관찰 방법	관찰자(15분)	지속적 모니터	관찰자(30분)	관찰자(15분)
서열화/척도화	척도화(1-9)	척도화(1-5)	서열화	서열화
기준점 K (회상/행위)	5/5	9/7	8/8	8/8

도록 했다(Bernard et al., 1979: 194). 프랫과 햄 네트워크에 대해서는, 각각의 행위자들이 프랫 네트워크의 경우 1점부터 5점 척도로, 햄 네트워크의 경우 1점부터 9점 척도로 다른 참가자들과의 상호작용에 대해 스스로 평가하도록 했다. 더 자세한 정보는 버나드와 그의 동료들의 연구(Bernard et al.)를 참고하기 바란다.

21.2.2. 데이터 변환

비교 가능성을 높이기 위해, 행위 네트워크와 회상 네트워크를 버나드와 그의 동료들(Bernard et al., 1979)이 설명한 절차에 따라 이진형의 대칭 행렬로 변환했다. 이진형으로 구분하는 기준(K)은 버나드와 그의 동료들(Bernard at al., 198, table 2)을 따랐으며 〈표 21.1〉에 이에 대해 표시했다. 회상 네트워크와 관련하여, K와 값이 같거나 낮은 모든 양자관계에 대해 1을 할당하고 그렇지 않은 경우는 0을 할당함으로써 서열화된 데이터를 이진형으로 변환했다. 아울러, 척도화된 데이터의 경우 K와 값이 같거나 큰 모든 양자관계에 대해 1을 할당하고 그렇지 않은 경우는 0을 할당함으로써 이진형으로 변환했다. 행위 네트워크와 관련하여, 상호작용 빈도는 빈도가 높은 것부터 낮은 순으로

서열화한 후에 이진형으로 변환했다. 버나드와 그의 동료들(Bernard at al.)이 보고했던 밀도값과 이 연구에서 변환한 데이터의 밀도값은 유사하다.[1] 네트워크를 이진형으로 만든 후에, 하나의 양자관계에서 적어도 한 개의 연결관계가 존재할 경우, 연결선이 존재하는 것으로 간주함으로써 네트워크를 대칭형으로 변환했다.

21.2.3. 모형 설정

각각의 네트워크를 개별적으로 모형화하는 것으로부터 시작했는데, 이는 단일변량 모형들이 다음 단계 모형화(양자 공변량 모형과 다변량 모형)에서의 유의 수준 변화에 대해 이해할 수 있도록 기준치를 제시해줄 뿐만 아니라 네트워크 구조에 대한 정보를 주기 때문이다. 그 후, 회상이 행위에 대한 양자 연관성으로부터 벗어나는 정도에 대해 효과적으로 분석하기 위해, 행위 네트워크를 공변량으로 하는 회상 네트워크를 모형화했다. 마지막으로, 회상 네트워크와 행위 네트워크를 함께 모형화(다변량 네트워크)했는데, 이를 통해 이들의 연관성 패턴과 이 둘 간의 구조적 차이에 대한 통찰을 제시할 수 있다.

데이터에 행위자 속성에 대한 정보가 없기 때문에, 여기서 다룬 ERGM은 방향성 없는 네트워크들에 대한 구조적 모수에만 초점을 맞춘다. 분석 결과들 간의 비교 가능성을 높이기 위해 모든 네트워크들에 대해 유사한 모수들을 모형에 투입했다. 일부 네트워크의 경우 모형 수렴을 달성하기 위해 밀도를 고정시켰지만 대부분의 모형은 연결선 모수를 포함했다. (섹션 12.4.2에 조

---

1) 오프 데이터셋의 행위 네트워크 밀도와 관련하여 버나드와 그의 동료들(Bernard et al., 1979)의 연구와 이 연구에 있어서 차이가 존재한다. 이러한 차이는 버나드와 그의 동료들(Bernard et al.)이 행위 데이터를 서열화하는 과정에서 일부 논문에 기록하지 않은 판단을 내렸기 때문인 것으로 보인다.

건부 추정에 대한 설명이 있다.) 성긴 네트워크의 경우, 모형에 고립자 모수를 포함할 필요가 있었다. 교호 스타 모수[A-S]도 모형에 포함함으로써 네트워크의 연결정도 분포를 통제했다. 일부 모형의 경우 마르코프 2-스타 모수를 투입해 모형 수렴을 도왔다. 경로 폐쇄 모수[AT-T]와 이에 상응하는 다수 연결성 모수[A2P-T]도 사용했다. 공변량 모형과 관련하여, 행위 네트워크는 각각의 모형에 양자 속성(연결선 공변량)으로 투입되었다(8장 참조). 마지막으로, 네트워크 간 연관성을 나타내는 서로 다른 연결관계 유형을 다변량 모형(10장 참조)에 투입했다. 공변량 모형과 마찬가지로, 연결선 B-R 모수를 모형에 투입함으로써 두 네트워크가 양자 수준에서 어느 정도로 연관되어 있는지를 알 수 있다. 그 후, 더 복잡한 형태의 연관성을 살펴봤다. 교호 삼각관계 AT-BRB (10장의 〈그림 10.4〉 참조)는 같은 상대와 커뮤니케이션하는 두 사람이 어느 정도로 서로 간의 커뮤니케이션을 기억하는지를 나타낸다. 이와 대조적으로, 교호 삼각관계 AT-RBR은 같은 상대와의 커뮤니케이션을 회상한 사람들이 어느 정도로 서로 커뮤니케이션하는 경향이 있는지를 나타낸다.

21.3. 결과

21.3.1. 시각화

네트워크 시각화를 통해 데이터셋(예컨대, 프랫, 햄) 간의 차이뿐만 아니라 같은 데이터셋 내에서의 네트워크 간 차이도 알 수 있다(〈그림 21.1〉 참조). 예컨대, 프랫 행위 네트워크는 매우 촘촘한 중심을 갖고 있는데, 이는 회상 네트워크에는 존재하지 않는다. 마찬가지로, 테크 회상 네트워크는 별개의 두 컴포넌트로 거의 구분되는데, 테크 행위 네트워크에서는 이러한 경향이 분명하지 않다.

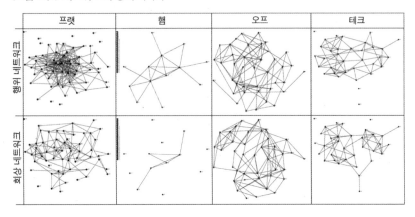

21.4. 기초 통계 분석

〈표 21.2〉의 주요 통계상 행위 네트워크와 회상 네트워크 간 차이가 체계적으로 존재하지 않는 것으로 보인다. 프랫과 햄 데이터셋의 경우 회상 네트워크가 행위 네트워크보다 훨씬 더 성긴 반면, 오프와 테크 데이터셋의 두 네트워크는 밀도가 유사하다. QAP 상관 분석을 통해 네트워크 전역적 구조에 있어서 중간 정도의 상관성을 보인다는 점을 알 수 있으며, 버나드와 그의 동

〈표 21.2〉 행위와 회상에 대한 네 개의 네트워크 기술 통계

	프랫		햄		오프		테크	
	행위	회상	행위	회상	행위	회상	행위	회상
크기	58		44		40		34	
밀도	0.12	0.064	0.022	0.0074	0.13	0.13	0.13	0.12
평균 연결정도	6.79	3.65	0.95	0.38	4.95	5.15	4.47	4.12
군집화	0.61	0.35	0.68	0.58	0.25	0.38	0.46	0.43
집중도	46	13	17	9	8	8	11	12
QAP 상관관계	0.29		0.46		0.32		0.34	

료들(Bernard et al., 1979)의 경우 이러한 상관성을 행위자 수준에서 발견한 바 있다.

21.5. 단일변량 모형

〈표 21.3〉은 여덟 개의 단일변량 ERGM을 제시한다. 각각의 모형은 다른 네트워크들과 별개로 각각의 네트워크에서 발생하는 지역적 과정들을 보여 준다. 이 모형들에 대한 GOF 통계량은 대체적으로 매우 좋다. 프랫 행위 네트워크의 경우, 일부 클리크 수의 GOF 통계량이 (4보다는 작았지만) 2보다 컸는데, 이는 이 모형이 네트워크 중심의 매우 촘촘한 영역을 구현하는 데에 어려움이 있음을 시사한다.

햄 데이터셋 관련하여, 회상 네트워크의 밀도가 낮은데 이는 고립자 모수

〈표 21.3〉 네 개의 데이터셋에 대한 단일변량 ERGM 모수 추정치(표준오차)

	프랫		햄		오프		테크	
	행위	회상	행위	회상	행위	회상	행위	회상
연결선	고정된 밀도	-2.68* (0.83)	고정된 밀도	고정된 밀도	1.51 (2.39)	-4.06* (1.42)	-4.50* (1.13)	-3.44* (1.19)
2-스타	0.13* (0.02)			0.68 (0.64)		-0.27* (0.11)	-0.30* (0.14)	-0.15* (0.13)
고립자			-2.94 (2.30)	3.93* (1.59)				
스타[A-S]	-0.69* (0.29)	-0.01 (0.42)	2.88* (1.34)		-1.15 (0.66)	-1.82* (0.67)	1.42* (0.63)	0.95 (0.62)
경로 폐쇄[AT-T]	1.07* (0.28)	0.87* (0.14)	0.98 (0.87)		0.48* (0.13)	0.54* (0.13)	0.88* (0.23)	0.78* (0.20)
연결성[A2P-T]	0.10* (0.02)	-0.16 (0.10)	0.24 (0.14)			-0.46* (0.07)	-0.20 (0.13)	-0.31* (0.12)

* 통계적으로 유의한 효과

가 통계적으로 유의한 것을 통해서도 알 수 있다. 밀도가 낮아서 모형을 수렴시키는 데에 어려움이 있었기에, 이 모형은 다른 모형들과 차이를 보인다. (마찬가지로, 연결성 모수는 모형 수렴을 위해 오프 행위 네트워크에는 포함하지 않았다.) 네트워크에 걸쳐서 일관되게 드러난 결과는 폐쇄성 모수가 통계적으로 유의하며(햄 네트워크의 경우는 예외인데, 이 네트워크가 매우 성긴 네트워크인 관계로 삼각관계가 발현되기 어려운 구조이다), 다수 연결성 모수는 음수이거나 통계적으로 유의하지 않았다는 것이다. 이 결과를 통해 이러한 네트워크의 구조 이면에 존재하는 주요 추동력은 폐쇄 과정이라는 점을 알 수 있다. 달리 말해, 행위 네트워크와 회상 네트워크 모두 행위로서든 또는 그 행위에 대한 회상으로서든 사람들이 밀집된 집단형 구조에서 상호작용하는 경향을 바탕으로 한다는 것이다. 하지만, 행위 네트워크와 회상 네트워크가 독립적으로 모형화되었기 때문에, 같은 양자관계가 회상 네트워크와 행위 네트워크에서 이 집단들을 형성하는 데에 포함되어 있는지 여부는 알 수 없다. 스타 모수의 통계적 유의성은 네트워크에 걸쳐 일관되게 나타나지는 않았다. 여기서 스타 모수의 가장 중요한 역할은 연결정도 분포를 통제하는 것이며 연결정도 기반 효과들이 서로 다른 네트워크에 걸쳐서 서로 다르다는 점은 놀라운 일이 아니다. 다수 연결성 모수를 모형에 포함함으로써 폐쇄 메커니즘에 대한 보다 타당도 높은 해석을 할 수 있다.

이 모형을 통해, 회상과 행위가 폐쇄 과정을 포함하며, 폐쇄 과정은 집단으로 상호작용하고 집단 형성 패턴을 토대로 상호작용을 기억하는 행위자들의 경향을 반영하는 것을 알 수 있다. 나머지 분석과 관련한 주요 문제는 이러한 폐쇄 과정이 독립적으로 발생하는지 또는 네트워크 간의 연관성이 폐쇄 효과를 설명하는지 여부를 살펴보는 것이다.

21.6. 행위 네트워크를 공변량으로 하는 회상 네트워크 모형

〈표 21.4〉의 네 개의 모형은 행위 네트워크를 공변량으로 하여 회상 네트워크를 모형화한 것이다. 실제로, 회상 네트워크와 행위 네트워크 간의 양자 연관성을 계산하고 나서 회상 네트워크의 나머지 구조에 대해 분석한다. 다시 말해, "행위적 상호작용 구조가 주어진 상태에서 사람들이 이러한 상호작용을 얼마나 잘 기억하는가?"에 대해 질문한다. 만약 행위 네트워크 공변량과의 연관성 외에, 행위 네트워크가 주어진 상태에서 모형에 통계적으로 유의한 구조적 효과가 없다면, 회상에 있어서 특별한 편향이 없다고 추론할 수 있다.

연결선 공변량 (행위) 모수는 행위 네트워크와 회상 네트워크가 일치하는 정도에 대해 알려준다. 모든 데이터셋에 대해 행위 네트워크와 회상 네트워크 간에 통계적으로 유의한 정적 연관성이 존재한다. 이 두 네트워크 간 연관성이 연결선 공변량 모수로 일단 통제되면, 나머지 모수들은 행위와의 강한 양자 연관성으로 설명하지 못한, 회상 네트워크의 나머지 구조에 대해 설명한다.

연결선 모수(프랫, 테크, 오프)가 음수라는 점은 행위자들이 더 복잡한 패턴

〈표 21.4〉 (행위 네트워크를 공변량 네트워크로 포함하는) 네 개의 회상 네트워크 모수 추정치 (표준오차)

	프랫	햄	오프	테크
연결선	-1.54(0.88)	고정된 밀도	-4.67(1.33)*	-3.06(0.90)*
고립자		3.56(1.71)*		
2-스타			-0.25(0.11)*	
스타[A-S]	-0.41(0.36)	-0.83(1.02)	1.84(0.64)*	0.38(0.37)
폐쇄[AT-T]	0.73(0.14)*		0.50(0.14)*	0.61(0.19)*
연결성[A2P-T]	-0.19(0.07)*		-0.45(0.07)*	-0.30(0.10)*
연결선 공변량(행위)	2.02(0.24)*	6.38(2.88)*	2.06(0.23)*	2.27(0.25)*

* 통계적으로 유의한 효과

의 회상과 관련이 있지 않는 한 그들의 행위에서 관찰되지 않은 연결관계를 보고하지 않는 경향이 있음을 시사한다. 스타 모수는 오프 네트워크의 경우에만 통계적으로 유의했다. 회상 네트워크의 단일변량 모형에서의 스타 모수는 음수였기 때문에, 행위 공변량이 일단 투입된 후에 해당 모수가 통계적으로 유의하며 양수로 바뀌었다는 점은 행위와 회상 간의 양자 연관성을 넘어서 회상 네트워크의 연결정도 분포에서 상당 수준의 이질성이 존재함을 시사한다. 모두 고려해보건대, 경로 폐쇄 모수와 다수 연결성 모수는 회상 네트워크에서 행위와의 양자 연관성으로 설명되지 못한 군집화가 어느 정도로 존재하는지를 나타내준다. 여기서, 결과들은 매우 일관되게 나타났다. 햄 네트워크를 제외하고는, 모든 네트워크들의 경로 폐쇄 모수가 통계적으로 유의하며 양수였다. 이 결과를 통해, 비록 전역적 네트워크 통계량을 통해서는 명확하게 드러나지 않았다 하더라도(〈표 21.2〉), 회상 네트워크와 행위 네트워크 간의 양자 연관성을 넘어서는 군집화가 회상 네트워크에서 존재한다는 점을 알 수 있다.

공변량 모형은 회상과 행위 간의 유의미한 연관성이 존재함을 보여준다. 또한 이 모형은 네트워크가 일치하지 않을 때 이는 회상 연결관계가 삼각관계와 집단을 포함하는 복잡한 패턴에 배태되어 있기 때문이지, 행위자들이 고립된 상호작용을 잊어버렸기 때문이 아니라는 점을 시사한다. 당연하게도, 행위자들은 그들의 행위에 존재하는 연결관계를 넘어서는 관계들을 보고하기도 하는데 이러한 관계들은 복잡한 집단화 패턴 내에서 발생한다. 따라서, 실제 관찰된 행위에서보다 더 많은 폐쇄성이 행위자들의 회상 편향에 존재한다는 것을 이 연구가 시사한다.

21.7. 다변량 모형

최종 모형(〈표 21.5〉)에서 행위와 회상을 동시에 추정한다. 다변량 모형은 앞에서 설명한 모형들과 두 가지 차원에서 다르다. 첫째, 다변량 모형을 통해 네트워크들 간의 더 복잡한 연관성 패턴(예컨대, AT-BRB, AT-RBR)을 분석할 수 있다. 둘째, 회상과 행위가 동시에 모형화되었기 때문에, 네트워크 간의 연관성을 보는 것에서 벗어나서 각각의 네트워크 구조에 대한 직접적 비교가

〈표 21.5〉 네 개의 데이터셋에 대한 다변량 ERGM 모수 추정치(표준오차)

	프랫		햄		오프		테크	
	행위	회상	행위	회상	행위	회상	행위	회상
연결선	고정된 밀도	고정된 밀도	고정된 밀도	고정된 밀도	1.48 (2.46)	1.14 (1.84)	-4.90* (1.22)	-3.33* (1.21)
2-스타	0.15* (0.02)	0.01 (0.16)	0.38* (0.10)	0.51 (0.40)			-0.45* (0.17)	-0.08 (0.15)
스타[A-S]	-0.65* (0.28)	-0.22 (0.46)			-1.28 (0.68)	-1.46* (0.51)	1.30* (0.63)	0.55 (0.63)
경로 폐쇄[AT-T]	0.99* (0.26)	0.81* (0.17)			0.34* (0.16)	0.95* (0.18)	0.75* (0.25)	0.32 (0.24)
연결성[A2P-T]	-0.09* (0.02)	-0.06 (0.17)					0.04 (0.15)	-0.29 (0.15)
연결선 B-R	2.53* (0.31)		6.70 (3.39)		2.11* (0.29)		1.64* (0.37)	
고립자 B-R			1.44 (0.88)					
3-스타 BRR	-0.02* (0.01)							
AT-BRB	0.01 (0.21)		3.26* (1.58)		0.25 (0.25)		-0.15 (0.38)	
AT-RBR	0.25 (0.17)		-0.71 (0.70)		-0.04 (0.28)		1.07* (0.37)	

* 통계적으로 유의한 효과

가능하다. 전과 마찬가지로, 모형 설정의 차이는 모형을 수렴시키고자 하는 시도에서 비롯되었다. 밀도가 낮은 햄 네트워크의 경우, 고립자 모수를 모형에 투입했으며 일부 상위수준 네트워크 내 효과는 투입하지 않았다. 네트워크 내 마르코프 2-스타 모수는 일부 네트워크에서 연결정도 분포를 모형화하는 데에 도움을 주었다. 프랫 네트워크 모형의 경우 다변량 마르코프 3-스타 효과를 포함했다.

연결선 B-R(행위-회상) 모수는 행위 네트워크와 회상 네트워크가 어느 정도로 서로 일치하는가에 대한 정보를 제공해준다. 여기서의 결과는 〈표 21.4〉의 연결선 공변량 모수 추정치와 유사하다. 이를 통해 두 유형의 네트워크 간 상당 수준 연관성이 있음을 알 수 있다. 해당 모수는 테크, 오프, 프랫 네트워크에서 통계적으로 유의하며 햄 네트워크에서도 통계적으로 거의 유의했다. 네트워크 간 직접 비교를 위해, 이 모형들에 다른 잠재적 형태의 연관성을 추가했다. 테크 네트워크의 경우, AT-RBR이 통계적으로 유의했다. 이는 행위자들이 같은 제3의 상대와의 회상 상호작용에 대해 행위적으로 상호작용하는 강한 경향을 시사한다. 이러한 경향은 연결선 B-R 모수로 나타난 두 네트워크 간의 연관성을 넘어선다. 햄 네트워크의 경우, AT-BRB 교호 삼각관계 모수가 통계적으로 유의했다. 이는 같은 상대와 상호작용했던 두 행위자들이 그들 간의 상호작용을 회상하는 경향이 있음을 시사한다. 프랫 네트워크의 경우, 3-스타 BRR 모수는 통계적으로 유의하며 음수였는데, 이는 두 네트워크에서 모두 동시에 중심적인 사람들이 존재하지 않는 경향을 시사한다. 따라서, 행위 네트워크와 회상 네트워크는 직접적인 양자관계로서뿐만 아니라 더 복잡한 폐쇄 패턴의 부분으로서 상당 수준 연관성이 있음을 알 수 있다.

연관성에 대한 측정 외에, 나머지 모수들을 통해 네트워크 간 구조적 차이를 분석할 수 있다. 테크 회상 네트워크의 경우, 폐쇄성 모수와 연결성 모수가 더 이상 통계적으로 유의하지 않음을 알 수 있다. (단일 그리고 공변량 모형에서 이 둘은 통계적으로 유의했었다.) 폐쇄 및 연결성 과정은 AT-RBR(그리고 연결선 B-R)로 설명할 수 있는데, 공변량 모형보다 회상과 행위 간 차이의 본질에 대해 더 많은 통찰을 준다. 구체적으로, 행위자의 행위가 행위와 회상 간의 연관성(삼자관계 연관성도 포함)을 통해 일단 충분히 설명될 경우 행위자의 회상 구조는 설명된다. 그 반대는 성립되지 않는다. 테크 행위 네트워크에서 통계적으로 유의한 모수가 있다는 점은 행위자들의 행위 내의 과정이 해당 행위에 대한 회상으로 잘 설명되지 않음을 시사한다. 행위자의 행위 과정들을 설명하기 위해 연결정도 분포 (스타) 효과와 폐쇄 효과를 추가해야 한다. 즉, 이런 다변량 네트워크에서 행위는 회상의 구조를 대체로 설명하지만, 그 반대는 성립하지 않는데 이는 행위가 회상의 선행요인임을 시사한다.

남은 모형들은 이와 유사하게 해석할 수 있지만 약간 다른 결론을 도출한다. 오프 네트워크에서 폐쇄성 모수는 두 네트워크 모두에 대해 통계적으로 유의한데, 이는 두 네트워크 간의 연관성으로 설명할 수 없는 폐쇄성 효과가 행위 네트워크와 회상 네트워크 둘 다에 존재함을 시사한다. 프랫 네트워크 모형도 유사한데, 폐쇄성이 두 네트워크 모두에서 통계적으로 유의하며 양수이다. 햄 네트워크의 경우, 행위 네트워크에서 2-스타의 존재만 두 네트워크 간의 연관성으로 설명되지 않았다.

다변량 모형을 통해 행위 네트워크와 회상 네트워크 간 상당 수준의 양자 연관성을 발견했다. 하지만, 이 양자 연관성만으로 설명되지 않는, 행위 네트워크와 회상 네트워크 내의 구조가 추가적으로 존재함을 발견하기도 했다. 또한, 회상과 행위를 모두 포함한 폐쇄 과정에서 두 네트워크가 여러 경우에서 서로 얽혀 있음을 발견했다.

21.8. 논의

이 장은 여러 방법을 사용하여 회상 기반 네트워크 구조가 행위 네트워크 구조로부터 체계적으로 벗어나 있는지를 탐색했다. 행위 네트워크와 회상 네트워크 구조를 설명함에 있어서 상이한 사회적 과정이 드러나는지에 대해 설명하고자 이 연구를 시작했다. 이 연구를 통해 BKS 연구의 결과를 어느 정도 재확인할 수 있었다. 이 연구에서 행위 네트워크와 회상 네트워크의 구조가 서로 다름을 발견했는데, 이는 BKS 연구 결과와 일치하는 부분이다. 행위자들은 그들의 모든 상호작용을 회상하지 못했으며 실제 발생하지 않았던 상호작용을 있었다고 기억하는 경우도 존재했다. 또한 이 연구 결과를 통해 네트워크 간 상당 수준의 유사성이 있다는 점도 발견했는데 회상은 행위를 강하게 따르는 것으로 나타났다. 이 결과는 (BKS 연구에서 이를 강조하지는 않았지만) BKS 결과와 일맥상통하는 부분이다. 그럼에도 불구하고 이 장에서 소개한 연구는 BKS 연구의 분석 수준을 뛰어넘는데, 행위 네트워크와 회상 네트워크 간 차이가 복잡한 구조적 패턴의 부분일 때 발생한다는 점을 보여주기 때문이다. 보다 구체적으로, 행위와 회상 둘 다 주로 폐쇄성 과정에서 서로 다른 원리를 따르는 것으로 드러났다. 하지만, 어떤 네트워크에서 이 폐쇄성 과정은 네트워크 간 연관성을 드러내는 근원이기도 한데, 행위자들의 행위와 해당 행위에 대한 회상이 서로 연관되어 있어서 다변량 삼각관계를 형성하기도 했다.

이렇듯, 행위와 회상 간의 체계적 차이가 존재했으며 이는 주로 폐쇄성 과정과 관련이 있었다. 대부분의 경우, 회상 네트워크에 존재하는 폐쇄성은 행위 네트워크에서 발견된 폐쇄성으로 완전히 설명되지 않는다는 점을 발견했다. 마지막으로, 두 개의 데이터셋에서 두 네트워크와 관련한 폐쇄 과정은 회상과 행위 간의 연관성 패턴도 설명한다는 점을 발견했다. 이 모두를 고려해 보건대, 이 연구 결과를 통해 행위 네트워크와 회상 네트워크 간 차이를 순수 양자적 설명만으로 이해하기에는 한계가 있음을 알 수 있다.

프리만과 그의 동료들(Freeman et al., 1987)이 회상과 행위 네트워크 간의 연관성 부족에 대해 설명한 바 있다. 이들은 회상이 일상적 상호작용과는 다른, 안정적인 관계 패턴을 토대로 한다고 가정한다. 이러한 주장은 인지적 정보 처리 이론에 그 뿌리가 있는데, 정보원들의 사건과 상호작용 회상에 있어서 그들의 정신적 스키마가 중요한 역할을 한다는 점을 강조한다. 하지만, 상호작용의 분석 단위로 양자관계를 삼으며 양자관계 간 서로 독립적임을 가정한다. 다시 말해, 프리만과 그의 동료들(Freeman et al.)은 응답자들의 회상이 응답자와 그/그녀의 상대들 간의 상호작용의 빈도와 안정성을 토대로 한다고 가정한다. 상대방과의 상호작용에 대한 사람들의 회상이 이 두 사람이 제3자와 가진 상호작용에 달려 있다는 점을 명확히 고려하지 않는다. 이에 사회 영향력과 집단 역학을 포함한 보다 정확한 설명을 제시할 필요가 있다. 인지적 사회 구조에 대한 연구들(Kilduff et al., 2008; Kilduff & Krackhardt, 2008; Krackhardt, 1987)은 사회관계에 대한 개인의 인식과 관련하여 삼자적 수준에서 인지 편향이 존재함을 논의하고 있고, 이와 같은 맥락에서 코일리와 패티슨(Koehly & Pattison, 2005)도 개인의 회상이 삼자 수준에서의 구조적 편향(즉, 더 많은 폐쇄성)에 영향을 받을 가능성이 있다는 점을 발견했다.

이렇듯, 이 장의 연구 결과를 통해 행위자들이 사회 환경을 구조적으로 인지한다는 점을 다시 한 번 확인할 수 있었다. 상호작용에 대한 회상은 이 상호작용 자체의 존재와 관련이 있지만 상호작용이 집단형 구조 내에 어느 정도로 배속되어 있는지와도 관련이 있다. 이와 더불어 상호작용에 대한 회상은 다른 상호작용의 폐쇄를 떠올리게 한다. (이 폐쇄성은 삼자관계의 과장을 초래한다.) 다시 말해, 행위자들은 안정적 관계뿐만 아니라 폐쇄된 사회 집단에 배속된 안정적 관계도 회상한다는 것이다. 이와 같은 맥락에서 향후 연구는 방향성 있는 데이터를 분석함으로써 회상과 행위 간의 관계에 대한 통찰을 제시할 것을 권한다. 방향성 있는 데이터를 통해 6장에서 설명한 바와 같이 상이한 폐쇄성 과정(이행성, 인기도, 활동성, 순환) 간 구별이 가능하기 때문이다.

4부 미래

22장 사회 네트워크 모형화의 다음 단계

사회 네트워크 모형화의 다음 단계

핍 패티슨(Pip Pattison)·톰 스나이더(Tom Snijders)

이 장에서는 ERGM으로 사회 네트워크를 모형화함에 있어서 진전된 내용들을 살펴보고 앞으로 해결해야 할 중요한 문제들에 대해 여러 방법들을 논하면서 함께 살펴보고자 한다. 또한, 더 넓은 맥락에서의 사회 네트워크 모형화를 다루면서 ERGM의 변화에 대해 논하고자 한다.

22.1. ERGM의 고유한 특징

이전 장들에서 살펴본 바와 같이, ERGM은 사회 네트워크와 이와 연관된 사회적 과정들에 대해 관심이 있는 사회과학자들로부터 다음과 같은 네 가지 측면에서 주목을 받는다.

첫째, 그리고 아마도 가장 중요한 점은 ERGM이 사회 네트워크를 역동적이고 상호작용적이며 지역적인 사회 과정들의 결과로서 개념화한다는 것이다. 따라서 ERGM은 사회 네트워크 진화에 대해 동시대의 많은 이론적 관점들(예컨대, Emirbayer, 1997)과 잘 어울린다. 물론 이론에 내재된 사회 기제들을 엄밀하게 살펴보면 서로 다른 다양한 관점이 존재하긴 한다(예컨대, Jackson, 2008; Pattison, Robins, & Kashima, 2008; Rivera, Soderstrom, & Uzzi, 2010; Snijders, 2006). ERGM을 통해 네트워크 형성을 추동하는 역동적·상호작용적·지역적 과정들의 결과에 대해 살펴볼 수 있으며 이로 인한 사회 네트워크 구조에서의 관찰 가능한 규칙성을 분석할 수 있다. 더군다나, 이러한 접근은 명료한 통계적 분석틀을 토대로 한다. 가설화된 이론적 기제와 ERGM 형태 또는 모형 가정들에 대한 세부적 연구 방법 간에 완벽하게 부합하지는 않을지라도, ERGM은 가설화된 네트워크 과정과 관찰 가능한 네트워크 규칙성 간의 잠재적 관련성을 분석할 수 있도록 연구자들에게 새로운 가능성을 열어준다. 간단히 말해서, ERGM은 사회과학자들이 통계적 방법을 통해 사회 네트워크 규칙성을 연구하고 이러한 규칙성을 보다 정밀하게 살펴볼 수 있도록 한다.

사회 네트워크 모형화의 대안적 접근과 비교해볼 때, ERGM의 두 번째 주요 특징은 효과로서 모형 내에 모수화되지 않은 전역적 네트워크 특징을 포함하여 관찰된 많은 중요한 네트워크 특징들을 모형이 구현할 수 있다는 점이다. 이러한 장점이 많은 사례들을 통해 입증되었으며 ERGM이 지역 의존성 설정을 가능케 하는 효과적인 접근이라는 점에 대해 일정 부분 학계의 확신이 있는 상황이다(Hunter & Handcock, 2006; Robins et al., 2007; Robins, Pattison, & Wang, 2009; Snijders et al., 2006). 이와 같은 장점이 연결관계 형성 과정에서의 내생성 가정을 잘 뒷받침한다는 점에서 특히 주목할 만하다. ERGM 모형을 통해 상대적으로 적은 수의 모수화된 네트워크 효과만으로 실로 해당 네트워크의 관찰된 다양한 특징들을 구현한다는 것은 꽤 인상적이다. 예컨대, 굿로우(Goodreau, 2007)가 이에 대해 잘 설명했는데, ERGM 모형을 통해 잘 구현할 수 있는 네트워크 구조의 단면들 중에 노드들 간의 지역 군집화 유형과 정도, 노드와 노드 간 연결성의 일반적 분포, 그리고 각 네트워크 노드의 지역 연결성의 변동 등이 있다(Hunter, 2007; Hunter & Handcock, 2006; Snijders et al., 2006).

셋째, 다양한 많은 유형의 네트워크 데이터나 관계 데이터에 ERGM을 여러 방법으로 적용해볼 수 있다. ERGM은 방향성 있는 네트워크와 방향성 없는 네트워크 그리고 이원모드 네트워크와 다중관계 네트워크에 적용 가능하도록 발전해왔다(Robins, Pattison, & Wang, 2009; Wang, Sharpe, Robins, & Pattison, 2009; 이 책의 6, 10, 16, 20, 21장도 참조하기 바란다). 이 장의 후반부에서 더 설명하겠지만, 앞서 언급한 각각의 경우에 대해 기저의 그래프 이론적 지역 의존성을 고려한 현실적인 모형을 ERGM을 통해 유연하게 설정할 수 있다. 보다 일반적으로, 여러 유형의 노드와 여러 유형의 연결관계 간의 관계적 관찰을 살펴보는 데에 ERGM을 적용할 수 있다. 공간 공변량과 여타 관계적 공변량을 포함하여 노드 수준 및 양자관계 수준의 다양한 공변량을 모형에 간단히 추가할 수 있다(예컨대, Daraganova et al., 2012; Robins, Elliott, & Pattison, 2001; 이 책의 8장도 참조하기 바란다). 더 나아가, 관계 데이터에 대한 모형을 형성하는 데에 사용된 일반적 분석틀을, 네트워크 관계에서 상호의존성을 보이는 노드 수준 특징들에 대해 모형을 형성할 때에도 사용할 수 있다(Robins, Pattison, & Elliott, 2001). 이러한 다양한 유형의 관계 데이터에 대한 일반적 접근 방법을 9장과 18장에서 설명한 바 있다.

넷째, ERGM을 통해 네트워크 형성을 추동하는 역동적·상호작용적·지역적 과정의 결과를 이해할 수 있기 때문에, 종단적 관찰이 가능할 경우 이 과정들을 보다 직접적으로 살펴볼 수 있다. 11장과 19장에서 설명한 바와 같이, ERGM 모형들은 연결관계 형성 과정에 대한 이해를 도모하는 데에 보다 직접적 접근을 취할 수 있고, 횡단 데이터를 통해 이보다 직접적이지 않은 접근을 취한다 하더라도 이를 보완할 수 있다. 스나이더(Snijders, 2001)와 스나이더, 반 드 번트, 그리고 스티클리치(Snijders, van de Bunt, & Steglich, 2010)의 종단 네트워크 데이터 관련 행위자 지향 모형과 비교하여 ERGM은 연결관계 지향적으로 접근한다. 종단 데이터를 모형화하는 경우가 늘어남에 따라, 횡단 데이터에 모형을 적용할 때 세웠던 상대적으로 강한 가정들이 종단 데이터에 적용 가능한지 그리고 종단 데이터에서도 강건한지에 대해 학계가 알아가고 있는 단계이다.

물론, ERGM 모형 적합과 모형 비교가 이제 손쉬운 수준에 도달했다는 것은 결코 아니다. 오히려, 데이터가 주어진 상황에서 적절한 경쟁 모형을 설정하고 이를 적합시키는 것이 여전히 쉽지만은 않으며, 더 나은 모형을 선택하는 것이 항상 간단한 일은 아니다. 모형화함에 있어서 여러 어려움들이 남아 있는 실정이며, 이 장에서는 바로 이러한 어려움들에 대해 논의하고자 한다. 먼저 모형 설정에 관한 중요 논제를 다루고 난 후에, 모형 평가와 비교에 대한 보다 일반적 문제들을 고찰하고자 한다.

22.2. 모형 설정

ERGM 모형이 발전해온 역사가 말해주듯이, 특정 모형 형태를 선택하는 것이 무엇보다 중요하다(예컨대, Handcock, 2003; Snijders, 2002; Snijders et al., 2006). 근본적으로 잘못 설정된 모형들은 관찰된 네트워크의 주요 특징을 제대로 구현하는 데에 실패할 뿐만 아니라 추정 불가능할 수도 있다. 이는 해당 최대 우도 추정량 (또는 다른 추정량) 관련 방정식이 사실상 완전/근사 완전 그래프(즉, 밀도가 1이거나 1에 매우 가깝다)와 매우 성긴 그래프의 혼합에 해당하는 무작위 그래프 분포들에 의해서만 충족되기 때문이다(Robins et al., 2007; Snijders, 2002). 이런 분포들은 관찰된 네트워크와 유사한 그래프에 높은 확률을 부여하지 않으며, 우도 방정식을 해결해도 (6장의 〈그림 6.5〉와 〈그림 6.6〉의 사례처럼) 데이터를 구현해내지 못한다. 이 분포들은 잘못 설정된 모형이 근사 퇴보하는 모수 공간 일부분의 경계에 위치한다. 근사 퇴행 분포란 모형 상태 공간에서 상대적으로 작은 수의 그래프에 대해 높은 확률을 부여하며 나머지 그래프에 대해서는 0이나 0에 가까운 확률을 부여하는 분포를 의미한다(Handcock, 2003). 주어진 모형 설정에서 최대 우도에 대한 MCMC 알고리즘(12장)이나 ERGM의 베이지언 추정이 수렴에 실패할 경우, 이는 알고리즘적 결함 때문이라기보다 설정된 모형이 관찰된 모형을 제대로 구현하지 못하기 때문일 가능성이 높다는 점을 우리는 잘 알고 있다. 결과적으로, 모형 설정이 중요하다는 점을 재차 강조하고자 한다. 실현 가능한 ERGM을 개발하는 데에 진정한 진전이 있었던 때는 바로 새로운 실현 의존성 모형(Pattison & Robins, 2002)이 개발되었을 때였다(Hunter & Handcock, 2006; Snijders et al., 2006). 보다 최근에는 사람의 사회 네트워크에 대한 많은 중요한 지역적 및 전역적 특징들을 더 정확하게 구현해내도록 모형을 설정하는 것이 점차 가능해지고 있다. 실현 의존성 설정보다 더 제약이 많은 마르코프 모형(6장)이 사회과학에서 관찰된 네트워크 대부분을 구현하지 못하는 것으로 보아, 마르코프 설정의 조건부 독립성 가정이 사회 현실에서는 통상 충족되지 않는다고 결론 내려진 바 있다.

하지만, 많은 ERGM 설정에서 반영된 내생적 연결관계 형성 과정을 서로 분리하거나 관찰되지 않은 외생변수 효과로부터 구분 짓는 것이 항상 쉬운 것만은 아니라는 점을 인식할 필요가 있다. 예컨대, 관찰된 군집화는 부분적으로 내생적 폐쇄 과정으로, 부분적으로 연결정도 동류성(assortativity) 과정[1]으로, 그리고 부분적으로 관찰된 또는 관찰되지 않은 노드 속성을 포함한 유유상종 과정으로 설명할 수 있다. 이러한 가능한 과정들을 하나하나 구분하기 위해서는, 동시에 작용하는 다양한 과정들을 반영하고 이들 간 신중한 비교가 가능하도록 모형을 설정하는 것이 중요하다. 모든 모형화 맥락에서와 마찬가지로, 이론에 밀접하게 근거를 둔 모형을 형성하는 것이 가장 이상적이며, 만약 가능하다면 관련 실증적 환경에서 사용된 바 있는 모형을 감안할

---

1) 옮긴이 주: 연결정도 동류성은 많은(또는 적은) 연결선을 지닌 노드들이 많은(또는 적은) 연결선을 지닌 다른 노드들과 연결되는 경향을 나타낸다.

필요가 있다. 주요 공변량에 관한 데이터를 수집하고 이들 공변량을 모형에 투입하는 것도 마찬가지로 중요하다.

두 번째로 고려할 사항은 모형 설정 시 네트워크 효과 수를 제한할 수 있는 다양한 접근을 검토하여 오캄의 면도칼(Ockham's razor)[2] 관점에서 바람직한 모형을 만드는 것이다. 한 가지 기초적인 가정은 잠재적 모형 모수들이 동형적 네트워크 연결관계 유형에 부합할 때 이 모수들을 동일시함으로써 동질적인 네트워크 모형을 만드는 것이다. 이는 프랭크와 스트라우스(Frank & Strauss, 1986)가 설명한 바 있다. 7장에서 설명한 것처럼, 이 가정을 통해 관련 네트워크 통계량이 네트워크에 있는 해당 동형적 연결관계 유형의 개수(예컨대, 삼각관계, 4-사이클, 또는 5-스타의 개수)가 된다. 사회 네트워크에서의 지역 의존성을 설명하기 위해 일반적 삼자관계 유형의 개수가 중요하다는 점은 일찍이 홀랜드와 라인하트(Holland & Leinhardt, 1976)가 언급한 바 있다. 물론, 관찰된 노드 또는 양자관계 수준의 공변량을 지닌 효과 간의 상호작용이 예상될 경우, 이러한 상호작용을 8장, 14장, 그리고 17장에서 설명한 것처럼 모형에 포함할 수 있다.

추후 등장한 접근들은 관련된 네트워크 효과 간에 특정 관계가 존재한다는 점을 가정한다. 예컨대, 2-스타, 3-스타, 4-스타 등의 모수가 특정 방법으로 서로와 관련이 있다고 가정하는 것이다. 이런 가정을 통해 모형 효과들이 동질적인 네트워크 효과군의 특정 속성을 설명할 경우 해당 모형 효과들의 수를 줄일 수 있게 되었다. 예컨대, 소위 말하는 교호 통계량(Snijders et al., 2006) 또는 이와 동등한 개념인 기하학적 가중 통계량(Hunter & Handcock, 2006)을 통해 적은 수의 네트워크 효과로도 모형을 형성할 수 있게 되어 효과적인 네

---

2) 옮긴이 주: 오캄의 면도날은 14세기 철학자 오캄의 윌리엄(William of Ockham)의 이름을 따서 붙여진 것으로 논리적으로 가장 단순한 것이 가장 바람직한 것이라는 간결성의 원칙을 의미한다.

트워크 모형 설정이 가능하도록 했다. 예컨대, 스타 통계량의 경우, 연결정도 분포를 완전히 설명하기 위해 관련 효과들의 집합을 모두 모형에 투입하기보다, 연결정도 분포의 분산을 설명하는 단 하나의 효과를 모형에 투입하면 된다. 비록 전자가 많은 수의 모수를 모형에 넣는 대가로 데이터를 효과적으로 설명할 수는 있겠지만, 이런 식의 접근이 어느 때에 유용하며 관련 통계량 집합에 대해 언제 그리고 어떻게 보다 미묘하게 그 특성을 파악하여 통계량을 모형에 투입해야 하는지 항상 분명하지는 않다는 어려움이 있다.

다음 섹션에서는 우선 서로 다른 내생적 과정을 구별하고 특성화하는 일부 접근법들을 살펴본 후에, 관찰되지 않은 외생 설명변수들을 모형에 투입한 상태에서 내생적 과정들을 분석하는 방법들을 설명하고자 한다.

22.2.1. 의존성 위계

패티슨과 그의 동료들(Pattison et al., 2011a)은 ERGM 모형 설정 기저의 의존성 가정을 규정짓는 체계적 틀을 설명했다. [이원모드 네트워크의 의존성 위계에 대해서는 왕, 패티슨, 그리고 로빈스(Wang, Pattison, & Robins, in press)를 참고하기 바란다]. 이 틀은 전반적인 개념 구조를 제시함으로써 그 구조 내에서 의존성 구조에 대한 가정을 설명하고 추후 비교할 수 있도록 한다. 각각의 의존성 가설이 관련 네트워크 통계량 집합과 연관되어 있기 때문에, 여기서 앞으로 설명할 네트워크 효과들의 유형은 이 틀에 의해 분류된다.

이 틀을 발전시키면서 패티슨과 그의 동료들(Pattison et al., 2011a)은 지금까지 제안된 연결선 변인들 X_{ij}와 X_{kl}에 대한 다양한 의존성 가정이 두 가지 방법으로 구분될 수 있음을 발견했다. 이 두 구분을 통해 두 노드 쌍 {i, j}와 {j, l} 간의 그래프-이론적 근접성을 규정지을 수 있는데, 이 두 노드 쌍에 대해 연결선 변인들 X_{ij}와 X_{kl}가 조건부[3] 의존적이다.

첫 번째 구분은 두 노드 쌍 간의 근접성 "형태"에 관한 것이며 두 번째 구분은 근접성을 판단하는 "거리"에 관한 것이다. 두 개의 단일 노드 간의 근접성에 대해 살펴보는 것이라면 노드 간 그래프 거리에 따라 규정화하는 것은 단순하다. 하지만, 두 노드 "쌍"의 근접성에 대해 분석하는 것은 이보다는 단순하지 않다. 두 노드 쌍이 가깝다고 판단하기 위해서는 하나의 쌍에 속한 각각의 노드가 다른 쌍에 속한 각각의 노드에 대해 최소한도의 근접성을 지니고 있거나, 아니면 첫 번째 쌍에서 적어도 하나의 노드가 두 번째 쌍에서의 적어도 하나의 노드에 대해 최소한도의 근접성을 지니고 있으면 충분할까? 이 두 가지 가능한 정의와 이 정의들 사이에 위치한 두 가지 중간적 형태를 토대로 패티슨과 그의 동료들(Pattison et al., 2011a)은 다음과 같은 네 가지 근접성 형태를 제안했다.

- 각각의 두 노드 i와 j는 각각의 두 노드 k와 l의 근접성 p 내에 있다. (따라서, 각각의 두 노드 k와 l은 각각의 두 노드 i와 j의 근접성 p 내에 있다.)
- 각각의 두 노드 i와 j는 두 노드 k와 l 중 적어도 하나의 노드의 근접성 p 내에 있다. *그리고* 이와 대칭적으로 각각의 두 노드 k와 l은 두 노드 i와 j 중 적어도 하나의 노드의 근접성 p 내에 있다.
- 각각의 두 노드 i와 j는 두 노드 k와 l 중 적어도 하나의 노드의 근접성 p 내에 있다. *또는* 그 대신에 각각의 두 노드 k와 l은 두 노드 i와 j 중 적어도 하나의 노드의 근접성 p 내에 있다.
- 두 노드 i와 j 중 적어도 하나는 두 노드 k와 l 중 적어도 하나의 노드의 근접성 p 내에 있다. (그리고 이에 따라 두 노드 k와 l 중 적어도 하나는 두 노드 i와 j 중 적어도 하나의 근접성 p 내에 있는 경우도 있다.)

---

3) 여기서 말하는 "조건부(conditionally)"는 이 두 연결선 변인들을 제외한 다른 모든 연결선 변인들에 대해 조건부 의존적임을 뜻한다.

〈그림 22.1〉 의존성 구조의 위계

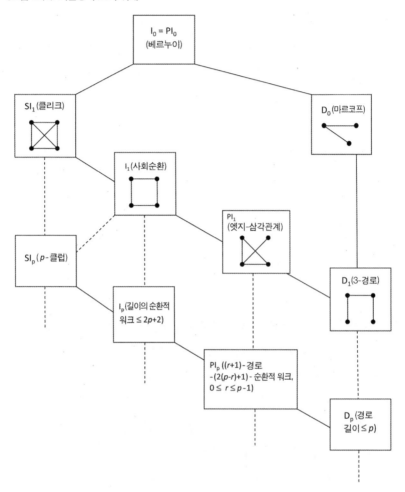

패티슨과 그의 동료들(2011a)은 p값을 갖는, 이 네 가지 형태의 근접성에 대해 엄격 포함(strict inclusion, SIp), 포함(inclusion, Ip), 부분 포함(partial inclusion, PIp), 그리고 거리(distance, Dp)로 각각 명명했다. 이들이 설명한 바와 같이, 이 네 가지 형태는 목록 위에서부터 아래로 갈수록 점점 일반화되고 있는데, 상기 목록상의 조건 중 어느 것이라도 충족하면 해당 조건 다음에 오는

모든 조건들도 충족하게 된다. 더군다나, 그 어떠한 특정 형태에 대해서도 p 값이 증가할수록 모형이 점점 일반화되는데, 만약 주어진 p값에 대해 상기 조건이 충족된다면 그 p값 이상의 값들에 대해서도 이 조건들이 모두 충족되기 때문이다. 따라서 이 두 구분은 연결관계 X_{ij}와 X_{kl}가 조건부 의존적인 것으로 여겨지는 상황에 대한 가정의 2차원적 위계를 규정한다. 이 위계는 〈그림 22.1〉에서 볼 수 있다.

조건 SI_0는 모든 네 개의 노드들이 동일한 경우에만 성립되기 때문에 퇴행적이다. 따라서 SI_0를 삭제했다는 점을 밝히고자 한다. 이와 더불어, 조건 I_0와 PI_0은 동일하다. I_0와 PI_0 각각은 노드 쌍 {i, j}이 노드 쌍{k, l}와 동일하고 이에 따라 연결선 변인들이 일치하지 않는 이상 조건부 독립적이라는 점을 내포하기 때문이다. 후자 요건은 동질성 가정(옮긴이 주: 섹션 6.5.1 참조)하에서 베르누이 모형과 일치한다.

이 위계에 입각하여, 6장 및 7장 그리고 여러 군데에서 자세히 설명한 다양한 의존성 가정을 분류할 수 있다.

- 양자 독립성은 방금 언급했듯이 조건 I_0와 PI_0이다(Erdös & Rényi, 1959; Holland & Leinhardt, 1981).
- 마르코프 의존성은 조건 D_0(Frank & Strauss, 1986)이다.
- 사회 순환 의존성은 조건 SI_1(Snijders, 2001)이다.
- 3-경로 의존성은 조건 D_1(Pattison & Robins, 2002)이다.
- 연결선-삼각관계 모형은 조건 PI_1(Robins, Pattison, Snijders, & Wang, 2009) 와 연관되어 있다
- 스나이더(Snijders, 2010a)가 정의한 "컴포넌트 독립성" 개념은 n개의 노드를 가진 네트워크에 대한 조건 D_{n-1}와 같다.

이러한 의존성 형태의 첫 두 개를 제외한 나머지는 두 연결선 변인 X_{ij}와 X_{kl}

이 노드 쌍 {i, j}와 {k, l}에 가까운 다른 연결관계의 존재 또는 부재에 달려 있다는 점에서 실현 의존성 모형(Baddeley & Möller, 1989)을 탄생시킨다.

따라서, 이 모형에서 새로운 연결관계가 실현됨에 따라 이웃 내에서 새로운 조건부 의존성이 발생하며 이에 따라 결과적으로 이웃에서 연결관계의 확률이 변화한다.

나머지 두 조건들은 6장(〈그림 6.13〉 참조)에서 간단히 설명한 바 있지만 여기서 보다 자세히 논의하고자 한다. "연결선-삼각관계" 모형은 k와 l 둘 다 i 또는 j 또는 둘 다와 미리 연결되어 있을 때 (또는, 반대로 i와 j 둘 다 k 또는 l 또는 둘 다와 미리 연결되어 있을 때) X_{ij}와 X_{kl}가 조건부 의존적이라는 PI₁ 가정을 기반으로 한다. 사회 순환 모형 관련 가정은 한 쌍의 노드가 다른 쌍과 거리 1 이내에 이미 있을 때 X_{ij}와 X_{kl}가 조건부 의존적이라는 것이다. 하지만, 두 쌍의 노드 둘 다에 동시에 적용될 필요가 없기 때문에 이는 더 일반적 조건에 해당한다. 로빈스, 패티슨, 스나이더, 그리고 왕(Robins, Pattison, Snijders, & Wang, 2009)에 따르면, 연결선-삼각관계 모형이 매개가 연구의 주요 관심사일 때 좋은 모형이 될 수 있는데, 이를 통해 "집단 내" 연결관계(예컨대, 다른 집단 구성원 i에 미리 연결된 노드 k와 j 간의 연결관계)의 의존성과 공유된 파트너 i가 노드 집단 i, k, j를 넘어서 네 번째 노드(예컨대, 노드 l)와 맺는 연결관계를 분석할 수 있기 때문이다. 이 연결선-삼각관계 모형을 통해 반영된 사회적 기제 유형은 노드 i, j, k가 완전히 연결되어 있고 i가 j와 k에 연결되지 않은 네 번째 노드 l이 i가 이전에 얻을 수 없었던 사회 자본을 가지고 있기 때문에, l과 연결됨으로써 이를 얻을 것이라 판단하여 노드 i는 세 노드 {i, j, k} 이외의 연결관계를 맺으려는 경우를 포함한다. 양의 연결선-삼각관계 효과는 연결정도와 폐쇄성 간의 연관성을 시사하기에 네트워크 위치가 폐쇄성과 매개성(Burt, 2005) 둘 다로 규정되는 개인들이 잠재적으로 존재함을 시사한다. 물론, 연결선-삼각관계 통계량의 여러 교호 형태도 형성될 수 있다[Pattison et al.(2011a) 참조].

스나이더(Snijders, 2010a)는 가장 일반적 "컴포넌트" 의존성 가정을 제안했는데, 이 가정에 따르면 X_{ij}와 X_{kl}가 같은 그래프 컴포넌트에 속할 때만 그리고 이에 따라 {i, j}와 {k, l} 쌍을 연결하는 경로가 있을 때 조건부 의존적이다. 다시 말해, 의존성은 네트워크의 연결되지 않은 부분들 간에 발생할 수 없다. 스나이더에 따르면, 이 가정하에서 네트워크에서 다른 노드들로부터 연결되지 않은 노드 집합을 토대로 한 유도된 하위 그래프는 ERGM 분포를 갖는다. 이와 같은 결과는 네트워크 경계를 명확히 하는 것이 어려운 상황에서 유용한데, 네트워크의 연결된 컴포넌트에 주목하는 것이 타당함을 시사하기 때문이다.

패티슨과 그의 동료들(Pattison et al., 2011a)은 각각의 선행 조건들에 내포된 네트워크 연결관계 유형도 규정했다. 어떤 모형의 연결관계 유형은 각각의 변수 쌍이 조건부 의존적이게 하는 조건을 충족시키는 연결선 변인들의 부분 집합과 일치한다. 패티슨과 그의 동료들(Pattison et al.)은 네 개의 근접성 형태에 대한 네트워크 연결관계 유형이 다양한 형태의 응집적 하위 그래프, 순환적 하위 그래프 구조, 연결선-삼각관계 또는 연결선-사이클 하위 그래프 구조, 그리고 연결된 하위 그래프를 포함한다는 점을 보여주었다. 이 연결관계 유형들을 〈그림 22.1〉에 도식적으로 제시했으며 베르누이 모형이 p 값이 증가하고/증가하거나 네 개의 근접성 형태 중 하나를 선택함에 따라 일반화되어 가는 과정을 별도로 보여주었다.

이 위계는 잠재적 네트워크 효과를 분류하는 체계적 틀을 제시하며 여러 흥미로운 특징을 지닌다. 이 위계는 베르누이 모형이 자연스럽게 일반화되어 가는 두 개의 방법을 보여준다. 하나는 예상대로 프랭크와 스트라우스(Frank & Strauss, 1986)가 설명한 마르코프 무작위 그래프이며, 다른 하나는 아마 더 놀랍게도 여기서 "클리크" 모형이라고 명명한 모형 SI_1이다. 이 모형에서 충분 통계량은 어떤 크기를 지닌 클리크이며 이 모형의 가장 일반적인 동질적 버전은 "클리크 분포"(즉, 다양한 크기의 클리크에 대한 빈도 분포)를 충분 통계량들의 집합으로 지닌다. 마르코프 모형과 클리크 모형이 공유하는 유일한 효과는 연결선과 삼각관계이다. 클리크 모형은 많은 실증적 맥락에서 그 자체로서 유용한 모형일 가능성이 없는데, 이는 네트워크에서 실제 관찰되는 클리크의 수가 통상 매우 많아서 마르코프 그래프가 그랬던 것처럼 클리크 모형이 퇴행할 가능성이 높기 때문이다. 하지만, 클리크 효과는 사회 순환 모형이나 연결선-삼각관계 모형처럼 일반화된 클리크 모형에서 매우 중요하다. 실제로, 면밀히 살펴보면 실증적으로 관찰된 네트워크의 클리크 분포는 3-클리크 수를 넘어서 규정되지 않는 경우가 많다는 점을 알 수 있다. 따라서 클리크 관련 효과에 대해 더 자세히 살펴보는 것이 실제 분석 과정에서 ERGM의 적합도를 눈에 띄게 향상시키는 데에 도움이 된다.

또한 클리크 모형은 의존성 위계의 또 다른 중요한 특징을 보여준다. 이 모형은 이진형 이산(discrete) 변인들 체계에 대한 보다 관습적 모형 위계와는 다르다. 관습적 모형 위계에서는 변인들 간의 상위수준 상호작용이 그에 내포된 모든 하위수준 상호작용을 불가피하게 포함한다. 하지만 이와는 대조적으로, 클리크 모형은 하위수준 상호작용 자체가 클리크에 해당될 때에만 하위수준 상호작용을 포함한다.

위계에 대해 두 번째로 흥미로운 특징은 사회 순환 모형이 클리크 모형의 자연스러운 일반화이며 이 모형의 네트워크 효과가 마르코프 효과와 더불어 모형 설정에 있어서 주목할 만한 성공을 거두었다는 점이다(Snijders et al., 2006). 사회 순환 모형이 효과적이라는 점은 SI_1에 의해 규정된 네트워크 연결관계 변인들 간 조건부 의존성의 특정 형태가 많은 경우에 있어서 합리적이라는 점을 시사한다. 연결선-삼각관계 모형과 연관된 추가적 효과들이 어떤 맥락에서 가치가 있는지에 대해 아직 더 살펴볼 필요가 있다. 하지만, 로빈스, 패티슨, 스나이더, 그리고 왕(Robins, Pattison, Snijders, & Wang, 2009)이 보여준 바와 같이 연결선-삼각관계 모형과 연관된 추가 효과들이 도움이 되는 경우가 분명히 있다. 연결선-삼각관계 효과는 크기가 더 큰 네트워크에서 필요할 것으로 보인다. 크기가 큰 네트워크의 경우, 해당 네트워크의 조밀한 하위 네트워크가 스스로 연결되는 다양한 방법들을 설명할 필요가 있기 때문이다.

22.2.2. 모형 설정 형성

〈그림 22.1〉에 제시된 모형들과 연관된 잠재적 효과들이 풍부함을 감안할 때, 어떻게 모형 설정을 효과적으로 하는 방법을 찾을 수 있을까? 이미 언급한 바와 같이, 이론과 경험이 이 질문에 대한 우수한 안내자가 될 것이다. 서로 다른 유형의 연결관계들이 서로 다른 모형 형태를 필요로 한다는 점은 당연하다. 예컨대, 혼인관계에 대한 모형은 같은 모집단에 있어서 친구관계 모형과 매우 상이할 가능성이 있다. 어떤 체계적 차이가 같은 유형 그리고 다른 유형의 연결관계 변인들 간의 조건부 의존성 형태의 기저를 이루는지를 이해하는 것이 실질적으로 중요하다.

일반적으로, 마르코프 설정과 사회 순환 설정을 통해 알 수 있듯이 의존성이 짧은 경로를 따라 형성되는지 아니면 서로 다른 근접성 조건을 필요로 하는지에 대한 고민을 통해 모형을 설정해야 한다. 더 강한 근접성 조건을 토대로 모형 설정을 선택하는 것이 드문 일이기는 하지만, 의존성이 어떤 하위 집단에 모든 행위자들이 존재하는 경우(집단이 형성되는 경우)에만 가능한 상황도 있을 수 있다. 방금 언급한 것처럼, 이러한 모형들은 상위수준 클리크 효과가 양수일 경우 퇴행하거나 근사 퇴행할 가능성이 있지만 음의 상위수준 효과와 양의 하위수준 효과를 지닌 모형은 별개의 집단 구조를 상당히 잘 설명한다. 물론, 연구 대상인 대부분의 네트워크에 있어서 집단 구조만이 연구 관심사일리는 없기에, 이러한 클리크 모형만으로 연구 목적을 충족하는 경우는 드물다. 짧은 경로 관련 의존성 가정도 연결정도 분포를 반영하는 효과들을 잠재적으로 포함할 것을 시사한다.

둘째, 사회 순환 모형에 내포된 연결관계 유형을 포함하는 것이 도움이 될 것이다. 이 모형은 여러 실증적 맥락에서 눈에 띄게 성공적이었기에 모형화의 시작점으로 삼기에 통상 유용하다. 4-사이클, 2-삼각관계, 또는 교호 2-경로 및 삼각관계 효과들을 포함함으로써 더 일반적인 근접성 조건하에서의 의존성을 배가하며 해당 네트워크의 바이컴포넌트(bicomponent)[4] 형태에서 더 많은 변동이 가능하도록 한다.

셋째, 폐쇄된 구조가 교량적 연결관계와 경로를 통해 느슨하게 연결되어 있는 방식에 변동을 주는 수단으로써 연결선-삼각관계 (그리고 더 일반적인 경로-사이클) 효과를 추가할 수 있다.

마지막으로, 드물기는 하지만, 그래프 내 연결성 형태에 예컨대 연결정도 기반의 동류성이나 비동류성 효과를 설명하기 위해 일반적 다양성을 부여하는 수단으로서 3-경로 효과가 도움이 되기도 한다. 만약 3-경로 효과가 존재한다면 음수일 가능성이 있으며, 이는 느슨하게 연결된 구조에서 자유롭게 연결관계를 형성하는 데에 비용이 소요됨을 시사한다.

각각의 기본적 구조 형태(클리크와 같은 응집적 하위 구조, 바이컴포넌트와 순환적 워크 같은 폐쇄된 하위 구조, 연결선-삼각관계와 더 일반적인 경로-사이클 구조와 같은 교량적 구조, 그리고 경로와 같은 약한 연결 구조)를 통해 교호 효과를 사용하여 스나이더와 그의 동료들의 연구(Snijders et al., 2006)에서처럼 총합적 통계량을 만들 수 있다.

경험에 따르면 스타(AS), 2-경로(A2P), 그리고 삼각관계(AT) 통계량의 교호 형태는 모형화의 첫 단계에서 도움을 주는데, 교호 효과가 강건한 특성을 지니기에 추정 알고리즘이 수렴할 가능성이 더 높고 모형 평가와 관련한 적합도(12장과 13장 참조)도 더 잘 나올 수 있기 때문이다. 그럼에도 불구하고, 이

---

4) 바이컴포넌트는 연결된 하위 그래프를 의미하는데 하나의 노드를 제거해도 나머지 노드들이 여전히 연결되어 있다. (옮긴이 주: 이 그래프들의 연결을 끊기 위해서는 두 개의 노드를 제거해야 한다는 점에서 바이컴포넌트라고 불린다.)

러한 통계량이 작은 하위 그래프 개수만을 기반으로 한 통계량보다 훨씬 더 강건한 모형을 형성한다는 점을 경험으로 알고 있지만, 관련 노드와 연결선 공변량에 더하여 하위 그래프 개수에 해당하는 효과를 토대로 한 모형도 고려해볼 만한 가치가 여전히 있다.

모형 위계는 적합도 평가에 대한 여러 유용한 방안들도 제시한다. 예컨대, 다음의 사항들이 모형을 통해 얼마나 잘 구현되는지를 살펴봄으로써 적합도를 평가할 수 있다.

- 연결정도 분포
- 삼각관계 수
- m값에 걸친 m-클리크 분포
- m값에 걸친 m-사이클 분포
- m값에 걸친 m-삼각관계 분포
- 다양한 연결선-삼각관계 통계량의 분포
- 최단경로 길이 분포

물론, 이들 중 몇몇은 컴퓨터 집약적인 처리 과정을 요하기에 값을 산출하는 과정에서 어려움이 있을 수 있고 모형화의 초기 단계에서 반드시 관심의 대상이 아닐 수도 있다. 하지만, 그럼에도 불구하고 이들은 헌터, 굿로우, 그리고 핸드콕(Hunter, Goodreau, & Handcock, 2008)이 제안한 것처럼 모형 적합도를 평가하는 데에 유용한 틀이다. 관련하여 스나이더와 그의 동료들(Snijders et al., 2006)의 연구와 이 책의 12장과 13장도 참고하기 바란다.

22.2.3. 잠재 변인들을 포함한 모형: 하이브리드 형태

방금 설명한 다양한 효과들은 근접한 연결관계 변인들 간의 의존성에서 발생한 내생적 효과들이다. 대부분의 경우, 연결관계는 공변량에 대해서도 의존적이다. 이러한 공변량이 관찰되면, 8장에서 설명한 바와 같이 모형에 간단한 방법으로 투입할 수 있다. 노드의 특징에 관한 것이든 양자관계의 특징에 관한 것이든 공변량에 해당한다. 공변량이 관찰되지 않을 경우, 잠재 변인으로 표현될 수 있으며 이제부터 설명하고자 하는 모형들은 바로 이 경우에 해당한다.

잠재 변인 모형들은 네트워크에서 관찰되지 않은 다양한 구조적 지표들을 나타내기 위한 것이다. 예컨대, 노비키와 스나이더(Nowicki & Snijders, 2001)는 관찰되지 않은 노드 분할의 각 노드 멤버십과 한 집단의 노드가 다른 집단의 노드에 연결되어 있는 저변의 경향들을 감안하여, 연결관계가 조건부 독립적인 모형을 제안했다. 그 결과 형성된 "확률적 블록 모형"은 관찰되지 않은 노드 분류와 연결에 대한 그들의 집단 간 확률이 네트워크 구조를 설명한다고 가정한다. 모형 추정을 통해 구체적인 수가 정해진 각 집단에서 각각의 노드 멤버십 확률과 집단 간 연결관계 확률을 추정한다. 아이롤디와 그의 동료들(Airoldi, 2008)이 더 일반적인 "혼합 멤버십" 확률적 블록 모형을 제안했는데, 이 모형에서 각각의 노드는 여러 잠재적 집단에 속할 수 있다. 스와인버거와 스나이더(Schweinberger & Snijders, 2003)는 관찰되지 않은 초메트릭(ultrametric) 구조에 노드를 할당할 것을 제안했다. 그들의 모형에서 저변의 노드 위계 분류와 동일한, 노드들 간 초메트릭 거리 행렬(matrix of ultrametric distances)이 주어진 상태에서 연결관계가 조건부 독립적임을 가정한다. 호프, 래프터리, 핸드콕(Hoff, Raftery, & Handcock, 2002)은 이와 유사한 모형을 제안했지만, 이들의 경우 일부 고정된 차원 k의 유클리디언 공간에 노드를 할당하고 이 노드 간 거리 행렬을 감안하여 연결관계가 조건부 의존적이라고 가정한다. 관련 "투영(projection)" 모형에서는, 노드 활동 수준의 변동을 감안한다.

각각의 경우에서, 가정된 잠재 구조의 형태가 관찰된 네트워크와 대략 부합할 경우 관찰된 네트워크에 대한 타당한 분석이 가능하다. 많이 사용되지는 않을지라도 12장과 13장에서 설명한 모형 평가에 대해 같은 접근을 취하면, 연결정도 분포, 군집화 특성과 정도, 클리크 분포, 그리고 최단경로 거리 분포와 같이 네트워크의 모형화되지 않은 특징들을 이 잠재 변인 모형들이 얼마나 잘 구현하는지 판단할 수 있다. 각각의 모형을 통해 해당 네트워크에 대한 확률 모형을 규정하는 일단의 모수 추정치를 알 수 있다. 각각의 모형이 토대로 하는 조건부 독립성 가정에 따라 네트워크 표본들을 모형으로부터 간단히 추출할 수 있으며 이들 통계량의 관찰값들을 비교할 수 있는 그래프 통계량 분포를 형성하는 데에 이 표본들을 사용할 수 있다.

많은 경우에 있어서 내생 효과가 관찰되지 않은 외생변수 효과와 함께 존재할 가능성이 있다. 이 경우, 잠재 구조 모형의 기술 통계 값들은 여전히 매우 유용하겠지만 적합도는 낮을 것이다. 이때 잠재 공간 모형 형태의 적절한 하이브리드 ERGM을 설정하고 적합하는 것이 연구의 관심사가 될 수 있다. 스와인버거(Schweinberger, 2009)는 이런 방향으로 첫걸음을 내딛었는데, 확률적 블록 모형 내에서 발생하도록 제한된 내생적 군집화 효과와 확률적 블록 모형을 결합했다. 이와 같은 접근을 할 수 있는 근거로 블록 모형의 집단이 특정 상황 내에서 내생적 네트워크 효과가 작용할 가능성이 높지만 이 상황 간에는 의존성이 훨씬 더 제한적인 경우를 나타내기 때문임을 꼽을 수 있다. 또한 코스키넨(Koskinen, 2009)은 ERGM 네트워크 효과를 사용한 확률적 블록 모형을 개발했다. 마찬가지로, 핸드콕과 그의 동료들(Handcock et al.)은 잠재 공간 모형을 내생적 효과와 결합했다. 하지만, 이러한 접근들을 적용하는 것은 드문데, 이는 아마도 내생 효과를 관찰되지 않은 외생 효과로부터 분리하는 데에 근본적인 어려움이 있기 때문일 것이다. 모형화되지 않은 내생성에 대해서도 더 잘 분석할 수 있는 기법이 필요하다. 이와 더불어, 항상 그러하듯 네트워크 연결관계 형성을 예측하는 요인들에 대한 명료한 측정을 통해 더 효과적인 네트워크 모형을 도출할 수 있다.

22.2.4. 동질성 가정 평가

이전에 언급한 바와 같이 네트워크 효과와 다른 특성들 간의 상호작용을 포함하는 것이 가능하지만, 네트워크 효과 동질성(옮긴이 주: 섹션 4.4를 참고하기 바란다)은 강한 가정이다. 예컨대, 양자관계의 특성과 상호호혜성 효과 간의 상호작용을 통해 해당 양자관계 특성의 함수로서 상호호혜성 효과 크기의 변동을 설명할 수 있다. 실상, 어떤 데이터셋에서는 상호호혜성이 양자관계 변수들로 표현되는 내부 사회적 환경보다 그 환경 바깥에서 더 강하게 작용한다. 이는 관련 사회 환경 밖에서 연결관계를 유지하는 데에 더 큰 관계적 노력 또는 관계적 강도가 필요한 것으로 해석할 수 있다. 마찬가지로, 노드 특성과 교호 스타 효과 간의 상호작용은 측정된 특성에 대해 변화하는 노드들 간의 연결정도 분산에 대한 변동을 설명한다. 다시 말해, 이 접근을 통해 특정 노드 또는 양자관계 특성의 함수로서 네트워크 효과의 동질성에 대해 판단할 수 있다.

보다 일반적으로, 동질성 가정에 대해 다양한 방법으로 탐색해볼 수 있다. 예컨대, 패티슨과 그의 동료들(Pattison et al., 2011b; 이 책의 12장도 참조하기 바란다)이 개발한 눈덩이 표집 설계에 대한 조건부 추정 전략 또는 핸드콕과 가일(Handcock & Gile, 2010) 또는 코스키넨, 로빈스, 그리고 패티슨(Koskinen, Robins, & Pattison, 2010)이 개발한 결측 데이터에 대한 일반적 접근이 네트워크의 서로 다른 영역에 속한 노드들의 초기 표본을 토대로 한 효과 추정치를 산출하는 데에 사용될 수 있다. 그 후, 이러한 추정치들의 변동성을 토대로 동질성 가정이 적절한지에 대해 판단해볼 수 있다.

22.3. ERGM에 관한 일반적 문제

일반적 네트워크 모형화 상황에서 ERGM을 보다 손쉽게 그리고 효과적으로 사용하기 위해서는 다섯 가지 문제가 앞으로 해결되어야 한다. 첫째, 잘 적합된 ERGM을 도출하는 것은 상당한 기술(art)을 필요로 한다. 이 기술은 모형 설정 과정에서의 선택에서도 필요하고 추정 알고리즘 관련 값을 고르는 데에도 필요하다. 모형 적합에 대한 현 상태의 과학을 토대로 이전 장들에서 이와 관련한 조언을 제시했지만, 이 과학과 실제 모형 적합 간의 격차가 여전히 존재한다. 어떤 측면에서는 MCMC 최대 우도 추정(maximum likelihood estimation)(MCMCMLE)(그리고 다른 추정 접근)이 지니는 일반적 문제이기도 하기에, 보다 빠르고 효과적인 MCMCMLE 알고리즘이 개발됨에 따라 해결할 수 있는 문제이기도 하다(12장 참조). 다른 측면에서는, 네트워크 효과 간의 높은 상관성과 모수 공간에서 퇴행적 영역이 존재하는 ERGM의 특성상 발생하는 문제이기도 하다. 비록 스와인버거(Schweinberger, 2011)에 의해 일부 진전이 있었다 할지라도, 이론적 및 과학적 지식과 실제 모형 적합 간의 괴리를 미리 파악하여 해결하기에는 일반적으로 어려움이 있다.

둘째, 불완전한 모형 설정에 ERGM을 적합시킴으로써 도출된 결과들이 얼마나 강건한지에 대해 더 많이 연구할 필요가 있다. 네트워크 연구의 주요 관심사는 종종 공변량 효과(예컨대, 행위자-관계 효과)를 검정하는 데에 있다. 만약 일부 내생변수가 모형 설정으로부터 제거된다면 그 결과로서 네트워크 의존성이 불완전하게 설명될 경우, 이러한 검정이 어느 정도까지 의미가 있을까? 특히, 네트워크 의존성이 제대로 감안되지 않을 경우 잘못된 추론을 하게 될 것인가? 이 문제에 대해 알려진 바가 거의 없으며, 이에 대해 더 많은 지식을 축적함으로써 연구자들이 모형 설정에 있어서 얼마나 신중해야 할지에 대한 중요한 시사점을 제공할 수 있다.

셋째, 모형 비교에 대해 보다 엄격한 접근을 취해야 할 필요가 있다. 12장에서 다룬 모수 검정을 통해 기본적으로 모형을 형성하며 12장(Hunter et al., 2008; Wang, Sharpe, Robins, & Pattison, 2009도 참조)에서 설명한 모형 평가에 대한 휴리스틱적 접근을 토대로 모형을 판단하고 모형 간 질적 비교를 할 수 있다. 하지만, 모형의 적합도와 필요한 모수의 개수 간의 균형을 감안하여 모형을 비교할 수 있도록 하는 것이 중요하다.

넷째, ERGM은 관찰된 네트워크가 발생하기까지의 과정들에 대해 많은 강한 가정들을 토대로 하기에, 이런 가정들이 중대한 결함을 지니는지를 판별할 수 있는 방법들을 개발하는 것이 중요하다. 예컨대, 네트워크가 모형에 포함된 네트워크 효과들을 통해 정확하게 설명된 사회적 과정의 결과라고 가정하며, 선택된 네트워크 효과를 뒷받침하는 동질성 가정이 합리적인 것이라고 가정한다. 이미 언급한 바와 같이, 네트워크에 대한 종단적 관찰은 이러한 네트워크 과정에 대한 보다 직접적인 분석이 가능하도록 하기에, 앞서 제기한 질문에 대한 중요한 한 가지 접근법을 제시할 수 있다. 마찬가지로, 앞서 설명한 바와 같이 네트워크 효과의 동질성을 탐색하는 것(옮긴이 주: 섹션 22.2.4를 참고하기 바란다)은 이질성을 판단하는 잠재적 방법에 해당한다. 일반 선형 모형과 관련하여 모형의 적절성을 평가하는 많은 접근들이 개발되어온 것처럼, ERGM과 관련하여 더 많은 일반적 모형 평가 방법이 필요하며 이를 개발하는 것이 향후 연구에 있어서 중요한 부분을 차지할 것이다.

마지막으로, 이 책에서 설명한 ERGM은 이진형의 무작위 연결관계 변인들에 대한 것이다. 범주형 연결관계 변인들로의 일반화가 원칙적으로는 간단하지만(Robins, Pattison, & Wasserman, 1999), 서열화되거나 서열화되지 않은 범주형 연결선 변인들의 경우 모형을 효과적으로 모수화하는 데에 있어서는 아직 충분한 논의가 이뤄지지 않았기에 신중한 검토가 필요하다. 네트워크 데이터가 종종 개수 데이터 그리고/또는 노드 쌍 간의 거래나 상호작용의 이산 데이터인 상황에서, 개수로 이뤄진 연결관계 변수들의 경우를 모형화하는 것도 향후 연구에서 중요한 영역이다.

참고문헌

Abbott, A. 1997. "Of time and space: The contemporary relevance of the Chicago School." *Social Forces*, 75(4), 1149~1182.

Agneessens, F., Roose, H., & Waege, H. 2004. "Choices of theatre events: p^* model for affiliation networks with attributes." *Metodološki zvezki*, 1(2), 419~439.

Agneessens, F., &, Roose, H. 2008. "Local structural patterns and attribute characteristics in 2-mode networks: p^* models to map choices of theater events." *Journal of Mathematical Sociology*, 32, 204~237.

Airoldi, E. M., Blei, D. M., Fienberg, S. E., & Xing, E. P. 2008. "Mixed membership stochastic blockmodels." *Journal of Machine Learning Research*, 9, 1981~2014.

Akaike, H. 1973. *Information theory and an extension of the maximum likelihood principle*. Paper presented at the Second International Symposium on Information Theory, Budapest.

Akerlof, G. A. 1997. "Social distance and social decisions." *Econometrica*, 65(5), 1005~1027.

Altman, I., & Taylor, D. A. 1973. *Social penetration: The development of interpersonal relationships*. New York: Holt, Rinehart, & Winston.

Anselin, L. 1982. "A note on the small sample properties of estimators in a first order autoregressive model." *Environment and Planning A*, 14(8), 1023~1030.

Anselin, L. 1984. "Specification tests on the structure of interaction in spatial econometric models." *Papers in Regional Science*, 54(1), 165~182.

Atchade, Y. F., Lartillot, N., & Robert, C. 2008). *Bayesian computation for statistical models with intractable normalizing constants*. Unpublished manuscript.

Australian Bureau of Statistics (ABS). 2001. 1216.0 - Australian Standard Geographical Classification (ASGC). Belconnen, Canberra, Australia: ABS.

Australian Electoral Commission (AEC). 2006. *Funding and discloser annual returns*. Kingston, ACT: Australia. http://www.aec.gov.au/Parties and Representatives/index.htm

Baddeley, A., & Möller, J. 1989. "Nearest-neighbor Markov point processes and random sets." *International Statistical Review*, 57(2), 89~121.

Baker, W. E. 1990. "Market networks and corporate behavior." *American Journal of Sociology*, 96(3), 589~625.

Bales, R. F. 1953. "The equilibrium problem in small groups." In T. Parsons, R. F. Bales, & E. A. Shils (Eds.). *Working papers in the theory of action* (pp.259~306). Glencoe, IL: Free Press.

Barabási, A. L., & Albert, R. 1999. "Emergence of scaling in random networks." *Science*, 286(5439), 509~512.

Baum, J. A. C., Rowley, T. J., Shipilov, A. V., & Chuang, Y-T. 2005. "Dancing with strangers: Aspiration performance and the search for underwriting syndicate partners." *Administrative Science Quarterly*, 50, 536~575.

Bavelas, A. 1950. "Communication patterns in task-oriented groups." *Journal of the Acoustical Society of America*, 22(6), 723~730.

Beaman, L. A. 2012. "Social Networks and the Dynamics of Labour Market Outcomes: Evidence from Refugees Resettled in the U.S." *Review of Economic Studies*, 79, 128~161.

Bearman, P. 1997. "Generalized exchange. American *Journal of Sociology*." 102(5), 1383~1415.

Bernard, H. R., & Killworth, P. D. 1977. "Informant accuracy in social network data II." *Human Communication Research*, 4(1), 3~18.

Bernard, H. R., Killworth, P. D., & Sailer, L. 1979. "Informant accuracy in social network data IV: a comparison of clique-level structure in behavioral and cognitive network data." *Social Networks*, 2(3), 191.

Bernard, H. R., Killworth, P. D., & Sailer, L. 1981. "Summary of research on informant accuracy in network data and the reverse small world problem." *Connections*, 4(2), 11~25.

Bernard, H. R., Killworth, P. D., & Sailer, L. 1982. "Informant accuracy in social-network data V. An experimental attempt to predict actual communications from recall data". *Social Science Research*, 11(1), 30~66.

Bernardo, J. M., & Smith, A. F. M. 1994. *Bayesian theory*. New York: Wiley.

Besag, J. E. 1972. "Nearest-neighbour systems and the auto-logistic model for binary data." *Journal of the Royal Statistical Society B*, 34(1), 75~83.

Besag, J. 1974. "Spatial interaction and the statistical analysis of lattice systems." *Journal of the Royal Statistical Society, Series B (Methodological)*, 36(2), 192~236.

Bian, Y. 1997. "Bringing strong ties back in: Indirect ties, network bridges, and job searches in China." *American Sociological Review*, 62(3), 366~385.

Bill, A. 2005. *Neighbourhood inequality: Do small area interactions influence economic outcomes?* Working paper no.05-11. Centre of Full Employment and Equity, The University of Newcastle, Australia.

Blau, P. M. 1964. *Exchange and power in social life*. New York: Wiley.

Boase, J., Horrigan, J. B., Wellman, B., & Rainie, L. 2006. *The strength of Internet ties*. Washington, DC: Pew Internet & American Life Project.

Bollobás, B. 1985. *Random graphs*. London: Academic Press.

Bond, M. 2003. *Social networks and corporate donations in Britain*. London: London School of Economics.

Bond, M. 2004. "Social influences on corporate donations in Britain." *British Journal of Sociology*, 55(1), 55~77.

Bond, M. 2007. "Elite social relations and corporate political donations in Britain." *Political Studies*, 55(1), 59~85.

Bond, M., Glouharova, S., & Harrigan, N. 2010. "The political mobilisation of corporate directors: Socio-economic correlates of affiliation to European pressure groups." *British Journal of Sociology*, 61(1), 306~335.

Boneva, B., Kraut, R., & Frohlich, D. 2001. "Using e-mail for personal relationships: The difference gender makes." *American Behavioral Scientist*, 45(3), 530~549.

Borgatti, S., Everett, M., & Freeman, L. 2006. *UCINET 6 for Windows: Software for social network analysis*. Cambridge, MA: Analytic Technologies.

Bothner, M. S. 2003. "Competition and social influence: The diffusion of the sixth-generation processor in the global computer industry." *American Journal of Sociology*, 108(6), 1175~1210.

Box, G. P., & Tiao, G. C. 1973. *Bayesian inference in statistical analysis*. Reading, MA: Addison-Wesley.

Brandes, U., Lerner, J., & Snijders, T. A. B. 2009. *Networks evolving step by step: Statistical analysis of dyadic event data.* Paper presented at the International Conference on Advances in Social Network Analysis and Mining (ASONAM), Athens, Greece, July 20~22.

Brass, D. J., Galaskiewicz, J., Greve, H. R., & Tsai, W. 2004. "Taking stock of networks and organizations:Amultilevel perspective." *Academy of Management Journal,* 47(6), 795~817.

Breiger, R. L. 1974. "The duality of persons and groups." *Social Forces,* 53(2, Special Issue), 181~190.

Brock, W. A., & Durlauf, S. N. 2002. "A multinomial-choice model of neighborhood effects." *American Economic Review,* 92(2), 298~303.

Burda, Z., Jurkiewicz, J., & Krzywicki, A. 2004. "Network transitivity and matrix models." *Physical Review E,* 69(026106).

Burris, V. 1987. "The political partisanship of American business: A study of corporate political action committees." *American Sociological Review,* 52(6), 732~744.

Burris, V. 2000. "The myth of old money liberalism: The politics of the Forbes 400 richest Americans." *Social Problems,* 47(3), 360~378.

Burt, R. S. 1987. "Social contagion and innovation: Cohesion versus structural equivalence." *American Journal of Sociology,* 1287~1335.

Burt, R. S. 1992. *Structural holes: The social structure of competition.* Cambridge, MA: Harvard University Press.

Burt, R. S. 2001. "Structural holes versus network closure as social capital." In N. Lin, C. Cook, & R. Burt (Eds.). *Social capital: Theory and research* (pp.31~56). Berlin: Aldine de Gruyter.

Burt, R. S. 2005. *Brokerage and closure: An introduction to social capital.* Oxford: Oxford University Press.

Burt, R. S., & Doreian, P. 1982. "Testing a structural model of perception: Conformity and deviance with respect to journal norms in elite sociological methodology." *Quality and Quantity,* 16(2), 109~150.

Burt, R. S., & Knez, M. 1995. "Kinds of third-party effects on trust.: *Rationality and Society,* 7(3), 255~292.

Business Review Weekly. 2005. *Business Review Weekly.* Melbourne: Fairfax

Business Media. Volume 27; Issue 44.

Butts, C. T. 2002. "Predictability of large-scale spatially embedded networks." In R. Breiger, K. M. Carley, & P. Pattison (Eds.). *Dynamic social network modelling and analysis: Workshop summary and papers* (pp.313~323). Washington, DC: National Academies Press.

Butts, C. T. 2006. *Cycle census statistics for exponential random graph models.* Irvine: University of California.

Butts, C. T. 2008. "Social network analysis: A methodological introduction." *Asian Journal of Social Psychology*, 11(1), 13~41.

Butts, C. T. 2012(expected). *Space and structure: Methods and models for large-scale interpersonal networks.* Springer.

Caimo, A., & Friel, N. 2011. "Bayesian inference for exponential random graph models." *Social Networks*, 33(1), 41~55.

Calvó-Armengol, A. 2006. S*ocial networks and labour market outcomes.* Barcelona: Centre de Recerca en Economia Internacional (CREI).

Carson, J. B., Tesluk, P. E., & Marrone, J. A. 2007. "Shared leadership in teams: An investigation of antecedent conditions and performance." *Academy of Management Journal*, 50(5), 1217~1234.

Cartwright, D., & Harary, F. 1956. "Structural balance - A generalization of Heider's theory." *Psychological Review*, 63(5), 277~293.

Casciaro, T. 1998. "Seeing things clearly: Social structure, personality, and accuracy in social network perception." *Social Networks*, 20(4), 331~351.

Centola, D., Willer, R., & Macy, M. 2005. "The emperor's dilemma: A computational model of self-enforcing norms." *American Journal of Sociology*, 110(4), 1009~1040.

Chase, I. 1980. "Process and hierarchy formation in small groups: A comparative perspective." *American Sociological Review*, 45, 905~924.

Cheshire, P., Monastiriotis, V., & Sheppard, S. 2003. Income inequality and residential segregation: Labour market sorting and the demand for positional goods. In R. Martin & P. Morrison (Eds.). *Geographies of labour market inequality* (pp.83~109). London: Routledge.

Chib, S., & Greenberg, E. 1995. "Understanding the metropolis algorithm." *American Statistician*, 49(4), 327~335.

Cliff, A. D., & Ord, J. K. 1973. *Spatial autocorrelation.* London: Pion.

Cliff, A. D., & Ord, J. K. 1981. *Spatial processes: Models and applications*. London: Pion.

Cohen, S., Kamarck, T., & Mermelstein, R. 1983. "A global measure of perceived stress." *Journal of Health and Social Behavior*, 24(4), 385~396.

Coleman, J. S. 1988. "Social capital in the creation of human capital." *American Journal of Sociology*, 94(s1), S95~S120.

Coleman, J. S. 1990/1994. *Foundations of social theory*. Cambridge, MA: Harvard University Press.

Conley, T., & Topa, G. 2006. "Estimating dynamic local interactions models." *Journal of Econometrics*, 140(1), 282~303.

Connell, R. W. 1995. *Masculinities*. St. Leonards, New South Wales, Australia: Allen & Unwin.

Contractor, N. S., Wasserman, S., & Faust, K. 2006. "Testing multi-theoretical multilevel hypotheses about organizational networks: An analytic framework and empirical example." *Academy of Management Review*, 31(3), 681~703.

Cooley, C. H. 1902/1964. *Human nature and the social order*. New York: Schocken Books.

Corander, J., Dahmström, K., & Dahmström, P. 1998. *Maximum likelihood estimation for Markov graphs*. Department of Statistics, University of Stockholm.

Corander, J., Dahmström, K., & Dahmström, P. 2002. "Maximum likelihood estimation for exponential random graph model." In J. Hagberg (Ed.). *Contributions to social network analysis, information theory, and other topics in statistics: A festschrift in honour of Ove Frank* (pp.1~17). Stockholm: Department of Statistics, University of Stockholm.

Cozby, P. C. 1973. "Effects of density, activity, and personality on environmental preferences." *Journal of Research in Personality*, 7(1), 45~60.

Cressie, N. A. C. 1993. *Statistics for spatial data*. NY: Wiley

Crouch, B., Wasserman, S., & Trachtenberg, F. 1998. *Markov chain Monte Carlo maximum likelihood estimation for p* social network models*. Paper presented at the XVIII International Sunbelt Social Network Conference, Sitges, Spain.

Crown Content. 2005a. *Who's who in Australia 2005*. Melbourne: Crown Content.

Crown Content. 2005b. *Who's who in business in Australia 2005*. Melbourne,

Victoria: Crown Content.

Dahmström, K., & Dahmström, P. 1993. *ML-estimation of the clustering parameter in a Markov graph model (Research report).* Stockholm: Department of Statistics, University of Stockholm.

Dansereau, F., Graen, G., & Cashman, J. 1973. "Instrumentality and equity theory as complementary approaches in predicting the relationship of leadership and turnover among managers." *Organizational Behavior and Human Performance,* 10(2), 184~200.

Daraganova, G. 2009. *Statistical models for social networks and networkmediated social influence processes: Theory and application.* Unpublished PhD thesis, University of Melbourne, Australia.

Daraganova, G., Pattison, P. E., Koskinen, J. H., Mitchell, B., Bill, A., Watts, M., et al. 2012. "Networks and geography: modelling community network structures as the outcome of both spatial and network processes." *Social Networks,* 34(1), 6~17.

Davies, M., & Kandel, D. B. 1981. "Parental and peer influences on adolescents'educational plans: Some future evidence." *American Journal of Sociology,* 87(2), 363~387.

Davis, J. A. 1970. "Clustering and hierarchy in interpersonal relations: Testing two theoretical models in 742 sociograms." *American Sociological Review,* 35(5), 843~852.

Dawid, A. P. 1979. "Conditional independence in statistical theory." *Journal of the Royal Statistical Society,* 41(1), 1~31.

Dawid, A. P. 1980. "Conditional independence for statistical operations." *Annals of Statistics,* 8(3), 598~617.

de Klepper, M., Sleebos, E., van de Bunt, G., & Agneessens, F. 2010. "Similarity in friendship networks: Selection or infiuence? The effect of constraining contexts and non-visible individual attributes." *Social Networks,* 32(1), 82~90.

de Nooy, W., Mrvar, A., & Batagelj, V. 2005. *Exploratory social network analysis with Pajek.* Cambridge: Cambridge University Press.

de Solla Price, D. 1976. "A general theory of bibliometric and other advantage processes." *American Society for Information Science,* 27(5), 292~306.

DeGroot, M. H. 1974. "Reaching a consensus." *Journal of the American Statistical Association,* 69(345), 118~121.

Dekker, D., Krackhardt, D., & Snijders, T. A. B. 2007. "Sensitivity of MRQAP tests to collinearity and autocorrelation conditions." *Psychometrika*, 72(4), 563~581.

Denrell, J., & Mens, G. 2007. "Interdependent sampling and social influence." *Psychological Review*, 114(2), 398~422.

Diaconis, P., & Ylvisaker, D. 1979. "Conjugate priors for exponential families." *Annals of Statistics*, 7(2), 269~281.

DiMaggio, P. J. 1986. "Structural analysis of organizational fields: A blockmodel approach." *Research in Organizational Behavior*, 8, 335~370.

Dindia, K., Timmerman, L., Langan, E., Sahlstein, E. M., & Quandt, J. 2004. "The function of holiday greetings in maintaining relationships." *Journal of Social and Personal Relationships*, 21(5), 577~593.

Domhoff, G. W. 1967. *Who rules America? Englewood Cliffs*. NJ: Prentice Hall.

Domhoff, G. W. 1970. *The higher circles: The governing class in America*. New York: Random House.

Domhoff, G. W. 1978. *The powers that be: Processes of ruling-class domination in America*. New York: Random House.

Domhoff, G. W. 1998. *Who rules America? Power and politics in the year 2000* (3rd ed.). Mountain View, CA: Mayfield.

Domhoff, G. W. 2009. *Who rules America? Challenges to corporate and class dominance* (6th ed.). Boston: McGraw-Hill.

Domhoff, G. W., & Dye, T. R. (Eds.). 1987. *Power elites and organizations*. CA: Sage Publications.

Dooley, P. C. 1969. "The interlocking directorate." *American Economic Review*, 59(3), 314~323.

Doreian, P. 1982. "Maximum likelihood methods for linear models." *Sociological Methods and Research*, 10(3), 243~269.

Doreian, P. 1990. "Network autocorrelation models: Problems and prospects." In D. A. Griffith (Ed.). *Spatial statistics: past, present, future* (Institute of Mathematical Geography, Monograph Series No.12) (pp.369~389). Ann Arbor, MI: Institute of Mathematical Geography.

Doreian, P. 1989. "Models of network effects on social actors." In L. C. Freeman, D. R. White, & A. K. Romney (Eds.). *Research methods in social network analysis* (pp.295~317). Fairfax, VA: George Mason University Press.

Doreian, P., Batagelj, V., & Ferligoj, A. 2004. "Generalized blockmodeling of two-mode data." *Social Networks*, 26, 29~53.

Doreian, P., Teuter, K., & Wang, C. 1984. "Network autocorrelation models." *Sociological Methods and Research*, 13(2), 155~200.

Durlauf, S. 2001. "A framework for the study of individual behavior and social interactions." *Sociological Methodology*, 31(1), 47~87.

Durlauf, S. 2004. "Neighborhood effects." In J. V. Henderson and J. -F. Thisse (Eds.). *Handbook of Regional and Urban Economics*, vol 4. Amsterdam: North Holland.

Durlauf, S., & Young, H. 2001. "The new social economics." In S. Durlauf & H. Young (Eds.). *Social dynamics* (pp. 1~14). Washington, DC: Brookings Institution.

Eden, D., & Leviatan, U. 1975. "Implicit leadership theory as a determinant of factor structure underlying supervisory behavior scales." *Journal of Applied Psychology*, 60(6), 736~741.

Ekeh, P. 1974. *Social exchange theories: Two traditions*. Cambridge, MA: Harvard University Press.

Emerson, R. 1962. "Power-dependence relations." *American Sociological Review*, 27, 31~41.

Emirbayer, M. 1997. "Manifesto for a relational sociology." *American Journal of Sociology*, 103(2), 281~317.

Emirbayer, M., & Goodwin, J. 1994. "Network analysis, culture, and the problem of agency." *American Journal of Sociology*, 99(6), 1411~1454.

Epstein, J. L. 1983. "The influence of friends on achievement and affective outcomes." In J. L. Epstein & N. Karweit (Eds.). *Friends in school: Patterns of selection and influence in secondary schools* (pp. 177~200). New York: Cambridge University Press.

Erbring, L., & Young, A. A. 1979. "Individuals and social structure: Contextual effects as endogenous feedback." *Sociological Methods and Research*, 7(4), 396~430.

Erdös, P., & Rényi, A. 1959. "On random graphs." *Publicationes Mathematicae (Debrecen)*, 6, 290~297.

Faust, K. 2005. "Using correspondence analysis for joint displays of affiliation networks." In P. J. Carrington, J. Scott, & S. Wasserman (Eds.). *Models and methods in social network analysis* (pp.117~147). New York: Cambridge University Press.

Festinger, L. 1954. "A theory of social comparison processes." *Human Relations*, 7(117~140).

Fienberg, S., & Wasserman, S. S. 1981. "Categorical data analysis of single sociometric relations." In S. Leinhardt (Ed.). *Sociological methodology* (pp.156~192). San Francisco: Jossey-Bass.

Fitch, R., & Oppenheimer, M. 1970. "Who rules the corporations?" *Socialist Reform*, 1(4), 73~108.

Frank, O. 1979. "Estimation of population totals by use of snowball samples." In P. W. Holland & S. Leinhardt (Eds.). *Perspectives on social network research* (pp.319~347). New York: Academic Press.

Frank, O. 1981. "A survey of statistical methods for graph analysis." *Sociological Methodology*, 11, 110~155.

Frank, O. 2005. "Network sampling and model fitting." In P. Carrington, J. Scott, & S. Wasserman (Eds.). M*odels and methods in social network analysis* (pp.31~56). Cambridge: Cambridge University Press.

Frank, O., & Harary, F. 1982. "The line-distinguishing chromatic number of a graph." *Ars Combinatoria*, 14, 241~252.

Frank, O., & Snijders, T. A. B. 1994. "Estimating the size of hidden populations using snowball sampling." *Journal of Official Statistics*, 10, 53~67.

Frank, O., & Strauss, D. 1986. "Markov graphs.: *Journal of the American Statistical Association*, 81(395), 832~842.

Freeman, L. C. 1977. "Set of measures of centrality based on betweenness." *Sociometry*, 40(1), 35~41.

Freeman, L. C. 1979. "Centrality in social networks: conceptual clarification." *Social Networks*, 1(3), 215~239.

Freeman, L. C., Romney, K. A., & Freeman, S. C. 1987. "Cognitive structure and informant accuracy." *American Anthropologist*, 89(2), 310~325.

French, J. R. P. 1956. "A formal theory of social power." *Psychological Review*, 63(3), 181~194.

Friedkin, N. E. 1998. *A structural theory of social influence*. Cambridge: Cambridge University Press.

Friedkin, N. E. 2003. "Social influence network theory: Toward a science of strategic modification of interpersonal influence systems." In R. Breiger, K. M. Carley, & P. Pattison (Eds.). *Dynamic social network modeling and analysis* (pp.89~100). Washington, DC: National Academy of Sciences/National Research Council Committee on Human Factors.

Friedkin, N. E., & Johnsen, E. C. 1997. "Social positions in influence networks." *Social Networks*, 19(3), 209~222.

Frosh, S., Phoenix, A., & Pattman, R. 2001. *Young masculinities: Understanding boys in contemporary society.* Basingstoke: Palgrave.

Geyer, C. J., & Thompson, E. 1992. "Constrained Monte Carlo maximum likelihood for dependent data." *Journal of the Royal Statistical Society*, 54(3), 657~699.

Gile, K., & Handcock, M. S. 2010. "Respondent-driven sampling: An assessment of current methodology." *Sociological Methodology*, 40(1), 285~327.

Goktepe, J. R., & Schneier, C. E. 1989. "Role of sex, gender roles, and attraction in predicting emergent leaders." *Journal of Applied Psychology*, 74(1), 165~167.

Goodman, L. A. 1961. "Snowball sampling." *Annals of Mathematical Statistics*, 32(1), 148~170.

Goodreau, S. M. 2007. "Advances in exponential random graph (p^*) models applied to a large social network." *Social Networks*, 29(2), 231~248.

Goodreau, S. M., Handcock, M. S., Hunter, D. R., Butts, C. T., & Morris, M. 2008. "A statnet tutorial." *Journal of Statistical Software*, 24(9), 1~27.

Gould, R. V. 1991. "Multiple networks and mobilization in the Paris Commune, 1871." *American Sociological Review*, 56(6), 716~729.

Granovetter, M. S. 1973. "The strength of weak ties." *American Journal of Sociology*, 78(6), 1360~1380.

Guastello, S. J. 2007. "Non-linear dynamics and leadership emergence." *Leadership Quarterly*, 18(4), 357~369.

Gulati, R., & Gargiulo, M. 1999. "Where do inter-organizational networks come from?" *American Journal of Sociology*, 104(5), 1439~1493.

Hachen, D., Lizardo, O., Wang, C., & Zhou, Z. 2009. *Correlates of reciprocity in a large-scale communication network: A weighted edge approach.* Paper presented at the International Sunbelt Social Network Conference, San Diego, March.

Hagberg, J. 2004. *On degree variance in random graphs.* Unpublished PhD thesis, Stockholm University, Stockholm.

Häggström, O., & Jonasson, J. 1999. "Phase transition in the random triangle model." *Journal of Applied Probability,* 36(4), 1101~1115.

Hallen, B. L. 2008. "The causes and consequences of the initial network positions of new organizations: From whom do entrepreneurs receive investments?" *Administrative Science Quarterly,* 53(4), 685~718.

Handcock, M. S. 2002. "Statistical models for social networks: Degeneracy and inference." In R. Breiger, K. M. Carley, & P. Pattison (Eds.). *Dynamic social network modeling and analysis* (pp.229~240). Washington, DC: National Academies Press.

Handcock, M. S. 2003. *Assessing degeneracy in statistical models of social networks.* Working paper no.39. Center for Statistics and the Social Sciences, University of Washington, Seattle.

Handcock, M. S., & Gile, K. 2007. *Modeling social networks with sampled or missing data.* Working paper no.75. Center for Statistics and the Social Sciences, University of Washington, Seattle.

Handcock, M. S., & Gile, K. J. 2010. "Modeling social networks from sampled data." *Annals of Applied Statistics,* 4(2), 5~25.

Handcock, M. S., Hunter, D. R., Butts, C., Goodreau, S., & Morris, M. 2003. statnet: An r package for the statistical modeling of social networks, http://www.csde.washington.edu/statnet.

Handcock, M. S., Hunter, D. R., Butts, C., Goodreau, S., & Morris, M. 2008. "statnet: Software tools for the representation, visualization, analysis and simulation of network data." *Journal of Statistical Software,* 24(1), 1~11.

Handcock, M. S., Raftery, A. E., & Tantrum, J. M. 2007. "Model-based clustering for social networks." *Journal of the Royal Statistical Society, Series A (Statistics in Society),* 170(2), 301~354.

Hanneman, R. A., & Riddle, M. 2005. *Introduction to social network methods.* Riverside: University of California.

Harary, F. 1959. "A criterion for unanimity in French's theory of social power." In D. Cartwright (Ed.). *Studies in social power* (pp.168~182). Ann Arbor: University of Michigan.

Harrigan, N. 2008. *The social foundations of corporate political strategy.* Unpublished PhD thesis, Australian National University, Canberra.

Hastings, W. K. 1970. "Monte Carlo sampling methods using Markov chains and their application." *Biometrika*, 57(1), 97~109.

Hays, R. B., & Oxley, D. 1986. "Social network development and functioning during a life transition." *Journal of Personality and Social Psychology*, 50(2), 305~313.

Haythornthwaite, C. 2005. "Social networks and Internet connectivity effects." *Information, Communication & Society*, 8(2), 125~147.

Hedström, P., Kolm, A-S., & Åberg, Y. 2003. *Social interactions and unemployment.* Working paper no.2003:15. Uppsala, Sweden: Institute for Labour Market Policy Evaluation (IFAU).

Hedström, P., & Swedberg, R. 1998. *Social mechanisms: An analytical approach to social theory.* Cambridge: Cambridge University Press.

Heider, F. 1958. *The psychology of interpersonal relations.* New York: Wiley.

Hoff, P. D., Raftery, A. E., & Handcock, M. S. 2002. "Latent space approaches to social network analysis." *Journal of the American Statistical Association*, 97(460), 1090~1098.

Hogg, M. A., & van Knippenberg, D. 2003. "Social identity and leadership processes in groups." *Advances in Experimental Social Psychology*, 35(35), 1~52.

Hogg, M. A., Terry, D. J., & White, K. M. 1995. "A tale of two theories: A critical comparison of identity theory with social identity theory." *Social Psychology Quarterly*, 58(4), 255~269.

Holland, P. W., & Leinhardt, S. 1970. "A method for detecting structure in sociometric data." *American Journal of Sociology*, 76, 492~513.

Holland, P. W., & Leinhardt, S. 1971. "Transitivity in structural models of small groups." *Comparative Group Studies*, 2(2), 107~124.

Holland, P. W., & Leinhardt, S. 1976. "Local structure in social networks." *Sociological Methodology*, 7, 1~45.

Holland, P. W., & Leinhardt, S. 1977. "A dynamic model for social networks." *Journal of Mathematical Sociology*, 5(1), 5~20.

Holland, P. W., & Leinhardt, S. 1981. "An exponential family of probability distributions for directed-graphs." *Journal of the American Statistical Association*, 76(373), 33~50.

Hornsey, M. J., & Hogg, M. A. 2002. "The effects of status on subgroup relations." *British Journal of Social Psychology*, 41, 203~218.

Huisman, M. 2009. "Imputation of missing network data: Some simple procedures." *Journal of Social Structure*, 10(1), 1~29.

Hunter, B. H. 1996. *Explaining changes in the social structure of employment: The importance of geography.* Discussion paper no.67. Social Policy Research Centre (SPRC), University of New South Wales, Australia.

Hunter, D. R. 2007. "Curved exponential family models for social networks." *Social Networks*, 29(2), 216~230.

Hunter, D. R., & Handcock, M. S. 2006. "Inference in curved exponential family models for networks." *Journal of Computational and Graphical Statistics*, 15(3), 565~583.

Hunter, D. R., Goodreau, S. M., & Handcock, M. S. 2008. "Goodness of fit of social network models." *Journal of the American Statistical Association*, 103 (481), 248~258.

Hunter, D. R., Handcock, M. S., Butts, C. T., Goodreau, S. M., & Morris, M. 2008. "ergm: A package to fit, simulate and diagnose exponential-family models for networks." *Journal of Statistical Software*, 24(3).

Ibarra, H. 1992. "Homophily and differential returns: Sex differences in network structure and access in an advertising firm." *Administrative Science Quarterly*, 37(3), 422~447.

IBISWorld. 2006. *IBISWorld's top 2000 enterprises in Australia and New Zealand 2006.* Melbourne: IBISWorld.

Igarashi, T., Takai, J., & Yoshida, T. 2005. "Gender differences in social network development via mobile phone text messages: A longitudinal study." *Journal of Social and Personal Relationships*, 22, 691~713.

Ihlanfeldt, K. R., & Sjoquist, D. L. 1998. "The spatial mismatch hypothesis: A review of recent studies and their implications for welfare reform." *Housing Policy Debate*, 9(4), 849~892

Ingram, P., & Yue, L. Q. 2008. "Structure, affect and identity as bases or organizational competition and cooperation." *The Academy of Management Annuals*, 2(1), 275~303.

Israeli Defense Forces (IDF). 2004. Officer's attribute paper. Available at: http://www.aka.idf.il/SIP STORAGE/files/1/45741.pdf. Accessed December 27, 2009.

Ito, M., Okabe, D., & Matsuda, M. 2005. *Personal, portable, pedestrian: Mobile phones in Japanese life*. Cambridge, MA: The MIT Press.

Jackson, M. 2008. S*ocial and economic networks*. Princeton, NJ: Princeton University Press.

Janis, I. L. 1971. "Groupthink." *Psychology Today*, 5(6), 43~46, 74~76.

Johnsen, T. E. 2006. "The social context of the mobile phone use of Norwegian teens." In J. E. Katz (Ed.). *Machines that become us: The social context of personal communication technology* (pp.161~169). New Brunswick, NJ: Transaction.

Joinson, A. N. 2001. "Self-disclosure in computer-mediated communication: The role of self-awareness and visual anonymity." *European Journal of Social Psychology*, 31(2), 177~192.

Jonasson, J. 1999. "The random triangle model." *Journal of Applied Probability*, 36(3), 852~867.

Jourard, S. M. 1964. *The transparent self: Self-disclosure and well-being*. New York: Van Nostrand Reinhold.

Judge, T. A., Bono, J. E., Ilies, R., & Gerhardt, M. W. 2002. "Personality and leadership: A qualitative and quantitative review." *Journal of Applied Psychology*, 87(4), 765~780.

Kalish, Y., & Robins, G. 2006. "Psychological predispositions and network structure: The relationship between individual predispositions, structural holes and network closure." *Social Networks*, 28(1), 56~84.

Kapferer, B. 1972. *Strategy and transaction in an African factory*. Manchester, UK: Manchester University Press.

Karasawa, M. 1991. "Toward an assessment of social identity: The structure of group identication and its effects on in-group evaluations." *British Journal of Social Psychology*, 30, 293~307.

Karlberg, M. 1997. "Testing transitivity in graphs." *Social Networks*, 19(4), 325~343.

Karlberg, M. 2002. "Transitivity testing revisited: Power properties of a modified local density measure." In J. Hagberg (Ed.). *Contributions to social network analysis, information theory, and other topics in statistics: A Festschrift in honour of Ove Frank (2002)*. Stockholm: Department of Statistics, Stockholm University.

Karoński, M. 1982. "A review of random graphs." *Journal of Graph Theory*,

6(4), 349~389.

Katz, D., & Allport, F. H. 1931. *Student attitudes*. Syracuse, NY: Craftsman.

Kenis, P., & Knoke, D. 2002. "How organizational field networks shape inter-organizational tie-formation rates." *Academy of Management Review*, 27(2), 275~293.

Kilduff, M., & Krackhardt, D. 2008. *Interpersonal networks in organizations*. New York: Cambridge University Press.

Kilduff, M., Crossland, C., Tsai, W. P., & Krackhardt, D. 2008. "Organizational network perceptions versus reality: A small world after all?" *Organizational Behavior and Human Decision Processes*, 107(1), 15~28.

Killworth, P. D., & Bernard, H. R. 1976. "Informant accuracy in social network data." *Human Organization*, 35(3), 269~286.

Kirkpatrick, S., & Locke, E. 1991. "Leadership: Do traits matter?" *Academy of Management Executive*, 5(2), 48~60.

Kleinberg, J. M. 2000. "Navigation in a small world." *Nature*, 406, 845.

Knoke, D., & Yang, S. 2008. *Social network analysis* (2nd ed.). Thousand Oaks, CA: Sage Publications.

Koehly, L. M., & Pattison, P. 2005. "Random graph models for social networks: Multiple relations or multiple raters." In P. J. Carrington, J. Scott, & S. Wasserman (Eds.). *Models and methods in social network analysis* (pp.162~191). New York: Cambridge University Press.

Koenig, T., Gogel, R., & Sonquist, J. 1979. "Models of the significance of inter-locking corporate directorates." *American Journal of Economics and Sociology*, 38(2), 173~186.

Kolaczyk, E. D. 2009. Statistical analysis of network data: Methods and models. New York: Springer.

Koskinen, J. H. 2004. *Bayesian analysis of exponential random graphs - Esti-mation of parameters and model selection*: Research Report 2004:2, Depart-ment of Statistics, Stockholm University (http://gauss.stat.su.se/site/pdfer/RR2004_2.pdf).

Koskinen, J. H. 2008. *The linked importance sampler auxiliary variable metrop-olis Hastings algorithm for distributions with intractable normalising cons-tants*. Department of Psychology, School of Behavioural Science, University of Melbourne.

470

Koskinen, J. H. 2009. "Using latent variables to account for heterogeneity in exponential family random graph models." In S. M. Ermakov, V. B. Melas, & A. N. Pepelyshev (Eds.). *Proceedings of the 6th St. Petersburg workshop on simulation* (Vol.ii, pp.845~849). St. Petersburg: St. Petersburg State University.

Koskinen, J. H., & Edling, C. 2012. "Modeling the evolution of a bipartite network - Peer referral in interlocking directorates." *Social Networks*, 34(3), 309~322.

Koskinen, J. H., & Snijders, T. A. B. 2007. "Bayesian inference for dynamic social network data." *Journal of Statistical Planning and Inference*, 137(12), 3930~3938.

Koskinen, J. H., Robins, G. L., & Pattison, P. E. 2010. "Analysing exponential random graph (p-star) models with missing data using Bayesian data augmentation." *Statistical Methodology*, 7(3), 366~384.

Koskinen, J. H., and Stenberg, S-Å. 2012. "Bayesian Analysis of Multilevel Probit Models for Data with Friendship Dependencies." *Journal of Educational and Behavioural Statistics*, 37(2), 203~230.

Kossinets, G. 2006. "Effects of missing data in social networks." *Social Networks*, 28(3), 247.

Krackardt, D. 1987a. "Cognitive social structures." *Social Networks*, 9(2), 109~134.

Krackhardt. D. 1987b. "QAP partialling as a test of spuriousness." *Social Networks*, 9, 171~186.

Latané, B. 1996. "Dynamic social impact: The creation of culture by communication." *Journal of Communication*, 46(4), 13~25.

Laumann, P., & Marsden, P. V. 1982. "Microstructural analysis of interorganizational systems." *Social Networks*, 4(4), 329~348.

Lauritzen, S. L. 1996. *Graphical models.* Oxford: Oxford University Press.

Lawler, E. J., & Yoon, J. 1996. "Commitment in exchange relations: Test of a theory of relational cohesion." *American Sociological Review*, 61(1), 89~108.

Lazega, E., & Pattison, P. E. 1999. "Multiplexity, generalized exchange and cooperation in organizations: A case study." *Social Networks*, 21(1), 67~90.

Lazega, E., Jourda, M. T., Mounier, L., & Stofer, R. 2008. "Catching up with big fish in the big pond? Multi-level network analysis through linked design."

Social Networks, 30(2), 159~176.

Leenders, R. 2002. "Modelling social influence through network autocorrelation: constructing the weight matrix." *Social Networks*, 24(1), 21~47.

Leenders, R. T. A. J. 1995. "Models for network dynamics: A Markovian framework." *Journal of Mathematical Sociology*, 20(1), 1~21.

Lehmann, E. L. 1983. *Theory of point estimation*. New York: Wiley.

Levine, J. H. 1972. "The sphere of influence." *American Sociological Review*, 37(1), 14~27.

Lincoln, J., Gerlach, M., & Ahmadjian, C. 1996. "Keiretsu networks and corporate performance in Japan." *American Sociological Review*, 61(1), 67~68.

Lindenberg, S. 1997. "Grounding groups in theory: Functional, cognitive, and structural interdependencies." *Advances in Group Process*, 14, 281~331.

Lindley, D. V. 1965. *Introduction to probability and statistics from a bayesian viewpoint* (Vols. 1 and 2). Cambridge: Cambridge University Press.

Ling, R. 2004. *The mobile connection: The cell phone's impact on society*. Waltham, MA: Morgan Kaufmann.

Lomi, A., & Pallotti, F. 2012. "Relational collaboration among spatial multipoint competitors." *Social Networks*, 34(1), 101~111.

Lomi, A., & Pattison, P. 2006. "Manufacturing relations: An empirical study of the organization of production across multiple networks." *Organization Science*, 17(3), 313~332.

Lord, R. G. 2005. "Preface: Implicit leadership theory." In B. Schyns, & J. R. Meindl (Eds.). *Implicit leadership theories: Essays and explorations* (pp. vii~xii). Greenwich, CT: Information Age Publishing (IAP).

Lord, R. G., & Maher, K. J. 1991. *Leadership and information processing: Linking perceptions and performance*. Boston: Unwin Hyman.

Lord, R. G., Devader, C. L., & Alliger, G. M. 1986. "A metaanalysis of the relation between personality-traits and leadership perceptions - An application of validity generalization procedures." *Journal of Applied Psychology*, 71(3), 402~410.

Lord, R. G. 1985. "An information processing approach to social perceptions, leadership and behavioral measurement in organizations." *Research in Organizational Behavior*, 7, 87~128.

Lord, R. G., Foti, R. J., & Devader, C. L. 1984. "A test of leadership categorization theory - Internal structure, information processing, and leadership perceptions." *Organizational Behavior and Human Performance*, 34(3), 343~378.

Lubbers, M. J., & Snijders, T. A. B. 2007. "A comparison of various approaches to the exponential random graph model: A reanalysis of 102 student networks in school classes." *Social Networks*, 29(4), 489~507.

Luria, G., & Berson, Y. 2008. *The motivation to lead: Effects on stress and performance*. Paper presented at the Annual Meeting of the Academy of Management, Anaheim, CA, August 8~13.

Luria, G., & Torjman, A. 2008. "Resources and coping with stressful events." *Journal of Organizational Behavior*, 30(6), 685~707.

Lusher, D. 2008. *Masculinities in local contexts: Structural, individual and cultural interdependencies*. Saarbrücken, Germany: VDM Verlag.

Mace, M. L. 1971. *Directors: Myth and reality*. Boston: Harvard Business School.

Manski, C. F. 1993. "Identification of endogenous social effects: The reflection problem." *Review of Economic Studies*, 60(3), 531~542.

Marsden, P. V. 2005. "Recent developments in network measurement." In P. J. Carrington, J. Scott, & S. Wasserman (Eds.). *Models and methods in social network* (pp.8~30). Cambridge: Cambridge University Press.

Marsden, P. V., & Friedkin, N. E. 1993. "Network studies of social influence." *Sociological Methods and Research*, 22(1), 127~151.

Mason, W., Conrey, F., & Smith, E. 2007. "Situating social influence processes: Dynamic, multidirectional flows of influence within social network." *Personality and Social Psychology Review*, 11(3), 279~300.

McPherson, M., Smith-Lovin, L., & Cook, J. M. 2001. "Birds of a feather: Homophily in social networks." *Annual Review of Sociology*, 27, 415~444.

Mehra, A., Dixon, A. L., Brass, D. J., & Robertson, B. 2006. "The social network ties of group leaders: Implications for group performance and leader reputation." *Organization Science*, 17(1), 64~79.

Merton, R. K. 1968. "The Matthew effect in science." *Science*, 159(3810), 56~63.

Metropolis, N., Rosenbluth, A. W., Rosenbluth, M. N., Teller, A. H., & Teller, E. 1953. "Equations of state calculations by fast computing machine." *Journal of Chemical Physics*, 21(6), 1087~1091.

Meyers, L. A. 2007. "Contact network epidemiology: Bond percolation applied to infectious disease prediction and control." *Bulletin of the American Mathematical Society*, 44(1), 63~86.

Mills, C. W. 1956. *The power elite*. New York: Oxford University Press.

Milo, R., Shen-Orr, S., Itzkovitz, S., Kashtan, N., Chklovskii, D., & Alon, U. 2002. "Network motifs: Simple building blocks of complex networks." *Science*, 298(5594), 824~827.

Mintz, B., & Schwartz, M. 1985. *The power structure of American business*. Chicago: The University Of Chicago Press.

Misiolek, N. I., & Heckman, R. 2005. *Patterns of emergent leadership in virtual teams*. Paper presented at the 38th Hawaii International Conference on System Science (HICSS 38), Big Island, January 3~6.

Mitchell, B., & Bill, A. 2004. *Spatial dependence in regional unemployment in Australia*. Working Paper No.04-11. Centre of Full Employment and Equity, The University of Newcastle, Callaghan, New South Wales, Australia.

Mizruchi, M. S. 1982. T*he American corporate network: 1904-1974*. Beverly Hills, CA: Sage.

Molm, L., Collet, J., & Schaefer, D. 2007. "Building solidarity through generalized exchange: A theory of reciprocity." *American Journal of Sociology*, 113 (1), 205~242.

Monge, P. R., & Contractor, N. S. 2003. *Theories of communication networks*. New York: Oxford University Press.

Moreno, J., & Jennings, H. 1938. "Statistics of social configurations." *Sociometry*, 1(3/4), 342~374.

Morris, M., Handcock, M. S., & Hunter, D. R. 2008. "Specification of exponential-family random graph models: terms and computational aspects." *Journal of Statistical Software*, 24(4), 1548~7660.

Murray, I., Ghahramani, Z., & MacKay, D. J. C. 2006. *MCMC for doubly intractable distributions*. Paper presented at the 22nd Annual Conference on Uncertainty in Artificial Intelligence (UAI), Cambridge, MA, July 13~16.

Nadel, S. F. 1952. *The theory of social structure*. Melbourne, Victoria, Australia: Melbourne University Press.

Neubert, M. J., & Taggar, S. 2004. "Pathways to informal leadership: The moderating role of gender on the relationship of individual differences and team

474

member network centrality to informal leadership emergence." *Leadership Quarterly*, 15(2), 175~194.

Newbold, P., Carlson, W. L., & Thorne, B. 2007. *Statistics for business and economics* (6th ed.). Upper Saddle River, NJ: Prentice Hall.

Newcomb, T. M. 1961. *The acquaintance process*. New York: Holt, Rinehart and Winston.

Newman, M. E. J., & Park, J. 2003. "Why social networks are different from other types of networks?" *Physical Review E*, 68(3), 036122.

Niekamp, A-M., Hoebe, C., Mercken, L., & Dukers-Muijrers, N. 2011. A sexual affiliation network of swingers, heterosexuals practicing risk behaviour related to sexually transmitted infections: A two-mode approach. Unpublished manuscript.

Nohria, N. 1992. "Is a network perspective a useful way of studying organizations?" In N. Nohria & R. G. Eccles (Eds.). *Networks and organizations: Structure, form and action* (pp. 1~22). Boston: Harvard University Press.

Norris, J. R. 1997. *Markov chains*. Cambridge: Cambridge University Press.

Nowicki, K., & Snijders, T. A. B. 2001. "Estimation and prediction for stochastic blockstructures." *Journal of the American Statistical Association*, 96(455), 1077~1087.

Opsahl, T. 2009. Clustering in two-mode networks. *Proceedings of the Conference and Workshop on Two-Mode Social Analysis*. VU University Amsterdam, Amsterdam, The Netherlands.

Orchard, T., & Woodbury, M. A. 1972. "A missing information principle: Theory and applications." *Proceedings of the 6th Berkeley Symposium on Mathematical Statistics*. Berkeley, CA, Vol. 1, pp. 697~715.

Ord, J. K. 1975. "Estimation methods for models of spatial interaction." *Journal of the American Statistical Association*, 70(349), 120~126.

Ornstein, M. 1984. "Interlocking directorates in Canada: Intercorporate or class alliance?" *Administrative Science Quarterly*, 29(2), 210~231.

Park, J., & Newman, M. E. J. 2004. "General methods of statistical physics - Statistical mechanics of networks." *Physical Review C*, 70(6), 66117.

Parkhe, A., Wasserman, S., & Ralston, D. A. 2006. "New frontiers in network theory development." *Academy Of Management Review*, 31(3), 560~568.

Pattison, P. E., & Robins, G. L. 2004. "Building models for social space: Neighbourhood-based models for social networks and affiliation structures." *Mathematics and Social Sciences*, 42(168), 11~29.

Pattison, P. E., Robins, G. L., & Kashima, Y. 2008. "Psychology of social networks." In S. Durlauf & L. Blume (Eds.). *The new Palgrave dictionary of economics* (2nd ed., pp.718~721). Basingstoke, UK: Palgrave Macmillan.

Pattison, P. E., Robins, G. L., Snijders, T. A. B., & Wang, P. 2011a. *A hierarchy of dependence assumptions for exponential random graph models for social networks*. Unpublished working paper. Psychological Sciences, University of Melbourne, Melbourne, Victoria, Australia.

Pattison, P. E., Robins, G. L., Snijders, T. A. B., & Wang, P. 2011b. *Conditional estimation of exponential random graph models from snowball sampling designs*. Unpublished working paper. Psychological Sciences, University of Melbourne, Melbourne, Victoria, Australia.

Pattison, P. E., Robins, G. L., Snijders, T. A. B., & Wang, P. 2012. *Conditional estimation of exponential random graph models from snowball sampling designs*. Technical report. Psychological Sciences, University of Melbourne, Melbourne, Victoria, Australia.

Pattison, P., & Robins, G. 2002. "Neighbourhood-based models for social networks." *Sociological Methodology*, 32, 301~337.

Pattison, P., & Robins, G. L. 2002. "Neighbourhood-based models for social networks." *Sociological Methodology*, 32, 301~337.

Pattison, P., & Wasserman, S. 1999. "Logit models and logistic regressions for social networks: II. Multivariate relations." *British Journal of Mathematical and Statistical Psychology*, 52, 169~193.

Pattison, P., Wasserman, S., Robins, G. L., & Kanfer, A. M. 2000. "Statistical evaluation of algebraic constraints for social networks." *Journal of Mathematical Psychology*, 44(4), 536~568.

Pattison, P. 1993. *Algebraic models for social networks*. Cambridge: Cambridge University Press.

Paxton, P., & Moody, J. 2003. "Structure and sentiment: Explaining emotional attachment to group." *Social Psychology Quarterly*, 66(1), 34~47.

Pfeffer, J., & Salancik, G. R. 1978. *The external control of organizations*. New York: Harper & Row.

Podolny, J. M. 1994. "Market uncertainty and the social character of economic

476

exchange." *Administrative Science Quarterly*, 39(3), 458~483.

Podolny, J. M. 2001. "Networks as the pipes and prisms of the market." *American Journal of Sociology*, 107, 33~60.

Podolny, J. M., Stuart, T. E., & Hannan, M. H. 1996. "Networks, knowledge, and niches: Competition in the worldwide semiconductor industry, 1984-1991." *American Journal of Sociology*, 102, 659~689.

Poteat, V. P., Espelage, D. L., & Green, H. D., Jr. 2007. "The socialization of dominance: Peer group contextual effects on homophobic and dominance attitudes." *Journal of Personality and Social Psychology*, 92(6), 1040~1050.

Powell, W. W., White, D. R., Koput, K. W., & Owen-Smith, J. 2005. "Network dynamics and field evolution: The growth of inter-organizational collaboration in the life sciences." *American Journal of Sociology*, 110(4), 1132~1205.

Preciado, P., Snijders, T. A. B., Burk, W. J., Stattin, H., & Kerr, M. 2012. "Does proximity matter? Distance dependence of adolescent friendships." *Social Networks*, 34(1), 18~31.

Prell, C. 2011. *Social network analysis: History, theory and methodology*. Thousand Oaks, CA: Sage.

Prentice, D. A., & Miller, D. T. 1993. "Pluralistic ignorance and alcohol-use on campus - Some consequences of misperceiving the social norm." *Journal of Personality and Social Psychology*, 64(2), 243~256.

Putnam, R. D. 2000. *Bowling alone: The collapse and revival of American community*. New York: Simon & Schuster.

Ramakrishnan, U., & Cerisola, M. 2004. *Regional economic disparities in Australia*. IMF Working Paper No.WP/04/144. Asia and Pacific Department, International Monetary Fund.

Rank, O., Robins, G., & Pattison, P. 2010. "Structural logic of intraorganizational network." *Organizational Science*, 21(3), 745~764.

Rapoport, A. 1953. "Spread of information through a population with a sociostructural bias: I. Assumption of transitivity." *Bulletin of Mathematical Biophysics*, 15(4), 523~533.

Rapoport, A. 1957. "Contributions to the theory of random and biased nets." *Bulletin of Mathematical Biophysics*, 19(4), 257~277.

Rennolls, K. 1995. $p^{1/2}$. Paper presented at the International Conference on Social Networks, London.

Rivera, M. T., Soderstrom, S. B., & Uzzi, B. 2010. "Dynamics of dyads in social networks: Assortative, relational, and proximity mechanisms." *Annual Review of Sociology*, 36, 91~115.

Robbins, H., & Monro, S. 1951. "A stochastic approximation method." *Annals of Mathematical Statistics*, 22, 400~407.

Robins, G. L, & Pattison, P. 2005. "Interdependencies and social processes: Generalized dependence structures." In P. J. Carrington, J. Scott, & S. Wasserman (Eds.). *Models and methods in social network analysis* (pp.192~214). Cambridge: Cambridge University Press.

Robins, G. L., & Alexander, M. 2004. "Small worlds among interlocking directors: Network structure and distance in bipartite graphs." *Computational and Mathematical Organization Theory*, 10(1), 69~94.

Robins, G. L., and Morris, M. 2007. "Advances in Exponential Random Graph (p^*) Models." *Social Networks*, 29, 169~172 .

Robins, G. L., Elliott, P., & Pattison, P. E. 2001. "Network models for social selection processes." *Social Networks*, 23(1), 1~30.

Robins, G. L., Pattison, P. E., & Elliott, P. 2001. "Network models for social influence processes." *Psychometrika*, 66(2), 161~189.

Robins, G. L., Pattison, P. E., & Wang, P. 2009. "Closure, connectivity and degree distributions: Exponential random graph (p^*) models for directed social networks." *Social Networks*, 31(2), 105~117.

Robins, G. L., Pattison, P. E., & Wasserman, S. 1999. "Logit models and logistic regressions for social networks: III. Valued relations." *Psychometrika*, 64(3), 371~394.

Robins, G. L., Pattison, P. E., Snijders, T. A. B., & Wang, P. 2009. *Activity closure and brokerage in social network models.* Paper presented at the Northwestern Institute on Complex Systems (NICO) Complexity Conference, Evanston, IL, September 1~3.

Robins, G. L., Pattison, P., & Woolcock, J. 2004. "Missing data in networks: Exponential random graph (p^*) models for networks with non-respondents." *Social Networks*, 26, 257~283.

Robins, G. L., Pattison, P., & Woolcock, J. 2005. "Small and other worlds: Global network structures from local processes." *American Journal of Sociology*, 110(4), 894~936.

Robins, G. L, Snijders, T. A. B., Wang, P., Handcock, M.S, & Pattison, P. 2007. "Recent developments in exponential random graph (p^*) models for social networks." *Social Networks, Special Section: Advances in Exponential Random Graph (p*) Models*, 29(2), 192~215.

Rousseau, D. M., Sitkin, S. B., Burt, R. S., & Camerer, C. 1998. "Not so different after all: A cross-discipline view of trust." *Academy of Management Review*, 23(3), 393~404.

Rubin, R. S., Bartels, L. K., & Bommer, W. H. 2002. "Are leaders smarter or do they just seem that way? Exploring perceived intellectual competence and leadership emergence." *Social Behavior and Personality*, 30(2), 105~118.

Sander, L., Warren, C., Sokolov, I., Simon, C., & Koopman, J. 2002. "Percolation on heterogeneous networks as a model for epidemics." *Mathematical Biosciences*, 180(1~2), 293~305.

Schweinberger, M. 2009. *A stochastic blockmodel extension of ERGMs*. Paper presented at the XXX International Sunbelt Social Network Conference, Trento, Italy, June 29-July 4.

Schweinberger, M. 2011. "Instability, sensitivity, and degeneracy of discrete exponential families." *Journal of the American Statistical Association*, 106(496), 1361~1370.

Schweinberger, M., & Snijders, T. A. B. 2003. "Settings in social networks: A measurement model." *Sociological Methodology*, 33(1), 307~341.

Schweinberger, M., & Snijders, T. A. B. 2007. "Markov models for digraph panel data: Monte Carlo-based derivative estimation." *Computational Statistics and Data Analysis*, 51(9), 4465~4483.

Scott, J. 1997. *Corporate business and capitalist classes*. Oxford: Oxford University Press.

Scott, J. 2000. *Social network analysis: A handbook* (2nd ed.). Thousand Oaks, CA: Sage.

Scott, J., & Griff, C. 1984. *Directors of industry: The British corporate network*. Cambridge: Polity Press.

Simmel, G. 1950. *The sociology of Georg Simmel*. New York: Free Press.

Simmel, G. 1955. *Conflict and the web of group-affiliations*. New York: Free Press.

Skvoretz, J., & Agneessens, F. 2009. *Clustering in two-mode networks controlling for degree and actor-event-degree distributions. Proceedings of the*

Conference and Workshop on Two-Mode Social Analysis. VU University Amsterdam, Amsterdam, The Netherlands.

Skvoretz, J., & Faust, K. 1999. "Logit models for affiliation networks." *Sociological Methodology*, 29(1), 253~280.

Snijders, T. A. B. 1981a. "The degree variance: An index of graph heterogeneity." *Social Networks*, 3(3), 163~174.

Snijders, T. A. B. 1981b. *Maximum value and null moments of the degree variance*. TW-report 229. Departments of Mathematics, University of Groningen.

Snijders, T. A. B. 1999. "The transition probabilities of the reciprocity model." *Journal of Mathematical Sociology*, 23(4), 241~253.

Snijders, T. A. B. 2001. "The statistical evaluation of social network dynamics." *Sociological Methodology*, 31, 361~395.

Snijders, T. A. B. 2002. "Markov chain Monte Carlo estimation of exponential random graph models." *Journal of Social Structure*, 3(2), 1~40.

Snijders, T. A. B. 2006. "Statistical methods for network dynamics." In S. R. Luchini et al. Eds.). *Proceedings of the XLIII Scientific Meeting, Italian Statistical Society* (pp. 281~296). Padova, Italy: CLEUP.

Snijders, T. A. B. 2010a. "Conditional marginalization for exponential random graph models." *Journal of Mathematical Sociology*, 34(4), 239~252.

Snijders, T. A. B. 2010b. *Models for dynamics of non-directed network*. Unpublished manuscript.

Snijders, T. A. B. 2011. "Statistical models for social networks." *Annual Review of Sociology*, 37(1), 131~153.

Snijders, T. A. B., & Baerveldt, C. 2003. "A multilevel network study of the effects of delinquent behavior on friendship evolution." *Journal of Mathematical Sociology*, 27(2~3), 123~151.

Snijders, T. A. B., & Bosker, R. J. 1999. *Multilevel analysis: An introduction to basic and advanced multilevel modeling*. London: Sage.

Snijders, T. A. B., & van Duijn, M. 1997. "Simulation for statistical inference in dynamic network models." In R. Conte, R. Hegselmann, & P. Terna (Eds.). *Simulating social phenomena* (pp. 493~512). Berlin: Springer.

Snijders, T. A. B., & Van Duijn, M. A. J. 2002. "Conditional maximum likelihood estimation under various specifications of exponential random graph models." In J. Hagberg (Ed.). *Contributions to social network analysis, information theory, and other topics in statistics. A festschrift in honour of Ove Frank* (pp.117~134). Stockholm: Department of Statictics, Stockholm University.

Snijders, T. A. B., Koskinen, J. H., & Schweinberger, M. 2010. "Maximum likelihood estimation for social network dynamics." *Annals of Applied Statistics*, 4(2), 567~588.

Snijders, T. A. B., Pattison, P. E., Robins, G. L., & Handcock, M. 2006. "New specifications for exponential random graph models." *Sociological Methodology*, 36(1), 99~153.

Snijders, T. A. B., Steglich, C. E. G., & Schweinberger, M. 2007. "Modeling the co-evolution of networks and behavior." In K. van Montfort, H. Oud, & A. Satorra (Eds.). *Longitudinal models in the behavioral and related sciences* (pp.41~71). Berlin: Lawrence Erlbaum.

Snijders, T. A. B., Steglich, C. E. G., Schweinberger, M., & Huisman, M. 2005. Manual for SIENA version 2.1. Available from http://stat.gamma.rug.nl/sieman31.pdf

Snijders, T. A. B., van de Bunt, G. G., & Steglich, C. E. G. 2010. "Introduction to stochastic actor-based models for network dynamics." *Social Networks*, 32(1), 44~60.

Sorenson, O., & Stuart, T. E. 2008. "Bringing the context back in: Settings and the search for syndicate partners in venture capital investing." *Administrative Science Quarterly*, 53(2), 266~294.

Sparrowe, R. T., & Liden, R. C. 2005. "Two routes to influence: Integrating leader-member exchange and social network perspectives." *Administrative Science Quarterly*, 50(4), 505~535.

Stearns, L. B., & Mizruchi, M. S. 1986. "Broken-tie reconstitution and the functions of interorganizational interlocks: A reexamination." *Administrative Science Quarterly*, 31(4), 522~538.

Steglich, C. E. G., Snijders, T. A. B., & West, P. 2006. "Applying SIENA: An illustrative analysis of the co-evolution of adolescents' friendship networks, taste in music, and alcohol consumption." *Methodology: European Journal of Research Methods for the Behavioral and Social Sciences*, 2, 48~56.

Steglich, C. E. G., Snijders, T. A. B., & Pearson, M. 2010. "Dynamic networks and behavior: Separating selection from influence." In T. F. Liao (Ed.). *Sociological methodology* (vol.40, issue 1, pp.329~393). Boston: John Wiley & Sons.

Stokes, J., Fuehrer, A., & Childs, L. 1980. "Gender differences in self-disclosure to various target persons." *Journal of Counseling Psychology*, 27(2), 192~198.

Strauss, D. 1986. "On a general class of models for interaction." *SIAM Review*, 28(4), 513~527.

Strauss, D., & Ikeda, M. 1990. "Pseudolikelihood estimation for social networks." *Journal of the American Statistical Association*, 85(409), 204~212.

Sweezy, P. M. 1953. "Interest groups in the American economy." In P. M. Sweezy (Ed.). *The present as history: Essays and reviews on capitalism and socialism*. New York: Monthly Review Press.

Swidler, A. 1998. "Culture and social action." In P. Smith (Ed.). *The new American cultural sociology* (pp.171~187). Cambridge: Cambridge University Press.

Tajfel, H., & Turner, J. C. 1979. "An integrative theory of intergroup conflict." In W. G. Austin & S. Worchel (Eds.). *The social psychology of intergroup relations* (pp.33~47). Monterey, CA: Brooks/Cole.

Thompson, S., & Frank, O. 2000. "Model-based estimation with link-tracing sampling designs." *Survey Methodology*, 26(1), 87~98.

Tierney, L. 1994. "Markov chains for exploring posterior distributions." *Annals of Statistics*, 22(4), 1701~1762.

Topa, G. 2001. "Social interactions, local spillovers and unemployment." *Review of Economic Studies*, 68(2), 261~295.

Turner, J. C., Hogg, M. A., Oakes, P. J., Reicher, S. D., & Wetherell, M. S. 1987. *Rediscovering the social group: A self-categorization theory*. Oxford: Blackwell.

Tversky, A., & Kahneman, D. 1974. "Judgment under uncertainty: Heuristics and biases." *Science*, 185(4157), 1124~1131.

Useem, M. 1984. *The inner circle: Large corporations and the rise of business political activity in the U.S. and U.K.* Oxford: Oxford University Press.

Uzzi, B. 1996. "The sources and consequences of embeddedness for the economic performance of organizations: The network effect." *American Sociological Review*, 61(4), 674~698.

Valente, W. 1995. *Network models of the diffusion of innovations*. Cresskill,

NJ: Hampton Press.

van Duijn, M. A. J., & Vermunt, J. K. 2006. "What is special about social network analysis?" *Methodology: European Journal of Research Methods for the Behavioral and Social Sciences*, 2(1), 2~6.

van Duijn, M. A. J., Snijders, T. A. B., & Zijlstra, B. 2004. "A random effects model with covariates for directed graphs." *Statistica Neerlandica*, 58(2), 234~254.

van Duijn, M. A. J., Zeggelink, E. P. H., Huisman, M., Stokman, F. N., & Wasseur, F. W. 2003. "Evolution of sociology freshmen into a friendship network." *Journal of Mathematical Sociology*, 27(2), 153~191.

Wahba, J., & Zenou, Y. 2005. "Density, social networks and job search methods: Theory and application to Egypt." *Journal of Development Economics*, 78(2), 443~473.

Wang, P., Pattison, P., & Robins, G. (in press). Exponential random graph model specifications for bipartite networks - A dependence hierarchy. *Social Networks*.

Wang, P., Robins, G. L., & Pattison, P. E. 2009. PNet: Program for the simulation and estimation of p^* exponential random graph models. Available from http://www.sna.unimelb.edu.au/

Wang, P., Sharpe, K., Robins, G. L., & Pattison, P. E. 2009. "Exponential random graph (p^*) models for affiliation networks." *Social Networks*, 31(1), 12~25.

Wasserman, S. 1979. "A stochastic model for directed graphs with transition rates determined by reciprocity." In K. F. Schuessler (Ed.). *Sociological Methodology 1980*. San Francisco: Jossey-Bass. 392~412.

Wasserman, S. 1980. "Analyzing social networks as stochastic processes." *Journal of the American Statistical Association*, 75(370), 280~294.

Wasserman, S., & Faust, K. 1994. *Social network analysis: Methods and applications*. Cambridge: Cambridge University Press.

Wasserman, S., & Pattison, P. 1996. "Logit models and logistic regressions for social networks .1. An introduction to Markov graphs and p*." *Psychometrika*, 61(3), 401~425.

Watson, D., Clark, L. A., & Tellegen, A. 1988. "Development and validation of brief measures of positive and negative affect: The PANAS scale." *Journal of*

Personality and Social Psychology, 54(6), 1063~1070.

Watts, D. J. 1999. "Networks, dynamics, and the small-world phenomenon." *American Journal of Sociology*, 105(2), 493~527.

Watts, D. J., & Strogatz, S. H. 1998. "Collective dynamics of 'small-world' networks." *Nature*, 393(6684), 440~442.

Webster, C. M. 1995. "Detecting context-based constraints in social perception." *Journal of Quantitative Anthropology*, 5(4), 285~303.

Wellman, B., Salaff, J., Dimitrova, D., Garton, L., Gulia, M., & Haythornthwaite, C. 1996. "Computer networks as social networks: Collaborative work, telework, and virtual community." *Annual Review of Sociology*, 22(1), 213~238.

White, H. 1992. *Identity and control: A structural theory of social action*. Princeton, NJ: Princeton University Press.

White, H. C. 2008. *Identity and control: How social formations emerge* (2nd ed.). Princeton, NJ: Princeton University Press.

White, H. C., Boorman, S. A., & Breiger, R. L. 1976. "Social structure from multiple networks. I. Blockmodels of roles and positions." *American Journal of Sociology*, 81(4), 730~780.

Whittington, K., Powell, W., & Owen-Smith, J. 2009. "Networks, propinquity and innovation in knowledge-intensive industries. Administrative Science." *Quarterly*, 54(1), 90~122.

Wikipedia. 2012. *Observable universe*. Retrieved from http://en.wikipedia.org/wiki/Observable universe

Wilson, W. 1987. *The truly disadvantaged: The inner city, the underclass and public policy*. Chicago: The University of Chicago Press.

Wong, G. Y. 1987. "Bayesian models for directed graphs." *Journal of the American Statistical Association*, 82(397), 140~148.

Yukl, G. 2010. *Leadership in organizations* (7th ed.). Upper Saddle River, NJ: Pearson.

Yule, G. U. 1925. A mathematical theory of evolution, based on the conclusions of Dr. J. C. Willis, F. R. S. *Philosophical Transactions of the Royal Society of London, Series B, Containing Papers of a Biological Character*, 213(402~410), 21~87.

Zalensky, M. D., & Graen, G. B. 1987. "Exchange theory in leadership research." In A. Kiser & G. Reber Wanderer (Eds.). *Handbook of leadership* (pp.714~727). Stuttgart, Germany: CE Paeschel Verlag.

Zeitlin, M. 1974. "Corporate ownership and control: The large corporation and the capitalist class." *American Journal of Sociology*, 79(5), 1073~1119.

Zhao, Y. 2007. *Multiple networks in organizations*. Unpublished PhD thesis. University of Melbourne, Melbourne, Victoria, Australia.

Zweigenhaft, R. L., & Domhoff, G. W. 2006. *Diversity in the power elite*. Lanham, MD: Rowman & Littlefield.

옮긴이 주 참고문헌

박종준. 2017. 『오프 소스 지리정보시스템 QGIS 기초편』. 경기: 카멜팩토리.

오만숙. 2012. 『R 몬테칼로와 함께하는 베이지안 통계추론』. 경기: 자유 아카데미.

오만숙. 2017. 『R과 JAGS 몬테칼로와 함께하는 베이지안 통계추론』. 경기: 자유 아카데미.

와쿠이 요시유키(涌井 良幸). 2017. 『법칙, 원리, 공식을 쉽게 정리한 수학 사전』. 서울: 그린북.

이상호. 2018. 『(Maple과 R-project에 의한) 마르코프 연쇄 몬테카를로』. 서울: 교우사.

이시카와 아키히코(石川聰彦). 2019. 『인공지능을 위한 수학』. 신상재·이진희 옮김. 경기: 프리렉.

이외숙. 2018. 『확률과 확률 과정론 입문』. 서울: 경문사.

Allen, L. J. S. 2008. "An Introduction to Stochastic Epidemic Models." Brauer, F., Van den Driessche, P., & Wu, J. (Eds.). *Mathematical Epidemiology: Mathematical Biosciences Subseries* (Vol.1945). Berlin: Springer (pp.81~130).

Barabási, A. L. 2016. *Network science*. Cambridge university press.

Barabási, A. L., & Albert, R. 1999. "Emergence of scaling in random networks." *Science*, 286(5439), 509~512.

Borgatti, S. P., Everett, M. G., & Johnson, J. C. 2013. *Analyzing social networks. Thousand Oaks*. CA: Sage.

Tufféry, S. 2011. *Data mining and statistics for decision making*. Translated by Rod Riesco. John Wiley & Sons, pp.437~478.

Wallis, W. D. 2007. *A beginner's guide to graph theory*. Boston: Birkhauser.

찾아보기

ㄱ

간접적 파트너 속성 185
간접적인 의존적 속성 가정 181
게이어-톰슨 알고리즘 243
결측치 262
결합 네트워크 효과 340, 344
경로 폐쇄 46, 52, 128, 327, 340, 347,
    359, 362, 401, 421, 426
계량 네트워크 42
고립자 365~366, 423
고립자 효과 359
공변량 네트워크 307
공변량 네트워크 효과 314
공변량 의존성 가정 181
공변량 효과 177
공유된 인기도 306, 324
공유된 활동성 324
교호 2-경로 196, 280
교호 k-사이클 407
교호 k-스타 202, 407
교호 내향-스타 280, 293
교호 삼각관계 126, 150, 196, 278, 280,
    293, 421
교호 삼각관계 효과 130
교호 상향 2-경로 294

교호 스타 118, 149, 196, 275, 277, 280,
    421
교호 외향-스타 280
교호 통계량 439
교호 하향 2-경로 294
교환 194, 198, 333, 339, 343, 347
구조적 0 358, 360
구조적 공백 130
구조적 등위성 185~186
군집 계수 200, 291
군집화 113, 202
균등 베르누이 그래프 39
그래프-이론적 근접성 440
근사 퇴행 223, 262
근사 퇴행 분포 437
기하학적 가중 통계량 439
기하학적으로 가중된 내향 연결정도
    123
기하학적으로 가중된 양자관계형 공유
    파트너 126
기하학적으로 가중된 연결선형 공유
    파트너 126
기하학적으로 가중된 연결정도 118
기하학적으로 가중된 외향 연결정도
    123

깁스 업데이트 스텝 253

ㄴ

나비 연결선 133
내생 효과 58, 156
내향-2-스타 55, 58, 121, 387
내향-스타 68
네트워크 간 효과 192, 340
네트워크 군집화 59
네트워크 내 효과 192, 340
네트워크 매개성 60
네트워크 속성 효과 177
네트워크 위치 효과 176~177, 183
네트워크 자기조직화 62, 78, 156, 286
네트워크 통계량 34~35
네트워크 패널 데이터셋 213
네트워크 폐쇄 46, 59, 113, 117, 208
네트워크-의존성 가정 183
눈덩이 표집 263, 265, 370
뉴턴-랩슨 244~245, 247

ㄷ

다변량 네트워크 224, 420
다변량 네트워크 분석 191
다변량 사회 선택 모형 196
다변량 효과 340
다수 2-경로 85~86, 128, 306, 310, 324
다수 연결성 359, 421, 424, 426
다중 네트워크 47
다중 삼각관계화 59
단순 2-경로 85, 280
단순 무작위 그래프 분포 66, 271
독립 2-경로 127
독립적 속성 가정 182

동반 194, 198, 333, 339, 347
동반 효과 63, 82, 167
동일 파트너 공변량 187
동질성 가정 43, 76, 144, 148, 150, 452, 454

ㄹ

로빈스-먼로 알고리즘 245, 248, 287

ㅁ

마르코프 가정 266
마르코프 그래프 연결관계 유형 291
마르코프 그래프 의존성 138
마르코프 모형 116, 125, 141, 145, 260, 285, 438
마르코프 무작위 그래프 40, 147, 262, 445
마르코프 삼각관계 272
마르코프 스타 277
마르코프 완전 모형 111
마르코프 의존성 52, 151, 443
마르코프 의존성 가정 104, 106, 110, 118, 123~124, 147, 201
마르코프 체인 몬테 카를로 221, 233, 240, 376, 438, 453
매튜 효과 58, 407
메트로폴리스 알고리즘 221, 246, 264
메트로폴리스 표집기 236
먹함수 분포 354
모멘트 방정식 222, 239, 242, 251
모멘트 추정량 224

ㅂ

번인 236, 246, 252, 271

베르누이 그래프 103

베르누이 모형 107~108, 144, 201, 282, 443, 445

베르누이 의존성 가정 137, 210

베이지안 접근 264, 268

베이지안 추정 241

변화 통계량 101~102, 164, 217, 237, 253

부분 의존성 그래프 140

부분 조건부 독립성 가정 105, 180

ㅅ

사회 순환 291

사회 순환 독립 가정 150

사회 순환 모형 41, 127, 198, 262, 446~447

사회 순환 부분 의존성 가정 150

사회 순환 의존성 53, 443

사회 순환 의존성 가정 105, 124, 138, 151, 196, 266

사회적 선택 40, 157, 159, 204, 305, 353, 381, 406

사회적 영향력 40, 157, 173~174, 379

삼각관계 55, 86, 100, 110~111, 121, 127, 141, 147, 195, 224

삼각관계화 46, 59, 71, 113, 125, 278, 280, 309, 343, 362

삼자 사회 순환 효과 280

삼자 센서스 121, 151, 292

삼자관계 78

삼자관계 모형 113, 149

상 전이 116~118, 272

상호 경로 의존성 132

상호호혜성 83, 280, 338, 342~343, 359, 362, 387~388

상호호혜성 p* 모형 108

상호호혜성 모형 225

상호호혜성 효과 79

상호호혜적 관계 68, 71

선호적 연결 46, 58, 61

소스 131, 359

속성 공변량 187

속성 기반 과정 57

송신자 효과 61, 87, 310, 325, 359

수신자 효과 61, 87, 310, 314, 325, 344, 359, 363

순수 구조적 효과 58, 88, 306, 309, 313, 360

순환적 삼자관계 60, 387~388

순환적 폐쇄 86, 321, 327, 330

스코어 검사 257

실현 의존 조건부 독립성 41

실현 의존성 가정 209

실현 의존성 모형 203, 438, 444

싱크 131, 359, 362, 365

씨닝 237, 244, 290

ㅇ

양봉 분포 260, 294

양자 간 의존성 52

양자 공변량 63, 155, 167~168, 170, 325

양자 독립성 443

양자 독립성(또는 p1) 모형 39, 108

양자 속성 활동성 205

양자 통계량 291

양자관계 독립성 가정 104
양자관계형 공유 파트너 분포 125
에고 네트워크 43, 371
에르되스-레니 그래프 39
연결관계 유형 47
연결선 공변량 425
연결선-삼각관계 133
연결선-삼각관계 모형 443, 446
연결선-삼각관계 효과 448
연결선형 공유 파트너 분포 125
연결정도 분포 112, 119, 291
연속시간 마르코프 체인 213
완벽한 퇴행 260
외생 효과 156
외생적 양자 공변량 57
외향 연결정도 중심성 58
외향 연결정도 집중화 343
외향-2-스타 48, 55, 58, 121, 346, 387
외향-3-스타 343
외향-스타 68
우도비 검사 258
유유상종 61, 87, 164, 207
유유상종 효과 79, 158, 162~163, 310, 314, 325, 388
유유상종형 연결관계 49
의존성 구조 440
의존성 그래프 136, 140
이득 계수 246, 248, 285
이원모드 네트워크 198, 210, 399
이종선호 효과 314, 325, 359
이진 네트워크 42
이차 할당 절차(QAP) 302, 334, 339, 343~344, 347, 422
이행성 59, 86, 365, 401

이행적 경로 폐쇄 130
이행적 삼각관계 285
이행적 삼자관계 55~56, 59~60, 68, 71, 122, 387~388
이행적 순환 삼자관계 388
이행적 트리플 121~122, 128
이행적 폐쇄 47, 52, 224, 280, 310, 318, 340, 342, 362
이행적-순환 삼자관계 387
인기도 48, 58, 83, 310, 401, 410
인기도 분산 123, 280, 310, 314, 326, 359
인기도 폐쇄 131, 320, 327, 330, 342, 347
인기도 효과 163, 407
일반적 이행성 131

ㅈ
자기로지스틱 행위자 속성 모형 44, 174, 267, 375
자기조직적 네트워크 과정 57
적합도 231, 267, 282, 286, 305, 360, 423
전체 네트워크 42
정보 기준 258
조건부 독립성 가정 438
중심-주변부 구조 365
중요도 표집 250
중요도 표집 알고리즘 247
증배 계수 246, 250, 262, 285, 290
지역 위계 60, 122
지역 의존성 439
지역화된 다수 연결성 324
직접적인 네트워크-속성 가정 180

ㅊ

최단경로 분포 292
최대 우도 74
최대 우도 추정 375
최대 우도 추정치 231, 239, 244, 247~
  248, 268
충분 하위 그래프 145

ㅋ

컴포넌트 독립성 443
클리크 59, 144
클리크 모형 445

ㅌ

토글 236
통계량 291
퇴행 모형 285
퇴행적 그래프 260

ㅍ

파트너 2-스타 183
파트너 공변량 187
파트너 속성 185
파트너 속성 삼각관계 186
파트너 속성 활동성 186
파트너 속성 효과 377
파트너-파트너 속성 186
파트너-파트너 속성 삼각관계 186
평활 상수 239
폐쇄성 291

ㅎ

해머슬리-클리포드 정리 142, 147
행위자 2-경로 179, 185

행위자 2-스타 184
행위자 3-스타 184
행위자 4-스타 183
행위자 삼각관계 179, 185
행위자 속성 61, 79, 155, 196
행위자 스타 179
행위자 활동성 183, 184
행위자 활동성 효과 377
행위자-관계 효과 61~62, 88, 158, 306~
  307, 310, 314, 330, 340, 344, 360,
  453
허브 362
헤이스팅스 비율 236
혼합-2-스타 58
확률적 근사 245
확률적 블록 모형 450
확률적 행위자 지향 모형 226
활동성 47, 58, 83, 164, 309~310
활동성 기반 폐쇄 330
활동성 분산 123, 280, 314, 326, 343,
  346, 359
활동성 폐쇄 130, 320, 326, 347
활동성 효과 161, 163

숫자

2-경로 55, 58~59, 100, 116, 121, 127~
  128, 147, 195, 200, 203, 207, 224,
  318, 327, 387~388
2-내향-스타 195, 293~294
2-삼각관계 125
2-스타 55, 100, 110~111, 114, 116,
  118, 145, 147, 195, 206, 277
2-스타 모형 112
2-스타 속성 205

2-외향-스타 195, 294

3-경로 200, 401

3-경로 가정 204

3-경로 의존성 443

3-경로 효과 448

3-내향-스타 293

3-사이클 60, 121, 131

3-삼각관계 125

3-스타 59, 110~111, 114, 116, 118, 146~147, 277

4-사이클 53, 125, 127, 138, 200, 202, 207, 401, 410, 415

4-사이클 가정 203

4-스타 59

영어

BPNet 198, 400

IPnet 178, 377

k-경로 151

k-독립 2-경로 124, 150

k-삼각관계 124~125, 128, 150~151

k-스타 110, 118, 201~202

LPNet 387

p* 모형 40

p1 모형 39

PNet 41, 78, 159, 242, 246, 263, 267~268, 286, 290, 292, 305

SIENA 41, 242, 397

Statnet 41, 126, 162, 242~244, 250, 263, 268, 290, 292

XPNet 192, 336

엮은이

딘 러셔(Dean Lusher) 는 스윈번 공과대학교(Swinburne University of Technology)의 사회학과에 재직 중이다. 최신 방법론을 연구하는 학자들과 함께, ERGM에 대한 직관적 이해를 도모하고, ERGM을 일반적인 네트워크 이론과 접목시키려는 시도를 하고 있으며, 실제 데이터에 ERGM을 적합시키는 방법 등을 연구하고 있다. 사회 규범이나 사회적 위계와 관련한 문제들에 대해 관심이 많다.

요한 코스키넨(Johan Koskinen) 은 맨체스터 대학교(University of Manchester)의 사회통계학과에 재직 중이며, 사회과학 데이터 모형화와 추론에 대해 연구하는 통계학자이다. 종단적 네트워크 데이터, 다차원 구조에 배속된 네트워크, 그리고 소속에 따라 분류된 다수준 네트워크 등 다양한 유형의 구조들을 사회 네트워크 데이터를 토대로 모형화하고 있다.

개리 로빈스(Garry Robins) 는 멜버른 대학교(University of Melbourne) 심리학과 교수로 재직 중이다. 수학 기반 심리학자로 사회 체계와 관계 구조에 대해 계량적·통계학적 접근을 취한다. 심리측정학회(Psychometric Society), 미국심리학회(American Psychological Association), 그리고 사회네트워크분석 국제학회(International Network for Social Network Analysis)에서 학술상을 수상한 바 있다.

옮긴이

최수진은 텍사스 오스틴 대학교(University of Texas at Austin)에서 박사학위를 받았으며 현재 경희대학교 언론정보학과 교수로 재직 중이다. 비정형 데이터에 대한 네트워크 분석을 토대로 커뮤니케이션 이론을 검증하는 데에 집중하고 있다. 이 역서에서 소개한 ERGM 과 SIENA를 활용한 연구가 커뮤니케이션 분야 최고 저널인 *Human Communication Research*(2014)와 *Journal of Computer-Mediated Communication*(2018)에 각각 게재되었다. 아울러, 커뮤니케이션 연구의 외연을 넓히고 방법론적 다양성을 높인 성과를 인정받아 한국갤럽 학술논문 우수상과 한국방송학회 학술상을 수상한 바 있다. 주요 저서로는 『커뮤니케이션 연구를 위한 네트워크 분석』(2016)이 있다.

한울아카데미 2228
뉴스통신진흥총서 27

사회 네트워크 통계 모형(ERGM)
이론, 방법론, 활용

엮은이 **딘 러셔·요한 코스키넨·개리 로빈스** | 옮긴이 **최수진**
펴낸이 **김종수** | 펴낸곳 **한울엠플러스(주)** | 편집 **배소영**
초판 1쇄 인쇄 **2020년 5월 11일** | 초판 1쇄 발행 **2020년 5월 25일**
주소 **10881 경기도 파주시 광인사길 153 한울시소빌딩 3층**
전화 **031-955-0655** | 팩스 **031-955-0656** | 홈페이지 **www.hanulmplus.kr**
등록번호 **제406-2015-000143호**
ISBN **978-89-460-7228-2 93300 (양장)**
    978-89-460-6900-8 93300 (무선)
Printed in Korea.

※ 이 책은 뉴스통신진흥자금을 지원받아 번역·출간되었습니다.
※ 책값은 겉표지에 표시되어 있습니다.